ZHENGMIANZHANCHAN

YUANGUOMINDANGJIANGLINGKANGRIZHANZHENGQINLI

正面战场
粤桂黔滇抗战

原国民党将领抗日战争亲历记

郑洞国　萧秉钧等著

中国文史出版社

目　　录

1

前　言

　　抗日战争是中国人民一百年来第一次彻底打败帝国主义侵略的民族解放战争，是反法西斯第二次世界大战的重要组成部分，在中国和世界的历史进程中都占有重要地位。为取得抗日战争的胜利，全国军民浴血战斗，英勇牺牲，为国家、为民族立下了不朽的功勋。为了全面反映抗日战争的概貌，为史学工作者提供研究资料，特将全国政协和各地政协征集的原国民党将领回忆抗日战争的文章，经过审慎的选择和核实，汇编成《正面战场·原国民党将领抗日战争亲历记》丛书。本书是丛书中之一部。

　　粤桂黔滇抗战，指抗日战争时期内，在广东、广西、贵州、云南四个省（区）内所进行的各项战役。从一九三八年十月，日本侵略军在广东大亚湾登陆起，至一九四五年八月中国军队于桂（林）柳（州）反攻作战的捷报频传声中迎来日本投降的喜讯止，抗战八年中，在这四个省（区）作战时间长达七年。

　　本书所包括的作战内容有：在广东境内一九三八年十月的惠（阳）广（州）战役，一九三九年十二月上旬至一九四〇年五月的粤北战役，抗日时期广东的海军、空军与防空；在广西境内一九三九年十一月中旬至一九四〇年十一月中旬的桂（广西）南会战，一九四四年九月上旬至十二月中旬的桂（林）柳（州）会战，一九四五年四月下旬至八月上旬的桂（林）柳（州）反攻作战；在贵州境内的一九四四年十一月下旬的黔南作战；在云南境内的一九四二年五月至一九四五年元月的滇西抗战。

　　这四个省（区）除贵州外，有三个都位于我国南部边陲。战争一开始，日本侵略者扬言于三个月内就可以解决"中国事件"。可是，中国军民以英勇的抗击，驳倒了日本侵略者的呓言。战争进行了一年，反而更加增强了中国人民反抗侵略者的战斗意志。日本侵略者不得不将其"速战速决"的政策，改变为"以战养战"的政策。为了摧残我国人民的抗战意志，困死我们于国门之内，切断我国对外交通渠道，断绝与外界联系，遂于一九三九年十月登陆大亚湾占领广州，隔断我国仅有海上交通线与香港、澳门的联系；一九三九年十一月登陆钦州湾占领南宁，切断桂越铁路，阻隔我国经过越南与外界的联系；一九四二年五月进占滇西，切断滇缅公路，阻隔我国通过缅甸与外界的联系。这就是日本侵略这几个省（区）进行作战的目的与特点。

惠广战役是一九三八年十月进行的。天津、上海失陷后，广州当时成为我国对外海运的唯一口岸。日本侵略者为了封锁我国从海上及香港、澳门的进出口通路，并策应其华中派遣军进攻武汉，于一九三八年十月十二日，以两个师团一个旅团的兵力在大亚湾登陆，二十一日进占广州，另一个师团于二十二日在珠江口大角岛西岸登陆，二十九日到达广州，中国军队转移至粤北清远一带。

粤北战役是一九三九年十二月上旬至一九四〇年五月，先后两次进行的。第一次是一九三九年十二月下旬至一九四〇年元月中旬，此时日本侵略军正在桂南地区与中国军队鏖战，为了策应桂南会战，扩大在广州以北占领区，牵制中国军队增援桂南，遂发动了第一次粤北战役。日军原计划占领粤北重镇韶关，到达翁源、英德，由于桂南战局吃紧，停止前进，将两个师团兵力调往桂南战场。一九四〇年五月又发动第二次粤北战役，经过六七日激战，战役宣告结束。

桂南会战是一九三九年十一月中旬至一九四〇年十一月中旬进行的。日本侵略者为了遮断桂越间之国际通路，并为其南进做准备，先于一九三九年元月占领海南岛，十一月十五日登陆钦州湾，开始了桂南会战。会战是分四个阶段进行的：初战中国军队抵抗不力，失掉南宁；昆仑关战役中国军队进行了攻坚战，取得了胜利，歼灭日军精锐第五师团五千余人，击毙其旅团长中村正雄；宾阳战役双方是大兵团进行作战，中国军队惨败，第九师师长郑作民殉国；到一九四〇年十月底，日军开始撤入越南，中国军队于十一月十七日收复南宁。至此，广西境内无敌军。

桂柳会战是一九四四年九月上旬至十二月中旬进行的。经过长衡会战日军占领长沙、衡阳后，以打通大陆交通线和破坏中国西南空军基地为目的发动桂柳会战。日军以五个师团兵力集中于湘桂路方面，以两个师团一个旅团兵力集中于西江方面，采取分进合击态势向桂柳地区进攻。中国军队防守不利，先失全州，继失桂林，再失柳州。日军占领柳州后，湘桂路方面日军一部北上进入贵州，广西南面日军劲取南宁，并与侵入越南日军会合。十二月十四日北上进入贵州日军全部撤回广西布防。会战结束。

黔南作战是一九四四年十一月下旬至十二月上旬进行的。黔南作战自始至终仅十余日，是桂柳会战的一个部分。桂柳会战日军占领柳州后，其第三、第十三师团分两路进入贵州，兵至独山及都匀以东之新寨，其目的在于破坏黔桂铁路交通及储存在独山一带的武器、物资，使战时中国后方发生恐慌。进入贵州日军兵力有限，加上中国军事当局已从各地抽调部队，组成抗击兵团，日军在完成对独山一带破坏任务后，返回广西布防。

桂柳反攻作战是一九四五年四月下旬至八月上旬进行的。此时德意两国已经战败，日军感到其战斗力衰竭，无法控制在中国所占领的广大地区，要缩短战线，集中兵力应付盟军可能在中国东南沿海登陆，这样便在广西境内撤出三个师团。中国军队趁此时机大举反攻。在广西民团与地方绥靖部队接应下，很快将南宁、柳州、桂林等城市收复。

滇西抗战是一九四二年五月至一九四五年元月进行的。一九四一年十二月，日军发动太平洋战争，旋即进占缅甸，中国赴缅远征军战败，日军于一九四二年五月进入滇西，被中国军队拦阻于怒江西岸，隔江对峙达两年。一九四四年五月，中国远征军渡过怒江反攻，先后克服腾冲、松山、龙陵、畹町，于一九四五年一月二十七日与中国驻印军会师芒友，打通中印公路，滇西敌军被肃清。本书着重述录在滇西敌后的游击队抗敌活动，而中国远征军在滇西的作战，详见本丛书《远征印缅抗战》，本书不再重复。

这里收入的文章，均为参加上述各次战役的原国民党将领的亲身经历，反映了我军将士基于爱国热情，同仇敌忾，前赴后继，奋勇抗敌的英雄业绩。成千上万的中华优秀儿女为之壮烈殉国，可歌可泣的事例不胜枚举。书中也反映了战地人民不怕牺牲，探敌情，送粮秣，救伤员，捐钱物，出生入死，配合作战的抗敌热情。这种高度的爱国主义精神和坚决的抗战行动，不啻向全世界宣告：中华民族不可侮，炎黄子孙宁死不当亡国奴！

由于时间仓促，编者能力有限，不妥之处，在所难免，恳请读者不吝指正。

编　者

第 一 章

广东抗战

抗战中的惠广战役

曾其清[※]

惠广战役前的敌我态势

抗日战争中，在日军攻占平津沪宁之后，广州已成为我国对外交通的枢纽，当时我国外援的军用物资绝大部分从广州进口，因此广州无时不在日军觊觎之中。抗战爆发之初，日本海空军即以台湾澎湖为基地，经常派出舰队游弋于华南海面，封锁海口，检查珠江口外出入广州的外国轮船和袭扰沿海各地。空军初期从台湾或航空母舰起飞轰炸广州和其他地区，特别注意对粤汉、广九铁路的破坏。接着又攻占我珠江口外的三灶岛作海空军的前进基地，并在台湾集结陆军七八万人，积极作进攻华南的准备。

我方在广东方面的作战任务，当时由第十二集团军总司令余汉谋所属共约七个步兵师担任。根据敌我形势和战略上的判断，日军对华南发动攻势，其矛头无疑地是指向我们仅有的对外海口——广州。其主登陆地点一般也预料到会在大亚湾的澳头。因为大亚湾水深可泊万吨巨舰，海面宽广，舰艇便于展开，澳头至淡水、惠州有公路可通，进军便利，且地形不太复杂，适于大兵团活动。若由大鹏湾迤西至宝安一带登陆，由于鸦片战争后的中英条约规定，这一段的领水权为英国所有，当时日本还不愿与英国作直接的冲突；若以虎门作为主登陆地点，则虎门的防守设备较强，又要绕过香港海面，较为不便，且由虎门至广州一带系水网地区，地形比较复杂，不适宜于大兵团活动。因此，我们所拟的作战

※ 作者当时系第六十五军兼广州警备区司令部参谋长。

计划大要是：一、由第六十五军长李振球指挥第一五一、第一五八两个师（师长莫希德、曾友仁）担任惠州、淡水、平山和沿海守备任务（不久因蒋介石抽调广东六个师至淞沪等战场，改由莫希德一个师负责守备，该师且改归第八十三军指挥），并加强原由陈济棠时期以内战为目的所构筑的惠州、淡水、平山三个据点和沿海的防御工事，要求守军尽可能当敌登陆未稳定前予以反击，驱逐而歼灭之，最低限度也要坚守惠、淡两个据点，等待增援。二、万一惠、淡被敌攻破，则在增城至石滩沿增江右岸之线和敌决战，因此，也预定构筑不少钢筋混凝土的永久工事。三、如增城作战失利，则以相当兵力固守广州，掩护主力转移清远、新丰预定阵地，利用山岳地带继续作战。四、防守广州的任务，由第六十五军军长兼广州警备司令李振球担任，初步预定使用兵力有第一五八师、第一五二师一个旅，税警总团张君嵩两个团（装备比正规军还好些），宪兵司令李卓元（及李江）部两个宪兵营，广州警察局长李郁堃部武装警察和保安总队约三千人，高射炮余伯泉营（炮十二门）。此外还有重炮兵团（两个营），黄文田的江防舰艇约十余只，战时也可拨归指挥。并加强陈济棠时期以内战为目的所构筑的广州防御工事。

除以上所述的敌我态势外，还要附带说明日本间谍活动情况。日本利用广州毗邻港澳和沙面系外国租界的条件，在抗战前后在广州设立谍报机构做种种活动。此种活动还深入到余总部的心脏部分，如余总部的少将工兵指挥郭某、少将高参李某（东北人）均是潜伏的汉奸。这两人系在抗战开始后由余汉谋的前任参谋长徐景棠以日本陆军士官同学关系介绍进来的，当时广州等处的防御工事设计和阵地组织图案都归他们掌握。余总部本身和蒋介石军统局派来的反谍人员固属不少，但对郭、李活动一直无从发觉，直至广州沦陷前不久才发觉，可是他们已事先逃到香港去了。又如日本派来的女间谍，在七七开战后不久潜来广州做交际花，至一九三八年夏虽曾被反谍人员捕获，但用尽一切方法都无法破获其间谍组织，相反却被假供妄指，搞得满城风雨，草木皆兵。

其次，说说李福林反间谍斗争的经过。开战后，李福林仍住在香港，他自解除军长职务以后，时有怨言。日本认为李具有潜势力，又有不满表现，有收买作为广东方面的大汉奸的条件，于是不断派间谍人员对李进行游说诱骗。李佯与周旋，并请求蒋介石特务人员到港协助，进行反间谍斗争。经半年多的周旋，日本提出要李于一九三八年四月中旬（日子忘记）在广州河南暴动，日本海军则于同日攻击虎门掩护陆战队登陆策应，并派空军到广州天空协助作战，预定在广州河南设空投准备，空投械弹。余汉谋根据上述情报做如下措施：一、虎门一带严密准备，以期一举歼灭登陆之敌；二、举事前夕广州临时宣布戒严，并作应战准备。当日虎门果然受到敌海军的猛烈炮击，但敌军不敢登陆。广州方面整日受敌机一百多架次的侦察扫射而没有空投物资。李福林事后曾痛骂余汉谋和军统特务的庸懦无能。李说："我费尽心血，张开罗网交由他们去搞，却连一只麻雀仔都捉不到，真是可恨。"

作战经过和广州沦陷情况

日军于一九三八年十月十二日拂晓以海空军掩护其陆军在大亚湾的澳头及其附近地区登陆，主登陆地点在澳头。防守澳头的第一五一师罗懋勋团的一个营因众寡悬殊，在敌海陆空军强大火力压制下，伤亡重大，不支溃退。敌人快速部队即跟踪向淡水挺进。淡水守军罗懋勋团的另两个营，稍经抵抗也即溃退。敌在澳头登陆的同时，并在稔山附近登陆，未遇强烈抵抗，即进占平山。这两个构筑工事多年的据点——淡水、平山，在转瞬间即轻易地被敌占领。至此敌登陆部队已有回旋余地，取得了稳定的局势，为其长驱直进奠定了基础。

翌日（十月十三日）敌乘胜由淡水、平山向惠州（即惠阳）分进合击。防守惠州的任务系由第一五一师长莫希德负责的。第一五一师计两个旅（每旅两团制）和一个补充团。该师当时的位置是：师部和直属队及何联芳旅（内罗懋勋团已在澳头、淡水溃败）在惠阳，温淑海旅在广九铁路的深圳附近（温旅位置原在惠阳，当敌登陆前几天，余汉谋认为敌的主力将在虎门登陆，特令莫希德把温旅调动的），补充团在离惠州约三十公里的博罗城。该师发觉敌登陆后不做集结兵力措施，适敌临城下，乃竟出人意料未发一枪便弃城向东江右岸博罗狼狈溃退。

敌占领淡水、惠州后即以主力渡东江右岸沿博罗至增城公路急进。余汉谋于十月十五日下午召集在广州的有关负责人员开会，研究作战计划。会议由余亲自主持，出席的有余总部参谋长王俊、参谋处长赵一肩、第一五四师长梁世骥、第六十五军兼广州警备司令部参谋长曾其清、炮兵指挥陈崇范等十余人。他们所提出的计划，是以"保存实力"为目的，避免决战。它的主要内容是：以第一八六师李振部、第一五三师钟芳峻旅配合炮兵工兵战车等特种兵部队占领增城至石滩沿增江右岸预设阵地，以第一五四师梁世骥部（缺一个团）为总预备队（原来的第一五四师已在淞沪战场伤亡殆尽，梁师是以后重新成立的，装备不全），另以第二十独立旅陈勉吾部（三个团）控制于增城北的正果墟附近，掩护阵地左翼。其余部队如第一五八师、第一五二师邓琦昌旅、第九独立旅张简荪旅、独立第二团、税警总团两个团等部队则控制在广州附近，美其名曰"第二线兵团"，其实是企图保留的"第二副资本"。此外从潮汕用汽车输送的第一五七师黄涛部的先头已到达紫金县。第一五一师温淑海旅和第一五三师陈耀枢旅在广九铁路的深圳、宝安附近。第一五一师从惠州、淡水溃退的部队约两个团在博罗的罗浮山附近，还有零星部队在广州。其余为第一五二师的另一个旅及保安团三个团尚在粤南一带向广州兼程行动中。这是当时我军的概略位置。

当时会上，我和不少人咸认为敌已登陆的部队已有三个师团的主力，又配合空军和特种兵部队，力量是不能轻视的，我们使用的兵力是不够的。且李振、梁世骥两个师都是新编成的，装备不全。总的来说，我们是居于劣势的。不如把全部兵力投入增城战场，较有胜利把握，但余汉谋、王俊坚不采纳。

关于增城作战的指挥机构和人选也是拖延许久，直到作战前一天才确定下来的。余汉谋自己不敢亲自去指挥，拟派他的前任参谋长调任总参议的缪培南担任"前敌总指挥"，在缪坚决推辞之后（缪推辞原因详后），才派第六十五军军长兼广州警备司令李振球充任该职。李因匆忙受命出发，无周密的作战准备，到达增城朱村仅半天，作战部队已全部崩溃了。这种连指挥机构和人选都是东拉西扯，就更充分说明余汉谋、王俊辈对作战毫无决心且等同儿戏。

十月十七日敌的先遣部队千余人，在空军数架掩护下，沿博罗至增城公路搜索前进。我军第一五三师钟芳峻旅从广九铁路附近调回增城途中，十八日凌晨在福田附近与敌遭遇。钟旅和第一五一师林君勋团、第一八六师叶植楠团协同截击该敌，战斗数小时，敌击溃钟芳峻旅，占领福田。

十月十九日下午，敌派出侦察队分向增城和正果我军阵地作威力侦察的进攻，作全面进攻的准备。翌日（十月二十日）拂晓，敌先以空军和炮兵向我猛烈轰击，继以坦克装甲车掩护其步兵冲击，战斗不足两个小时，我增城和正果的作战部队即告全线崩溃，致总预备队也来不及向第一线增援了。

日军在增城、正果获得胜利后，即向我追击。一路由正果向源潭、从化挺进，企图对广州作战略包围；一路沿增城至广州公路，在敌空军的协同下，对我穷追。我军的损失惨重，所有战车和轻重火炮，都完全丢弃，可说是溃不成军了。

余汉谋获悉增城溃败后，为欺骗人民和部属起见，声言要坚守广州和近郊阵地，继续作战。但到十月二十日深夜闻在长途电话中得蒋介石的同意，即仓皇撤退。这座我国的南大门——广州，未经战斗便于十月二十一日沦入敌手了。尤可痛心者，余汉谋只顾逃命，于十月二十日深夜除在电话中通知部队向清远新丰之线转移外，即乘车仓皇北逃。对部队的转移计划，如而后部队的占领位置、作战行动地区、掩护部队等都没有指定。致遭受敌空军和装甲车队、骑兵队的追击，各部队争先恐后，混乱溃退，轻重火炮丢弃净尽，损失奇重。

二十一日早，敌的地面追击队已到达广州的龙眼洞附近，敌空军则整日不断向我军撤退道路，如广州至从化、花县、佛山等公路以穿梭式低飞轰炸扫射，我军损失很大。如第一五八师的陈绍武旅、独九旅、高射炮营由广州近郊向北撤退途中，因受敌空军和地面追击队的冲击而溃散。第一五八师的叶维浩旅因广州至从化退路已被敌截断，乃退回广州市区，改向花县撤退。宪兵部队沿粤汉铁路撤退，税警总团和警察部队沿广州至三水铁路撤退，均因没有受到敌地面部队的追击，损失较轻。

日军的地面追击队乃是一支快速支队，兵力不强，原来是不难对付的。如第一五二师邓琦昌旅在太平场附近被敌急追难以脱离时，回头一击，仅经两小时的战斗，就把敌追击队击退了。这就足以证明，如果有切实的撤退部署，派定掩护部队，当不致遭受如此惨重的损失。

广东省府主席吴铁城、广州市长曾养甫也和余汉谋一样只顾自己逃命。吴于广州沦陷前数天已逃到粤北的连县。曾于广州撤退前夕，还大言不惭地在电话中对我说："你们军队如不撤退，我一定不离开广州。"但是他的电话是从电船码头打来的，电话刚讲完，即乘电船逃往四会县去了。

由于余汉谋、吴铁城、曾养甫等对人民不负责任，致广大人民和许多学校机关的撤退工作，无人过问。对市民的撤退通知，直至十月二十日夜才由警察局发出，在没有交通工具的情况下，逃难市民拖男背女，哭声与骂声交作，真是不忍闻睹。而这时王俊对丧师失地，却还谈笑自若，及至在逃命途中，携带的私人珠宝财物被敌机炸车焚毁时，才号啕大哭，捶胸昏倒，无耻丑态，毕露无遗。

余汉谋为了执行蒋介石的"焦土抗战"的政策，命令广州警备司令部在撤退时，对工厂和较重要建筑作彻底破坏。如造纸厂、水泥厂、纺织厂、发电厂、海珠桥、自动电话局等都是破坏的对象。我当时担任警备司令部参谋长，负有这破坏的责任。我们估计如果进行彻底破坏，必会使许多人民的生命财产受到牵连；又认为广州永远是我们的广州，虽然暂时撤退，总是希望打了胜仗回来的，不忍下手破坏。但又不能违抗命令，当时的思想是很矛盾的。恰好那时没有领到大量炸药，我们一再考虑之后，乃决定只把海珠桥面、发电厂、水泥厂作重要部分的局部破坏，尽量避免使人民受到牵连；同时也给敌人占领广州后的行动增加一定的困难。如把海珠桥面的开闭部分毁坏后，使敌船舰来往受到阻碍。至于西堤大新公司（即今南方大厦原址）和永汉路繁盛街市的火灾，乃是真空时期被地痞流氓乘机抢劫纵火焚烧的。闻有些大公司商店的代理人，事先盗窃了大量货物，乃勾结坏人纵火而达浑水摸鱼目的。钟落潭等处军火仓库的焚烧，则是余汉谋令他的军械负责人在搬运不及时纵火的。起火后附近人民抢救出不少械弹，人民即将这些械弹用以组织游击队，对日军的打击不小。

在广九铁路深圳附近的第一五一师温淑海旅和在宝安的第一五三师陈耀枢旅，因惠阳、淡水已失陷，樟木头附近亦被敌占据，归路被敌切断。余汉谋派第一五九师师长谭邃从香港去深圳收容整编，因受敌包围压迫，除一部以连为单位乘夜钻隙越过敌警戒线回来外，其余溃散越界至香港，被英军解除武装。

宪兵司令李江（接李卓元的缺）由广州撤退到粤汉路新街车站后，因迷信星相者说他有生命危险，竟潜逃香港。迷信宿命论的，当时还不止李一人，如第六十三军军长张瑞贵出身行伍，头脑简单，凡行军作战以及出发的方向时刻，都要先取决于扶乩占卜。当时人们讥笑他有两个军师：一是阳军师——参谋长；另一是阴军师——扶乩先生。李、张迷信星相术士的愚昧可笑，也足以反映国民党高级将领腐朽之一斑。

惠广战役失败原因

（附述广东国民党内部派系争夺情形）

惠广战役之所以迅速失败，据我看来，有下列几个主要原因：

一、抗战开始后，广东人民和全国人民一样，义愤填膺，积极投入抗日救亡的高潮。国民党当局不但没有做深入发动群众的工作，相反，对群众运动加以种种压制和迫害。如取缔共产党人和进步人士的抗日活动，对抗日先锋队加以强制解散，且逮捕一批爱国青年入狱。另外，对于失意军人、流氓政客，则异常信任，把他们组织起来和革命进步的群众组织相对抗。如一九三七年冬余汉谋派他的副总司令香翰屏组织"广东民众抗日自卫统率处"，流氓棍骗以及汉奸如李启颐（即李讴一）、许廷杰、高汉宗、李朗鸡等部被罗致加以重用。当时广东人民对他们曾有"挖发僵尸抗战"之讥。这是失败的一个重要原因。

二、蒋介石对敌情判断错误，也是失败的重要原因。在日军进攻广东前夕，蒋介石还死抱"日本因避免与英国冲突，未敢侵犯广东"的迷梦，把广东部队如第一五四、第一五五、第一五六、第一五九、第一六〇、第一八七六个师和几个补充团调去淞沪、南京、南浔、河南等战场。当时原驻广东的部队共有十二个步兵师和两个独立旅，调出的部队占总兵力百分之五十，致兵力不足，招致失败之局。

三、余汉谋企图"保存实力"不战而退，可说是惠广战役迅速溃退的直接原因。蒋介石放弃东北、华北、上海、南京在先，他认为放弃广州也没有什么了不得。余汉谋自始至终不肯把全部力量投入战场。如防守惠州沿海前线的第一五一师莫希德部是余汉谋的嫡系部队，余是靠这支部队起家的。闻余为了保存这个实力，在电话中要莫希德相机撤退，造成初战即告崩溃的局面。莫希德不战而退，余汉谋是心照不宣的。在广大人民的愤怒责骂下，为了掩饰其内幕，蒋介石曾迫得把莫希德扣押查办，余却尽力为莫缓和，唱出一幕双簧。一九三九年夏，莫希德在重庆受讯时，蒋介石侍从室特务人员向莫勒索巨款未遂，含恨在心，欲置之死地。他们深知蒋处理问题凭喜怒决定，盛怒时可以随便杀人，毫无是非标准，乃乘蒋一次怒气冲冲时，把莫的案卷给蒋核判。蒋果判莫死刑，但何应钦（当时任总参谋长）怕惹起广东军人反感，事先又曾得余汉谋请托照顾，因而没有执行。到抗战中期，莫且获得释放。其次，余汉谋本身的事例，也就充分地证实他的"保存实力"是一种"明智"之举。余汉谋不战失广州，受到全国人民的责骂，但他还有"实力"，因而蒋介石不仅没有惩罚他，还任他为第四战区副司令长官兼第十二集团军总司令，一九四〇年又升为第七战区司令长官，把广东的军政大权给余掌握。

四、当时在广东的国民党高级军、政、党人员贪污腐化，只顾贪图享受，不愿抗战。余汉谋本身在当军长时就是贩卖大量钨矿出口资敌而发财的；当总司令后，更强制减缩官兵薪饷，美其名曰"公积金"，实际是占为己有；当司令长官时，竟不惜毒害人民，贩卖重庆财政部抵消的大批鸦片烟毒冒称是外销沦陷区，实是在广东内地发卖，以遂其发财致富目的。从这些勾当中，余汉谋就已搜刮了千数百万元港币。余汉谋其身不正，就难怪下面要上行下效。惠广前线是广东门户，防守这方面的部队，走私漏税也就成为司空见惯的事了。他们收入多，生活腐化，也就没有决心打仗。日军登陆那天，第一五一师在广州各游乐场所、茶楼、酒馆、戏院张贴通告和映出字幕，要他们的军官、干部马上回防待命（当时第一五一师一批连排干部在广州机炮训练班受训），用这个方式来号召部属回防，可说是余、吴独创的"杰作"。这件事，一方面说明余、吴在敌登陆前，毫无敌情观念；另一方面也说明国民党军人的生活腐化。

五、国民党内部明争暗斗，派系分歧。就整个广东的党政军之间的情况来说，余汉谋、吴铁城（广东省主席）和曾养甫（广东财政厅长兼广州市长）三"巨头"是同床异梦，各自为谋的。余汉谋自以为是大权在握的"广东王"，应该支配一切；吴铁城则以"老前辈"自居，有孙科为后台，且兼握国民党广东党务大权，高唱"党权高于一切"的滥调，以压制余汉谋；曾养甫则恃有张静江、宋子文和 CC 的支援，对余、吴都不在眼中。他们之间常因争夺权力问题互相攻讦。如广东发行的国防公债三百万元，是曾一手负责的，余、吴都想攫在手中，以补充和扩大军队和保安团队的装备力量，并从中捞一笔。但曾迟迟不给，又以负责构筑广州防御工事作借口，截留一大部分，以该款委由军统特务李崇诗招集千余人成立"广州社会青年训练队"（简称社训队）以扩充实力。又如广东禁烟督察处乃是贩卖鸦片烟毒的机构，是一个"肥缺"，余汉谋介绍他的亲信杨竹轩当监督，但曾养甫不买账，改请南京财政部直接委蒋介石的小同乡蒋某来当监督，使余啼笑皆非，对曾更为憎恨，时思报复。适曾用国防公债款在越秀山为市府构筑防空洞，余以擅用国防款责曾，曾以余总部的防空洞也是动用公款构筑的，市府又何尝不可作答复。余曾间的矛盾，不仅为此，而且到广州沦陷后，还一再发展没有休止。曾养甫野心很大，有取余汉谋、吴铁城的地位而代之的欲望。他联系陈诚的嫡系广东保安处长邹洪为声援，以军统特务头子张君嵩、李崇诗为心腹。广州陷敌后，曾在四会自封为"广东八属（西江和南路）抗日总指挥"，以张君嵩的税警总团和李崇诗的社训队为基本部队，截留税收，招兵买马。余部的零星溃退部队和从广州撤退的武装警察，均被截留收编。曾并公开说："余汉谋、吴铁城怕死不抗战，都应滚蛋，由我曾养甫来干。"蒋介石对曾这样的做法，不但没有给予处分，相反，不久还升他为交通部长。

除余、吴、曾之间的互相倾轧外，就余汉谋第四路军本身也是派系分歧，有"嫡系的一军系"和"杂系的非一军系"之分。（余汉谋原是第一集团军总司令陈济棠部的第一军长，陈部当时有三个军和几个独立师。余倒陈后，取而代之，改番号为第四路军，所以有"一军系"和"非一军系"之分。）较为显著的，就是缪培南、李汉魂、邓龙光等"旧四军系"和余的"一军系"的斗争，后来演变为张发奎、余汉谋间的长期斗争。抗战刚开始，余把缪、李、邓的第一五五、第一五六、第一五九三个师调往别的战场，旧四军系认为这是余排除异己的阴谋。邓龙光曾因别事愤而请辞第八十三军军长兼第一五六师师长职务相威胁，余乘机批准，以一军系的莫希德接充第八十三军军长，并拉拢邓的副师长李江接充第一五六师师长。邓则秘密发动全师干部起而反对，改由邓的亲信旅长王德全升充，一场风波，才告平息。

缪培南在余总部当参谋长兼广州警备司令职务，系蒋介石利用余、缪的矛盾，企图分化余的部队而指派的，因此余的内心是非常不舒服的。乃怂恿"一军系"莫希德、李煦寰、李洁之等出面反对，事事使缪为难，缪被迫下台，改任总参议，缪的内心是愤恨不平的。这也就是在增城作战时，余拟派缪任前敌总指挥，缪竟予拒绝的原因。事后于一九三九年缪培南在韶关接任第六十五军军长时，我曾问他当时不肯当前敌总指挥的原因。他说："余汉谋没有作战决心，不肯把全部兵力投入作战。他的目的是既要'保存实力'，又要打一下以欺骗国人，这样的打法是一定要失败的。余想叫我去当'傻仔'，我何必去当呢！"缪又说："那些余汉谋的嫡系多是骄横跋扈的，绝对不会服从我的命令的，假如他们临阵退缩的话，我如按律惩处，不仅他们不肯接受，连余汉谋也不会同意的。所以当时我对余说：'最好请总司令亲去指挥。'但余却以后方多事不能去为辞。我接着对余说：'那就副总司令去吧！'余说：'老香（翰屏）是不能打仗的，你已不能去，只有叫旋空（李振球）去咯！'"缪培南这番话，充分说明了在增城作战时对指挥人选难产的经过。

就一军系本身来说，其内部也是派系分歧，绝不团结的。如李振球、叶肇、张瑞贵、李煦寰等之间是钩心斗角的。李振球、叶肇之间的斗争尤为激烈尖锐。李、叶、张都是拥有实力的军长，固是互相排斥、互不相谋；李煦寰虽然没有实力（他担任政治部主任），但最得余汉谋宠信，对李、叶、张是分庭抗礼，绝不让步的。又如广州的宪兵司令和警察局长同是一军系的得宠干部，他们对打击缪培南是一致的，但在广州沦陷前不久，敌海空军向虎门攻击，情势紧急那天，因权力纠纷，竟在广州陈兵相对，如临大敌，视同寇仇。当时情景，有一位新闻记者讥为"巷战演习"，的确可恼亦复可笑。

第六十三军参加惠广战役的述忆

彭智芳[※]

　　一九三八年四月，余汉谋接到军事委员会通报，日军在台湾集结海、陆、空军，有大举进犯广东之势。余汉谋组织军师旅参谋人员侦察地形，决定防御阵地，部署军队。第六十三军军长张瑞贵奉命率第一五三师为前进部队，分驻宝安、东莞一线，并指挥虎门要塞，以后在惠宝一线参加惠广之役。我是时任第一五三师副师长，现就虎门要塞和第一五三师在惠广战役的战斗概况，叙述于后。

虎门要塞编制设备概况

　　虎门要塞属第六十三军战斗序列，归第六十三军军长第一五三师师长张瑞贵指挥。要塞司令部的编制如下：先后司令陈策、郭恩演，辖守备团一团（与陆军编制同），水雷队一队（有视发水雷一百只，官兵六十余人）。有三个炮台总台：沙角炮台总台下设上游、下游、大角三个分台；有各种口径大炮三十门，炮兵六百余人。长洲炮台总台下设长沙路、牛山、鱼珠三个分台，各种口径大炮三十门，炮兵六百余人。威远炮台总台下设威远、上横档、下横档三个分台，各种口径大炮三十门，炮兵六百余人。大炮口径有十生的、十五生的、二十一生的、二十四生的等。射程由七千公尺至二万三千公尺。

　　※　作者当时系第六十三军第一五三师副师长。

虎门要塞的战斗情况

自南京失陷后，日军派战舰三艘（有时增加）到珠江口宝安县属之大产岛附近海面停泊游弋，出没无常，不时对虎门开炮轰击，有时协同空军并进，作进攻状态；我方亦派肇和、海周两舰到虎门协助防守作战，同时利用广东江防残旧无用的舰艇和征用民船装载石头坠沉堵塞虎门河道阻止日舰驶入虎门。当时虎门要塞司令部被日机轮流炸毁，颇有伤亡。一九三八年间沙角炮台被日机炸中，伤亡官兵一二十人；威远、上横档、下横档分台被日机炸中，伤亡十余人。

日舰三艘驶来广东宝安县属大产附近海面，我军事委员会派肇和、海周两舰协同虎门要塞司令部防守作战。有一次日舰驶近虎门向各炮台攻击，当时肇和、海周两舰出去迎击。我海周舰被日舰炮击中舵房，舵坏不能控制行驶，适遇潮退急向下流，海周舰顺水由虎门推出，形同向日舰冲锋，而日舰亦以为然，急急发炮阻击。该舰无舵盲目下流不停，此时我岸上官兵鼓掌如雷助势，吓得日舰慌狂远驶无踪后，我方乃用舰出去拖回海周舰。

虎门要塞司令陈策在任时，曾先将各种大炮射程距离测好目标，做好记号浮标，以待敌舰到来，射击准确命中。有一次日舰不觉竟驶近目标地点，我虎门炮台即向目标瞄准，发炮竟获命中。日舰慢慢下沉，适潮退急流推出危险界线，后为日舰冒险进来拖走。这是我虎门旧残大炮发挥相当作用，此后敌舰再也不敢大摇大摆进迫，而我军见到日舰，无不拍拍胸膛，欢迎进近。

惠阳失陷后作战概况

一九三八年十月十一日下午三时，莫希德军长打电话给张瑞贵军长说，已得到香港方面情报，见到日舰艇和民船数十艘，从香港北端行驶，料必向我大亚湾澳头阵地进攻登陆。张军长得到电告后，即饬所部迅速准备应战。

十月十二日晚淡水失陷后，张瑞贵和第一五三师副师长彭智芳接到余汉谋命令，除留陈耀枢第四五七旅在虎宝防守外，即率该师钟芳峻第四五九旅赶赴石龙镇、常平镇待命。此时军部已移石龙镇设指挥所，指挥樟木头陈勉吾独立第二十旅、龙岗温淑海第四五二旅作战。十月十五日惠阳失陷后，探悉敌人并未分兵向我樟木头、常平、横沥、石龙进犯，对这些地方只派一小部分警戒，有集结兵力向博罗、增城前进的模样。

此时余汉谋才急令钟芳峻旅由常平到苏村待机推进博罗、增城公路的福田附近，并令第一五六师李振师叶植楠团进至福田公路之北，第一五三师第四五九旅钟芳峻指挥，共同夹击向我增城进犯之敌。

当时钟芳峻率领第九一四团张孚亨团、第九一六团黄志鸿团两团于十七日深夜赶到狗仔潭的福田布防。十八日拂晓，敌人先头部队到达向我进攻，战约一个多小时，将敌击退。旋敌军后续部队增加，并以飞机、坦克协助大举进攻，激战到十二时左右，我黄志鸿团长受伤，扶返后方医治。部队由徐毅民副团长指挥。黄团长走后继续伤亡官长六七人，士兵三百四十余人。由于官长伤亡惨重，士气锐减，敌以坦克从公路锥形突破，我军不支，一部向公路以北罗浮山败退，一部向公路以南石龙石滩败退。我张孚亨团在福田公路以北与敌接触，就在战斗剧烈中向罗浮山脚败退，该团长即在罗浮山收容准备再行反攻。但各部立脚不住，向增城派潭至从化上下清祠败退，该团第三营严建营长在敌坦克车冲锋时失踪，所部官兵伤亡和失踪二百余人。当时各团纷纷北退，而钟芳峻仅率特务排坚守原地，执行任务不动，仍欲收容反攻，但被敌坦克追击伤亡星散，仅得旅部旗官一人、马弁二人，走到新塘附近村落自杀，气节可嘉。至于叶植楠团是否参加战斗，情况未明。

钟芳峻旅由常平开动后，此时第六十三军张瑞贵军长率领直属部队和第一五三师彭智芳副师长于十七日夜由石龙镇北端向狗仔潭、福田前进，于十八日早到达距福田十余里地方的小圩场炮楼顶观察指挥。在上午以前听闻枪炮声甚密，也接到钟芳峻报告战况，午后三四时枪炮声渐沉息，派去联络的人亦不见回，尤不见钟芳峻报告，知道战况不妙，遂率领军部直属部队和第一五三师彭智芳副师长转移渡过增江河之西三江圩宿营，探悉福田之敌，自与我钟芳峻旅激战后，已稍事停顿。

增城失陷及第六十三军战况

十月二十日早，增城正面之敌沿着增博公路，直扑增城，飞机数十架向增江右岸扫射轰炸，陆军炮兵集中大炮数十门。此时第一五六师李振师、陈崇范的炮兵指挥部和中央新由湖南方面调来增援的一个重炮兵团俱已到达，各级将领同时督率官兵拒敌。但敌炮火占优势，仍给它炸得一塌糊涂，连大炮、战车都不能运动，而在坑贝附近的总预备队的第一五四师梁世骥师还来不及增援。李振师且战且退，向钟落潭方面北去，敌军遂渡过增江侵占增城。敌自突破增城后，即实行追击，以一部进出从化、花县，企图截断广州至韶关的道路，其主力则沿广（州）增（城）

公路直迫广州，经过莲塘以北公路附近，与我第一五四师第四六〇旅卜汉池旅打了一个小仗。

第六十三军军长张瑞贵在敌突破增城之际，即率军部直属部队和第一五三师副师长彭智芳及第九一六团一部，由增城之三江圩，向新塘铁路以北、广增公路以南转移，沿途收容。十月二十二日，张军长在新塘西北约三四十华里地方，得到所属第一五四师第四六〇旅（卜汉池旅大部）使用之后，同时又收容到第一五八师叶维浩第四七四旅，临时归张军长指挥。张瑞贵得到两旅之众，决定二十二日晚移动，向新塘西北越过罗岗洞大山进出罗岗洞，希望广州市守备指挥官李江能够固守阵地，乘机由罗岗洞进出夹击敌人之背后；如果不能取胜，决定向从化方面转移。谁知部队通过大山落到山脚已是二十三日上午一时，广州市已于二十一日被敌军占领了。而李江已事先离开广州，所有防守部队和宪警纷纷向清远、四会方面逃散。军部于二十四日正午即令卜、叶两旅向后转，再通过这个大山于二十五日集结在新塘西北一带村落，约距新塘四十华里地方休息，一面派人侦察中新圩附近敌情，以便通过广增公路向北作归队之准备。二十六日军部与总部和第一五四师取得无线电联络，知道我军退回从化牛背脊东西之线的阵地固守。因此决定北返归队，并将部队向北移动，于二十七日晚分二路向中新圩之西横过广增路，二十八日到达从化矮洞。斯时第一五三师第四五四旅之张孚亨团和黄志鸿团亦由罗浮山撤退到了矮洞会合，归制以后继续向北移动，于十一月一日通过牛背脊。除卜旅归返第一五四师建制防守新阵地，叶维浩旅继后北进归返第一五八师建制外，第六十三军军部和第一五三师到英德青塘。该师继开佛冈新阵地防守，军部驻于青塘，策划整补收容。这时伤病和失踪官兵纷纷回部，跟随钟芳峻旅长的旗官、马弁亦回来了。据说钟芳峻之死是他认为自己身任统率数千之众的旅长，今仅得几人，焉能复命，大败之罪，恐难赦免，不如自杀，免予受辱。乃将自用左轮手枪从下颚向上发射穿顶不死，昏迷不省人事。幸好该村民众所闻，群集围睹，争先慰问，救醒医治。唯自杀心决，第二天他又跳河自杀，又被民众营救捞起扶回村中，因伤口入水不治而死。钟芳峻之死可谓以身报国，尽忠职守，颇得村人崇敬，集资厚葬于该村。

广州失陷后的虎宝战况

广州失陷后，我第一五三师留置虎宝线的陈耀枢旅（第九一三团及第九一七团）及虎门要塞已处在敌后状态。旅部为适应情况变更部署如下：位置于公明圩附近，同时在其以东山区建设游击根据地，并向常平、樟木头警戒，同时构筑据点防御工事。第九一七团位置于新桥附近，派一部监视珠江。虎门要塞及守备团在原地防守，向东莞石龙方向警戒。十一月上旬，谭邃曾由香港至深圳召集温淑海、陈耀枢两旅长及主任参谋指示游击计划及而后活动问题，并向温、陈两旅下达笔记命令。

十二月二十九日夜晚，我获探报有步兵、炮兵联合之敌五六千人，是日到达常平附近集结，有向我前进扫荡模样。翌晨，我第九一三团罗基营即到达通向常平、樟木头之山地布防。三十日上午十时左右，敌进到我阵地前沿突遭不意袭击，伤亡颇重，不敢冒进，旋敌后续部到达，向我展开进攻，激战四小时，互有伤亡。下午四时，我罗营发觉右侧受敌威胁，此时九一三团主力已进入第二线现设阵地，罗营在黄昏后转进至第二线阵地后方整顿，是夜敌我无多大接触。三十一日拂晓，敌分三路向我进攻，我第九一七团亦参加战斗，阻止敌人前进。敌以飞机、坦克助战。激战至后来，我军伤亡很大，且敌逐渐向我形成包围态势，陈旅为准备突围，遂将主力逐渐向右侧山地转移。激战至暮，该旅乘夜脱离敌人，向唐头夏方面突围整理，同时奉命取道惠阳、龙门归制。是役我阵亡连长一人、排长四人，伤亡官兵二百余人。

福田之战

萧秉钧※

广州弃守前的福田之战时，我在第一五三师第四五九旅第九一六团担任团政治指导员，身与是役，见闻较切，现记述于后，以供参考。

一九三八年十月初，日军由台湾等地调来四万余人，军舰三十余艘，飞机七八十架，在日军华南派遣军第二十军司令官古庄干郎中将指挥下，于十日和十一日两天在我惠阳大亚湾海面集结完毕，十二日拂晓以海空军掩护陆军向澳头附近强行登陆。先占淡水，继陷惠阳县城，便沿惠博公路向我腹地深入进犯。因沿途未遇多大抵抗，即于十八日进抵罗浮山麓"福田"附近，遭遇到第一五三师第四五九旅的阻击，于是展开剧烈的战斗。

原来防守广东前线的第一五三师（师长张瑞贵兼），担任由虎门至宝安这一防线，故部队是沿宝太公路（由宝安至太平）驻防。师司令部和直属部队驻公明，陈耀枢的第四五七旅分驻宝安、乌石岩、西乡一带。钟芳峻的第四五九旅分驻北栅、居奇、沙井、新桥、楼村各地。日军在澳头登陆后，敌情业已明确，敌军又已进入腹地，战争形势进入紧张阶段。驻在这一带的第一五三师，接到第十二集团军总司令余汉谋的命令调动进击敌人。然而仍留陈耀枢旅在宝安，只调钟芳峻旅向博罗方面进发。该旅所辖之第九一六黄志鸿团、第九一四之张孚亨团，于十月十六日由宝太公路原防开出，向寮步、大朗、石马、常平沿途前进，于十七日到达九子潭附近，稍事休息，打探敌情。侦悉敌人自陷惠阳后，未受任何部队阻击，向惠博公路日夜兼程，长驱直入。十八日拂晓前到达福

※ 作者当时系第六十三军第一五三师第四五九旅第九一六团政治指导员。

田阵地，已望见敌人沿途灯火，以坦克为前导，掩护步兵行进。我军部队掩蔽在小树林内，出敌不意，迎头痛击，机枪、步枪、迫击炮同时发射，响声震天，山谷雷鸣，打得敌人乱作一团。已过头的敌坦克，掉头回来作战，又被打翻的敌人尸骸马匹填塞满路，进退两难。不久，天色大明，敌人后续部队继续开到，于是展开更剧烈的战斗。战至上午八时左右，见敌人炮兵已推进罗浮山上，居高临下，向我射击，敌人骑兵向我两翼包抄。在地形上敌人比我有利，在人数上敌众我寡，战斗形势显然于我不利。但我军上下，激于义愤，不顾成败，只有拼命战斗，敌我呈胶着状态，双方尸骸遍地。战至中午时分，我军死伤枕藉，人数渐少。敌人已分清形势，随即出动大批飞机向我部队轰炸，我军伤亡更重。第九一六团团长黄志鸿见已无部队使用，即亲率团部特务连向敌冲锋。敌人集中火力，向我射击，黄团长被机枪击中，翻下山坑，我与卫兵数人将其救起。黄团长因流血过多，不能行动，即从身上取出私章一枚交予中校副团长徐毅民，着其负责继续指挥部队。我即通知军医主任蔡景惠扛来担架将黄团长抬下火线，敷药调理。该团部队由副团长徐毅民指挥，仍然继续坚守阵地。其地各部，人数虽少，但是仍然坚守阵地。战至下午二时，弹尽援绝，官兵饥渴交困，又遭敌机轰炸，加上后方凌乱不堪，一切给养都不能送达阵地。旅长钟芳峻见部队伤亡殆尽，孤军作战，后援不继，而敌军则越来越多，三面包围，形势凶恶，即下令撤退。这时撤退士兵，各寻生路，无法掌握，大白天在泥田水坑之间，犹如群鸦乱飞，目标大为暴露，任由敌人飞机乱炸，敌炮测定目标凶狂射击，脱离战场的部队又有不少伤亡。

部队撤退后，我护送受伤团长黄志鸿至一小树林内，见到旅长钟芳峻与旅部参谋主任陈荣枢坐在林边电话机旁，我即报告部队撤退情况及黄团长受伤情状。钟默默无言，不断摇头叹息，随由身上取出纸币一束（说是两千元）着我转交团部军需，作为部队伙食之用，并嘱咐好好护送黄团长赴后方疗养。参谋主任陈荣枢说敌人炮兵轰击准确（他是日本士官学校毕业生），现在敌人以炮兵追击，着我们路上行动，小心隐蔽，以免暴露目标，再作无谓牺牲。我随即离开旅部位置，仍然小心护送黄团长继续向南而行，因敌机不断在头上盘旋侦察，故随行随止。下午六时左右始至尤华圩场师部驻地，见师长张瑞贵、副师长彭智芳、参谋长欧鸿等正将离开师部驻地，在圩场上束装待发，我随即口头报告福田战斗经过及黄团长受伤情形、钟旅长现时所在位置等等。他们嘱我护送黄团长赴广州就医，即行率领师部人员出发。我仍然护送黄团长至石滩，时已入夜，天黑如墨，又饥寒交困。适有师部工兵营电船一艘泊在河边，我与该营长商议利用该电船送受伤团长黄志鸿前往广州就医，得该营长同意后，半夜开船，至十九日清晨到达广州，见市内各处马路行人稀少。二十日晚上我接师部电话，说敌人已进抵增城，饬后方人员一律于今晚撤出广州，通过太平场到达良口候命。于是我们又坐上师部后方汽车即时出发，二十一日拂晓到达良口，车未停定，敌机又来轰炸，几经艰险，于是日下午到达翁源新江。

我们到达翁源后，随有钟旅长的卫士由前方回来报告，说钟旅长自福田战斗结束后，他以部队战败，后援不继，请缨再战，又无可能，是晚行抵石滩，思前想后，不胜悲愤，即行拔枪自杀，为卫士抢救，伤后未死。但他已立定以死报国的决心，待卫士离开身边，即奔出投河，以伤后淹水，无人及时拯救，发觉后，业已毙命，经地方群众备棺埋葬石滩。消息传来，全旅悲恸。当时钟旅长之战败自杀，虽是一种悲观失望的消极行为，但他在国民党的军人中还是一个有血性的男儿。

及后第一五三师退驻清远横石，留在宝安敌后游击的陈耀枢之第四五七旅，这时亦已间道归队，于是该师重整旗鼓，恢复建制。一九三九年春，师部派第四五九旅旅部旗官程琦前往石滩，寻觅钟旅长尸首，重备棺殓，将灵柩运回五华原籍安葬。

第一八六师增城之役的追述

李　振[※]

一九三八年十月十日，我海防部队在大亚湾海面发现有三四只日舰游弋。因为长期以来，日军为了封锁我海上交通，经常有日舰三五艘不时在我沿海游弋，截击我船只。我沿海守备部队初以为日军军舰出没是常事，不认为这次日舰游弋会有登陆企图。至当日下午，敌舰增至十七八艘，第八十三军莫希德军长认为敌有登陆企图，遂即以电话报告第十二集团军总司令部，要求在总部集训的各部队团长，星夜赶回前方。但当时各师在总部集训的团长，多数出外，总部当即在各戏院、电影院放字幕要各师集训团长星夜回防。是晚八时左右接莫军长电话，要我到军部，我于十日下午九时由龙门坐车到惠州，因沿途躲避空袭，至十一日零时始到达惠州军部，与莫军长研究结果，认为日军确有登陆企图，主张变更部署，加强第一线兵力。当即向总部建议，将深圳防务交第一五三师，大鹏湾一带留少数部队警戒，以第一五一师第四五一旅何联芳旅任平山、霞涌之守备，温淑海第四五三旅任澳头守备，师部及直属部队推进淡水指挥，惠州防务请总部另派得力部队接替。十一日黄昏前日军舰船增至四五十艘，并有航空母舰一艘，判断敌人总兵力有四万人左右。莫军长将此情况报告总部，并要求按我们所提建议，迅速变更部署，加强第一线，准备迎击敌人。但总部参谋长王俊指示：敌人不会在澳头登陆，勿为敌人佯动所迷惑，部队非有命令不准移动。

十月十二日拂晓，敌人在强大海、空军炮火掩护下，开始在大亚湾登陆，主力在霞涌、澳头登陆，一部在稔山、盐灶背、平山登陆。我守

※　作者当时系第八十三军第一八六师师长。

备霞涌、澳头之何旅罗懋勋团严、张两营，死伤惨重，特别是严营自营长以下大部壮烈牺牲。罗团之直属部队及一个营增援时被飞机炸散，该旅韩朋如团自敌登陆后被击溃，失去联络。同时，淡水、惠州被敌机轮番轰炸。我即离开惠州回龙门。十二日晚接莫军长电话说：敌人先头部队已到淡水。十三日晚接莫军长电话说：何联芳旅联络不上，惠州无兵可守，决定当晚放弃惠州，在东江东岸阻敌渡江。十四日，敌先头部队已到惠州。十五日晚接总部命令大意云：敌人两个师团主力在霞涌、澳头登陆，一部在稔山、盐灶背、平山登陆。我何旅情况不明。我军为利用增江障碍，集中兵力与敌决战，重新部署如下：独立第二十旅集中增城、正果圩附近，相机侧击敌人。第一八六师应派一个团于罗浮山配合第一五三师钟芳峻旅阻击惠广公路之敌。第一八六师欠一个团占领增江右岸已设阵地，由××（地名忘记）至石滩之线，驱阻敌人。第一五四师缺一个团集结于福和附近为总预备队（第一五四师、第一八六师均是新成立部队，装备很差）。第六十三军应派一个旅并指挥第一八六师在罗浮山附近之一个团，利用罗浮山两侧有利地形侧击惠广公路前进之敌。第一五八师、第一五二师（由海南岛开广州行动中）、独立第九旅、张君嵩之税警团为第二线兵团，集结于广州附近。第一五七师（在汕头）应取捷径迅速向紫金、河源集中。十五日，敌人已在惠州架桥。十六日拂晓，敌人大部队已过江。第一五一师特务营稍与敌接触，即向响水方撤退。敌人渡东江后，派一右侧支队附炮四门，沿东江公路出龙门、永汉包围我侧翼，有另一部经响水、横河向正果前进（约一个旅团），主力沿惠广公路前进。十八日，我第一五三师之钟芳峻旅和第一八六师叶植楠团在福田附近与敌激战数小时，钟旅之黄志鸿团、张孚亨团向罗浮山撤退。钟芳峻旅长感到部队损失惨重又与部队失去联络，愤而自杀。十九日下午，敌已占领我增城正面之前进阵地。二十日拂晓，敌在强大炮火和飞机、坦克掩护下，向我增城攻击，激战至下午四时左右，我师第五四七旅之谭瑞英部被突破，我师陈绍武旅之潘标团和唐拔旅之黄凯团各抽一部侧击无效，且死伤很大。日军此次进攻，系以飞机、坦克掩护，沿交通线两侧采取快速进攻、猛追猛打、中央突破战术，因而我陈、唐两旅被隔开于两侧山地。师长李振率师部指挥人员向福和撤退，并将作战情况报告前敌指挥官。前敌指挥官是第六十五军军长兼广州警备司令李振球，临时派来前方指挥的，指挥所只有参谋人员和一个警卫排，于二十日午前九时到达福和附近朱村内，各师向其架电话不久，情况尚未弄清楚，前线已崩溃了。同时，我用电话将前方作战失败情况报告余总司令汉谋，说明日军进攻是以大量飞机、坦克掩护下，采取猛追猛打、

21

突破一点的战术，请特别注意。入夜后，指挥所绕道太平场沿广从公路回广州。第一八六师经太平场到钟落潭收容，第一五四师撤良口布防，第十二集团军总部由二十一日起陆续向清远撤退。第一五二师邓琦昌旅向源潭撤退，第一五八师向花县撤退，独立第九旅向清远撤退，税警团向三水、四会撤退，炮兵指挥官陈崇范指挥部队及炮兵沿从广公路到翁源。二十一日，广州遂告失陷。

广州失守后，我第一五四师占领良口阵地，第一五八师占领汤塘、百步梯阵地，第一五二师占领源潭阵地，独立第九旅任清远城之守备。第一八六师集中吕田、牛背脊收容整理，独立第二十旅集结梅坑收容整理，第一五七师由紫金、河源开新丰集结候命，第十二集团军总部驻翁源三华镇。日军自登陆后经过惠、淡战役和增城战役到进占广州，都是沿交通线重点突破采取猛追猛打战术，因而消灭我有生力量不大。自其占领广州后，即将惠阳放弃，龟缩广州附近，不敢向我扫荡，主力集中广州附近，前沿部队占领我增城、中新、太平场、神岗、石龙、新街、冯冲等据点。我军常派部队向敌袭击，敌小部队常被我消灭，时有俘获。

正果之战亲历记

黄韬远[※]

惠广战役正果之战，是当时的陆军独立第二十旅在那里进行的。我那时在该旅司令部参谋处担任作战参谋工作。正果之战是我亲身的经历。现把战斗的经过情况叙述出来，以供有关方面研究及参考。

陆军独立第二十旅的编成及参战

陆军独立第二十旅于一九三八年三月在广东的肇庆地区成立。旅辖三个步兵团及一个特务营。旅长陈勉吾，第一团团长张守愚，第二团团长陈杰夫，第三团团长张琛及旅参谋长陈克强，士兵全是新兵，训练不足（入伍时间参差不齐，一般是半年左右，少的是三个月，最少的不到一个月。因训练时间短，有些连实弹射击还没有实施过）。

独立第二十旅在装备方面，按当时的标准是较好的。计每个步兵连有轻机枪九挺，每营有重机枪四至六挺，每团有八二迫击炮四至六门。在通信方面，步兵营有交换总机，有线通信可直达至步兵连。这在其他单位，当时还是未能完全做到的。此外旅部还配有大小汽车及摩托车等作为指挥及运输工具。

该旅在高要编成后不久，即按第十二集团军新的战斗部署，将旅部及第二团调驻佛山附近，并参加中山县及佛山一带的国防工事构筑。第一团驻高要县，第三团驻三水县，各团的主要任务则是继续补充及训练。

一九三八年十月初，日军在华中地区的侵略部队已逼近武汉。十月

※　作者当时系第十二集团军独立第二十旅作战参谋。

十日下午五时许，该旅旅长陈勉吾突然接到第十二集团军总司令余汉谋的特急手启电报转来蒋介石的命令，说武汉情况紧急，着独立第二十旅迅即开赴武汉参加作战。限于十月十一夜在广州集中完毕，候命乘火车北上等语。陈旅长接此特急电报，因为该旅准备及训练均未完成，所以对此事很为不满，但又不能不执行。他首先下令旅部的人，饭后均不准外出。跟着就叫我到他那里，由参谋长陈克强先给我看余汉谋的特急电报，然后对我说因时间紧急，下书面命令已来不及，着我立即起程到佛山市（当时旅司令部驻在石湾镇大庙）乘夜班火车到三水转船到肇庆，口头传令给该旅第一团张守愚团长，着该团于十一日以最快速度，赶到广州集中（那时该团驻地离广州最远）。我受命后即仓促起程，当天亮之前我到达肇庆时（高要县县城），即叫醒该团张团长，传达旅长的命令。该团就立即开始行动，并依时于当夜到达广州集中。

日军在澳头登陆及独立第二十旅任务的改变

独立第二十旅全旅于十月十一日夜晚在广州附近集中完毕，正整装待命北上武汉参战。而十一日当晚在广东惠阳县的澳头附近海面，却发现日敌大量兵舰到达。十二日拂晓，敌陆军及海军陆战队即开始在澳头稔山两地分别登陆。澳头、淡水一带守军第一五一师的罗懋勋团略加抵抗，受敌强大火力及兵力的压迫，纷纷向后溃退。敌人顺利登陆。迄当日下午即先后占领我淡水、平山之线阵地。这时，第十二集团军总司令余汉谋才命令独立第二十旅停止北上，在广州附近待命。

十月十三日，日军登陆的主力部队即由淡水向惠阳县城挺进。同时，那几天敌空军在前线及我后方进行狂轰滥炸，使我军调动及城乡交通运输，受到很大的妨碍。而负责守惠阳县城的第一五一师师部及何联芳旅的主力，本是占领着飞鹅岭的有利地势的，却被敌飞机的滥炸所吓倒，未作认真抵抗即狼狈逃去博罗，惠阳城区遂被敌人占领。广州各界闻惠阳迅速失陷均感到愤慨。当日独立第二十旅，却受命向东莞方向进出，支援广九铁路方面的作战。

占领惠阳县城的日军，并未分兵向广九铁路方向进犯，而于十月十五日，以其主力渡过东江继续向博罗县城进攻。从惠阳退到博罗的队伍，及原驻该处的第一五一师补充团，人数还不少，却不加抵抗即向福和、增城方向退走。敌人毫不费力即占领博罗县城。余汉谋及其总部此时才敢判定日军进攻的方向是增城而不是广九铁路线，于是匆忙地修改计划及局部地调整兵力部署。将进出东莞的独立第二十旅调到增城东北的正果圩，命原驻宝安的第一五三师钟芳峻旅调驻石滩、福田，以参加增城方面的作战力。守增城的仍是原驻该处的一八六师李振部。另由炮兵指挥陈崇范率炮兵至增城支援作战。此外调独立第一团驻守正果北面的永汉墟，掩护增城的侧背。

独立第二十旅的秘密集中及侧敌运动

独立第二十旅受命到正果集中时，由于那期间敌空军活动非常猖獗，而且敌陆军已占领了博罗县城，距正果圩不远；由东莞至增城县正果圩的行进方向又是侧敌运动，所以为保持秘密及避免敌空中及地面袭击，只能采取夜间运动白天休息的方法。十月十六日旅司令部组成前进指挥所，由参谋长陈克强率领，从广州乘卡车于清晨出发沿广增博公路先去集结地正果圩，目的是作必要的侦察联络及部署各单位到达集中地之后的行动。但我们的汽车在前进中，却受到敌机的轮番袭击及跟踪监视。由于赶时间，我们的汽车一面行"之"字式与敌周旋，另一面亦逐段隐蔽，逐段跃进。因受敌机轮流的轰炸扫躲，车上人员亦有一些伤亡，并被阻隔到下午四时，才到达增城县城。我们在前进途中除见到敌机的猖獗活动外，还见到第一五一师由前面退走下来的携着步枪的单个士兵。他们都是惊慌失措地向广州方向行进，问到前方的情况，不是摇头叹息就是夸大敌方的力量。在我们的汽车进入增城县城时，见到该县城几天来已被敌机炸成一片瓦砾。我们知道是第一八六师驻守增城的，但入城后不但见不到一般老百姓，亦见不到一个军人，想找点茶水解渴也找不到。大概军民都到山上避飞机去了。我们只得继续乘车冒着敌人飞机的跟踪扫射，向正果圩前进，并于当晚黄昏前才到达目的地正果圩。随后陈勉吾亦乘其小卧车到达集结地，并派我乘他的小车回增城以西处理一些公事。当我乘坐的小车回正果圩时，广增公路的增江大桥被敌机的燃烧弹所炸中，熊熊大火，正在燃烧。当时司机怕桥会烧断，汽车通过时会坠入河中；即使桥不断，汽车也可能着火。我下车看着桥的情况，觉得烧着还不算久，冒险迅速通过，大概还不会断，但若再迟延，通过就更危险，因而鼓动司机大胆地以高速通过。结果我们的车真的安全地到达彼岸。回头一看，桥已被烧断了，司机和我都伸着舌头，出了一身冷汗。毕竟人和车都安全回到了正果圩。

我旅由东莞各地向正果圩前进的各部队，是于十六日晚上才开始行动的。旅属第二团陈杰夫部，于十七日清晨到达石龙圩附近隐蔽休息时，该团副团长及少校团附、团军需主任等三人，竟私自到石龙镇的茶楼去饮早茶。不久敌机群轰炸石龙铁桥及石龙镇，许多居民被炸死、炸伤。该镇房屋大部被炸毁。上述三人亦同时被炸死，致使该第二团在那期间的作战指挥及补给方面产生很大困难，影响其战斗力。旅所属单位是陆续到达正果圩集中地的，而第二团因为途中受到上述损失，于十月十八日晚才到达正果圩，算最迟到达的单位，该团士气亦受到较大的影响。

争持中的战斗任务及陈勉吾的临时决定

旅各部队到达正果圩之后，即由第一、第三两团各派出一部在正果圩东南地区占领警戒阵地，向福田、罗浮山等处进行侦察及警戒。旅主力则在正果圩附近休整待命。

十月十九日上午十一时左右，第十二集团军总部派军官乘摩托车送来作战命令，大意是说：日军将以主力进攻增城，着该独立旅留一个团在正果圩东南地区拒止当面之敌，旅长率两个团于二十日晨沿正果圩西南方山间小路向增城以东增江左岸进出，攻击敌之侧背。另命第一五三师的钟芳峻旅于二十日晨向增城以南的增江左岸进出，共同攻击敌人侧背等语。当时陈勉吾以当面敌人强大，如分兵两地，会被各个击破为理由，请余总部准许旅以全力歼灭当面敌人之后，再回兵支援增城方面的作战。余总部第二次的命令于当日下午三时许又由乘摩托车的军官送到，着留一个团及一个营拒止当面之敌，旅长仍须依前令率主力向增城进击，协助该方面的作战。陈勉吾接此命令，才无可奈何不得不执行。

陈勉吾及陈克强随即把我叫进他们的房里去，命令我带同一个武装警卫士兵，立刻出发，对正果圩西南方五万分之一地图上那条进出增城的间点线山间小路进行侦察，估计哪些地方需要怎样修理，才能通过我们的部队。并限于翌晨拂晓前，回到司令部报告。我遵命前往侦察，于二十日晨四时许回到旅部向陈勉吾报告侦察的情况。他听后毫无表情，看来他心情很不好。那时我亦没看到队伍有向增城方向前进的准备。我心里感到奇怪。到拂晓时，他叫通信兵利用当地既设的长途电话线，挂电话找到守增城的第一八六师师长李振讲话。他问李振能不能守得住增城，李说守得住。于是他就决定先歼灭当面之敌再回师增城，而不是按余总部的命令行动。原来十九日下午陈勉吾又接到前方侦察报告，说当面之敌已增至四五千人。他判断敌人可能是一个加强的混合支队或加强联队，用全旅三个团吃掉它没有问题。如分兵则会被敌人分割歼灭，至少重武器及在正果圩的车辆辎重等亦会全部丢失。所以他决定以全旅力量在正果圩东南方地区展开，首先歼灭当面的敌人。

想吃掉敌人，反被敌所乘

十月二十日上午七时，旅长陈勉吾下达作战命令，将全旅在正果圩东南侧地区作遭遇战式展开，迎击敌人。当时的战斗部署大致是这样：（一）第一团为右翼团，展开于马鼻岭东西之线，并派出一个营从右侧后包围敌人。（二）第三团为中央团，连接第一团的左翼，展开于福田通正果圩道路的两侧高地，迎击敌人。（三）第二团为左翼团（该团初为预备队），连接第三团左翼，在敌人的右侧后展开侧击敌人；并派出一个营向红庙方向前进，威胁敌人右侧背。（四）旅配属的山炮连在第三团直后附近地区选择阵地，主要支援第三团的作战。（五）特务营于小楼附近对公路警戒，掩护旅后方的安全。其军士连于增江左岸正果北侧占领阵地，对永汉方向进行警戒，掩护旅司令部。（六）平射炮连在小楼附近选择阵地，对于由南北两侧公路附近出现的敌人坦克，准备射击。（七）旅指挥所位于正果圩东南侧第三团直后的无名高地上。

全旅于二十日上午八时左右在正果圩东南方各高地展开完毕。这时敌人正在急进，双方即展开激战。由于日军步炮火力强，射击又准确，我军又没有阵地掩护，所以我军伤亡逐渐增多。迄上午十时左右，第一、第三两团已阵亡及重伤几个连长，而排长级干部及士兵伤亡就更多些。那时第一、第三两团均向旅指挥所请求增援，而第二团因与旅指挥所距离远，其电话迄未架通，该团行动情况不明。旅没有预备队可以增援第一、第三两团。随后不久，旅部与永汉圩方面独立第一团的无线电联络亦中断，那方面的情况及该团的行动不明。当时旅长、参谋长、参谋处长和几个参谋都在旅指挥所，其中还有旅长的朋友兼顾问卓献书。陈勉吾感到如永汉圩有失，则旅的左侧背受威胁。于是派我乘摩托指挥车到永汉圩去了解该方面的情况。当我上了指挥车，正准备开走时，陈克强却把我叫住，他和旅长商量几句后，就改派少校情报参谋林贤轸去永汉圩，而把我叫回指挥所（后林被敌俘虏）。原来我刚离开，旅指挥所与第三团的电话已中断，该团情况不明，而敌人的子弹声却愈来愈近，都在旅指挥所上空呼啸而过，形势十分紧迫。当时陈勉吾心慌了，我听到他向陈克强说："旅指挥所须迅速向后撤退。"参谋长说："再等几分钟看看。"于是陈克强对我说："你带个警卫战士迅速到前线，找到第三团张琛团长，向他说明当前形势，务必要他多支持一些时间，待第二团到达后，情况就会改变。"他对我说这些话时，陈勉吾也点头表示同意。我受命后立即同那几次都跟着我的警卫战士跑步下山。将近到山脚，就见前面的部队像潮水一样纷纷溃退下来，正向我后方四散逃走。我见此形势，心里十分焦急，认为正面垮下来，必然会引起全旅的崩溃，想回去指挥所请示报告，但觉得时间已来不及，于是继续跑步下山。到达山脚，首先见到救护兵从火线上抬下第三团受重伤的一些连排长，其中有些是我认识的，有些还要求我补他一枪。我当然不肯，心里却很难受，只得安慰他们几句，叫立即抬回后方去。随后我在路边，就见到该第三团中校副团长张树森，他垂头丧气一声不响地坐在小树下。我问他："张琛团长在哪里？"他说："张团长已绕道向后方逃走了。"我说："旅长要你们团无论如何要多支持些时间，以待第二团到达。团长不在，那就请你指挥吧！"他说："部队已散，我指挥不了。"我知道这张树森是陈勉吾的潮州同乡，据说还有些亲戚关系，级职又比我高，他不肯指挥，我也就没有办法。那时觉得回去报告更来不及了。我想到战局危急，就撇开那位张副团长，带同我的警卫战士，继续跑步上前线去，观察情况，相机组织反击。

组织队伍，反击敌人

我们跑到前面不远，就见到配属给本旅指挥的炮兵连的队伍正向后撤退。我找到该连连长吴膺朝，问他为什么撤退。他说："步兵已退，我炮兵不能不退。"我对他说："旅指挥所就在后面，旅长现在叫我来指挥，任何人都不能退。"我问他："你连还有没有炮弹？"他说："有。"我说："那好，你炮连就在前面选择阵地，准备射击。步兵的掩护，有我负责。我将重新组织他们反击敌人。你连必须以猛烈的火力向敌射击，与步兵配合作战！"吴连长同意了，随即整顿队伍并选择阵地。我继续上前，先制止住那些奔逃的队伍，然后我集合那些军官，对他们说："旅指挥所就在后面，现在陈勉吾旅长叫我来指挥，谁要是退却，就执行军法。"并说："我已叫炮兵在此占领阵地进行射击。我们各单位官兵均须回转头去，反击敌人。我和大家一起，坚决不退。我们必须打退敌人，才有生路。如果再退，全旅都会覆没。现在谁在战斗中牺牲了，就是民族英雄！"我问大家："敢不敢和日军拼死活，以打败敌人？"他们听了都一致高声赞同，表示要与敌人拼到底。我那时心里真有说不出的兴奋。于是略为编整队伍，就指定各连的展开位置，命令向追击中的敌人用最猛烈的火力进行射击。

那时敌人正向我第三团败退的队伍进行追击，来势很猛。我用望远镜及炮兵连的炮队镜看到敌人后方已编成约六七百人的纵队追击队伍，正通过一条山间长隘路向我追击前进。我立即叫炮兵连以集中的急袭火力，向隘路中的敌人队伍迅速射击。由于敌人正在隘路中行进，两边不能展开，受到我炮火准确而迅猛的射击，无处可逃，所以死伤很大。至于火线上向我追击的日军，由于受到我步、炮兵猛烈火力的回击，不明情况，亦就不敢再前进了。而我军的官兵，在我们猛烈炮火的支援下就更振作起来，反而向敌人逐步攻击前进。后续退下的官兵，见我们不退，亦就不再退，也回过头去迎击敌人。日军很快就派出飞机到我方低空侦察。由于敌人受第三团回击，第一团官兵亦鼓舞起来，以猛烈火力向敌射击及向敌迫近。此时后撤中的旅长和参谋长等人，听到前面猛烈的枪炮声愈来愈远，亦就上前来到我所在的位置。他们见到这些情况，都十分高兴。

敌人的追击纵队，自从被我猛烈炮火连续命中，受到杀伤后，早已停止了追击。此时敌人的火力亦有所减弱，而且我两侧包围部队，亦予敌以威胁，因此敌逐次向后退走。陈勉吾见此形势，就下令追击。当时我正面部队的官兵士气更高，就迅速转入战场上的火力追击，给敌人以更大的杀伤。至下午三时半左右，陈勉吾见时间已晚，而各方的情况又不明，于是下令停止追击，命各单位撤回正果圩食晚饭，以待后命。

当时虽知道增城失陷，而永汉圩的情况仍未清楚。至正果圩之敌被击退后，在我军撤出时，他们还不敢追击。本来陈勉吾当日知道第三团团长张琛在败退时丢弃队伍，自己绕路向后方逃走，甚为愤怒，曾声称要枪毙他。以后又知道第二团团长陈杰夫带领队伍迷失方向，致未能及时到达预定的位置，亦十分不满，说要严办。（在当时的五万分之一地图上，正果圩附近的山头，许多没有地名。加上该团的副团长及团附在石龙时就被炸死，以致团指挥力量薄弱，所以该团行动受到影响。）但由于取得小胜，他心里高兴，所以情况就缓和下来。三个团长当晚回旅部汇报时，他只是对张、陈略加责备，未予深究。

正果战后的余波

正果圩战后，由于陈勉吾满意于当天抗击了敌人，取得小胜，却忽视了永汉圩方面的敌人。当日晚饭后，他口头命令各团渡过增江，向派潭、从化方向前进，以便相机参加广州外围的作战。但他却没有派出有力的掩护部队，而仍由原来对永汉圩的警戒部队即特务营及其军士连担任掩护，在渡河时却受到永汉圩方面日军南下骑兵的冲击。由于军士连的学生，入伍才一个月，未受过射击训练，见到敌骑兵，射击不敢看目标，有些则惊慌逃走，致过桥及等待渡河的部队受到冲击。官兵不了解情况，就各自四散奔跑，部队失去掌握。那时旅部虽过了桥，但后续部队包括特务营在内亦未见跟上来。这样，就使得旅部在渡河之后，与各部队失去联络。而各单位过了河，继续向派潭、从化方向前进时，途中亦受到永汉圩继续南下的敌骑兵的冲击。加以那些桥梁早被破坏，重武器、伤员及辎重等不易过河，在途中就多有丢失。旅司令部当时亦只收容到百多人，陈勉吾并派我为后卫连连长。在那前后皆有敌人的几天时间当中，一面与日军周旋，一面掩护旅部的安全行动。我们将到从化时，才知道广州已失，从化亦已被日军占领，遂转向良口方向行进。

原来，日军在进攻增城、正果圩的同时，派出一个以骑兵为基干编成的支队向永汉圩进犯。而守永汉圩的独立第一团团长李如枫见敌人到来，既不认真进行抵抗，亦不向陈勉吾报告情况（该团受陈勉吾指挥），即向从化方向撤退。当独立第二十旅旅部与该团无线电联系中断，而派少校参谋林贤轸乘摩托车去了解情况时，永汉圩已被日军占领，林贤轸做了日军的俘虏。故正果圩战后，陈勉吾仍不知道永汉圩方面的情况，以致旅在渡增江时，受敌骑兵袭击而遭到意外损失。

忆正果之战

黄植虞[※]

一九三八年，我在国民党广东部队独立第二十旅第三团第二营任中校营长。是年十月在澳头、淡水登陆之日军，自占领惠阳县城后，立即向增城进犯。十七日凌晨，我旅奉令从驻地广州出发，急行军经龙眼洞赶往增城。当日二十一时许经过增城县城。那时敌已派汉奸及先头别动队潜入县城纵火，市区一片火海。我们团负责强行通过火场直奔正果圩，十八日上午八时到达该圩东面集结。我营为团的左翼营，负责圩东白面石村及其右翼三〇二高地（土名黄沙凼坳、老虎石山）之线布防，筑工事。当时，我以我营的步兵第五连、重机枪连（缺一排）占领白面石村前黄沙凼坳，第四连附重机枪两挺占领老虎石山。第六连作为预备队在白面石村右后方森林，占领森林各要点，能够以纵深火力射击敌人，并随时准备以步兵向第一线出击。营部指挥所在三〇二高地（黄沙凼坳）。第四连、第五连第一线阵地前面约一千公尺处设有前进阵地，并不断派少数兵力向前方搜索敌情。

该旅第一团布置在右翼马鼻岭，第二团为左翼在麻榨圩附近。旅本部和第二团一部直属队为预备队，放在第二团的后面。中午，各部分别进入阵地，完成战斗准备。十七时，我营前哨侦察部队向前搜索时，在阵地前约一千公尺的山僻小路上发现敌人前卫尖兵，步骑炮联合部队随后，以密集部队涌进。我阵地、我部和敌人即展开步炮和机枪的战斗，敌人突然受阻，未能前进。黄昏后，敌我都派小部队进行威力侦察，严密警戒。

※ 作者当时系第十二集团军独立第二十旅第三团第二营中校营长。

二十日凌晨五时许，敌主力向我团正面阵地大举进攻，敌机及敌炮兵向我营阵地狂轰滥炸。敌主力轮番向我白面石村及三〇二高地阵地攻击。由于我营阵地关系到团主阵地安危，必须坚守，多次以轻重机枪向敌猛烈射击。激战一小时后，我重机枪连连长卓斌阵亡。第四连连长劳中逸、第五连连长张任君受伤，排长、班长、轻重机枪手也遭敌炮轰炸，伤亡了很多。我营副营长韦贯虹利用营指挥所居高临下的有利地形，拿着受了伤的轻机枪手的轻机枪向敌猛烈射击，予敌极大伤亡，全营官兵士气得以大振。敌出动担架队钩拖敌尸，也遭我们猛烈打击。我们凭有利地形和工事拼命射击，敌机枪和小钢炮也阻止不了我们的火力。激战至上午九时，敌人大量伤亡，又大量增援，他们利用山谷起伏，死角隐蔽，继续轮番向我营正面冲锋，我第五连伤亡较重。敌多次冲入我黄沙凼坳阵地，在我轻重机枪猛烈火力的压迫下和第六连预备队出击下，敌无法得逞。十一时许，我预备队已使用殆尽，敌火力更加猛烈，电话线被击断了，传达兵来往传达也极困难。我营和团部完全失了联络，我派人到团部找团长张琛请援，但张琛不知什么时候逃跑了。我再派人到旅部找旅长，旅长陈勉吾也不知去向。我用望远镜瞭望后方，见不到旅、团的队伍，只有零星几个士兵，形成我营孤军困守阵地的情况。我们坚守白面石村和三〇二高地，阻滞了敌人，是为了掩护全旅，但旅、团长逃跑，却不通知我营。对此，我感到无比愤慨。

然而，我决心死守阵地，如果阵地不守，被敌占领了三〇二高地，我营便无法退却，全营就有被歼灭的危险。

营部传达兵黄标、张得胜两人这时对我说："敌人已迫近了，要使用密集的机枪火力，集中投掷手榴弹，才能遏制敌人前进。"请求将全营的手榴弹集中，由他两人投掷，我即集中了手榴弹百余个给他两人。下午十四时，敌人分五路向我高地猛攻，黄标、张得胜两人毫无惧怯地在敌人冲到我阵地前三十公尺左右时，即连续投放集束手榴弹。手榴弹爆炸瞬间，步兵拿着上了刺刀的步枪和敌人肉搏，激战两小时，打退了敌人多次的冲锋。在我们阵地防界线，除了山顶没有树林，是光秃秃的外，山下四面都是松杂树林，战至下午十六时，敌人仍不得逞，竟使用烧夷弹，焚烧森林，趁着四面大火，拼命向我阵地冲上来。我布置在山顶第二线阵地及在连亘后面高山的通路棱线上要点的机枪和手榴弹，发挥作用，重创敌人。在这百多平方公尺的山顶阵地上，枪刀的格斗喊杀声，手榴弹爆炸声，机枪、步枪、手枪声混成一片，硝烟弥漫，血肉横飞，终于连续杀退了敌人多次猖狂猛扑，毙伤敌百多人，把敌人赶到山脚下。在黄昏前，我仍确保白面石村和三〇二高地的原阵地完好。这时，我们已到了弹尽粮绝、饥肠辘辘的境地了，不得不向从化方向撤退。撤退时，第四连留一个班在黄沙凼坳，第五连留一个班在老虎石山，第六连留一个班在营指挥所，由第四连一个排长统一指挥，把全营剩余的弹药集中给留守队伍使用。布置就绪后，便集中火力，佯攻敌人，俟营主力撤退约一千公尺后，迅速脱离敌人，撤向从化。黄标、张得胜两人请求在营指挥所将留下的手榴弹投掷完毕，掩护营主力安全撤退后才撤退。这三个班和两个传达兵，在掩护撤退的战斗中，已壮烈牺牲，只剩下三个士兵生还。

战斗结束后，独立第二十旅在新丰梅坑村收容整理。在这次战斗中，独立第二十旅阻滞了敌人急速的前进，是有功绩的。我们事后了解，旅长陈勉吾和旅参谋长陈克强在队伍和日军接触不久就逃跑了，指挥机构因而瘫痪，第三团团长张琛更是一闻枪声就最先丢下队伍逃跑。其他第一团团长张守愚、第二团团长陈杰夫和敌人接触了几个小时，也惊惶退却了。打了一昼夜，究竟谁在和日本打呢？陈勉吾、陈克强、张琛、张守愚、陈杰夫等都不知道的。及至陈勉吾和几个团长见面汇报战况时，略知取得战果，但他们并没有去调查整个战斗的经过情况，更不敢讲出自己逃跑的可耻行为，却争冒战功，把自己打扮成是抗日英雄，作为争官做的本钱。

这次作战，我营官兵死伤二百余人，连、排长伤亡过半，日军在多次攻击中，死伤也达百余人。敌人虽极力拉钩尸体，仍留下死尸数十具，由当地群众掩埋了。

当地群众对我们英勇杀敌的行为，大加赞许。爱国人士王雁门先生特筹资在白面石村附近建一座纪念亭，纪念这批战斗英雄和烈士，把这次壮烈牺牲的官兵葬在这老虎石顶，王雁门还亲自题撰"黄种图存，群英抗日；沙场战死，烈士留芳"一副对联刻于亭内的石碑上。这一纪念亭至今还保存着，对联上的字还清晰可辨。

战车大队参战记

刘　炽[※]

战车大队的由来

陈济棠统治南粤期间，为了加强力量，对抗蒋介石，积极扩充军备，一九三五年从英国订购了十二辆坦克车、十五辆装甲车，建立了一支机械化部队——战车大队。

坦克车是"维克斯"（牌号）一吨半重水陆两用浮游战车。车上炮塔内装七九重机枪一挺，能旋转三百六十度，可拆卸在地面上使用；每车可容三人，一为车长兼射手，二为弹药兵，三为驾驶员，每人配备二十发自来德手枪一支。装甲车之中，有十四辆每辆重两吨半，装有轻重机枪各一挺，可容八至十人，每个配有手提机枪或二十发手枪。另一辆是指挥车，重五吨，装有二生（公分）的加农炮一门、重机枪二挺、轻机枪一挺，可容十四人。每部装甲车有车长兼驾驶员、副车长兼副驾驶员、射手、弹药兵等。

陈济棠将十二辆坦克车编为战车中队，由少校队副任飞统率；十五辆装甲汽车编为装甲车中队，由少校队副吴振华统率，总称战车大队。第一任大队长由陈济棠的"五虎将"之一邓龙光之弟邓鄂担任。

陈济棠下野，战车队由余汉谋掌握。余先派张杰英、梁燕为队长，后改派曾留学德国的总部参谋处中校参谋曹绍恩继任。我原任少校参谋，因是"南京交辎学校战车战术班"一期毕业，遂被调任战车队教官。

※　作者当时系第十二集团军战车大队教官。

战车队奉令奇袭日军

一九三八年十月十二日，日军在澳头、淡水登陆，十五日继续占据惠阳城后，兼程进犯增城。十六日傍晚，余汉谋、王俊在广州总部召集汽车营长张旅、战车队（已隶属汽车营建制）队长曹绍恩、参谋刘文楷面授机宜。王参谋长说："日军在淡水登陆后，转向增城急进，矛头直指广州。我军决心阻敌于增城、正果、大仙岭一带，与日军决战。第一八六师李振部、独立第二十旅陈勉吾部，已在该线布防，采取攻势防御，第一五四师梁世骥部正集结待命向该线推进；炮兵陈崇范部加强炮兵阵地待命进入队列；另由中央南下榴弹炮团（十五生的）为其后续部队，十八日午可到达增城中岗后面一带，进入阵地。现决定：战车中队协同装甲车中队在该线出其不意，奇袭日军。广东有句俗话，'缸瓦船打老虎，最后一煲'，就看你们的了。"

王俊高高在上，并未调查研究，既不能判断日军的动向，也没有对战车队同周围友军如何协同作战的部署作出明确指示，就草率地命令战车队去奔袭敌人。我们服从命令，未敢当面违抗，只好唯唯诺诺而退。

盲眼仗怎能打胜

我回到驻地黄婆洞（即中大试验农场的旧址），备足汽油、润滑油，令各车彻底检查一遍，将必要和急需用的零件，如白金、火嘴等尽量配齐，即向增城方向出动。于十七日傍晚到达距县城约二里路地名中岗露营，命令各中队派出警戒哨兵和内卫兵，其余的人好好休息。我宿营地前方驻有第一八六师和独立第二十旅，有一小部可能在县城内外警戒。我和队长曹绍恩立即前往第一八六师联系，要求会见师长李振。参谋长曾匪石代见，说："师座连日来侦察地形、布置各旅团任务、开会，两昼夜没有休息了，现刚睡觉，有什么事，对我说就可以。"我说："目前紧急要解决三件事。"下面就是我们和曾匪石的一问一答。

我问："第一件，日军在惠州、淡水登陆以后的行动情况、部队番号、兵力、兵种、企图、现在位置，及各方面所获得的情报，请略告。"

曾答："现在我们是打'盲眼仗'，只有临机应变而已。"

问："第二件，请即架设有线电话至中岗队部，以便随时联系；因急于查对地形，请求领一份五万分之一军用作战地图，以便拟定作战计划。"

答："师通信营已无电话机了，难以办到；军用地图更谈不上。我国出版的地图还不及日本的详细，日军地图中，连某乡某村有古庙或突出树、桥梁种类、能否通过几吨重车辆，都一一注明。就以他们在各乡村镇张贴的宣传广告'人丹'来说，画上的某些标志或其他迹象，日探、汉奸一看，就清楚此乡镇有多少房屋和人口，提供给日军作战时参考。可见日本想亡我国早已是处心积虑的了。"

问："第三件，各种车辆所用燃料和各种枪炮的弹药，向何处领取？请为解决。"

答："汽油和弹药可直接向正果仓库领用。"

问："最后一件事，离增城一里多处的一座木桥，被日军空军炸中，焚毁了，请派工兵连夜抢修，以便装甲车通行。如下达作战命令最好能提前几小时送到，并同时通报炮兵，在我战车出击时用炮火逐段向前延伸射击，作为掩护。"

答："修桥因器材关系，不易办到，最好你们自己采取紧急措施，以利战斗。"并告知："师指挥所设在某村庄（村名已忘），距离大仙岭山下一千多米处，即在这里联络。"

我们同这样不负责任的前线指挥人员联络、请示，等于问道于盲。

我们返回中岗露营地后，立即采取一些必要的措施，召集车长以上干部，布置战斗计划，将所了解到的情况向他们说明：这次阻击日军战斗任务虽然困难重重，但一定要尽最大努力克服。万一桥梁还未修复，车辆无法通行时，改为下车徒步战，将车上轻重武器弹药选择有利地形隐蔽，集中火力，对空射击，以减少日机低空轰炸扫射对我友军造成的威胁。战车伪装起来，作为活动堡垒，待日军迫近，进入我军最大有效射程时，采取二线梯形，以交叉火网向敌军奇袭。我队战斗准备大致如此。

十八、十九两天待命，抓紧侦察地形，构筑临时阵地及个人掩体。这两天只听见增城方向有零星枪炮声及我后方日机轰炸之声。二十日拂晓前三点半钟，第一八六师下达给我战车队的战斗命令内容如下：

一、战车队装甲车中队，立即准备出击，通过增城向正果方面威力搜索推进，占领树林有利据点，掩护独立第二十旅陈勉吾部进入阵地，阻击日军。

二、战车队战车中队，协同第一八六师第五四八旅黄凯团，向进犯增城外围之日军冲击。

这里补述一下：日军未到增城外围山上高地之前，用侦察机撒下日本旗，猛一看，似乎日军已占领了那些山头高地，其实是一些汉奸在那里虚张声势。

我在部队十多年，参加内战次数不少，如消灭石友三、刘桂堂等战役，蒋、阎、冯之战及和红军作战等，从来没有见过像第一八六师此次下达的命令，一不说明敌情地点，二不规定出发时间，三没有说明协同作战的友军番号，现在何处何地。而我们战车队和这些友军间，平常亦未联系过。

此时曹队长问我什么时候出动，我说：这样不伦不类的命令，只能置之不理。我提出：立即命令装甲车各车长将轻重机枪拆卸下来，按昨、前两天指定的位置进入阵地，等候时机对空歼击敌机；将车辆隐蔽于树林内。将十二辆战车，其中六辆分为第一线梯形，余六辆分为第二线，拂晓前待命出击，在中岗三线营地，加强各据点防御工事。设法立即通报炮兵指挥官陈崇范，向槎岗方向延伸射击，掩护我战车出击。装甲车所卸下之轻重机枪二十多挺及一门二生的战防炮，布置在中岗线上，可作为强有力的支撑点，既可使第一八六师及时向正果方向推进，又可支援第一五四师顺利增援前线。我还表示："以上是我决心要做的，倘因抗命要被杀头，就杀我的好了！"

战车队长曹绍恩是德国留学生，十足洋化，缺乏军事常识，把即将发生的一场战斗，看成是秋季大演习。他服装整洁，穿着长筒大马靴，佩左轮手枪，带着大望远镜、图囊（可惜里面连一张军用地图也没有）。他坐的雪佛兰轿车，牛奶、咖啡、饼干、火腿、香肠、罐头、高级香烟，几乎载满一车。这样的指挥官，在作战时听到炸弹爆炸声、枪声、炮声，就吓得魂飞魄散，不知所措，哪里还能指挥作战呢？

战车的毁灭

我们准备就绪时，天刚破晓。敌机分批前来袭击：三架、五架、九架、十二架，连续不断飞来，盘旋侦察，终于发现了我隐蔽在树林边缘的装甲车群，便低飞疯狂轰炸扫射。我即命令所有携带武器的人员沉着应战，待敌机低飞进入我最大有效射程时，我一声号令，各种机枪和炮同时向敌机猛烈密集射击。装甲车被炸翻炸毁五辆，人员伤亡数十人，如后勤的特务长（姓名忘记）被当场炸死，我的亲侄车长刘彦云、内侄文书李树荣也牺牲了。我本人亦被炸弹震倒在地，被泥土和树枝压在身上，晕了片刻。

日军继而出动一个大队的小型坦克数十辆，如排山倒海，直冲我阵地，猛烈的火力将前后桥梁炸毁，使我剩余的十辆装甲车进退两难。当时我问传令兵："队长呢?"他们同时回答:"不知去向。"在这紧急情况下,我当机立断,命令将全部装甲车的发动机炸毁,绝不能让敌人利用。由于预先已指定了专人爆破,所以进行得很顺利。使人痛心的是:当日军战车向我阵地冲来时,我方炮兵竟不发一弹来支援我们!

到下午七时,天色已经漆黑,日军已暂停攻击。我跑到第一八六师指挥所请示,连人影也没有一个了。我立即将剩余官兵集合,已不满七十人了。我命令他们只要能带动的武器都随身携带,不能带的拆散破坏,不为敌用,跟随部队向从化公路撤退。

事后知道:战车中队仅有一辆突围到清远县白石潭圩,后由军政部第二十三补训处处长兼清远县警备司令陈文接收,作为教练车使用。这支由陈济棠向英国订购的战车队,就这样完全消失了。但这段往事在抗日战争史上可以说是一段小小的插曲。

广东抗日首战

——南澳之役纪实

李友庄[※]

南澳简介

南澳是孤立在潮汕海岸线外的一个岛县，一九一五年才开始建立为县（县府在隆澳，现改后宅）。距汕头水路约五十里，距福建东山县水路约四十里，屹立于闽粤交界的大海中。境内山多，地瘠民贫。抗战前，全县人口三万七千余，经济以渔业为主，每年粮食仅敷三个月，余靠岛外输入。历来政府鞭长莫及，未加注意，南澳遂长期成为海盗的大本营。自明朝被倭寇魔爪伸进南澳，更与海盗勾结，荼毒人民。戚继光将军曾带兵到南澳平倭灭匪，岛民至今称颂。但海盗余孽，死灰复燃，民无宁日。直至陈济棠治粤大举"清乡"，扑灭了吴、曾两大股匪，并组织较有力量的警卫队，治安才日臻好转。

南澳失陷

七七事变后，广东抗日打的第一仗是一九三八年七月在南澳展开的。我当时是第一五七师第四七一旅第九四〇团团长，部队驻守汕头市一带海防。南澳有省保安团一个营（营长罗静涛）驻守。一九三八年六月二十日，日军海军陆战队三百余人在飞机四架、兵舰大小二十余艘、大炮的掩护下，由长尾山、钱澳一带侵袭南澳。翌晨罗营在前江、钱澳与敌

※ 作者当时系第六十五军第一五七师第四七一旅第九四〇团团长。

略接触，士兵死伤三十名，损失步枪数支，即全营过海，远逃饶平柘林，敌唾手占领县城隆澳。该营长罗静涛不尽守土之责，县长林捷之也以久病为由逃回大陆。潮汕防军最高长官第一五七师师长黄涛将罗、林扣留，呈准广州第十二集团军总司令余汉谋将罗就地枪决，林解广州总部囚禁。此时，南澳壮丁自卫队，为了保家卫国，奋起抗敌，激战甚烈，牺牲数十人，终以弹药缺乏，寡不敌众，退入山中。日军在县城组织了伪维持会。

部署反攻

七月的一天，师长黄涛由汤坑师部来汕头，夤夜召开紧急会议，驻汕军、政、警首脑要员约二十人出席。黄首先介绍敌占南澳的情况，并指出，南大门已被打开缺口，我们要发挥"广东精神"乘敌立足未定，派兵渡海收复失地。即席部署行动计划，以抗日自卫团第四大队洪之政部为先锋，第九四〇团第一营吴耀波部为主攻部队。渡船由汕头警察局和海山区公所协助征雇。部队抵南澳统一由吴营长指挥，部队统称"义勇军"，不暴露原番号。

打杀汉奸

七月十日晚，洪部派先遣便衣队四十名由中队长陈序明、吴超俊率领（南澳自卫队长李居甲引路），从饶平县海山岛分乘五只木船，渡过十四点四里的海面，在猴澳登陆，经山间小道，摸到隆澳。原来敌求安全，白天上岸，夜缩兵舰，因而当夜顺利地在隆澳将黄麟麒为首的伪维持会汉奸十一人全俘回来，一网打尽，连夜由分队长李鉴押解回海山第九区抗日自卫团统率委员会主任（刘志陆）办事处，呈奉余汉谋总司令核准一律就地枪决，交潮安县政府执行。

强渡成功

七月十三日我与吴耀波营分别由汕头、潮安来到海山岛黄隆；同时师部参谋长李宏达也来到海山协同我部署一切。确定十四日晚吴营配合洪部开始在每晚退潮时刻，乘木船分批强渡南澳。在首批渡海前，我对全体官兵讲话，大意是："'养兵千日，用在一时。'日本人打到我们大门口南澳了，我们奉命渡海收复失地，这是最光荣的任务。现在找到最熟识水道的船工水手，他们有把握安全撑我们到达彼岸，你们坐稳船，有进无退！退则会受督战队的无情惩罚，望勿以身试法。祝大家胜利，马到成功。"

是晚，吴耀波和洪部副大队长陈汉英各率精选便衣队二十余人快速乘敌舰的空隙渡过南澳登上长山。第二日晚吴营第二连陈永宸部及机枪连一个重机枪排、自卫团一部到达；第三晚无线电台、工兵班最后全部过了海，俱隐蔽山中。他们在左胸佩戴布章，上印"不怕死，不贪财，爱国家，爱百姓"十二个字，表现他们的决心和英勇精神。与电台同一个晚上，南澳隆西乡群众吴稳合自告奋勇，协助划竹排运粮上岛，划至海上中途，被敌舰发现，人粮均被俘房，越二日英勇就义。从此，敌舰对海面巡逻监视严密，我们后勤渡海就困难了。

克复县城

七月十七日拂晓，吴营长集结义勇军全部共四百余人（吴部、洪部各一百五十人，南澳自卫队百多人）开始向县城隆澳总攻击。此时城里驻敌不多，其大部（包括台湾兵、伪军等）约六七百人均在深澳附近，故一举而攻入县城，房获一些军用品、罐头食物，捷报传出，举国欢腾！各地报纸纷纷登载，被誉为"南澳抗战精神"。

敌占领南澳，为时未及一月，傀儡被消灭，县城守不稳，敌指挥官海军少将大熊正吉被调回东京，改派台湾陆战队司令佐滕清前来指挥。

续战旬余

七月十八、十九日，敌调集大小兵舰四十艘加强对南澳封锁，同时敌机、大炮乱轰击，使南澳笼罩在硝烟之中，尽成乌天黑地，军民怒火冲天。二十日，义勇军在江海滩的盐埕堤边作伏击战，敌五艘汽艇满载日兵，登陆后即以三路纵队大摇大摆前进，进到我阵前约二百米，我以密集火力猛烈扫射，毙敌数十名（内中队长一人），击伤敌汽艇一艘。

二十日，余汉谋总司令在穗以无线电与吴耀波通话，慰勉有加，并委吴为南澳警备司令，洪之政为澳县长。（此时洪尚未到南澳。）汕头市民并在是晚举行火炬游行，声援南澳义勇军，气氛极为热烈。

二十一日，敌两千多，分三路进攻义勇军黄花山根据地。在烂洋嘴口、龙顶山、龟埕、烟墩、状元地等处战斗最烈，彼此反复冲杀多次，我阵地失而复得，伤亡甚重，吴耀波也手部受伤。

二十二至二十三日，大批敌机低空向我阵地狂炸，我集中轻重机枪向低空敌机猛烈射击，击伤敌机一架坠落柘林海面，其驾驶员被敌汽艇救回。接着敌步兵深入我中心阵地黄花山内线猛攻，激战数日，吴部连长陈永宸几次重伤，流血过多，已濒气绝，犹坚执枪把，屹立不倒，俟枪交给战友后，用尽最后力气呼出"冲呀"之声，方倒地牺牲。还有高强、林乡两排长及士兵四个班战至弹尽绝援，全部壮烈牺牲。

二十八日以后，义勇军官兵化整为零，实行麻雀战的游击方式，到处扰敌，使敌疲于奔命，惊惶不安。一次，我们在山林焚火诱敌来攻，而我夺袭隆澳，继以火攻，伤毙敌人数十，夺获一批军品、食物，然后迅速退走。

一日敌军来山洞大事搜索，在山洞遇我们受了重伤的上等兵张奎标，一个敌军官向张问这问那，张一面委婉以对，一面慢慢地摸出手榴弹炸死了这个敌军官。后续敌人涌来，对洞内发射了千多发子弹泄恨而走，张奎标壮烈牺牲于乱枪之下。后来得知被炸者是敌联队长田太一郎。（据俘来伪军所说，当年报纸也登载。）

吴耀波的勤务兵刘南茂（十五岁）一次奉命送信途中，两个敌人紧跟他，他准备好手榴弹，敌兵来抓他时，他抽出弹心，同时爆炸，三人同归于尽，小伙子英勇可嘉。

战役结束

八月的一天，师长黄涛召见我，垂询南澳战况。我说，联络通信已断，这是个大问题。黄说："好吧！他们已完成了消耗战的任务，发扬了'广东精神'，暂行收兵吧。你设法把他们全部撤回归还建制好了。"没几天，适有吴营一炊事兵由南澳泅水回来，我派他带信泅返南澳交吴营长（既用口头传达，也写"全撤回来"的字条，叫他塞进耳朵），他完成了任务。当时收容全部共八十余名（内吴营二十名，洪部六十名），先后得当地群众协助，逐次偷渡回大陆。

这场战役，经时一月多，敌人伤亡四百余人（内联队长、中队长各一），击伤敌机一架、汽艇一艘。我方壮烈牺牲官兵共近三百人（吴营约一百三十余人，洪部八十余人，南澳自卫队约七十人），写下了南澳血战光荣的一页。

战役结束后，中秋节的翌日，我第四七一旅官兵在汤坑举行追悼南澳抗战阵亡烈士大会。旅长陈见田、团长李友庄讲话后，吴耀波营长报告南澳战役经过。会后，集合抗战归来的二十人摄影留念。

上级对这次作战有功人员都予以奖赏、升级。吴耀波升任第九三八团团长，并获军委会"青天白日勋章"（当年抗战的最高勋章），其余官长、士兵各升两级。

附记：本资料除亲历外，参考民国二十七年郭少音所著《南澳血战记》和南澳战役参加的幸存者李鉴、林朝进、林清的回忆片段综合写成。

第一次粤北战役前广东部队整备情况

李洁之※

广州、武汉失陷后，蒋介石通过南岳会议决定以张发奎代第四战区司令长官，蒋光鼐任参谋长；李汉魂继吴铁城为广东省政府主席。一九三八年十一月下旬，张发奎到韶关，选定帽子峰南石山脚韶州师范学校为司令长官司令部。旋于十二月一日宣布就职。随即亲往翁源三华圩第十二集团军总司令部所在地召集各军师旅长以上军官会议。略谓："我和第十二集团军的部队，都是由粤军第一师发展起来的。我们粤军第一师从邓仲元师长建立以来，日益发展，在两广和大江南北，经过无数次的战役，从没有打过败仗，是国民革命军中最坚强的部队。不料这次你们第十二集团军在惠广战役中，只和敌人作过几次小小的接触，就溃败下来，放弃了华南重镇广州市，造成很大的损失。这不仅是粤军第一师同人的奇耻大辱，也是广东人民的奇耻大辱。而且因为广州弃守了，影响到武汉会战的失败。如果广州不失陷，武汉会战肯定还可支持下去的。"最后说到他这次回广东工作，并不是来争官做、争地盘，而是来协助余总司令整军经武，恢复名誉。待广州收复后，定将广东军政大权，交还余总司令负责。

一九三八年十一月十三日，蒋介石在韶关召见各军长，鼓励大家不要气馁。未几，白崇禧、陈诚亦同来韶关一周，与张、余商定人事异动、部队分防问题。先将莫希德撤职审办；升林伟俦接任第一五一师师长；命罗梓材继任粤汉铁路警备司令；命邓龙光继任李汉魂的第六十四军军长，调驻西江；免去曾友仁职；命林廷华继任第一五八师师长。因日军

※ 作者当时系第四战区兵站总监。

放弃惠州，乃调香翰屏为东江指挥所主任，驻惠州城。升叶肇为第十二集团军副总司令，命谭邃继任第六十六军军长；未几谭病逝，升陈骥任军长；随又解除李振球职务，命缪培南接任第六十五军军长；解除李振职务，命赵一肩继任第一八六师师长；旋又升叶肇任第二十七集团军总司令，辖第六十六军；升王俊为第十二集团军副总司令，张达任第十二集团军参谋长；升黄涛为第六十二军军长。

一九三九年二月间，日本发兵约一个旅团侵占琼崖（海南岛）。警备司令王毅率领一个省保安团向中部撤退。与此同时，广州日军分兵侵占佛山、九江和四邑富庶地方。六月间，日军约一个旅团侵占了潮汕地方。张发奎亲往兴宁、丰顺视察。

一九三九年上半年，张发奎在广东做了一些好事：一、维护韶（关）兴（宁）公路的畅通，卡车往来如织，使粤北、粤东紧密联系起来；二、开放惠州、淡水至沙鱼涌的门户与香港通商，使湘南、赣南、粤北、粤东的经济活跃起来；三、将先一年广东省民众抗日自卫团队统率委员会，主要在沿海附近各县组成的相当复杂的游击支队、纵队，整编为七个挺进纵队，确定其编制经费，分驻在接近沦陷区的地方，以协助正规军的防守、作战；四、将广东省政府直辖的四个保安旅，改编为整编第二军，辖两个师，以邹洪任军长，古鼎华任副军长，王作华、张君嵩分任师长，调驻连县、广宁、四会，以增加防御力量。

侵占潮汕的日军没有扩大侵略面。吴奇伟的第九集团军既没有掌握什么部队，亦无力反攻。是年十月，吴奉命率领总司令部人员，由兴宁调往湖北宜昌，接受新的任务。其后在兴宁设立闽、粤边区总司令部，以香翰屏任总司令。由江西调来吴德泽的预备第六师，分驻梅县、大埔、饶平；张寿的独立第二十旅驻防丰顺县隖隍附近。广东战局将近半年相对地稳定。

再就第十二集团军方面说，余汉谋鉴于自己并未经过保卫战就放弃了广州名城，因而上受张发奎的压制与藐视，下受人民的责难，遂决心一面积极补充兵员武器，一面加紧进行教育训练。随即在翁源南浦设立军官补训团，抽调所部中下级军官，轮流入团作短期训练。并在团内增编政工总队，招收一批爱国青年，集训于香泉水，然后分赴各部队做抗战宣传鼓动工作。从此官兵团结，士气大振，加强了战斗意志，为以后粤北两次战役的胜利，打下了基础。直至一九四一年初"皖南事变"前后，余汉谋、李煦寰才不敢不依照陈诚的通知，排斥爱国进步青年，密令他们赶快离队，自寻出路。

一九三九年十一月中旬，日军突然对两广采取新的攻势，以扩大其侵略地区。首先派遣一个军四个师团在海空军掩护下,在钦州湾登陆,进占了南宁。张发奎、白崇禧、陈诚震惊之余,急赶赴柳州,分向各方抽调了四五个军,驰往反攻。当时在广东的邓龙光率领第六十四军、第二十七集团军总司令叶肇率领陈骥第六十六军(欠第一五一师)也驰往参战。这就是著名的桂南会战。会战结束后,蒋介石亲往柳州召集师长以上军官开检讨会。以叶肇为保存实力,避战不前,将其撤职扣押;陈骥也被撤职;并取消第二十七集团军和第六十六军番号,以肃军纪。第六十六军所属各师则照旧调回广东,分别编入第十二集团军不足三个师的军。

日军为策应桂南会战,于十二月中旬由广州发兵六七万向粤北进犯,企图侵占韶关。由此展开第一次粤北战役。

牛背脊、吕田战斗

林伟俦※

会战概要

参加第一次粤北战役的我军将领有：第六十二军军长黄涛，辖第一五二师师长陈章、第一五七师师长练惕生；第六十三军军长张瑞贵，辖第一五三师师长彭智芳、第一五四师师长梁世骥、第一八六师师长赵一肩、第一五一师师长林伟俦（原第六十六军建制，暂归第六十三军指挥）；第六十五军军长兼前线指挥官缪培南，辖第一五八师师长林廷华、第一八七师师长孔可权、新编独立第二十旅旅长张寿。以上将领，其他尽已作古，独我尚存。回忆当年战况，犹历历在目。

广州日军为策应桂南日军作战，牵制我粤北驻军不能调到广西柳州增援之目的，于一九三九年十二月中旬分兵三路共七万多人，向粤北发动第一次大规模的进攻。

日军极其狡诈，在进犯粤北第十二集团军之前，先在三水方面有所佯动，似有进犯西江肇庆第三十五集团军模样。西江守军急电第四战区司令长官部请求增援，待我方将战略预备队第六十五军第一五八师向西江回师增援去后，日军立即缩了回去；跟着就以第一〇四师团沿铁路向银盏坳第十二集团军防御阵地的右地区进犯，以吸引我第十二集团军总预备队第六十五军过早投入了银盏坳的战斗。激战多日，互有进退，伤亡不少。该敌越过银盏坳滃江口，直趋英德。此时，第十二集团军调整部署，将第六十二军调佛冈水头地区。

日军看到我守军主力已被吸引到铁路线，便以第十八师团、近卫师团

※ 作者当时系第六十三军第一五一师师长。

沿广从公路向从化良口、牛背脊、吕田我军防御阵地大举进犯；同时又以一个旅团兵力由增城向龙门、新丰、翁源进犯。第十二集团军三个军九个师先后奋起抵抗。官兵们以一寸山河一寸血的精神，以肉身长城，阻挡敌人重炮、战车，剽勇气势，使敌人不禁气折。虽然在一些局部的战斗中打了一些小胜仗，但在总的形势上，仍然挡不住日军优势兵力的猛烈进攻。特别是第六十三军第一八六师未经剧烈战斗，过早失去了牛背脊阵地之战；第六十三军第一五四师未能遵照命令驰占梅坑，贻误战机，这样更加助长了敌人之气焰。因此三个军九个师不得不先后退到英德以东、佛冈以西、翁源以南、从化以北的大山中。他们脱离了与敌人接触，使得日军一经突破我第一线阵地之后，即不再遭到强烈的抵抗，从而长驱北上，其右翼与中路直趋翁源，其左翼直趋英德。英德县长李辉南死守牺牲，韶关震动。

广东省政府主席李汉魂，以日军倾巢北犯，连陷龙门、新丰、佛冈、英德，对粤北部队形成大包围，而韶关无一兵驻守，异常震动，乃迭电第九战区请援。

前线方面：十二月二十六日，第六十二军军长黄涛，奉余汉谋电报命令，要该军从佛冈阵地北撤回罗家营、上太、下太一带山地占领阵地再行抵抗敌人。黄涛即接通电话向余汉谋建议，谓与其退守第二线阵地不能解决问题，不如乘虚直攻广州；或腰击牛背脊、良口敌之据点，断敌后路。当蒙余汉谋同意其第二个主张，乃即于二十七日指挥第一五二师猛攻良口附近之敌；指挥第一五七师猛攻牛背脊之敌；暂归第六十二军指挥的第六十三军张泽深旅，则监视吕田之敌。黄涛集中兵力，出敌不意，于二十九日一举攻占了这两个据点，拦腰截断了日军的联络线。

当日军窜占翁源，韶关军民正在震惊之际，忽闻由湖南第九战区派来的援军两个军的先头部队，已经到达韶关；又见军事首脑李济深、陈诚、张发奎也于二十七日及时赶到韶关，还出席了在第四战区司令长官部举行的一九四〇年元旦团拜礼。大局转危为安，因而士气振奋，人心安定。

日军见后方补给线已为我第六十二军所中断，而先窜到沙口、新江的先头部队，又遭到由湖南开来的第五十四军的痛击；西边又受到第三十五集团军的暂编第二军的威胁；后边还有未被击破、停滞在日军前进路的后方的第十二集团军的九个师，跃跃欲试，深感孤军过度深入，前后左右四面受敌，自知难以取胜，无心恋战；迟走则还将有被包围歼灭的危险，乃急急忙忙地掉转头就走。

迨第十二集团军前敌总指挥缪培南在牛屎粪集合各军，分三路北向青塘攻击时，各军扑了个空；向吕田、牛背脊方向追击南退之敌，亦等于送行。一九四〇年一月八日，双方基本恢复粤北会战前态势。

这次战役，就其战斗过程来说，中国军队在一些局部的战斗中，确实打了一些小胜仗，如伯公坳之战，银盏坳之战，牛背脊、吕田之战，石马之战，第六十二军腰击牛背脊、良口之战以及鲜竹坑之战、丹竹坑之战等；特别是下级官兵士气旺盛，如常常听到说："只要我们有一口气，也要坚守阵地，与日本鬼子拼到底！"

就其结局说：日军在一度猛攻之后，也终于退到出击以前的阵地；日军的进攻，仅仅达到了突破粤北防线的目的，没有达到消灭我军主力和进占曲江之目的。

但在总的形势上，由于上级指挥官没有旺盛的战斗意志，战事一开始就显得被动；这些局部的小胜仗，都是各个部队依靠旺盛士气的各自为战；可惜上级指挥官不能指挥全线密切配合，以扩大战果；而日军的败退，也并不是中国军队反攻的结果。

再说，第十二集团军的九个师全部被困在四个县之间的大山中，他们原来的正面，没有了敌人；敌人已经窜到他们的左右侧和背后了。当司令长官部和省政府撤离曲江的消息传到前方时，由于烧毁仓库所发出的爆炸声及与司令长官部失却联系一天多，更引起了部队间的混乱；又因没有作战目标，而陷于盲目背进状态。日军向曲江急攻，第十二集团军部队则在大山中打转，等候消息，寻求出路。

总的来说，第十二集团军是在主力还存在的情况下，被敌人突破了防线；而在防线被敌突破以后，又让开道路，缩作一团，给敌人以长驱直入之机；敌人要退就退，我军又未能作有效的追击。基于上述，国民党当时报纸所吹嘘的"第一次粤北大捷"，原来如此。

第一次粤北战役所发生之战斗有以下十个：

一、伯公坳之战（第一五七师）；二、银盏坳之战（第一五八师）；三、银盏坳之战（第六十五军）；四、第六十三军牛背脊之战；五、第六十三军吕田之战；六、石马之战（第六十三军第一五三师）；七、第六十二军腰击牛背脊、良口之战；八、牛背脊之战；九、鲜水坑之战；十、丹竹坑之战。

第一次粤北会战敌我双方伤亡数字：据日方公布：中方参战兵力十二万三千九百三十人，死亡一万六千三百一十二人，被俘一千一百九十六人。日方（括弧内为军官数字，下同）死亡二百九十三人（三十九人），伤一千二百八十一人。另据中方统计，日军死亡一万零九十人（二百三十六人），伤三千八百零八人（八十七人）。①

---

① 以上敌我双方伤亡数字来源：日方资料根据《中国事变陆军作战史》；中方资料根据《粤战场》。

第六十三军在牛背脊、吕田之战

广州日军为策应桂南日军作战，牵制粤北中国驻军不能调到广西南部增援，特以第一〇四师团为左路，沿粤汉铁路北犯。先在清远县银盏坳、源潭、潖江口与守军第六十二军发生激烈战斗；其他地区尚无战事。因此，第十二集团军总司令部将驻英德、翁源的总预备队第六十五军调到粤汉铁路方面作战，在英德县高田阻击敌人。战况激烈，互有进退。

十二月中旬，发现日军近卫师团为中路，进犯从化良口、牛背脊。同时，日军第十八师团为右路，由增城进犯驻守龙门永汉、地派圩的新编独立第二十旅阵地。继续陷新丰、梅坑圩，受到第六十三军迎击。由增城小杉和从化牛背脊进犯吕田圩之敌近卫师团，被我率领的第一五一师迎击（第一五一师原归第六十六军指挥，该军调赴柳州后，留下第一五一师，暂归第六十三军指挥）。我们最初发现敌军大队伍前来，领头的敌军举着一面太阳旗，我即命令炮兵轰击，敌人散乱逃窜。连续炮击后，中路敌人被第一五一师炮火压制。当时粤北前线各处战况非常激烈，敌机轮番轰炸，掩护敌军前进。他们采取钻隙迂回战法，致使粤北我军处于两翼被包围态势。那时左路敌军迫近英德县城，右路敌军陷新丰梅坑，迫近沙田和青塘，情况紧急。

十二月二十六日，敌骑窜至青塘官渡附近三华墟，第十二集团军总部在转移前，将英德县青塘、官渡及翁源县城所存弹药、器材、粮食、被服等的仓库烧毁。烧毁弹药仓库时，子弹、手榴弹、炮弹爆炸声隆隆，烧毁器材、被服、粮食仓库时黑烟冲天。远近见闻，误以为敌军窜犯英德青塘和翁源三华墟总部所在地，对于军心和民心影响甚大。因为事前没有接到破坏仓库的通知，致使前线部队发生混乱。在总司令部转移行动中，前线部队的电讯联络中断一天多。

随后查悉敌军已陷英德青塘、官渡及三华墟，我立即率领队伍及第一五三师李克煌团向附近第一五四师靠拢，商量对策。当晚与第十二集团军总部取得电讯联系，并报告情况。同时获悉总司令余汉谋已派出第九集团军副总司令兼第六十五军军长缪培南为前线指挥官，现驻英德、佛冈、从化三县交界的牛屎粪乡。我第一五一师随第一五四师即到牛屎粪乡集中待命。当时在该乡集中的有缪培南、黄涛、练惕生、陈章、孔可权、梁世骥和我。各军长、师长、参谋长等集中研究对策，众说纷纭。

伯公坳与牛背脊战斗

李友庄[※]

伯公坳之战①

日军作战部署和进犯路线

日军占领广州之后，于一九三九年十二月进犯粤北之前，占据三水、顺德、新会、中山、东莞、增城各县和虎门、深圳、石龙等地区，并在广州北部构成以广州为中心的外围防线。大致上东起永汉、正果，北接神冈、太平场，西接源潭以南，以迄北江之线。从一九三八年底至一九三九年底一年时间，日军和中国军队对峙胶着在这条线上，双方在军事上都只有步哨线的小接触。

广州日军为达到策应桂南日军作战，牵制我粤北驻军不能调到广西前线增援之目的，于一九三九年十二月中旬，向粤北发动第一次大规模的进攻，扬言要在曲江过年。其总兵力计原有守备广州外围的两个师团，另由日本新调来一个近卫师团，共三个师团，约七万人。日军分为三路，第一路即右翼，以樱井兵团及根本、加藤、掘川、洼中楫等部一万五千人，由增城向龙门、新丰、翁源进犯；第二路即日军进攻的主力，以近卫师团第十八师团共三万余人，由神冈、太平场沿翁从公路向良口、牛背脊、吕田方面进犯；第三路即左翼，以第一○四师团的一个旅团，加

※　作者当时系第六十二军第一五七师第四七一旅第九四○团团长。

①　伯公坳有两处，均是抗日战场。此处指的是源潭东北六公里、青龙冈西北三公里的伯公坳；另一个伯公坳则在粤汉路迎嘴和银盏坳之间。

上松冈野的一个联队和中野正楪大队共一万五千人，沿粤汉路由军田向银盏坳、源潭进犯。企图击破我军主力，进占我华南抗战的交通重镇曲江。但在进犯之前，日军先在三水方面有所佯动，似有进犯西江肇庆的模样。

日军的这个部署，显然企图以中间突破、席卷两翼的战略，突破我军粤北防线，消灭我军主力，进占曲江。但战事发展的过程，日军却仅仅突破了粤北防线，没有达到消灭我军主力和进占曲江的目的。

国民党部队的兵力配备

在广州失陷之前，军事委员会已把广东划为第四战区，委何应钦兼司令长官，余汉谋为副司令长官兼第十二集团军总司令。当时司令长官部尚未成立，只是一个名称。自广州失陷之后，政委张发奎为第四战区司令长官，余汉谋副司令长官照旧，司令长官部设在曲江。

在粤北战役前，钦州湾敌军登陆向广西进犯，张发奎随带战区长官部一部分人员驰往广西柳州设立指挥机构，指挥其他部队包括由广东调去第六十六军（欠第一五一师）应战，粤北战事实际是由余汉谋负责。

广州失陷后，即调第六十四军（辖第一五五、第一五六两师）、第六十六军和第一八七师由广西返回广东，并新编了一个暂编第二军，以加强防御力量。

第四战区司令长官部的兵力部署如下：

一、以第三十五集团军总司令邓龙光所属第六十四军（军长陈公侠，辖第一五五、一五六师）和暂编第二军（军长邹洪，辖暂编第七师、暂编第八师）在西江三水以上至四会县之线占领阵地，防止日军向西侵犯。总部设在德庆。

二、以独立第九旅在惠州地区，与在石龙、樟木头之敌对峙。以独立第二十旅在潮州方面，与占领潮汕方面之敌对峙。

三、以第十二集团军主力占领清远、滃江、佛冈水头、从化牛背脊、吕田、龙门地派阵地。总部设在翁源三华圩。

四、总预备队第六十五军（军长缪培南，辖第一五八师、一八七师）军部设在乌石圩附近（在曲江之南四十公里）。

第十二集团军固守清远源潭、佛冈、从化牛背脊、吕田、龙门地派之线与敌对峙。其方针是固守既设防的阵地，继续"挖土抗战"，彻底破坏道路，采取内线作战，部队机动使用，以粉碎敌人进攻。

部署：

右地区：第六十二军军长黄涛，辖第一五二师（师长陈章）、第一五七师（师长练惕生），守备清远、港江、佛冈至水头之线。

左地区：第六十三军军长张瑞贵，辖第一五三师（师长彭智芳）、第一五四师（师长梁世骥）、第一八六师（师长赵一肩）、第一五一师（师长林伟俦），守备良口、牛背脊、吕田、地派之线。

总预备队：第六十五军长缪培南，辖第一五八师（师长林廷华）、第一八七师（师长孔可权），位置于曲江乌石、马坝、翁源新江一带。

伯公坳战斗经过

十二月初，日军先向西江三水方面佯动，第三十五集团军总司令邓龙光尚未与敌接触，即向第四战区请求增兵。副司令长官余汉谋即以总预备队第一五八师驰往增援。殊料该师赶到四会，而西江安靖如常。就在此时，日军已向粤北大举进攻。迨第一五八师远道归来参战时，我第六十二军已在银盏坳地区激战多日。

一九三九年十二月中旬，日军北犯部队首先是沿粤汉铁路向我右地区攻击，银盏第六十二军第一五二师首当其冲，激战甚烈，相持近旬。该师阵亡营长吴麒以下官兵多人，受伤更不少。第十二集团军前敌总指挥缪培南乃命第六十二军第一五七师接防，调第一五二师休整。

接着，敌人来势更凶，首以飞机大炮轰击我防御工事，继以步兵猛烈的火力进逼，致使第六十二军第一五七师及调来增援的总预备队第六十五军第一八七师、第一五八师先后在银盏坳、伯公坳、青龙冈、樵岾、源潭等地，与敌反复进行争夺战（此时其他地区尚无战事）。但这些重要据点，得而复失。经过十余天的激战，第六十二军伤亡很大，奉命调回佛冈上四九圩休整。

当十二月间，第六十二军第一五二师在银盏坳与敌对战时，驻在清远汤塘的我团（第六十二军一五七师九四○团），忽接旅长陈见田电话命令：银盏坳战况吃紧，着我团利用夜行军（防敌机侦察和轰炸）先行出发，到银盏坳附近，暂归第一五二师师长陈章指挥，俟我师到达后归制。迨我团到达联系好，驻在东坑、水牛潭两天，敌人已进占银盏坳与源潭中间地区的伯公坳、青龙冈时，始接刚刚到达的旅长给我电话命令谓："上级命令我旅迅速夺回伯公坳、青龙冈的阵地，你第九四○团即向伯公坳之敌攻击而占领之；第九四一团在你团之右攻击青龙冈而占领之。"

虽然我当时对敌情、地形、友军状况等均欠明了，仍于当日下午从水牛潭出发。一开始行动，即被敌机数架跟踪侦察、监视，继而沿途受到轰炸，伤亡士兵多名，迟滞了行程。过了水牛潭山坳，敌人的炮火稀疏地开始射击了。我召集所属各营长和有关的连长，面授展开战斗的任务：以第一营在左，第二营在右，为第一线；第三营及团直属队为预备队，归营长陈超明指挥，在中央后跟进；我在第一线后行进。大家务尽全力，以夺取伯公坳为目标。我同时严肃地对他们说："上级一定要我们拿下伯公坳，我们立功机会到了！必须有进无退，必须完成任务。"

迨黄昏过后，我第一线部队很快进到敌阵前缘，但上大当了，已深入至敌预设的火网之内了。此时双方展开激烈战斗，枪炮声彻夜不停（右邻部队，我旅第九四一团攻击青龙冈，战况同样激烈），上下纵横的电话通信均已中断，派人联系也见去不见回。半夜时候，形成了各自为战的状态。敌武器既较我优越得多，又占领峰峦重叠的有利地形，而我第一线官兵，冒险犯难，不怕牺牲，勇往直前，可歌可泣的事迹颇多。如：机枪第二连连长陈剑甫（新会县人）为了掩护部队冲锋，亲自当机枪射手，对敌猛烈扫射，身受重伤，不肯后退一步，直至流尽最后一滴血，光荣牺牲。一位班长（姓名忘了）踏着血迹跑上去说："我要为连长报仇！"话音刚落，又中弹阵亡了。接着再上来接机枪手的都先后遭到同样的命运，最后这一班人中只剩一个生还。足见当时战况的激烈，以及我们士气的旺盛。

迨是夜两三点钟的时候，枪炮声忽然停下来了，但前方情况如何，无从获悉。此时我心中无数，只好带着预备队逐步推进，期与第一线取得联系，作最后的决战。那时天极黑暗，伸手不见掌。我跟着特务连的先头排行进，行抵一个山冈底下的小村庄，先头排排长回报，前面山上人声嘈杂，地下有电话线，究竟是敌人还是自己人，不清楚。我着速即再探。瞬间敌炮向我轰击，继而机步枪也从前方和左右两侧山冈向我射来，我队伍一时惊惶走避，状甚狼狈！我判断敌人断不敢黑夜出击，乃立即命令队伍就地潜伏，严阵以待。并考虑到如孤注一掷地盲目往前冲去，在三面受敌之下，势必全部覆灭（因无后援）。我决心乘拂晓前向右后转进数里，占领阵地，收容第一线残余官兵，结果收容到第一、二两营官兵百余人。据回来的官兵称，敌人炮火太厉害，我们吃亏在没有重炮，第一营营长连士英、营附倪伟英都是中炮弹阵亡的；第二营长郭惠良几乎中炮弹，去向不明（经十多天后他回佛冈归队，因军长黄涛庇护他，致未受罪）。是役该两营的人员武器，损失了约四分之三，当时自己不禁流下热泪，方寸已乱，徘徊不知所向。适旅长陈见田前来视察，他着我将队伍撤至右后某村集结待命。回来后，我寝食不安，深感官兵牺牲如此之大，是前所未有的，对上对下都很难为情。思考再三，因而亲拟电文向师长练惕生、军长黄涛请罪，大意是说：伯公坳之役，我团既未达成任务，且损失奇重，我指挥无方，恳请严加惩处。

过两天，我团奉命开回佛冈附近集中（此时全军奉令休整，已集中于佛冈上四九圩等处）。军长黄涛召见我，出乎意料还对我慰勉有加，并说："大仗快要来了，须好好准备，你团还有把握再打吗？"我说："我团虽然跌了一大跤，但大家有一股报仇雪耻的雄心，军长可以放心把我团放到任何艰苦的地方上去。"谈至此，我遂返团里做好一切准备，迎接新的战斗任务。

牛背脊之战

牛背脊位于从化县城之北约四十公里，是翁从公路线上的一个圩镇。山地连绵，峰峦重叠，流溪河环绕于东南北三面，当中有个村名叫军营村，可知历来是军事上一个要隘（解放后此地已建设为流溪河大型水电站，乡民迁居，地形大变）。我军自广州失陷，退守粤北防线，牛背脊也被划为主阵地。但在十二月下旬初，负责固守该地的第一八六师遭到优势之敌进攻（此时北犯之敌为主力军近卫师团），稍接触即轻易放弃牛背脊，向北远逃，致使敌人如入无人之境，直迫沙田、梅坑等处，对粤北部队形成大包围之势。此时，奉余汉谋电令，由铁路方面回到佛冈集结休整的第六十二军，放弃佛冈撤至上太、下太东西线一带山地（具体地名忘了），占领阵地防守拒敌。黄涛军长不同意这样行动，向余汉谋建议：一、敌倾巢来犯，要我曲江，我率第六十二军要广州，这是上策；二、我率第六十二军即向牛背脊、良口拦腰截击敌之后路，得手后转而尾击北上之敌，使敌首尾难顾，以攻为守，这是中策。最后余汉谋答复黄涛以远攻广州不易，着采取第二个办法，马上打牛背脊、良口，把敌拦腰截成两段，造成敌的交通联络与补给运输均受阻绝，以期扭转战局。黄涛遵照这个指示部署行动：以第一五二师向良口之敌攻击前进；第一五七师于十二月二十六日由佛冈出发，翌日拂晓向牛背脊之敌攻击而占领之。下面就谈我团进击牛背脊的经过。

如上所述，我团是在攻打伯公坳伤亡惨重之余，接受这次新的进攻任务的。此时全团人枪只有六百余（五个步兵连、一个重机枪连、一个迫击炮连、一个特务连），正在出发途中，忽接师部转来余汉谋总司令的代电："第一五七师第四七一旅旅长陈见田调该师副师长，遗缺由该旅第九四〇团李友庄为代理旅长。"此时我团正在担任前卫团的任务，就要接触开火，急急忙忙发出这个命令，不过是对我打气的一种笼络手段。因此，我淡然处之，暂且不谈。

十二月二十六日晚上，我第一五七师部署向牛背脊之敌攻击，第四六九旅为右纵队，第四七一旅为左纵队（主攻点在左），利用夜行军，务于二十七日拂晓前开始向牛背脊攻击。我团为第四七一旅的前卫，以第三营（营长陈超明）为前锋，经耀洞、箭竹向牛背脊搜索前进。二十七日约三时左右，我先头部队搜索至箭竹山坳（距离牛背脊二十多里），遭敌前哨部队猛烈射击，战约二十分钟，敌向牛背脊退走，我部一直跟踪追击。天刚亮，我们占领了在牛背脊之北约数里的牛屎坳，一部进出白鹅潭村，这样就进入了攻击准备位置。

二十七日早六时，我部署迫击炮、重机关枪，集中火力掩护第三营攻击前进。同时派特务连的一排迅速抢占牛背脊西北端一个最高峰——尖峰山，警戒和掩护我左侧的安全（下面另述该排的战况与结果）。原来驻扎在牛背脊街内的是敌人的后勤兵站和仓库，其东西北三面的高地都有敌人的据点，工事坚固。每个据点的敌兵，虽不过一百数十名，但枪炮装备精良。双方激战至下午一时，我九连勇敢的排长胡邦雄、班长张三首先带队冲入牛背脊圩，后续部队也跟着冲锋前进。我团一面切实占领圩内各要点，一面派第一营代营长刘振率兵两连（是第一、第二营伯公坳战败残余，合编为两连的），专攻牛背脊西端山冈之敌。此时敌我成了胶着对峙状态。当时，第三营虏获了十几担猪肉和一些罐头食品回来，余无所得。是夜双方打打停停，停停打打。我方伤亡官兵约两百名（第三营营长陈超明当时也被其部下误作阵亡上报，其实是贪生怕死，在战乱中乘隙远逃，半年后被证实在逃湖南）。毙敌亦不少，烧毁敌满载辎重的运输车十余辆。

现在谈到特务连派占尖峰山这个制高点的一排的情况：（当年勇敢机智的排长何铁南，年仅二十多岁，罗定县人，现尚健在，本文他也提供亲身经历。）下午四时该排奉到命令马上出发，从捷径快跑了两个多钟头，登占了这个高山。当晚敌人将附近四山草木全部烧光，该排士兵利用石岩躲避，未遭烧死。是晨，敌人以为尖峰山的我军官兵不存在了，十多个敌人带着军犬，大摇大摆地攀到近防界线上。该排长亲当轻机射手向敌猛烈扫射，毙敌五名，其余都压了下去。第二批的敌人二三十个，又继续来攻，该排又以集中猛烈的火力把敌人压得不能抬头。有几个敌人拼命仰攀着，给我们的手榴弹收拾了。后来成百敌人出现在对面山头以钢炮机枪密集向我射击，掩护一部分敌人再来强攻，我伤亡甚大。该排于是转移左侧山头再战，坚持了两昼夜（饿了一天），牵制和拖住了敌人，使我容易攻克牛背脊。结果该排士兵三十九人壮烈牺牲，排长只带着七人生还，真是英勇可嘉，可歌可泣！

回过头来谈，二十七日之夜十二时，旅部派参谋陈定海找着我，说：

"旅长指示,叫你从速增派队伍将牛背脊东西两侧山头的敌人彻底消灭。"我说:"我手上已无部队可派,第九四一团还留在后头做什么?此时不使用,等到敌人援兵来时更麻烦了。"陈参谋回去向旅长汇报,旅长决定先派第九四一团的一个营,过流溪河,增加我团右翼助战。此时敌约二三百人仍困守两个山头据点。迨二十九日拂晓,第九四一团全部到了牛背脊。同时,敌以飞机掩护,分向吕田、良口退却。二十九日十时,我团遵照旅部命令,将牛背脊防务移交第九四一团后,即集中于白鹅潭村休整待命。是夜十二时,忽接上级命令:第六十二军全部向牛屎粪方向转移,准备向青塘之敌攻击前进(此是前敌总指挥缪培南集中各军兵力总攻青塘的新部署)。而牛背脊之战就从此结束(右纵队第四六九旅仅到达离牛背脊约十五华里的鲜水坑即停止前进)。可是,我们连夜兼程也未追上青塘之敌,而敌人已安全向梅坑、吕田方向南逃,我军白白送行而已。接着各回原防,就这样结束了第一次粤北战役(只知第九三八团虏获山炮一门)。

第一五八师银盏坳之战

林廷华[※]

　　一九三九年十二月十五、十六日，日军全线向北进犯，其左翼于十六日攻占王子山后，即进击军田、银盏坳，二十日迫近源潭。其中路于十八日起分两路自神冈沿翁从公路北犯，进至从化街口鸡笼冈一带，二十日已进至良口西北地区。其右翼于十八、十九日已越过正果、永汉、沙径之线，二十三日进抵左潭附近。

　　日军的左翼本不是它的主攻所在，但这是铁路线所经的地区。它为了吸引中国守军的兵力使之转移于铁路方面来，以利其主攻一路的进攻，首先在铁路这方面发起战斗。当其主力已迫近源潭，即将渡过潖江进迫英德时，第六十五军第一五八师出敌不意，迂回敌后，强渡北江，在敌侧后的银盏坳与敌相持数日，迟滞了敌人的北进，这是日军所意想不到的一次背水战。当日军进抵源潭，企图以北江为依托，继续北进之时，第一五八师于十二月二十一日进抵北江西岸、清远以南的新塘圩，即以第四七二团守备北江西岸，集中全师重火器猛袭敌人源潭后方的银盏坳，由二十二日拂晓战至上午八时收复银盏坳以南的三兜松，截断了北犯源潭之敌四千余人的后路。

　　银盏坳、三兜松被我军夺回以后，如果我右地区的正面能够密切配合，是完全可以把源潭之敌消灭的。但由于我正面的部队不敢前进，终于使深入敌后的第一五八师不得不孤军作战三天三夜之后，退回北江西岸。此战虽然取得局部胜利，有了扩大这一个地区战果的可能，但由于全局未能紧密配合，终于无法阻止敌人的全面进攻。

　　※　作者当时系第六十五军第一五八师师长。

　　第一五八师自二十四日撤回北江西岸以后，为避免日军进出源潭以北，切断渡过北江东岸向英德、佛冈山区转进的渡口，因此抢先于二十五日夜间在英德以南的鸡坑、水渡口过北江，与其他各师转进山区。这时各师都夜行昼伏。大家在夜里行军，不敢举火，不敢声张；有时因为路线交叉，彼此争路，引起混乱；由于事前为了阻止敌人前进而将要道破坏，这时反而阻碍了自己；前面的摸索，后面的等待，一夜行军也走不上二三十里；时值隆冬，多少官兵边走边睡，为状至苦。我第一五八师在转进过程中，根本不知道敌人什么时候撤退。

　　再谈一下追击战中的一个小插曲：

　　大概在十二月底和一九四〇年元旦前后，日军进抵曲江东南十五里的南华寺附近时，忽然急行后退，大致上沿原来的进攻路线分途后撤。国民党部队在转进时因避免与日军接触，因此日军走过的地方，国民党部队都避不敢去，这样就给日军一条完整的退路，使日军毫无阻碍地安全撤退。英德佛冈山区间国民党九师之众，没有一师在敌人后撤时进行追击。困在英德东部大镇一带大山中的部队有士兵看见日军由大镇向河头行动，架起机枪准备袭击，有军官则以未奉命令加以阻止，还说万不能让敌人发现目标，自找苦头。这倒是龟缩在英佛大山间的国民党部队的普遍心理。第一五八师在转进过程中，根本不知道敌人什么时候撤退，也没有看见过敌人撤退。等敌人已退过良口之线以后，各个师才确认敌人真的撤退了，这个时候才跟着敌人后撤的路线进行"追击"。蒋介石的中央军陈烈和甘丽初所属的两个军，当敌人开始撤退时，他们抵达了翁源、青塘间地区，报纸宣扬说日军是他们打退的。他们在青塘附近和余汉谋部队的某部因误会发生冲突。原来，军部惊魂未定，中央军来了，他们也未获得通知，看见前面有人，便问"边个（谁）？"对方答说："打日本的。"这边一听，听成了"大日本的"，因此立即散开，机关枪、追击炮连连打过去，中央军也同样回击，打了半个钟头，双方从枪炮声中辨别出是自己人，才停下火来。这算是"追击"战中的一段插曲。

　　过后据曾其清说：当前线被敌人突破后，第十二集团军总部由三华撤退到始兴，拟继续向南雄三南撤退，韶关长官部也非常混乱，已派高参谢婴白到南雄设营，并拟续向三南撤退，行李辎重已大部到达南雄。省政府和军营区已将行李档案搬去连县，大部人员已到达连县，韶关已成真空状态。他和军营区参谋长张宗良到黄冈省府找李汉魂，要求李想办法。李打长途电话给薛岳（第九战区司令长官），请他从湖南派兵增援，但薛完全拒绝；后来打电话给陈诚，说了许多好话，才允许派两个军来增援，即陈烈和甘丽初两个军。先头部队杨温（广东惠阳人）团到达翁源，与敌人后撤部队遭遇，战斗了数小时，这就是中央军的由来。

　　究竟是什么力量使得日军后撤呢？中央军的入粤可能是日军的一种压力，但事实上蒋介石的中央军没有和日军有过大的接触。至于第十二集团军则连敌人何时撤退也不晓得，当然更不是他们把日军击退的。

忆第一次粤北战役

卜汉池[※]

银盏坳之战

一九三九年十二月中旬开始，第六十二军第一五二师、第一五七师先后在银盏坳方面与敌作战多日，至二十日这两个师奉命调回上四九圩和佛冈两地休整。

此时，第六十五军军长缪培南奉上级命令率领该军和第六十三军第一五四师第九二〇团向银盏坳之敌攻击前进。其部署如下：

一、以第一八七师由潖江口沿铁路向银盏坳方面之敌攻击前进。

二、以第一五八师由清远渡过北江东岸向敌之侧翼攻击银盏坳车站，截断敌之后路。

三、以第一五四师第九二〇团由清远城附近渡过北江东岸，协助第一五八师攻击迎嘴车站之敌。

其作战经过如下：

一、第一八七师（师长孔可权）在银盏坳之北伯公坳一带山地与敌作战，颇为剧烈，但依然未能将敌击退。

二、第一五八师（师长林廷华）由清远渡过北江东岸即向银盏坳之敌攻击，打了一次胜仗，曾经一度攻占银盏坳车站和以南三兜松地方。但因第一八七师未能击退正面之敌，致使第一五八师陷于孤军作战危险之境，坚持两三天不得已退回北江西岸。

三、第九二〇团（团长何宝松）由清远城渡过北江东岸即向迎嘴车

※ 作者当时系第六十三军第一五四师第四六〇旅旅长。

站之敌攻击前进，仅有一部到达迎嘴，稍与敌接触，即被逼退回北江西岸去了。

在银盏坳、伯公坳方面未能击退敌人之时，而敌军主力向我牛背脊至地派主阵地方面接近进攻的时刻了。第六十五军部和第一八七师不得已逐渐退回潖江北岸固守阵地。第一五八师和第九二〇团也退过北江西岸，以后再渡过东岸归制。该方面之敌也未有向我潖江阵地进逼迹象。

第六十三军牛背脊、吕田之战

第六十三军部（军长张瑞贵）在十二月上旬，已奉命由北江西岸鸡春坝移驻翁从路蒲昌附近一个村庄（忘记地名）指挥第一八六师第一五一师了。

第六十三军第一五三师（师长彭智芳）在十二月中旬，由清远附近调到水头圩、上四九圩（均属佛冈县）附近，为第十二集团军的预备队。

第六十三军第一五四师俟第一五八师由四会返回清远时，即将清远城附近阵地防守任务交于第一五八师接防，随即渡过北江东岸接守潖江口及潖江以北迤东之线之阵地。此时已是分割使用了。师部驻鸡颈坑，第四六二旅（旅长蒋武）驻上、下岳一带，第四六〇旅旅长（卜汉池）驻潖江口附近。

十二月十九日下午八时，师部接到第十二集团总部电令，说敌军主力集结在太平场、神岗、从化街口、温泉一带，有沿翁从公路向我良口、牛背脊、吕田阵地大举进攻的模样，要该师星夜开往梅坑占领第二线阵地准备作战。所有潖江附近阵地就近交由第一八七师接守，于二十日交接完毕。

十二月二十二日下午三时，第一五四师开始行动。除第四六二旅在上、下岳等候全师集中行动外，第四六〇旅经潖江北岸东进，于是夜六时到达上、下岳附近。师部和直属连队（包括炮兵连）则由鸡颈坑经罗家营山坳东进。至二十三日下午二时才通过这个山坳崎岖之路（该路破坏彻底）。

二十三日上午九时，第四六〇旅接到第四六二旅转来前敌总指挥电话命令："第一五四师师长梁世骥迅速率领全师星夜开往梅坑，占领第二线阵地，万勿再延。"第四六〇旅接到这个命令，转派传令兵送往罗家营出口处附近交给师部。而师部接到命令就马不停蹄赶上前来，于下午六时左右才到上、下岳附近接近本师作战部队。但师部官兵由二十二至二十三日下午六时未经睡眠，已是疲劳至极了。

二十四日固守良口、牛背脊阵地的第一八六师受到优势之敌攻击，不经剧烈战斗，就失掉了阵地。除该师张泽深旅逐次抵抗退至沙田圩，于二十六日下午由第六十二军军长黄涛电话指挥外，师部（师长赵一肩）和曾潜英旅一直向大后方坝子圩（接近江西虔南县边界）溃退。该师原是第六十三军战斗序列，退出阵地之后，应该接个电话向军部报告请示。当时粤北阵地之后纵深地带架设有电话线网，并有许多中继所设立，有通信兵看守。如果没有通信工具，亦可到中继所接线讲话。唯其不是这样做，一直溃退到坝子圩才停止，胆小如鼠，有失军人的体统。

同日，第一五四师由上、下岳附近向东行进，于下午五时到一个村落（忘记地名，约距上、下岳六十华里左右）宿营。当时相隔一个大山之东南方面的钟洞地方有我军张泽深旅与敌对战，炮声隆隆，清晰可闻。

二十五日，第一五四师继续向东行进，在中途看见第一八六师零星部队向北溃退。同日第一五一师受到优势之敌攻击，力战不支，失了地派、铁扇关门、小杉、吕田地区之阵地。

二十六日第一五三师奉第十二集团军总部命令开往梅坑占领第二线阵地，在牛背脊、吕田未被敌军攻破前，已行动在途中。

同日在黄昏前，第一五四师到达遥田圩、沙田圩一带宿营。知道敌之一部一千多人于本日早晨经沙田圩，在该圩吃完早餐后向上、下河洞去了。

同日下午第一五四师在行军中即将到达遥田圩附近，尚未进入宿营地时，该师接第六十三军张瑞贵军长电话，命令该师归还军的战斗序列使用。说敌军已经越过沙田、画眉堂、梅坑之线，向上、下河洞、蒲昌北进中。令该师二十七日晨以一部向上、下河洞，主力向蒲昌附近靠近军部截击沿公路北进之敌。当晚师部亦下达了命令与各旅团（第九二○团作为一部向上、下河洞单独行动）准备明天拂晓后实行。

二十七日拂晓后，第一五四师实施昨夜下达的命令，准备行动。唯在准备当中，师部忽与三华总部有线电话联络起，奉到总部参谋长张达的电话命令："着该师星夜赶回官渡沿翁江河北岸布防。"梁世骥师长以奉上级命令为重，不加考虑是否应赶到官渡布防，也未报告张瑞贵军长知道，即率全师由沙田圩、遥田圩附近向黄牛头圩、青塘方面去了。但在准备出发的时候，适值第一五三师亦以奉命由上四九圩、水头圩开往梅坑占领第二线阵地，中途知道敌军已越过梅坑、画眉堂以上，无法完成任务，乃决心斜出上、下河洞方面拦腰截击北进之敌，竟在石马附近（接近上、下河洞）与敌军连战三天三夜。当第一五三师与敌军接触时，第一五四师与第一五三师相距甚近，激战枪声清晰可闻。若果实行军部命令于上、下河洞、蒲昌附近方面协同第一五三师对敌作战，必可获得很大的战果（战事结束后，以第一五三师全师官兵作战有功，获得上级奖赏国币一万元）。可惜一五四师因执行第十二集团军总部参谋长张达电话命令，失去机会。

二十七日黄昏前后，第一五四师到达黄牛头圩（约距青塘不到二十华里）时，全师已在黄牛头圩附近宿营。第一五一师梁彩林团长在吕田方面战败，率领残余部队后退，于是日（二十七日）下午经黄牛头圩进入青塘时，时近黄昏，见有敌马数百匹，即时缩回黄牛头圩，对第一五四师梁世骥师长说："我到青塘附近亲眼看见敌军数百匹马，料必敌之主力军已到。"梁世骥师长听到梁彩林团长这一敌情报告后不加分析，竟忘记了赶回官渡布防之任务，即于当日黄昏后命令全师星夜开动，经鱼子湾向西南方向而去。但在向鱼子湾行动前，第四六二旅第九二三团团长曾肇基曾经面向梁世骥报告三次说："本师任务不是向鱼子湾而去，请师长再三考虑。"而梁世骥以决心已经下定，无须考虑，径直开动去了。战事结束后，上级把梁调职。当其离职之前一天曾召集全师连长以上的军官会餐，在会餐开始前梁对部下说："我悔不该不听曾肇基之言，以致铸成大错。"言时声泪俱下。

第一五三师石马之战

在左地区即龙门、新丰方面，第十二集团军的一部，也打了一次胜仗。十二月二十三日，日军进抵左潭后，守军一团（忘记了番号）与敌激战竟日，迟滞了敌军前进，使第六十三军第一五三师能抓紧时机，进出梅坑。

第六十三军第一五三师原是十二月中旬初由清远附近调到佛冈水头圩、上四九圩附近，为第十二集团军预备队的。后该师（师长彭智芳）奉命向梅坑前进，于二十七日至上、下河洞附近之石马时，与日军发生遭遇战，战况甚为激烈。杀伤敌人千余，打了三天，伤亡不少，力渐不支，乃于第三日（二十九日）奉第六十三军军长命令，乘夜脱离敌人，转移于上、下河洞、蒲昌之间，靠近军部，目的掩护军部，归军指挥。于三十日晨到岗尾头（接近蒲昌公路边）附近，又与敌军遭遇，激战一天一夜，因第四五九旅旅长黄志鸿、营长孟德佳受伤，官兵伤亡不少，以致战斗力减弱，只得在岗尾头一带山地与敌对峙。这是阵地被突破以后的遭遇战，虽获得迟滞敌人前进的效果，却仍无法阻止敌人的前进。

俟至一九四○年一月一日拂晓，始知敌军昨夜向南退却即向梅坑、牛背脊退去。后上级以该师全师官兵作战有功，奖赏该师官兵国币一万元。

第六十二军腰击牛背脊、良口

二十六日上午，第六十二军接到三华第十二集团军总部一个电报命令，要第六十二军就佛冈阵地北撤，回上太、下太东西线一带山地之阵地（因无地图忘记详细地名），即是由鸡颈坑（在北江河边）沿罗家营以北之线一带山地占领阵地，再行抵抗敌人。黄涛军长认为退守阵地不能解决问题，因此即用有线电话接到三华第十二集团军总部，找到余汉谋讲话。在讲话当中，将前方情况和退守上、下太第二个阵地不能解决问题的理由报告，同时建议两个主张：第一个主张，既是敌军倾巢来攻，广州必定空虚，我率第六十二军直攻广州，这是上策；第二个主张，我率本军由佛冈水头圩附近向牛背脊、良口敌之据点攻击，截断敌之后路，俟攻击奏效后，再向吕田方面席卷而上，对沿翁源从化公路突入梅坑以上敌军后尾部队而攻击之，使敌之后方联络线完全断绝，这是中策。当时余汉谋听了这些主张，一时无法答复，只嘱黄涛暂时保持电话五分钟（此时电话不易通话），俟其与王俊副总司令、张达参谋长商量之后，再作决定。五分钟后余汉谋已作出决定，对黄涛说："进攻广州是攻据点，不容易的事，纵然攻入，亦不易守。不如就近攻击牛背脊、良口敌之后方联络据点较为稳当。就照际（指黄涛）第二个主张行动可也。"余汉谋答复这个决定之后，即偕王俊离开三华去曲江了。黄涛得到余汉谋决定之后，立刻下定决心，策定以下部署开始行动。

一、立即用电话调张泽深旅由沙田圩转回，经潭下向牛背脊前进，与第一五七师保持联络，掩护军之左侧。

二、以第一五二师立即开始行动，向良口附近之敌攻击前进。

三、以第一五七师立即开始行动，经耀洞于二十七日拂晓向牛背脊之敌攻击而占领之。

四、军部由佛冈石脚下立即行动，二十六日晚到佛冈，二十七日下午到财福岭（约距牛背脊十五华里）。

二十七日六十二军作战经过概述如下：

一、第一五二师于是日拂晓前就在良口流溪河西岸附近一带山地占领制高点瞰制良口，测定距离，用步兵炮、机关枪猛烈射击，已使良口敌人龟缩掩蔽部内不敢活动。

二、第一五七师于是日拂晓前经箭竹附近遇着敌之警戒部队，立即把它扫清，于二十九日攻入了牛背脊敌之据点。敌初尚欲蛮强抵抗，经我第一五七师猛攻，敌人伤亡不少，力有不支，纷向吕田和良口两方而逃。第一五七师很快就占领了牛背脊，俘虏了敌兵二名、山炮二门、汽车数十辆和粮弹不计其数。

三、张泽深旅于是日下午进出牛背脊东北财福岭之东地方（忘记地名），对吕田方面之敌警戒，与敌人接触，胶着该处相对峙，达成掩护军之左侧任务。

二十九日第一五七师依然占领牛背脊据点和附近一带山地。第一五二师由良口附近撤回财福岭，集中准备再向吕田方面之敌攻击前进。至于与我张泽深旅对峙之敌，已于是日拂晓前向吕田方面退去，我张旅仍然在该处对吕田方面警戒中。

反攻扑空　追击落空

一九三九年十二月二十八日，前敌总指挥兼第六十五军军长缪培南率领第一五八师和第一八七师由潭江附近移到牛屎粪村（在牛背脊西北约距五十华里）附近一带。此时接到第六十二军军长报告：该军已经攻占牛背脊、良口，并谓接受总指挥的指挥了。缪培南以第六十二军已攻占牛背脊，情势大有改变，因而决定集中兵力向青塘北窜之敌采取攻势，决一胜负。这个决定，是由缪培南征求各师长和师长以上的意见，决定改变第六十二军原来的计划。因此第六十二军乃于是夜（二十八日）把第一五二师、第一五七师和张旅撤回接近牛屎粪村附近，准备向青塘前进。

同日，第一五四师在鱼子湾西偏南地方（忘记地名，约距鱼子湾数十华里）适逢前敌总指挥派出与各军师联络的高参张光前（是第十二集团军总部的高参，派在前敌总指挥部服务）于中途，始知前敌总指挥缪培南已由潭江移驻牛屎粪村集中各军、师部队向敌攻击。第一五四师得到张光前联络之后，就向牛屎粪村方面移动，于二十九日到达牛屎粪村附近。那时第一五四师始知第六十二军攻占牛背脊的胜利消息。

二十九日，前敌总指挥在牛屎粪掌握有第六十五军（两个师）、第六十二军（两个师又一个旅）和第一五一师、第一五四师合共有六个师又一个旅之众，决定于三十日拂晓分三个纵队向青塘攻击前进，其部署如下：

一、以第六十二军为右纵队在东面的小路北进（现因无地图无法指明路线，只是靠近翁从公路方面）。

二、以第六十五军一八七师和第六十三军第一五一师、第一五三师李克煌团为中央纵队，在中央路线前进。

三、以第一五四师及一八六师张泽深旅为左纵队在左的路线北进。

在二十九日黄昏前各军、师已接到总指挥的命令准备好了。

三十日前敌总指挥所指挥之部队并不知道敌军的退却，各部队当然依照命令向青塘前进。迄至一月一日各个纵队到达距青塘约二十华里地方，准备对青塘之敌攻击时，始知敌军早已向梅坑、牛背脊退去。斯时前敌总指挥即命各纵队沿原路向后转，向吕田、牛背脊方面截击南退之敌。

一月二日和三日的情况大概如下：

一、由银盏坳、源潭进侵清远城、冬瓜铺之敌和由增城进侵龙门、新丰之敌，先后向广州和增城方面退却。

二、二日下午沿翁从公路之敌，已经退过从化街口以南地区固守神岗、福和墟之线据点。沿铁路南退之敌固守军田附近之线据点。由新丰南退之敌固守增城、中新墟原有据点了。

二日和三日我军各部队先后追至吕田、牛背脊、良口、温泉附近一带，已知敌军固守原有阵线据点，而前敌总指挥即命各部队停止追击，恢复固守我军原有阵地，其部署概述如下：

一、第六十五军固守源潭至佛冈之线原有阵地。

二、第六十三军（第一五三师、第一五四师）固守牛背脊、铁扇关门至地派之线原有阵地。

三、第六十二军在青塘、黄牛头地区为总预备队。

四、第一五一师在周陂集中整训。

五、第一八六师张泽深旅调驻鱼子湾休整外，该师师长赵一肩率领残余部队溃退坝子墟附近，在战事结束后被撤职，另由第十二集团军总部委李卓元接充，重新整理。

六、第五十四军军长陈烈率领该军到达青塘、翁源、大坑口一带，休息数天后奉命北返湖南省。

鲜水坑之战

陈国光※

　　我第六十二军在粤汉铁路银盏坳至源潭一带与敌激战旬日后，暂调佛冈休整。没几天，从化、牛背脊守军第六十三军第一八六师轻易放弃阵地，致使敌人长驱北进。第六十二军军长黄涛向余汉谋请准出击牛背脊之敌，把敌拦腰截断，使其首尾难顾，得以扭转战局。

　　十二月二十六日，黄涛命令第一五七师（师长练惕生）以第四六九旅第九三八团为西路纵队，半夜冒大雨由佛冈水头出发，向鲜水坑挺进；以第四七一旅第九四〇团为东路纵队，在水头地区以东向牛背脊挺进。

　　第九三八团（团长李上达、中校副团长邓洪焜、少校团附陈国光）接受师部命令后，派第一营（营长黄剑鸣）为前卫，第一连为尖兵连（连长丁济民）向前挺进。当晚，大雨倾盆，部队沿山间小道向南前进；由于雨大路窄，前进速度很慢，但士气高昂。

　　尖兵连在连长丁济民率领下，冒雨向鲜水坑严密搜索前进。翌日拂晓前，该尖兵排发现敌情，丁连长即迅速指挥尖兵连，争分夺秒，先敌占领鲜水坑以北无名高地和敌遭遇。我居高临下，迫敌一个加强中队展开激烈战斗，我前卫营亦火速增援。由于我占领地形有利，以猛烈机枪和迫击炮，集中火力，打得日军人仰马翻。双方激战一小时，日军即向牛背脊方向逃窜。在鲜水坑无名高地南麓，敌军遗尸五十多具，丢弃武器装备很多。尖兵连打了一场漂亮的遭遇战。战斗结束，清扫战场，缴获敌军重机枪一挺、步枪十多支、战马二匹、指挥刀一把、图囊五十多个、一大批弹药、手榴弹等战利品。此役胜利，阻止了日军北侵，大大鼓舞了我军士气，受到前线指挥官第六十二军军长黄涛的嘉奖。

―――――――

　　※　作者当时系第六十二军第一五七师第九三八团少校团附。

从化丹竹坑之战

黄植虞[※]

一九三九年冬，我任第六十三军第一八六师第一一七旅第一〇九六团团长。十二月中旬的一天晚上，第一〇九六团全团军官在从化下和洞叙飧。团部有第十二集团军政工总队派来的政工队一个中队共十余人，分派在各连任政治指导员，其中不少是共产党人和抗日先锋队员的进步青年。他们平时为士兵上政治课，教唱救亡歌曲，做群众工作；战时动员群众运输伤兵。这天晚上，我突然接到师部命令："日军北犯，立即出发，准备迎战。"我立刻召开紧急会议，作了部署。当时团部有不少粮食、弹药，既缺乏运输工具，也缺乏人力挑运。如果不及时解决，将影响队伍行动。幸得年轻的女共产党员（约二十岁）张韶，主动提出愿到附近乡村动员群众挑运粮食弹药，我欣然让她独自去干。想不到她拂晓便带着百余名青壮年男女，自备扁担来到团部，担负起挑运粮食、弹药的任务。出发前，我对全团官兵训话，表示我们坚决抗战到底的决心。讲话后，大家高唱抗战歌曲："大刀向鬼子们的头上砍去……"全团战斗情绪高涨，士气激昂。

第一八六师负责守备良口、牛背脊之线，我团占领石榴花顶、锅脑盖及北斗之线。拂晓，敌人猛烈向我阵地攻击，我团伤亡几十人，第四连韦连长腹部负重伤后撤。战斗初期，师长赵一肩曾到良口后塘肚村视察指挥。激战两小时后，我军伤亡很多，师长赵一肩、旅长曾潜英已不知去向。第一〇九四团、第一〇九五团在敌人猛烈攻击下，即放弃了阵地向后撤退。敌人乘机北犯。第一八六师在阵地坚持战斗的，除了我第

※ 作者当时系第六十三军第一八六师第一一七旅第一〇九六团团长。

一〇九六团外，还有第一〇九三团的两个营及第一一七旅张泽深旅旅部。为了便于指挥和战斗，我团归张泽深旅长指挥。张泽深指挥第一〇九六团和第一〇九三团两个营，统归第六十二军军长黄涛指挥。

十二月下旬，第六十二军军长黄涛奉第十二集团军总司令余汉谋的命令，主力向良口、牛背脊之敌攻击，张泽深旅向沙田、画眉堂方向搜索前进，掩护第六十二军左翼的安全。我团是张泽深旅的前卫团，张泽深旅部和第一〇九三团在我团后面两三公里跟进。我团在向沙田、画眉堂严密搜索前进中。在丹竹坑附近，和敌人侧卫部队不期遭遇，我团和敌人即在丹竹坑展开剧烈的战斗。敌人装备优势，三架敌机低空侦察、扫射和轰炸，敌炮也猛烈向我轰击。不到十分钟，我团即伤亡了连长三人，排长、班长、士兵数十人。电话线有的还未挂好，已挂好的也多被轰断了，副团长凌育旺也受伤了，团部的传令兵也伤亡了几个，情况很不好。正在战斗危急的时候，共产党人梁轩梧、进步青年易婉莹（女，约二十岁）、潘庆棠同志背着驳壳枪，在猛烈炮火下，走到我身边说："团长！我们决心和全团官兵共生死，同存亡，站在前线战斗。请给我们任务吧！"我说："好，就在我的身边，负责传达命令和鼓舞士气。"随即令他们传达我的命令给右翼连："无论官兵，只准前进，不许后退一步。"

激战数小时，双方伤亡很多。在这关键时刻，我们接到上级通知：从湖南来的增援部队已到达翁源新江阻击敌人；我第六十二军乃攻占了牛背脊，把牛背脊、良口之敌截成两段。我立刻将友军情况转达各营连，士气大振。有几个重机枪手抬着一挺重机枪从前线向后撤，共产党人梁轩梧大声喝道："团长命令：后退者一律军法从事。"那个机枪手说："报告团长，那面敌人正在蠢动，有准备撤退模样，我不是撤退，而是变换阵地，到那边去打击敌人。"我发现敌人果然有些动摇和混乱，便立即下令全团迫击炮、轻重机关枪以猛烈火力，打击敌人。全团步兵上起刺刀。敌人在我猛烈打击下，阵线动摇了，我马上下令全团号兵吹起冲锋号，全线发起冲锋，和敌人进行肉搏战。全体官兵同仇敌忾，喊杀声响彻云霄。预备队也大部上起刺刀参加激烈的肉搏战。激战两小时，敌伤亡惨重。所谓战无不胜的"皇军"，极度震惊，仓皇撤退，死尸遍野，也来不及运走；炮兵也来不及撤退，遗下大炮四门，被我们彻底摧毁了。我团缴获弹药辎重甚多，乘胜追击，向沙田、画眉堂方向退却的敌人尾追。

战斗结束后，第一八六师师长赵一肩、第一一八旅旅长曾潜英，因战斗开始就不知去向，脱离了指挥，受到了处分。第一一七旅旅长张泽深在丹竹坑和敌人血战，击败了敌人，受到了奖励。

夜袭增城官塘日军旅团指挥部

钟钧衡　魏策新※

福和地区的战略地位

福和地区位于广东增城以西，境内鹧鸪峰高达七百九十三米，雄峙于增城、从化两县交界处，离广州仅四十多公里。连绵不断的山脉，构成了大小群峰，屏障广州市西北，形势险要。广汕公路，中新至福和、福和至从化太平场的公路，纵横交错，福和地区腹地成为交通要冲，历来是兵家必争之地。驻兵那里，可控制广汕公路这条大动脉。

广东进入抗日备战阶段后，即曾在广汕公路沿线的福和地段挖战壕，构筑防御工事，作为广州外围防线的重要阵地之一。

福和沦陷后敌防御部署

一九三八年十月十二日，日军在海空军的掩护下在大亚湾登陆，相继攻陷惠阳、博罗、增城、广州。以福和地区形势险要，又濒广州外围，乃分兵盘踞广州第一防线——广汕公路增城段，新塘至中新、中新至福和以及从化太平场和北江西南地区的公路沿线。而福和官塘属重要据点之一，驻有旅团番号的指挥机关（一个加强机炮团），旅团长为井野。日军为了确保其广州大本营的安全，将附近的白苏塘、鹤田、福新圩、福和圩及云霞岭、山塘、官塘（村内有十八条自然村）、塘尾、大塘、江瓦窑等村庄烧毁拆除，并强拉民夫将木材、砖瓦运到官塘敌营部，加固防

※　作者当时系第六十三军杀敌大队第一、第三中队长。

御碉堡，致使三千多人无家可归，逃亡异乡。另方面，日军自进驻福和地区后，为了免受我军突然袭击，从增城到福和至从化太平场，就建起了长达三十多公里、宽二十多公里的封锁线，严禁群众外出谋生，欲置他们于死地。敌人将封锁线内果木全部砍光，清除视线障碍；又在封锁线上围上铁丝网，挂上各种罐头空壳，以监听越界者碰着发出的声响；敌人在封锁界上，每隔三至五百公尺建筑一个碉堡，经常派出官兵带着狼狗巡逻。

日军为了加强其统治，还逼迫福和地区各乡村成立维持会，胁迫官塘村人郭满福充任伪维持会长，妄图通过汉奸走狗，维持其统治地位。

三方抗战力量

福和地区在增城陷敌前夕就由当地中共党员、爱国青年、进步力量组成了抗日常备自卫中队。增城陷敌后于一九三九年春，改编为第十二集团军第六十六军随军杀敌队第十一中队，由魏友相、李东林任正副中队长。这个队深入敌后发动组织群众，扩大武装队伍，曾于一九三八年冬至一九三九年春在福和境内的乌石尾坳、大鱼头山截击进犯之敌。一九四〇年春，中国共产党先后在增城正果地区建立增城县委会、增龙博中心县委会，随后又在增城西南沦陷区建立沦陷区工作委员会。那时正值国共第二次合作时期，福和地区爱国军民在中国共产党的抗日民族统一战线的倡导下，拿起武器，把原第十一中队扩编为第六十三军（第六十六军已调防）随军杀敌队第一大队，由魏友相任大队长，钟冠英任副大队长，钟钧衡、郭豪务和魏策新分别任第一、二、三中队长（以下简称魏友相大队）。这个大队会同友军驰骋于增、从、番三县边区，纵横一百华里，到处袭击敌伪，屡建奇功。

自增城大部分地区陷敌后，第十二集团军第六十六军第一五一师、第六十三军第一五三师先后在增城以北，龙门、从化边境地区，集结兵力，扼守正面战场。鉴于福和地区是敌军的重要据点之一，将来反攻广州，首先要拔掉这个前哨据点；另方面那里已有抗日游击队活动，可相机开辟敌后战场。因此第一五三师第四五九团及其他部队，派出机动部队深入该地区与当地抗日武装联合进击日军。这段期间，双方共同对敌，合作得很好。

翁源县大刀队原是会道门组织，它设坛礼拜，画符念咒，操练大刀快耙，迷信枪炮打不入，属过去义和团之类的信徒。自广州沦陷后，目击敌人到处焚烧杀戮，激起民族仇恨，非报仇雪耻不可。它派了一个中队约八十人，为首的为黄谦、莫雄，率队到从化太平场一带活动，伺机袭击敌伪。这个队同第六十三军部队和魏友相大队在对敌作战方面是联系在一起的。

战斗部署

要在福和地区开展抗日斗争的活动，深入到广州近郊歼灭敌伪，必须迅速消灭驻守在官塘的井野旅团的指挥部。在敌强我弱的对峙下，必须利用夜间以迅雷不及掩耳之势，突然袭击，以大刀为主斩敌首级，达到全歼敌人的目的。因此经三方面抗日力量密商决定：由第六十三军第一五三师第四五九团派一个营、魏友相大队的三个中队和在增从边区活动的翁源大刀队的一个中队，共同组成的战斗队，执行这次战斗任务。

魏友相大队的情报人员负责深入敌区侦察，确切掌握敌情及其兵力部署，以利于部署全局战斗。

被敌人逼迫出任官塘伪维持会长的郭满福，一则鉴于抗日武装力量的蓬勃发展，认识到为虎作伥将来没有好下场；二则看到日兵残忍对待民众，良心不安；加以魏大队常派员做其转化工作，因而他能为我方提供准确情报和在我军进袭时为内应。

战斗的进行

一、掌握战机。自一九四〇年五月间，华南日军又第二次倾巢进犯粤北，而官塘的敌人，在旅团长井野率领下也调去了六七成的兵力，仅留下五六百人，由代理旅团长冈田负责指挥。留守的部队除三百人有战斗力外，其余都是医务人员、文职官佐和炊事兵等非战斗人员。战斗连队驻在林柏坊据点，余则分散到黄村、竹山下、下新屋、官山、大书房、柏木等驻守营地，兵力较为空虚，是我方进击的好时机。为了一举歼灭敌人主力，选定林柏坊为袭击目标。这个作战计划，是根据我方情报人员侦察及伪维持会长郭满福向魏友相大队指挥部提供的情报而拟定的。

二、作战方案的下达。我方已掌握了歼敌的好时机，当即召集第六十三军第一五三师第四五九团刘进麟营长，杀敌大队的主要负责人魏友相、钟若潮、钟钧衡、李利华、魏树芬、张锦旺等，翁源大刀队的负责人黄谦、莫雄等，共商作战计划。具体战斗任务如下：魏友相大队的三个中队抽调精干的指战员，组成几个分队担任外围警戒，并伺机歼灭外围岗哨之敌；翁源大刀队派出八十人（内女性二十五人）在魏友相大队配合下主攻林柏坊敌营，全部用大刀斩敌，不到必要时不准投掷手榴弹或开枪射击；第六十三军刘进麟部派一个机炮排（内六〇炮一门，重机枪一挺，轻机枪两挺）和另一个排兵力配合，掩护、支援入营斩敌战士，第六十三军刘进麟部其余的兵力则负责外围警戒。指挥机关设在濠迳庙后山，魏友相、刘进麟及钟若潮等人负责总指挥。

三、全面进军。一九四〇年旧历八月十二日下午，作战命令下达后，魏策新即按魏大队的指示，挑选出第三中队的精干人马，有小队长魏必基，分队长魏光富、郑荣西，队员魏记秀、袁记才、袁育光、曾运新、曾七南等四十名，由魏策新亲自带领到达二龙圩，会同第一五三师第四五九团刘进麟一个营和翁源大刀队八十人，途经大坑、青迳、联安、坳头到双塘魏友相大队总部，听候命令。黑夜降临，正中秋时节，皓月当空，沿途的大小村落静悄悄的，不时听到稀疏的犬吠声。三支战斗队伍集合在一个打谷场上，魏友相大队长下达作战命令：第三中队由魏策新带领四十名战士，配合第六十三军刘进麟部李世仙一个连埋伏在福和圩敌据点外围；另由魏光富、魏增添、魏海泉等带领大刀队勇士二十五人，待零时信号枪发出后，即剪断敌人外围的铁丝网直插观音庙、下排和婴堂三个据点，把守敌斩尽；魏大队的第一、第二中队配合第六十三军两个连，由魏友相大队长、刘进麟营长指挥，在林柏坊敌人驻地外围担任警戒任务；由第二中队的好汉郭球、郭运钦带领大刀队五十多名，主攻官塘林柏坊日敌巢穴。命令下达后，即兵分两路出发。

深夜，月也分外明，队伍沿着羊肠小道前进。守敌正在酣睡中。

四、血溅敌营。主攻部队在接敌前又作具体分工和布置：直接指挥入营斩敌的魏友相、第一中队长钟钧衡、大刀队长黄谦和魏大队军事干部张锦旺的指挥位置在官塘东北角的水背山；入营斩敌的大刀队副队长莫雄任队长，魏大队的郭南、钟章友任副队长，亲自带队入营。为了便于指挥，又编成三个小队：尖兵队人数二十人，均用大刀、手榴弹和手枪，其任务是摸索前进，扫清敌人障碍；尖兵战士主要由熟悉地形情况的魏大队的战士组成，队长郭球作战勇敢；其他两个小队，男女混合编成。各队人数均有五十人，内又各分三个小组，以利指挥和行动。这些勇士每人佩一把大刀，四个手榴弹，小组长以上佩驳壳手枪一支，他们挥舞着大刀冲上敌人营地。

尖兵队由队长郭球带领由里汾河西向凌云寺方向，沿河湾背向林柏坊主攻目标前进。前进到文笔塔（林柏坊敌人联队派出的班哨点）时，已到午夜，忽然天空中一道闪光，指挥部的进攻信号枪发射了，该尖兵队如饿虎擒羊，即将敌人班哨的两个门卫一刀两断。战士们迅速冲入哨所内，但见十三个敌人正裸体酣睡，毫不犹豫像斩西瓜似的结果了他们。队长郭球又立即用电光信号催促两个小队跟上。

冲入敌营的两个小队会合于文笔塔后，即由领队莫雄迅速布置，一路由郭润林带路先解决郭宗文屋的敌人主力；另一路由郭南引路火速消灭郭伯魁屋的岗田联队长和警卫排。在未动手前，严密监视敌人联队队部动静。

随后，一队、二队分别前进，不久一路冲进郭宗文屋的敌人主力连队，只见敌人和往常一样，全部搭好枪架，光着身子赤条条睡着。战士们抢起大刀像斩瓜似的，一刀一个，其中手快的斩了四个，手慢的也斩了两个。战士们冲进营房不到二十五分钟就消灭了敌人这个主力连，共斩敌一百五十六人。

二路（三队）进攻的目标遇到麻烦，因该联队队部的警卫排都是不规则的睡眠，横七竖八，难以下刀，怕斩一个，惊动其他。将此情向队长反映，得到领队莫雄同意，先投掷几个手榴弹，在浓烟中迅速冲进敌联队长岗田的睡房，这个穷凶极恶的敌酋也变作了刀下鬼。这一路消灭敌联队长及其卫士共五人，警卫排士兵约四十人。

另方面，开赴福和圩敌据点担任警戒和消灭敌岗哨的魏大队第三中队和部分大刀队员，当进攻的信号弹发出后，把观音庙、下排、婴堂三个据点之敌全部歼灭，计砍死敌人七十多名，胜利地结束了这场战斗。

夜袭官塘战役，据统计歼灭敌人人数，在文笔塔十五人，郭宗文屋一百五十六人，联队部及警卫排约四十五人，福和圩三据点约七十人，合共约二百八十六人。自一九三八年十月日军入侵增城以来，不断受到我军民反击，这次所遭到的损失是最大的一次。

上述歼敌的数字是根据当时各路兵马统计出来，也对照了当时伪维持会长郭满福所提供的数字。因为敌人不愿将失败惨状暴露，影响军心，连夜将尸体运往他处火化，并命令伪维持会负此火化责任，由郭满福找人将尸体拖上车，一个个都由他过目，这个数字是准确的。

五、敌人垂死挣扎。在这次夜袭官塘的战斗中，我方取得了重大的战果。但由于是突然袭击行动，又在黑夜，任务完成后即匆忙撤出，没有认真打扫战场，辨别哪些已死或未死。因此在集队撤离时，郭伯魁屋两个尚爬得动的敌人拿轻机枪从窗口对准我们集合的队伍发射了一梭子弹，结果在排尾的七个战士中弹伤亡（内有两个女战士），造成了不应有的损失。

六、不遭敌辱，义冲云霄。在这次夜袭官塘战斗中，由于三支战斗队伍的指战员们，抱着誓灭日敌的决心，个个英勇顽强，在不足一个小时内就解决了战斗，全胜收兵，不愧为中华的好儿女。在主攻队伍里，大刀队的女队员原是出于迷信而参加仙教神打的，但在民族垂危、生死关头，她们觉醒起来，奋勇杀敌，并不逊于须眉男子汉。当主攻部队歼灭了敌人行将收兵的时候，残敌开枪还击，有两个女大刀队员，一个当场饮弹牺牲，一个身负重伤。当时我方队伍怕时间拖长，遭到增援日军反击，迅速撤出敌营。受伤的女队员跛着脚，拐着腰，蹒跚地跟着队伍走。由于她是翁源人，地形不熟，跟不上队伍，但敌人已尾追上来，眼看逃不脱魔掌，思忖自己是一个妇道人家，绝不能遭敌侮辱，更不能死在敌人手下，最后投井就义。翌日当敌人将她尸体捞起时，她的腰间皮带还挂着一只日本鬼子头颅，把围着看的日本兵吓得目瞪口呆。她这种民族气节，英雄胆识，真是气壮山河，义冲霄汉。

结束语

夜袭官塘敌营虽不是一场很大的战斗，但它是在国共合作时期，在增城福和地区共同抗日取得胜利的范例；面对着强大的敌人，只有军民紧密团结共同对敌，投入这场战斗，才能战胜强敌。这是反侵略战争中取胜的根本保证。

夜袭官塘敌营，我军民以全歼敌人旅团指挥部而扬名增城地区，它震撼广州敌伪，威慑增城守敌。从此日军困守几个孤立据点，不敢再三三两两随便进出，甚至连白天也很少结队进村骚扰。经过这一战役后，福和地区抗日进步力量得到了进一步发展。

李煦寰与第十二集团军的政工总队

梁 钧※

　　抗战军兴，国民党政府为适应战时需要，调整军队，划分战区，将广东、广西、赣南、闽南划为第四战区。由第十二集团军总司令余汉谋担任战区副司令长官，代何应钦行使司令长官职权，政治部主任由余的挚友李煦寰先生担任。李煦寰生于世代书香之家，跟余汉谋是广东陆军小学同学。他早年曾留学法国攻读医药，获博士学位，因关心国家民族前途，回国辅佐余汉谋治军。七七事变后在国共第二次合作的推动下，全国人民同仇敌忾，团结御侮，掀起了抗日救亡的新高潮。为了挽救民族危亡，抵抗日本侵略，保卫革命策源地广东和祖国南方，李煦寰就任政治部主任后，就吸收不少爱国进步人士和名流学者充实战区政治工作机构，招收一批青年学生成立政治工作大队，积极进行抗日宣传和动员群众工作；同时举办民运干部训练班，派往各地开展民运工作，配合战时民众动员委员会和各个抗日群众团体，使广东的抗日救亡运动逐步从广州发展到全省。

　　一九三八年十月二十一日，日军占领广州，负责守土的余汉谋，撤退到粤北后，总司令部设在翁源县的三华。部队士气消沉，失去斗志。为振奋军心，平息民怨，李煦寰以抗日大局为重，忍辱负重，提出要明耻教战，大力帮助余汉谋抓住日军巩固广州外围后暂停北上的时机，于一九三九年初对所属部队进行大规模的整编和训练，并在翁源的南浦成立十二集团军军官补训团，分期分批调训各级军官，借以提高其军事政治素质；同时又吸收从广州撤退到西、北江的以抗日先锋队（以下简称

※　作者当时系第十二集团军香泉水政工人员训练班中队指导员。

"抗先")为骨干的战时工作队（原属战时民众动员委员会领导，一九三
九年初解散）及各地爱国青年八百多人，在翁源的香泉水开办政工人员
训练班（又称政工总队）。从一九三九年三月开始，集训八个月，同年十
月底结业，分派到所属各师、团和直属队担任抗日宣传和官兵教育工作，
通称为政工队。在李煦寰的关怀下，这班能文能武、能写能画、能演能
唱的青年人意气风发、斗志昂扬，英勇地战斗在炮火连天的战地和农村，
提高官兵对抗战的认识，振奋部队士气，密切军民关系，动员群众起来
支援军队，先后在两次粤北大捷中作出了重大的贡献。

在这段时期内，李煦寰为改进军队政治工作，增强抗击日军力量，
采取了许多有力措施：

一、罗致人才，大胆使用。国难当头，为了抗日救亡，李煦寰在成
立战区政治部时就任用一批名流学者和进步文化人。如尚仲衣、钟敬文、
左恭、司马文森、石辟澜、黄新波、郁风等都到政治部主办军队政治教
育和抗日宣传工作；林楚君、何巧生、林悠如等为政治工作大队队干部。
以后在第十二集团军政治特派员室，又借重第三党人陈卓凡、郭翘然等
办理该室的日常事务。在香泉水政工人员训练班所任用的总干事和政治
教官如张育康、邓尧佐、秦元邦、廖辅叔、王鼎新等都是爱国进步人士。
至于训育室的干事和各中队的指导员全部是原政治工作大队队员（其中
大部分是中共地下党员和"抗先"队员）。训练班从筹备、招生、办学方
针确定、政治课程设置、训练班人事安排直到学员结业分配，都放手授
权给训育室和有关人员去决定。正因为李煦寰比较注重人才，凡是有能
力、能办事而又肯办事的都加以罗致，大胆使用，在他的主持下，群策
群力地把训练班办得很有成绩。

二、作风民主，虚心接纳建议。李煦寰作风民主，平易近人，深入
下层。他经常利用公务空闲和大家在一起闲谈，了解下面情况，倾听大
家意见。即使是到前方慰问部队和视察工作，沿途也经常将乘马让大家
骑，自己和随行人员一起步行聊天，听取和接纳有关改进工作的意见。
这在当时国民党旧官僚中是很难得的。开办香泉水训练班时，李煦寰就
是采纳了陈卓凡、李见心等提出的要学习延安某些办学方法的建议，在
训练班里由学员选出工作委员会（以中队为单位）实行民主管理，在学
习上进行自由探讨。学员开展各项活动。学习方法，可以说基本上是仿
效陕北公学和抗日军政大学的做法，连"抗大"的教育方针"团结、紧
张、严肃、活泼"都张贴或写在课室和营房门口，所以学习生活十分活
跃，政治气氛非常浓厚，学员的政治、文化水平和做群众工作的能力迅
速提高。例如训练班开办时原属广州两个戏剧团体"艺协"和"蓝白"

的成员被分散到各个中队受训，难以发挥演剧宣传人员的特长和作用。李煦寰采纳了大家的意见，开学不久就将两个剧团的成员集中起来，在现有中队之外另成立一个独立区队，以排戏和演出为主，更好地发挥了艺术宣传作用。训练班结束后，独立区队的学员，并入政治大队，人员相对分散，大家建议挑选一些更精干的艺术人员成立艺宣大队，李煦寰即同意在一九四〇年夏成立艺宣大队。一九四一年还把锋社剧团组成的第六十三军政治队与艺宣大队合并为第七战区政治大队，成为一个专业性更强、人才更集中、实力更雄厚、影响更大的专业文艺队伍（以后部分成员参加东江纵队，解放后成为华南文艺队伍的骨干）。又例如政工队员结业后都分配到部队去了，怎样领导和掌握这支队伍？大家建议在政治特派员室成立政工总队部，便于对整个政工队的管理和解决政工队员中存在的种种问题，并请李煦寰兼任总队长，他也采纳了并付诸实施。

三、态度开明，放松思想言论控制。当时参加训练班的都是满腔热情的爱国青年。他们不怕苦，不怕死，不为官，不为钱，一心只把青春献给抗日救国事业。同时青年人容易接受新鲜事物，勇于探索和追求真理。李煦寰深知人的思想和信仰是不能强加压制的，"防民之口甚于防川"，自古皆然。因此对青年学员的思想言论，采取开明和宽容态度。在他的默许下，训练期间学员各项活动都比较自由。大家不但可以阅读马列主义理论书籍和毛泽东的《论持久战》等著作以及公开出版的进步书报，而且可以自由进行讨论，发表各种不同意见。各中队都办有自己的学习墙报，内容丰富多彩。有的分析和评论抗战形势，有的批评训练班的缺点和问题，有的表扬好人好事，有的还转载当时有分量的进步文章。学员还经常举行民主生活会进行批评与自我批评，帮助大家共同进步。最突出的是大唱抗日歌曲，如《太行山上》《大刀进行曲》《救国军歌》《延安颂》《游击队歌》《打走日本鬼》等。李煦寰很重视歌咏的教育作用，经常很认真地一句句跟着大家唱。当时有一个训练班的负责人，曾暗谋抄禁学员阅读的进步书籍，因遭李煦寰的反对而未得逞。

四、大力支持和帮助政工队员。李煦寰把政工总队视为自己培育起来的政工队伍，并为此倾注了不少心血。政工总队成立伊始，即遭到军事委员会政治部的反对。尽管李多次据理力争，申明政工总队的成立是本着动员全民抗战的精神和顺应爱国青年热烈要求参加抗战的愿望，是使广东抗日形势顺利发展的必要措施，但军事委员会政治部始终不予承认。最后政工队员的编制、名额和经费，只好由第十二集团军自筹。办法是从所属部队每个连抽出两名士兵饷项来解决。学员派出后，李不但在工作上为这些既没军衔又没军阶，每月只二十元（法币）生活费的政工队员撑腰，为他们创设能顺利开展工作、大显身手的条件，并多次嘱咐各师团政工主管要充分发挥政工队的作用，不要压制和责难这班"细路"（按：这是李对青年队员的亲切称呼），并将政工队员的升迁、调动、去留由总队部直接掌握，不受所在单位军政机关约束。为了了解政工队员的工作和生活情况，帮助他们解决实际困难，除总队部与各师团政工队保持经常性联系外，还定期派出人员到部队进行视察。李曾先后两次主持召开有政工队骨干参加的大型政工会议，听取政工队员在两次粤北战役中的情况汇报，并表扬了在战斗中表现出色的政工队员。

广州沦陷后，在撤往粤北的途中，李煦寰就和政治工作大队队员一起行军，共同生活。到了翁源三合渡期间和青年队员的接触更频繁，特别是在香泉水训练班，更经常和大批朝气蓬勃的"细路"打交道。青年人的热情、纯洁、正直、无私，使他受到感染，留下深刻印象。通过接触、沟通感情，增进了解，他经常对人说："和这班'细路'在一起，是我一生中最愉快的时期。"

当时战争环境，生活比较艰苦，李煦寰对弃家为国的青年非常关心和同情。看到体弱多病的队员，总是安置到他家里休养，像李静筠、刘树阶、罗锦江、何雪飘等人，都得到他一家的照顾。对政工队员的子弟有困难的都给予解决。当时设在仁化县的韶州师范学校有个少年班，就是李煦寰为撤退到粤北的政工队员的弟妹们开办的。他们以读书为主，也向群众进行抗日宣传工作，学杂费和一切生活费用全部由特派员室负责。

一九三九年四五月间，训练班的独立区队学员容小玲（原是艺协剧团女主角，以饰演吴祖光剧作《凤凰城》中的日本女间谍川岛芳子出名）病逝，训练班为她在香泉水举行隆重的追悼会，李煦寰担任主祭并亲自撰写一副挽联高挂在灵堂上。联曰：

铁般意志，锦样年华，前路正光明，不分竟寻《蝴蝶梦》；

水咽香泉，云飞南浦，登场零粉墨，那堪重说《凤凰城》。
流露了他对青年学员的深情厚谊和对死者过早逝去的惋惜。

一九四〇年春，在韶关的政治大队为配合讨汪宣传，由陈卓猷编导了一个四幕喜剧《陈列室》，揭露汪精卫卖国投降的丑剧。李煦寰亲临排练场，向陈卓猷介绍了汪精卫的生平丑事。这个戏排练成熟后，十多个队员到长官部礼堂装台准备演出，李路过看到大家很卖力，就高兴地说："你们今晚到长官部饭堂吃饭，给你们加菜。"接着，就嘱咐饭堂为他们加了三条烤乳猪，吃不完的还拿回队里分给大家吃。像这样体贴、关怀青年人的例子是很多的。

对在他属下工作的政工队员，有困难时请求帮助的，他只要力所能及就给予解决。如第七战区政治大队要参加在桂林举行的西南戏剧展览会，为政治部某些人所反对，但李煦寰却批准他们参加，使这些青年剧人得到很好的学习和交流的机会。又如一九四四年在乐昌坪石中山大学读书的原政工队员（大多数是中共地下党员）组成中大战时工作队，在曲江外围农村搞抗日宣传活动并准备到东江纵队，因经费无着，他们推选代表到韶关向李煦寰求援。李当时很高兴，立即拨一笔钱给那位代表带回去。"中大队"就用这笔钱搞宣传，然后去"东纵"。

抗日时期的广东海军

李达荣※

一

　　一九三六年陈济棠下野后，原有第一集团军舰队司令部改称为广东省江防司令部，原司令张之英于是年辞职，余汉谋委冯焯勋接充司令。该部辖下军舰原有肇和、福安、海瑞、执信、坚如、江大、江巩、安北、海虎、广金、舞凤等二十余艘。嗣肇和改隶广州行营，福安、海瑞、广金、江澄、利琛、智利等舰先后裁列废舰，所余仅十余艘，均在千吨以下。一九三七年抗日战争爆发，肇和舰仍拨该部指挥，同时两广盐运署及粤缉私处海周、海维、海武、广源、靖东等舰，暨国民政府派粤测量之公胜舰亦拨该部指挥。其原有所属水鱼雷队，下设水雷分队三队，并辖鱼雷快艇四艘。

　　同年十一月冯焯勋退职，由黄文田接充司令，该部为适应抗日战争需要，增设水雷队十一个组，招募离职的海军士兵组成，施以短期训练后分派工作。一九三八年十月国民政府复将鱼雷快艇十艘运粤归该部指挥。同年十月二十一日广州沦陷后，该部自广州移驻肇庆。十二月十六日改编，组织舰务处，隶广东绥靖主任行署，仍以黄文田为处长，辖下之水雷队仍保持原来编制，另将在各战役中之沉舰员兵及武器组编为机炮队。

　　一九三九年一月行署结束，舰务处仍暂时保留，四月由军事委员会桂林行营接收粤舰务处，改编为江防处，由徐祖善为处长，黄文田为副处长。处设行营内，下分设梧州桂林两个办事处、水雷总队（驻肇庆）、舰艇队（附设处内）、特务队（驻梧州）、补充队（驻封川）、雷械修造所（设柳州）、军械库（设桂平）、医务所（设肇庆）等单位。水雷总队下分两队，共辖十六个分队。舰艇队辖永福（驻香港附近）、平西两舰，及巡艇二艘、快艇九艘、电船四艘。

一九四〇年一月，因兼顾桂南方面作战，将水雷总队改编为西江第一、第二两守备总队，第一守备总队驻广西横县，第二守备总队驻肇庆。

同年八月江防处改为粤桂江防司令部，隶军事委员会，仍以徐祖善为司令，司令部设于梧州。所属单位除保持原有组织外，并增设掩护总队（驻梧州，一九四二年移肇庆，后改称大队）及通信队（驻梧州），掩护总队下辖机关枪队三个中队，步兵队两个中队。一九四一年复将西江第一、第二守备总队改编为水雷总队（驻肇庆，后改称大队），下辖六个水雷中队，十八个水雷分队，同年五月又改派黄文田为司令。至一九四三年增设水雷输送队。

一九四四年四月，粤桂江防司令部由梧州迁肇庆。九月肇庆沦陷，该部逐步西移，计先后曾驻高要禄步、郁南都城、苍梧长洲、藤县、桂平、贵县、南宁等处，至十二月三日抵百色。嗣军事形势稍好转，复次第东下，十二月二十六日抵驻田阳，一九四五年三月六日抵驻田东，六月五日到达南宁。

在抗日战争时期，特别是湘桂会战后，该部所有舰艇，或因作战沉没，或因江河狭浅不能续向西驶而破坏，损失殆尽，唯布雷方面仍勉强可保持原有实力。因是粤桂江防司令部奉令撤销，缩编为粤桂江防布雷总队，所属官兵队编入布雷总队，当时掩护大队驻桂部分拨第六十四军，驻粤部分拨第一五八师补充外，其编余官佐分别送训、退役、遣散，粤桂江防司令部遂于一九四五年六月底结束。

粤桂江防布雷总队于一九四五年七月一日在南宁成立，隶军政部，原派总队长未到任。初期仍由黄文田暂行负责队务。总队部下设水雷第一、第二两大队（每大队辖两个中队六个分队），特务队、通信队、输送排等。时有水雷两个中队仍留粤境工作，分驻罗定、紫金、潮安等地。

一九四五年八月日本宣布投降后，该总队由南宁移驻贵县，嗣军政部派陈锡乾为总队长，陈于九月一日在贵县到任。日本签降后，总队加紧扫雷工作，总队部赶速东移，九月二十三日到达广州。扫雷工作完成后，不久该总队奉令裁撤，于一九四六年二月底结束。

二

抗日战争初期，日军除自华北、华东向我内陆进攻外，复以其优势之海军封锁我沿海，并于华南海面伺机向广东内地进攻。当时广东省江防司令部所属及配属之浅水舰艇数量固少，战斗力亦复微薄，难以防阻敌舰入侵；至原日所存少数水雷均系旧品，能使用者不及百一，防材又极缺乏。在此情况下，唯有首先采取消极堵塞封锁办法，将珠江三角洲六门——虎门、横门、蕉门、磨刀门、虎跳门、崖门以及坭湾门、潭州口等口各航道加以堵塞（沉废舰、废船、沉石），借以阻滞敌舰侵入。各口堵塞工作于一九三七年十月完成，至十二月再加补塞。

其次谈布雷封锁。除堵塞封锁外，江防司令部还采取布雷封锁办法，在各江咽喉均加以严密布雷，这种布雷封锁对阻敌深入起了一定作用，特别是在敌陷广州后，使其不能利用舰艇引导陆军长驱深入各江上游。

与此同时，旧有水雷因年久失修，陈腐不堪，不适于封锁之用，倘向外国购买新雷，不仅价昂，且缓不济急，广东省江防司令部曾计划自制水雷。造雷工作始于一九三八年春，由于规模小，复经常受敌机空袭影响，产量不多，至同年敌陷广州时止，曾制出两千余具。我军退出广州后，造雷工作陷于停顿，至一九三九年桂林行营江防处设雷械修造所于柳州，恢复造雷工作，情况稍有改善。该所造雷工作继续至一九四四年夏柳州紧张疏散时止。

抗战开始，广东省江防司令部即实施布雷工作，首先将旧存各式视发水雷施放于虎门、横门、崖门、狮子洋及汕头之马屿口等五处。至一九三八年春，自制一部分水雷，布雷工作增加，原有水雷队三个分队员兵过少，不敷分配，曾增编水雷组十一个组，除在虎门、横门、崖门三封锁线加布系碰触发雷外，并在虎跳门、坭湾门、磨刀门、大刀沙、淡水、小虎山、三虎山、潭州、外海等封锁线，大量敷布系碰触发雷。另又曾以漂雷袭击敌舰，在袭击战斗中水雷第十一组组长刘权求暨该组员兵所乘布雷艇被敌机炸中，致全体殉职。

一九三八年广州沦陷后，为防止敌舰艇向内河深入，布雷工作扩展至东、西、北江，韩江，新昌河以及邕江各方面。在西江方面，于一九三九年夏曾先后完成永安、沙埗、桃溪等雷区封锁线，此后以至一九四〇年秋，由邓兆祥率领水雷组驻肇庆担任布雷工作。至一九四四年日军大举进攻后，日益深入，曾在悦城、九官、马墟（均德庆属）南江口、罗旁（均郁南属）、蟠龙（封川属）等敷布雷区。在新昌河方面曾先后敷布七堡、陈冲、石嘴、牛湾（均新会属）单水口（开平属）等雷区。在北江方面，曾先后在接近沦陷区之黄塘、石角及绥江（北江支流）之黄冈长塘湾敷设雷区。日军深入后，又曾在飞来峡、横石、大庙峡、盲仔峡、观音岩布雷区。在东江方面，曾先后敷布大田坝、龙和（惠阳属）、企石、铁岗（东莞属）等雷区。在韩江方面，除在初期在汕头马屿口敷雷外，一九三九年六月又在揭阳县属钱江口敷雷，迨汕头沦陷，又派遣水雷队至韩皖两江担任封锁工作。在邕江方面，一九三九年十一月，日军自钦州湾登陆，旋陷桂南、据南宁，海军曾派水雷队赴邕江工作，曾分别在下游之千里沙、横州石、米步、燕子沙、石州、陆屋等据点敷雷，并以防材阻塞横县之伏波滩。一九四四年十月敌陷桂平，江防司令部续沿邕江西移，将在桂水雷队分配两路工作，一部担任柳江布雷封锁，一部担任邕江布雷封锁。邕江雷队随在桂平贵县间敷设下湾、东津、萝卜湾等雷区。

再次谈游击布雷。在这一时期，广东海军除在我方采取布雷封锁防止敌舰侵入外，又曾在敌后实施游击布雷，目的在损耗敌方人员物资，并威胁破坏其水上交通。此项工作本极重要，但在初期重庆政府并不重视，既未拨游击布雷经费，亦未有完整计划，仅选派一个水雷队试行，至一九三九年秋才派出工作。一九四〇年较为积极，经常有三个水雷分队派出担任游击布雷工作。自一九三九年冬至一九四四年夏期间内，广东海军在三角洲沦陷区实施游击布雷之地点，计有：新会县属之周郡、横江、三娘庙、天河、汾水江，顺德县属之东马宁、西马宁、莺哥嘴、容奇、李家沙、板尾沙，中山县属之横河，南海县属之九江附近，番禺县属之莲花山、沙湾，三水县属之西南及东莞县属狮子洋东岸等处河面。在游击布袭战斗中曾取得一些成果。水雷分队长李北洲、胡廷侨，水雷员李祺佳等曾因作战得力受奖。

当敌舰南侵时，广东海军在初期亦曾作出一些作战部署，其部署大致为：以肇和、海周、海虎、海武、海鸥等舰守伶仃洋至虎门一带；以坚如、湖山、广澄等舰守潭州口一带；以江大、飞鹏、光华、江平等舰守横门一带；以江巩、舞凤、广安、广源等舰守磨刀门一带；以安北、海维、平西、靖东等舰守崖门一带；以快艇四艘驻横门口，相机袭击敌舰。一九三七年九月十四日，敌巡洋舰一艘、驱逐舰三艘自伶仃洋侵袭虎门，肇和、海周等舰曾与之展开战斗，敌驱逐舰一艘被击沉，海周舰亦被击中舰尾，部分官兵牺牲。由于敌舰受创，改派飞机大举向我各门守舰轰炸，我各舰防空力量薄弱，仅数艘较大之舰装有高射炮。我守舰先后被炸沉者，计有：肇和、海周、海虎三艘沉于虎门至黄埔一线，江大舰一艘沉于横门，舞凤舰一艘沉于磨刀门，海维舰一艘沉于崖门，坚如舰一艘沉于潭州。一九三八年十月间广州沦陷后，不久日军沿广三铁路进陷三水，十月底曾发生我舰向三水河口进攻的战斗。当时派出执信、坚如、仲元、仲凯、飞鹏、湖山等六舰，由执信舰长李锡熙率领，向三水之思贤滘、马口等处搜索进攻，展开炮战。敌炮垒四座被击毁，执信舰亦被击中数弹，舰长李锡熙、副舰长林春炘、枪炮员周昭杰等二十三人在此役中牺牲。此线一直保持至一九四四年九月始退出。

广东抗日第一次海战的海周舰

黄　里※

七七卢沟桥事变后几天，海周舰奉命载运李江独立第二旅增援海南岛。回航途经澳门外时，目睹东面大铲关邻近有四艘船只，因还未天亮，朦胧中看不清楚是什么船。不久，其中一艘打来灯号，要海周舰停航。这时我们才明白这是封锁珠江口的日舰。于是我们加足马力向珠江内快速航进，可是对方并没有向海周舰发炮。什么原因，我们弄不清楚。

海周舰回广州后不久，奉命与肇和舰开往虎门，以加强南大门保卫力量。当时虎门要塞司令是陈策，不久由郭思演接任。肇和舰长是方念祖。海周舰长是陈天得，航海大副是梁根，我是二副，轮机长汤希，绰号"汤牛"，枪炮手是郑聪武。肇和、海周两舰的总指挥为姜西图。本来不论从吨位还是从战斗力来说，海周都不及肇和（它是北洋正规舰），可是姜西图却选海周舰为坐驾舰。因为姜不喜欢方念祖的为人，记得有一次在海周舰大官厅开完军事会议后的闲谈中，肇和舰长当众说日舰炮火如何厉害，航速如何的快，我舰各方面均落后等。姜不高兴方这样说，可见姜对方是不看重的。

同年八月某日（忘记日子）平明前，忽有一中队飞机向海、肇两舰低空轰炸，我们仓促间还击。可是因没有防空火炮，只得将唯一的舰首主力炮尽最大的仰角对空开火，另加唯一的手提机枪和四门舰旁的两磅炮对空射击。我们明知打不到飞机，这样做的目的是恐吓它们不敢低飞，以减低投弹的命中率而已！结果双方都没有伤亡。后来才明白，原来这是我国自己的机群奉命出击封锁珠江口的日舰，却在途中误以自己两舰

※　作者当时系广东省江防海周舰二副。

作日舰。又听说这中队飞机是刚从中央南京调来的，不识地形；另方面由于刚刚天亮，两舰还未升旗，致有此误会。及至虎门去电广州空军司令部，马上制止，才避免了严重的损失。

这时，珠江口的日舰已目睹一切，他们认为有可乘之机，当晚就派出三艘战斗舰乘夜潜伏在虎门外舢板洲的后面。我们每天天明前按惯例巡逻，海周领先，肇和跟后，从大虎出发向大角炮台航进，然后左转至沙角炮台，再又左转至威远炮台，最后返回大虎。那一天由大角向左转的当儿，忽闻万炮齐发集中射来，我们还弄不清是日舰，只得用唯一的头炮向对方还击，幸而海周舰一直是一级备战，每天二十四小时炮弹上床，炮兵都卧在炮下备战。可是开战不久，被击中三炮，一炮中机舱，一炮中后舱，以致舵链中断，战舰不由自主地依惯性向外冲出去（虎门要塞和肇和舰上人人都以为我舰勇敢地冲出去），最后一炮打中驾驶室，死六人，伤多人。肇和舰由于舰长贪生怕死，畏缩不敢抵抗；虎门要塞虽积极发炮支援海周舰，但这些炮是清末设置的，仍用过时的火药包（陈济棠举办过一次国防公债以更新虎门要塞的火药包，但到抗战时已太落后了，当时战场上一般都用铜壳炮弹），因此打不到也打不准。幸好我国飞机及时奉命来助，三艘日舰不得不退去，我们两舰才免于难。事后经上级裁决：肇和舰长方念祖以临阵退缩罪，判处枪决。海周舰已残破，由海虎舰拖去新洲尾处理，舰头炮拆迁虎门炮台安装，以加强要塞火力。上级指定我带水兵数名守卫破舰。

日军以为海周舰有颇高的战斗力，不分日夜派飞机来轰炸。我们没有对空火炮，每遇来袭，我只得带领那几个只携有步枪的水兵离舰上岸到新洲避难。最后一次，舰被日机炸中，水从舱底流入。本来还可以塞死抢救，可是新洲群众要求我们不要去救，以免居民再受空袭。我只得用电话向上级请示。由于该舰已解除武装，且已残破不堪，上级同意由其就地沉没，只要求沉得正，将来易于打捞。

水雷队敌后布雷

高鸿藩[※]

广东的海军在广州沦陷后，退入西江粤桂边水域，改编为粤桂江防司令部，当时该部所辖的水雷队常常活跃在敌后的珠江三角洲，开展袭击敌伪舰艇的游击战。

水雷八分队中山炸敌船

一九四三年一月，水雷队第八分队奉命潜入沦陷区，担任游击布雷工作，分队长戴伟率队深入中山县水网地带伺机袭敌。当时经过侦察，认为中山县境内横河一带，是该县水路交通的重要河道，日伪舰船常经此航驶，该队决定在此布雷。这一带水域是交通繁忙地段，除敌伪船艇，更多的是民船，如布触发水雷，恐怕民船会遭受危害；若敷布视发水雷，待敌舰艇驶入爆炸区，才按电钮引发，则其他民船可免殃及。不过布视发雷后，必须留人守候，以便及时按电钮炸敌。人如何留，是一个大问题。若多留，炸舰后的战斗打响，战斗力强些多歼敌，且撤出战斗转移有利，但容易暴露目标，敌舰不易上钩；若少留，力量薄弱，爆炸后在敌占区增援之敌赶到，不容易撤出战斗。当时戴伟分队长决定以袭敌为重，虽有危险，亦在所不计，于是他亲率士兵吕强等四人留守横河航道，敷布视发水雷，待机炸敌。

一月十四日，日军一队乘荣安丸机轮向横河驶来，他们以为在铁蹄下的沦陷区是太平无事的，昂然直入。当该轮驶入雷位，分队长戴伟及

※ 作者当时系粤桂江防司令部水雷总队军官。

时按电钮引爆，轰隆一声，水雷击中敌船尾部。船尾当即下沉，但船首仍浮于水面，由于爆炸掀起的浪涛冲击船体摆横，船首搁浅在岸边。敌军纷纷登岸，水雷队留守人员还来不及撤退，被敌人发现受到攻击。战斗打响了，初战我们的五名官兵处于有利地形，给敌人有力杀伤，后弹尽与敌展开肉搏，卒因众寡悬殊，戴伟分队长和四位士兵全部英勇牺牲，为抗日写下光辉的篇章。

水雷队活捉汪伪中将司令

一九四三年，粤桂江防司令部派遣游击水雷队潜入敌后珠江三角洲活动。于三月间获悉汪伪广州要港司令部将派军舰到新会县、顺德县一带巡视，该队即积极准备袭击，一方面侦察伏击水域，另方面派员与当地游击队联系，组织陆战力量，避免像水雷八分队一月炸敌舰时，因陆战力量不足而受损失。勘查水域人员择定在马宁河道布雷，队里通过后，便秘密在那里敷设水雷，各游击队亦同时在马宁河道附近掩蔽待机出击。是月十七日，汪伪军舰协力号出巡，果然朝这河段驶来。当敌舰进到雷位，即触雷爆炸，舰体灌水下沉，敌舰员兵惶恐万分，有跳水逃命的，有夺舢板蹿上岸的。埋伏在岸上阵地的游击队员与水雷队员，对登岸的敌人展开围歼，战斗进展很顺利，伪军在惊乱中失去战斗力，除当场被击毙、在水中淹死的外，全部被俘。清查战俘中，发现伪广州要港中将司令萨福畴也在里面，并有重要伪军头目七人。是役给汪伪广州海军一个沉重打击。

抗战初期在广东的空战

黄肇濂※

　　中央空军第二十九队基本上是原广东空军第七队的人员，共三个分队是战斗机队，队长是何泾渭。在他率领下，我们回到广州接收原陈济棠从美国订购的霍克－3式战斗机。这是一种双翼起落架用手摇收放的战斗机。武装有一门小炮，一挺机枪。在机身底下可加挂一个副箱，也可外挂一枚五百磅的炸弹，可以用作俯冲轰炸机。我们开始接收了九架，每分队三架，驻在广州天河机场。接机后便开始训练，除驾驶飞机外还作地靶射击和夜航训练，但根本没有训练打空靶和空战格斗。到七七事变时，在广州就只有这九架飞机了，我们平均是两个飞行员一架飞机。

　　抗日战争开始不久，大约是一九三七年八月下旬到九月上旬左右，广州时常发出空袭警报，我们也平均每三天战斗值班两段。当警报发出后，我们都进入战斗准备，有时还将发动机摇动起来。当时飞机发动是靠机械人员手摇后起动的，十分麻烦。多次警报又不见敌机来，令人啼笑皆非，但是我们总是认真地做好准备的。

　　一天清晨，已经发过好几次警报后，又发警报了，我在值班就准备起飞，我机机械士已经将飞机摇启动了。正在这时，机场上空机声隆隆，我抬头一看，六架双引擎的日本轰炸机已经来到。我急忙跳进机舱，连保险带还未扣上，便开始和其他飞机起飞。我起飞时炸弹已落到机场上，我的一名机械兵被炸牺牲了。我推满油门起飞，拼命将轮子摇起来，但机身下仍挂着大副油箱，又不会去拿掉，这样爬升同时向东转去。这时我们九架飞机各自为战，自己去抓战斗对象。当时日机也很死板，他们

────────────

※　作者当时系空军第二十九队飞行员、分队长。

由东（台湾起飞来）进入广州，炸天河和白云机场后，向南经河南折回向东。我那时已发现日机，我推大油门接近它，这时日本机上的机枪向我开火，曳光枪弹射在我机周围，清晰可见。日机是三机编队的，因此火力相当密。我继续上爬，在新洲附近，我才占高度优势，就由上向下攻击日机，但又没有空靶射击经验，只对机身开火，又不理解修正提前量，没有奏效。这时邓从凯上来了，和我两人轮番攻击，也没有效果。看看已过虎门，一次，邓冲下去后，在日机后方拉平，开了机枪咬住日机不放，一架日机轰然一响，一团火光掉了下去，但邓突然返航。我以后才知他的飞机被击伤。这时谢全和跟上来。我一想，原来拉平攻击有效，我对日机剩下编队左机进行攻击，这时我越打越眼红了。飞机冲得很近，我看击中日机，油箱油漏出来像一条白龙，但没有着火。我正再次攻击，我机突然一响，我副油箱主油箱也被击中，油冒出来，也拖着一条"白龙"。我估计日机是回不去了，我便回航，推头俯冲，加大速度到机场边，飞机油尽停车，滑翔降落。这时机场建筑物全被炸毁，机场一坑一洼，那天只好搭竹棚住了。那天是日本木更津航空队来袭的，这是广州市第一次空战，结果日机损失两架，一架坠落在珠江口我省境内，我机没有损失。喜讯传开，广州市人民十分兴奋，给我们全队慰劳，每击落敌机一架的有一千元慰问金；又用汽车运来大量罐头、汽水及其他慰问品，表达广大人民对抗日将士的热情，使我深受感动。

自从首次空战，日机失利后，有近一个月没有再来，再来时是夜袭，机数只有一两架。有一天，又是我值班，这次起飞较早些，我们起飞三架，各人分一个空域等候。那时没有无线电指挥，全靠个人根据情况处理。日机没来时，探照灯照亮天空，怎知敌机临空时探照灯却熄灭了。我们变成了瞎子，到炸弹响了，地面汉奸放信号弹，才知机场又被炸了，但看不到飞机。突然在我侧方出现引擎火光，我一转弯便照火光开枪，但突然又什么也看不见了，瞎转一气，只好着陆。那晚，一无所获。我们一架飞机因忘了放起落架，损坏了一副螺旋桨，幸而飞机修理后还可以用。但日机从第二天起又不来了。

有一天我轮休，在广州西关朋友处住宿。早上听到拉警报，我出来看，见我们九架飞机全起飞了。这次来袭的是日本从三灶岛航空母舰和基地起飞来的九五、九六式战斗机，总数有近三十架。那天我们的飞机，是何泾渭领队的。一向我们不注意有战斗机飞来的可能，因而思想很不警惕，而且我们对空战一点经验也没有。日机却较有训练，他们背光借散云掩护，突袭我机。当时何泾渭的僚机（驾驶员是关万足）被日机击中起火。他跳伞时伞也着火，他浑身被烧伤，降落后即被送到医院抢救，因伤重在医院牺牲了。这次我们损失四架飞机。下午我回机场值班，这时只有五架飞机了。自此以后，日机轮番前来，我们空战下来还未加油，日机又来了。我们虽有飞机补充，但机数太少，只好改在从化机场加油来广州作战。那天我在广州和日机遭遇，我刚咬上一架却又被另一架咬住，我下滑倒转脱离了。但日机已开枪，我这样在众寡悬殊下打了一次。回从化加油时，飞机被击穿很多弹孔，一直补了一天。那次战斗以后，五架飞机剩三架了。飞行员跳伞脱险，有的牺牲了。队员减少，我以少尉军衔升任了分队长。广州站不住了，我率领三架飞机转到韶关驻扎。起初还有飞回广州作战，后来日本九六式挂了副油箱到韶关来找战，这时第二十八队也飞来两架不收起落架的霍克－2飞机，由一姓陈的分队长率领，共同驻防韶关。那两架霍克－2和我分队一架先后被击落。这样过了几个月，飞机交第四大队。一九三八年初由黄新瑞中队长率领我们回广州另接一批英国格式机，那是经香港运来的。那种格式机是双翼的战斗机，发动机有七百马力，装有四挺快速机枪，是一种战斗性能相当好的飞机。这样，我们又开始另一段战斗生活。

那时广州天河机场已经被炸毁，如在天河机场安装飞机，势必招致日机的轰炸。因此，安装格式机只好在原中山大学天文台附近竹树林中进行，安装好了推上公路，在公路上起飞，飞到南雄训练。由于南雄机场太小，住地又不够，结果飞到衡阳去训练。第二十八队（队长陈瑞钿）也在衡阳，飞行员都经历过不少空战。因此，这次训练比较踏实，除了掌握飞行技术外，还打空靶，练习格斗。这种格式机性能对当时日本九六式战斗机来说不相上下，而且格式机还有一些优越性，例如：格式机飞上高空，马力能基本正常，日本九六式一爬到高空，马力显著下降。当时有两位队长一叫黄新瑞，绰号"水牛"，是美洲归国华侨；另一个是我们的队长陈瑞钿，也是归国华侨。他们作战英勇、敢拼。经过这一训练，大家很有信心。我一队三个分队长，一个是我，另两位是邓从凯和谢全和，都有一定战历。

四月十三日那天，日机三十六架来犯，我们两队十八架全部升空迎战（这时天河机场已修好，可以用了）。我们起飞后，迅速爬高到六千米高空，那次战斗很激烈。邓从凯作黄新瑞僚机，就在日机咬住黄新瑞开枪时，邓从凯将日机击落。但黄新瑞却被击伤手指，被迫返防，邓再继续击落一架日机。我在进入战斗后，僚机却不知哪里去了。这次我也击落一架九六式日机。这次战斗击落日机共七架，我们却牺牲了四人。我记得年刚二十的吴伯钧就是那次战斗牺牲的。他的葬礼仪式也很隆重，安葬在第十九路军坟场后的墓地。那时香港陆续补充飞机，因此第二十

八、第二十九两个队始终能保持十八架格式机。队员中也开始有两位北方人。

那次有名的空战之后，我们又开始在南雄、广州、南昌游动战斗。一次，六架日本九六式轰炸机袭击乐昌，我们九架格式机在曲江机场起飞拦截，在始兴西边大山上空交战。邓从凯从敌机右下方攻击，成功地击落敌轰炸机。这种后下方攻击命中率高（即吊靶），但危险性大。邓这次是用巧妙的方法接近敌人，射程距离很近，只有七十公尺，以致敌机爆炸时破片也击伤自己的飞机。由于他一下子击落日本轰炸机编队的长机，敌机编队解体了，使我与第二十八驱逐机队副队长陈瑞钿有机会共同将其中一架日机击中。该机除飞行员击中一枪外，其他机组人员全被击毙，因此该机不得不听命在始兴县南边降落，负伤飞行员被俘。

在我经历中，我认为我们中下级的战士是真心实意地对日军作战。我所在的第二十九队，我所知道的第二十八队，上至队长下至飞行员都在历次众寡悬殊的战斗中打得很艰苦。如第二十八队一位队员陈其伟用霍克－2和九六式在韶关战斗，从高空战到低空，在性能不及日机情况下，顽强战斗，终于被打断双腿，最后在南雄牺牲。陈瑞钿后来在桂林面对数量十分悬殊的日机群时，毅然冲过去拼死格斗，飞机着火后才跳出，结果人身、伞均着火，面孔像《夜半歌声》电影中的角色宋丹萍一样。他后来去了美国，在邮局工作。我的队长爱国华侨黄新瑞转战南北，最后在成都空战中遭遇性能比我机优良得多的零式战斗机，艰苦战斗，头部中弹，竟被炸飞而英勇牺牲。还有两兄弟陈桂林（广东七期甲）、陈桂文（广东七期乙）是南洋归国华侨。出于爱国，其父送他们回国习航空。成都空战时，陈桂林英勇牺牲，他老父回国将寡媳和孙子接去，嘱咐小儿子陈桂文要坚持战斗。结果小儿子又在昆明空战中英勇牺牲，而老父又只默默地回国来接去孙子和儿媳。其爱国献子精神，使我不能忘怀。又如我的老战友邓从凯，他在成都空战中，不畏日机编队的强大火力，英勇冲入轰炸机机群，将日本长机击落，后发现日长机飞行员带着日本天皇御赐"轰炸之王"配剑。而邓从凯也牺牲了，他那时才二十三岁。想起这些为中华民族存亡洒尽最后一滴血的比翼战友，我为他们感到光荣。他们的业绩应该载入史册。

抗日时期的广东防空

敖 伦　李 炯　黄 健　陈本昌※

广东防空设施的缘起

陈济棠执掌广东的时期，日本人步步进逼，他深感兴办防空是当时国防最重要措施。为未雨绸缪，乃于一九三四年春，迭次邀集军事要员，开会研讨，一致认为现代战争，已由陆、海军发展到空军。"无空防即无国防"，充实空军力量，做好防空措施，是当时最急要任务。因此，对于空防，即空对空，要迅速向外国购买各种飞机，充实空军力量，巩固国防。对于防空，即地对空，向外国购买各种地面观测上空敌机情况的机电器械，用以观测所得情况，如日敌飞机动向、敌机种类和多少等等，迅速电传于我空军和高射炮兵阵地，使我方空军起飞歼敌，高射炮兵发炮轰击敌机。同时更扩大发播敌机空袭警报，使人民群众及时疏散，避免损失。会议作出决定：

（一）派空军司令黄光锐及队长丁纪徐、飞行员张子璇同赴欧美，购买美制驱逐机及德制轰炸机。并在韶关设立飞机厂，以周宝衡为厂长，制造（装配）飞机。

（二）派广东军事政治学校副校长杜益谦专司考察、研究当前防空事项。成立广东防空委员会，委员长由杜兼任。广东防空委员会设办公厅、积极防空科、消极防空科、总务股、教育股，属下有高射炮大队、防空通信队、防空监视哨训练班。各科股职能分工即积极防空科：办理协助

※　作者敖伦当时系广东省防空司令部参谋长。李炯、黄健、陈本昌当时系广东防空司令部军官。

95

空军作战，装备高射炮部队及指挥战斗；消极防空科：计划配备有线电、无线电通信网，使防空情报及时准确传递，指导全省各县、市组织防护团，如消防队、救护队，掘筑防空壕洞和疏散道路，保护桥梁，以保群众安全；总务股：统办委员会及所属人事、补给事宜；防空监视哨人员训练班：招收志愿青年入伍，训练防空知识与专业业务。

关于防空物资，曾请准了巨额经费，向德国购买大量先进无线电机、各种交换机、单机、线料、工具、望远镜等等，有计划地分配于各级站、所使用。

购回防空机电器材的同时，还向德国购回高射炮十二门，用于地对空的防空。在广州近郊白云山等处，设置几处高射炮阵地。在全省各地区选定地点，设置各级防空哨所，由重要电信人员专司其事。

一九三六年七月，陈济棠下台，由余汉谋接掌广东军权。余兼任广东绥靖主任公署主任，即在公署编制内增设防空处，将原广东防空委员会改为防空处，初任处长陈海华。处内机构改为设军防科、防空通信科、民防科、总务科；直属部队有高射炮营（高射炮三个连、高射机枪一个连）、防空监视哨队（下辖四个分队）、防空通信大队（下有一个无线电总台、六个无线电分台、有线电话分队四个）。防空通信大队成立后，有线电话四个分队负责架设电话专线，如第一分队负责架设由白云山情报所至各警报站、哨所、机场、高射炮阵地、电话单位、驻军指挥部、广东绥署、广东省府的厅、处以上单位，架防空电话专线百余条，并担负巡护及抢修。其余三个电话分队，分别架设沿海第一线监视哨，如汕头、海丰、陆丰、淡水、阳江，至电白干线。第二线监视哨，如平远、兴宁、龙川、忠信、连平、翁源、英德、阳山、清远、四会、高要、罗定，至茂名干线。第三线监视哨，如连山、连县、坪石、乐昌、仁化、始兴、南雄、信丰、虔南、龙南、定南，至寻乌干线。又由虎门、樟木头、惠州、河源、翁源，至韶关；由横石、英德、坑口，至韶关；由茂名、高要、四会、阳山，至连县等纵深联络干线。各纵横防空电话线，总长达两千多里。由于这种线路要符合军事要求，又是大型永久性线路，沿途要避开铁道公路市镇，所经多是大山岭或平时人烟稀少的地方，对大量电线杉杆征集、材料运输、施工、住宿、补给，工程均甚艰巨。全赖当时各地县政府大力协助，以及熟练架设大型电话线路工程技术的官兵，拼力苦干，方及时完成。抗日战争开始，广东有比较完善的防空设施基础，对抗战发挥了很大作用。

抗日战争期间广东防空情报概况

一九三七年抗日战争开始，防空处在白云山濂泉寺地下室设防空指挥部及防空情报所。防空监视队立即布防于广东沿海地区，如中山、台山、阳江、惠阳等县，选择适当瞭望点，设立防空监视哨所，加强防空通信措施；以有线电通信为主，无线电通信为辅。有线电方面，以广州为基点，纵横敷设防空干线，控制利用地方电报。电话线路，紧密与地方哨所联络。广州设无线电中枢台，各扼要区设无线电分台，日夜不停收发防空情报。各防空监视哨开始严密监视沿海日舰，日舰活动情况，随时用最迅速方法报告广州防空指挥部。

一九三七年八月三十一日上午，第一次空袭广州的日机，系由停泊在中山唐家湾海面的敌舰"能登女号"起飞的水上飞机。当日机在海面开始活动，被我驻唐家湾哨所发现，即将情况迅速报告广州防空指挥部，广州及时发出空袭警报，使市民能预先采取防避空袭措施；另方面供防空高射炮部队空军及时做好迎击敌机的战斗准备。此后敌机每次行动情况，多为防空监视哨发现，对当时防空起很大的作用。

一九三八年十月中旬，日军在广东大亚湾登陆，同月二十一日广州沦陷。广州军政机关撤往粤北继续抗战。防空处转移在粤北重新布防，当时处长陈海华另调工作，改由副处长张维亚升任。以曲江为防空中心，在敌区外围各县纵横约距离三十至四十里的适当地点设置监视哨所，充实防空通信网。

但由于广东绥靖公署北撤后，要缩减军费，认为各防空专线大致架设完成，将防空通信大队撤销。只由防空监视队增设第五分队一队，专司维修和架设防空电话线路任务，各无线电台直接由防空处管辖。

正在此时，即防空电讯队变动的期间，第十二集团军将领在翁源三华圩的总部开会，日军似探知该部召开高级军事会议。一天（确切时间追忆不起）早上，有日机一架，从各哨所距离中间，以低空穿越山岭下部飞行方法，避过沿途哨所视线及听觉，飞抵三华圩。直至三华闻机声，才发空袭警报。在会议中的将领刚走避到防空洞口，会场即被轰炸，总司令余汉谋连帽子也被吹掉。经此经验教训，证明防空部门是当时战争不可缺少的重要部分。从此对于防空工作，当局均放在最优先地位。如一九三九年冬，日军曾一度北犯翁源，我军转移江西三南，敌人南撤后，我军又迁往曲江。这次一进一退大规模运动中，所有防空部队及物资，都得到优先安排，处处不失时机，做好一切防空作战准备，给军政当局及各部队人员及市民的安全，做了有效保障。此后防空机构转移内地，所有器材，仍能保持应用。

一九三九年初，当局为了加强广东防空力量，以原广东绥靖公署防空人员为基础，成立广东省防空司令部，司令由余汉谋兼，副司令为李汉魂及第七战区参谋长林薰南兼，参谋长以防空处长张维亚兼。司令部设五个科，属下设防空指挥部，机构大致如下：

第一科：办理积极防空事宜，如与当地空军联络，指挥所属高射炮营配备及作战。

第二科：办理防空情报通信，计划配备防空监视哨网，及一切电讯器材保管核发等业务。

第三科：办理消极防空，如规划筹建防空壕洞、疏散道路桥梁、指挥各县市成立防护团，如组织消防、医疗、救护队等。宣传防空常识，规定防空警报情况，如灯光管制、人畜、船舶、车务、伪装、掩蔽等措施。

第四科：办理后勤补给。

第五科：办理预防敌方施放毒气时一切应付及善后措施。并成立防毒队，执行实施任务。

曲江防空指挥部：当时防空中心，下设曲江防空情报所、防空监视哨队，办理粤北一带防空业务；并汇集各区指挥部防空情报，制定决策等。

兴宁防空指挥部：下设防空情报所、惠州情报分所、防空监视哨队，办理粤东潮汕地区防空事宜。

连阳防空指挥部：下设防空情报所、防空监视队，办理小北江连山、阳山、连县、清远、四会等地防空事宜。

茂名防空指挥部：下设防空情报所、防空监视队，统办粤西地区防空事宜。

南雄情报分所：担任当地防空情报收集，空袭警报播放和赣州及南雄空军（盟国空军机场）通信联络。

高要防空情报分所：担任当地防空情报收集，及发布空袭警报。

一九三九年，重庆航空委员会防空总监部黄镇球任总监时，为了增强全国防空专业战斗知识，举办防空游动训练班，抽调各省主要工作人员集中训练。广东防空处在一九三九年八月曾派陈本昌、曾仲明等三人前往南岳参加训练，时间约两个月，目的在使各省防空工作进一步统一认识，互相协作，对提高防空作战效率起了很大作用。

一九四二年，有盟机一架须在韶关机场降落，当时参谋长张维亚判断不当，曾开枪射击，幸未击中。盟军有意见，张调别职，改委空军敖伦（敖源清）接任防空处长兼参谋长和第一防空区指挥官。在抗日后期，与盟军相互配合作战，我国和美空军加强空军攻势，不断轰炸敌舰，将日机补给几乎断绝，做了不少工作。日敌处于失败情势下，企图打通陆路，进犯粤北，通过赣湘等地与华中联络，故在粤北等地进行狂轰滥炸。参谋长敖伦为了反击日军，采取如下措施：

一、对当前敌机及日军会集地方、逃窜动向，加紧监视。所属各防空哨所，提高警惕，做好防空监视工作，调训哨所及通信人员。

二、监视哨所与通信驻地合一，使防情工作紧密联系，分秒不息。

三、每月召集有关通信单位负责人，联合召开防空通信会议，收集和研商关于防空通信兴革问题（此时所有通信单位均属防空补给站，受防空机构调动使用，如遇防情，立即让路）。

四、当时（一九四二年）广东电讯局员工，对防空情报极为重视。驻韶关的通信单位，定期与防空人员举行两周一次的座谈会，研究防空情况，交换意见，如发现缺点，立即改进，使广东省内外，在铁路电讯方面得到的防情传报更快。

五、韶关是抗战时期广东省会，南北交通枢纽，对韶关的防空设置，给予加强。当时设有播音队一队，下设播音哨十余所，分布在市区及近郊，日夕执勤，每遇敌机侵入防空范围，即发出警报，将敌机动态向群众广播，使市民注意疏散。

抗战中，广东防空措施做得认真，效果不错。如一九四二年一月十五日，日军曾派遣轰炸机二十七架袭击韶关。防空警报播出之后，市民听到日机群北飞消息，即纷纷往郊外疏散，减少伤亡。防空哨所的士兵，由于日夕听守监视，极为辛劳，因此得到市民的爱戴和关怀，给他们送茶水、粮食、棉衣、棉被等。

一九四二年夏，陈纳德飞虎队来华参战，在桂林和衡阳，驻有P40驱逐机和B24轰炸机各一队，用以迎击侵华日机。八月间，日零式驱逐机九架经韶关北飞，曲江情报所迅速将敌机动态报知衡阳空军司令部。飞虎队的飞机立即升空迎击，在高空与敌机周旋。零式机性能灵活，飞虎队P40则升高率大，俯冲性强，当日机飞到衡阳时，盟机突从高空俯冲袭击，当即击落敌机一架，敌机被毁，烧死日少校队长一名。其余敌机，急忙逃走。

一九四三年冬，日舰四艘，在海丰附近海面游弋。其中有一艘搁浅的运输舰，被我惠州无线电台发现，并通知韶关省防空部转告桂林空军司令部，该部派轰炸机一队，将日舰炸毁，逃生的舰上人员，全部被俘获。

各防空电话专线遍布全省，不仅对防空起积极作用，也很适应当时各陆军部队作战需要。各监视哨除传达空情外，还协助驻军传送军事情报和作指挥电讯使用。一九四一年秋，日军进犯清远，驻小北江游击挺进司令莫雄，就是利用连县防空情报所作为该部临时指挥所的。由于通信顺利，莫雄将军与前线部队联系紧密，指挥作战收到良好效果。

一九四四年冬，华南日军企图打通粤汉线陆空军同时向粤北进攻，曲江失守。防空司令部随着战区转移到粤东江西等地，在龙川县设防空指挥部，继续指挥防空作战任务。一九四五年八月十五日，日本宣布投降。防空司令部及直属部队回到广州集中后，当局认为抗日战争已胜利结束，防空机构无存在必要，只留防空科（官兵七人）、防空情报所（官兵十余人）并拨入广东警保处。

第二章

桂黔抗战

第一七五师战斗在桂南

冯 璜※

一九三七年，抗日战争开始后，李宗仁、白崇禧先后飞赴南京，广西陆军、空军相继离桂参加抗战。原有第七军、第十五军（后改番号为第四十八军）北上后，在广西继续成立第三十一军、第四十六军，前者北上开往津浦路，后者留在广西，辖第一七〇、第一七五师及新编第十九师。第一七〇师师长黎行恕。第一七五师师长莫树杰、副师长黄固，该师原辖两个旅（旅长为黄骐和、刘建常），计有第一〇四三团（团长黄廷材）、第一〇四五团（团长巢威）、第一〇四九团（团长黄炳钿）、第一〇五〇团（团长姚槐）。师部直属有迫击炮营、工兵营、特务连、搜索连、卫生队、野战医院。师部有参谋处、副官处、经理处、军医处、军法处等。师政治部直属第五路军总司令部总政训处。不久第五战区司令长官部在徐州成立，第五路军总部撤销，改设为广西绥靖公署，李宗仁、白崇禧兼任正、副主任。在南宁新组织第八军团，夏威任军团长，下辖第四十六军及由前方调回一些干部组织之第三十一军。两军军长分别为何宣和韦云淞。第一七五师组成后调驻灵山、合浦。一九三八年裁旅，扩编增加新编第十九师，师长黄固，副师长秦镇，辖刘自强、黄廷材、姚槐的三个团及一个补充团。第一七五师辖第五二三团，团长黄法睿，第五二四团团长巢威，第五二五团团长黄炳钿，补充团团长谢庆南，参谋长刘维楷，师长莫树杰兼任合浦守备司令。积极训练部队，组训民众，筹办村仓，于沿海构筑工事，宣传抗日，警惕敌人登陆。师部驻防武利，各团分驻多蕉、旧州、合浦及北海。新编第十九师师部驻钦县小董，防

※ 作者当时系第四十六军第一七五师师长。

城、钦县、大垌各驻一个团。两师作战地域为合浦西场以北到凤凰亘陆屋之线。后第八军团改为第十六集团军，总部驻在贵县。第四十六军第一七〇师驻在南宁。

一九三九年六月，莫树杰升任第八十四军军长，前往安徽前线就职。白崇禧拍电报到贵州遵义陆军大学，给正在学习中的原第三十一军第一三一师副师长冯璜调充第一七五师师长，冯以求学机会难得，复电请白收回成命另外派员接充。白电复冯璜准以第一七五师师长名义继续求学，调新编第十九师副师长秦镇暂代第一七五师师长。

一九三八年十月，武汉、广州先后沦陷。一九三九年一月八日，日机从广州湾海面航空母舰起飞轰炸南宁，我空军起飞应战，以寡敌众，飞行员蒋盛祜阵亡，敌机被我击落一架于永淳，机毁人逃。这年夏天，日军海军陆战队占据我涠洲岛（距北海十余里），驱逐岛上渔民，开辟飞机场。从此，日机经常飞袭北海、合浦、钦州及广西内地，有时还远及昆明、贵阳及零陵。日机轰炸扫射，我军民死伤人数甚多，房屋物资损失极大。

一九三九年十一月十五日，日本侵略军派出以第五师团（师团长今村均）为主力，还有台湾旅团（旅团长樱田武）、炮兵工兵各一部，海军第五舰队主力及第四舰队之一部、舰艇数十艘及航空队飞机一百余架，登陆于钦县龙门港、防城间。右路乘海潮上涨，用舢板从钦江上溯登陆于钦县县城；中路从金鸡塘登陆，左路从企沙登陆，由黄屋屯经大寺直趋邕宁县属大塘向南宁进攻。新编第十九师疏于戒备，没好好地利用既设阵地顽强抵抗。令人不能容忍的是，敌人占领企沙之后，我防守部队的电话还被敌人利用，欺骗团长黄廷材，说是前线平安，日军没有登陆。新编第十九师被敌人打得溃不成军。日军长驱北上，于一九三九年十一月二十四日占领了南宁。

第一七五师于敌军登陆占领钦防之时，火速抽调去侧击敌人，第五二五团在钦江（即澧江）东岸之中岗、平吉间和敌人发生战斗，初战小胜，击毙敌人小队长，缴获枪十余支。

日军登陆钦防后，第十六集团军总部和第四十六军之间、第四十六军和第一七〇师及第一七五师之间，为了推卸责任以及兵力的调动使用等问题，发生很大分歧，互相埋怨，都打电报向在迁江的桂林行营主任白崇禧告状。第一七五师代理师长秦镇对各团长的指挥极不得当，例如规定各团指挥所不得离开邕钦公路若干里，违则杀头。我当时在贵州遵义陆军大学学习，十一月十八日接到夏威电报说，敌人登陆钦防，立即火速到桂南指挥作战。我于二十日雇专车从遵义回柳州，二十二日夜至迁江晤白崇禧，请示作战方略。白告诉我："前方情况你见夏总司令就可明了，现在大敌当前，第十六集团军各部队长官间还闹意见，你见他们时，传达我的意思，请他们好好地以大局为重，放弃成见，共同抗日。"我离迁江已到了下半夜，赶到宾阳附近的黑石岩第十六集团军指挥所见夏威，从那里可以听到昆仑关方面传来的枪炮声。夏威把敌我情况概略说明，并指示我军任务后说："抗战是相当长期的，不可把'本钱'一下赌光。"我把白崇禧的话转述给他听，他说："秦镇性情急躁，不能使上下协作，你到差后，秦镇调回新编十九师，问题就不存在了。"我离开宾阳前往贵县，一路皓月当空，天亮雇船上驶，至横县南乡镇登陆，经沙坪、那隆到达陆屋附近的丛林间，师指挥所设在松树林内。我接替秦镇交来指挥全师作战的任务，时为十一月二十五日。我接见师部各级幕僚，并通过电话和各团团长讲了话，了解前线情况。我以沉重的心情，听取幕僚们报告敌人动态和我师士气情况，审慎地对照地图，研究行动计划。从火线上的枪炮声判断战线距离指挥部很近，同时还可以看见敌人炮弹炸开的火花，敌人飞机又不断掠过指挥所松林的上空。

当天战斗，是敌军为扫荡我师侧击，由小董及公路上出动，向陆屋附近我第五二四、第五二三两团猛烈攻击，到达青坪附近，第五二三团是敌人主攻方向。团长黄法睿电话告急，我以第五二四团在左翼作战情况亦甚紧张不能抽调，第五二五团另有任务，预备队的特务连要对右翼警戒，没有兵力增援，吩咐该团无论如何要坚持下去，万勿在白天背进，免受重大损失。到下午五时左右，右前方的敌人已有小部队渗透到距指挥所约百公尺的松树林间，我急派特务连一个排将其驱逐。战斗一直持续到黄昏，各团才能脱离火线。敌人不敢追击，撤回公路线上。师指挥所转到那隆，各团集结那隆西端村落露营，对敌人严密警戒。这次战斗，第五二三团牺牲较大，敌机一架在那隆街上空被我师击落，人机俱毁。

日军登陆钦防后，邕钦公路变成敌人交通运输的动脉，一面把被我破坏之桥梁公路加以修复，并在要点和桥梁附近构筑工事派兵守护；一面不时出击扫荡我军。我师当前主要任务是，袭击敌人，破坏桥梁公路，阻碍日军运输，所以不断地向邕钦公路大塘、那晓、崇崖、那扁、新成、小董、大垌、板城等处要点及圩市敌人进行攻击。敌人感到切肤之痛，不时派部队出击或大举扫荡，企图将我军包围而歼灭之，但不能得逞。由于敌我装备训练及素质上的悬殊，我们不能不以多数兵力对付少数的敌人兵力，也就必然以较多的牺牲来取得战果，积小胜为大胜。我师第五二三团袭击那晓、大塘、崇崖等处，第五二五团袭击小董、大垌、那扁等处，均有不少的斩获。

第五二四团在泗合坳战役最为出色，因为该团在板城（属钦县），被约相当一个加强营的日军扫荡，该团支撑不住，且战且退，退入袋形阵地中。最后，该团坚守泗合坳（在钦县灵山间）拒敌，不惜巨大牺牲，和敌人争夺坳旁要点，三得三失，死伤连长以下官兵百数十人，卒能拒止敌人，争得时间，候友军增援到，把敌人四面包围。从早晨战斗到黄昏，敌人伤亡惨重，乃全力向我火力薄弱部分突围，逃回公路方面上去。第五二五团加入追击，颇有斩获。是役敌人死伤二百余人，是我师桂南作战开始以来最大的一个胜仗。

第一七五师泗合坳之战，乃至在整个桂南抗战中，都得到地方机关和民众的支援：民众主动担任向导，侦察敌情，抬担架，运输物资，送茶水。不少地方团体，甚至连广州湾的民众团体也到前线那觅（属钦县）师指挥所慰劳将士，赠送锦旗。这种热情给我师官兵以极大的鼓舞。我师官兵英勇杀敌，遵守纪律，可以说真正做到了军民打成一片。不管白天黑夜，行军所到的地方，老乡们听到叫门的说是第一七五师，没有不开门迎接的。昆仑关战役后，军事委员会通报国军中以第五军及第一七五师纪律最好，获得民众欢迎，传令嘉奖。

我们为纪念抗日牺牲的英雄们，在泗合坳、小董及那扁三处为第五二四、第五二三、第五二五团死难烈士们建立纪念碑墓，作为永久纪念。

军事最高当局为收复昆仑关和南宁，派桂林行营主任白崇禧指挥约九个军二十七个师共三十万人的兵力（军的番号有第三十一军、第五军、第六十四军、第四十六军等，集团军有第十六集团军、第三十七集团军、第三十五集团军、第二十六集团军等），向昆仑关敌人攻击。敌人是以中村旅团为主力，配属特种兵若干，构筑有坚固工事。我军攻击坚强，先夺下昆仑关各据点，并把敌旅团长中村正雄少将击毙。于一九三九年十二月三十一日把昆仑关攻下。南宁敌人于得到援兵后大举反攻，由亭子圩过河的一个旅团，再经良庆、永淳县过河，沿甘棠、露圩、古辣、武陵而趋宾阳，企图截断我军后路。白崇禧抽调在南面担任侧击邕钦路敌人的第十六集团军的第四十六军之第一七五师连夜兼程北上，尾追迂回永淳之敌。由于敌人行动迅速，我第一七五师追到古辣时，仅见被日军强奸致死的妇女，弃尸路旁，阴户插有木棍，割去两乳，惨不忍睹。

由于敌人前后夹击，进行宾阳战役，昆仑关得而复失。我军由于宾阳第三十八集团军指挥所被炸，指挥中断，部队各自为战，乱作一团。在北面的部队，溃退到了清水河占领阵地，东面退到王灵、黎塘间，西北面退到上林县城附近，造成很大损失。第一七五师则通过镇龙大山进出宾贵公路之黄练，占领阵地拒止日军。

昆仑关和宾阳战役结束后，一九四〇年二月二十一日，蒋介石来到柳州，住在羊角山（汉奸活动厉害已极，蒋到柳次日，敌机数架即向羊角山轰炸），召集各师长以上将领开柳州军事会议，检讨作战得失，我曾参加。蒋介石以白崇禧督率部队不力、陈诚指导无方，将二人予以降级。另外处分及奖励一批高级将领。第四十六军和第一七五师纪律严明，得到军事委员会传令嘉奖。会议结束后，第一七五师从邕宾路之黄练开往武鸣，不久又开往左江左岸之左县、扶南等线警戒，主要任务是防敌渡江窜扰左岸地区和相机出击邕龙公路敌人运输及破坏公路桥梁。我师虽不断派兵执行任务，但没有收到很大的战果。

一九四〇年冬，日军击败法国海陆空军，占领越南，已用不着利用邕龙公路作为跳板，即自动放弃桂南，退走出海。第四十六军从邕钦路上尾追敌人，第一七五师奉令从券利、左县一线越左江向思乐、大寺、黄屋屯、金鸡塘敌人追击。日军退却有周密的布置、迅速的行动和海军、空军的支持，我们追击的路上，天天有大批的敌机在头上盘旋，发现我军则大肆轰炸和扫射，以迟滞我军行动。追到黄屋屯时和敌掩护收容部队发生接触，等到金鸡塘，敌已登舰出海而去，仅遗弃一些笨重物资而已。

日军走后，第一七五师奉第四战区司令长官张发奎命令担任钦州、防城、灵山、合浦四县警戒，继续修筑沿海工事，以防敌人再次登陆。长官部派冯璜兼廉钦守备指挥官，苏廷有（邓本殷旧部旅长）为副指挥官，派兵清乡，办了几个匪首（刘金名，诨名"三四五"）及海盗（郭德威），地方治安日趋好转。我师边警戒边整训，颇有改进。

抗战在桂南

巢　威※

守备区之成立及对敌作战之准备

守备区成立及兵力部署

钦廉守备区是一九三七年十一月下旬成立的，守备部队是第一七五师，以师长莫树杰兼任司令，副师长黄固兼任副司令。第一七五师辖四个步兵团，团的番号是第一〇四三、一〇四五、一〇四九、一〇五〇团。该师是新成立之部队，完全未受过军事训练，开到钦廉后，一方面执行守备任务，一方面积极实施训练。

第一七五师守备之范围，为合浦、灵山、钦县、防城四县。海岸线东起合浦闸利海湾，西至防城东兴镇，全长二百余公里。守备兵力之部署：司令部设在廉州城内；第一〇四九团负责北海及沿海，守备闸利、南康、福城、北海、党屋、西场、乌家之线；第一〇四三团负责钦、防沿海，守备犀牛脚、犁头嘴、龙门、企沙、白龙尾、东兴之线；守备区主力部队，控制于武利、灵山附近。

守备区国防工事的计划及构筑

守备区作战防御计划，侧重在廉横公路（由北海经廉州至横县）和邕钦公路（由南宁至钦州）。这两条公路，都由海边直达广西境内，故守备区防御重点，侧重廉州、钦县。廉州方面防御工事计划：以闸利、南

康、福城、党屋、西场、乌家为警戒线，各构筑警戒阵地工事；以北海为抵抗线，构筑一个加强营的防御工事；以廉州为收容线，构筑一个团的防御工事；以灵山新圩、桥子窝、绿云山之线为主阵地，构筑一个师的纵深配备防御工事。钦防方面防御工事计划：以犀牛脚、犁头嘴、金鸡塘、龙门、企沙、白龙尾、东兴为警戒线，各构筑警戒阵地工事；以钦县、防城为抵抗线，各构筑一个团的防御工事；以小董附近之水溶塘为主阵地带，构筑一个师的纵深配备防御工事。为了策划守备区国防工事之设计建筑指导，成立了守备区国防工事委员会及小董分会，以莫树杰司令兼任守备区国防工事委员会主任委员，以巢威团长兼任小董分会主任委员，以所在地行政督察专员、县长及广西绥靖公署派来工兵专门人员等为委员。各线工事由守备部队配合地方团队和征调民工构筑之。各线都是构筑野战防御工事，主阵地带则配合百分之二十五钢筋混凝土作半永久工事（如轻重机枪掩体、观察所、掩蔽部等）；沿海警戒线上，设置伪装，人、马、车辆、高射炮、重炮等，以作疑兵之用。国防工事费，由广东七战区拨发国币二十五万元，各线工事于一九三七年十二月下旬开始构筑，一九三八年七月逐步完成。

守备区地方抗战力量之形成

钦廉守备区各线，为了增强地方抗日之力量，成立抗日自卫团，以各乡镇青年壮丁编成。乡镇成立大队，街保成立中队，乡镇长兼任大队长，街保长兼任中队长。武器弹药由各乡镇自行筹划。每周施以军事训练十六小时。其任务是协助守备队警戒海防线，并维护守备区通信交通网和地方治安。又为了唤起民众抗日之情绪，各县青年知识分子，纷纷起来组织抗日救亡团体，如宣传队、话剧队、救护队、慰问队等，分到各乡村做救亡工作。

守备区破路计划及实施

为了防止敌之机械化部队活动，对交通道路及桥梁实施破坏，守备区内凡接近海岸线一百五十公里纵深以内，横直公路、大道和桥梁，全部实施破坏，以车、马不能行驶且修复困难为原则。该项破坏工作，由守备区司令拟定计划，交各县府实施，由守备区司令部和行政专员公署，共同派员督导和检查。破坏工程，由各县征调民工实施；重大之工程，由守备区工兵部队负责。全区破坏工程由一九三九年春季开始，征调了十八万民工，经半年的时间，将守备区范围的公路、大道、桥梁全部破坏无遗，仅剩小道供人民交通之用。一九三九年一月起，守备区汽车运输断绝，内运之物资，则由人力、畜力驮载，极感不便。

新编第十九师和第四十六军之成立及守备区重新划分

新编第十九师和第四十六军成立的经过

一九三八年秋，新编第十九师在钦县成立，由第一七五师拨步兵二团为基干部队，另由广西团管区编成两个步兵团补足之。师辖三个步兵团和一个野补团，步兵团番号为第五十五、五十六、五十七团，师长则由第一七五师副师长黄固升任。第一七五师拨出两个步兵团给新编第十九师后，则由广西团管区编成一个步兵团、一个野战补充团补足之。同时，第一七五师团之番号也改为第五二三、五二四、五二五三个步兵团和一个野补团。

新编第十九师成立后，第四十六军相继在南宁成立。军辖三个师，即第一七〇师、第一七五师和新编第十九师。军长由广西绥靖公署参谋长夏威兼任，副军长何宣（后于一九三九年夏季，成立第十六集团军，夏威调任第十六集团军总司令，第四十六军军长职则由何宣升任）。

守备区重新区分后兵力部署

钦廉守备区划为"廉灵""钦防"两个守备区，兵力部署如下：以第一七五师为廉灵守备队，守备区域为合浦、灵山两县；以新编第十九师为钦防守备队，守备区域为钦县、防城两县；以第一七〇师为机动部队，在横县附近整训；军司令部位置于南宁。各师奉到命令后，分别调整驻地，交接防务。第一七五师廉灵守备区之兵力部署，以第五二四团为廉灵守备区沿海守备队，负责闸利、南康、福成、北海、党屋、西场沿海之守备，以一营驻北海，以一营驻南康，团主力则驻合浦廉州城。第五二三团位于伯劳圩整训，第五二五团、野补团位于灵山武利附近整训，师部位于武利。新编第十九师钦防守备区之兵力部署：第五十五团置于钦县，以一部守备犀牛脚、犁头嘴、金鸡塘之海岸线；第五十六团置于防城，以一部守备龙门、企沙、白龙尾之海岸线；野补团置于那丽圩，以一部守备乌家海岸线；第五十七团在小董整训；师部位于小董。

各守备区作战计划

日军湘北会战、随枣会战，迭遭惨败后，为挽回颓势，有向我钦廉进犯之企图。我为迎击来犯之敌，守备部队之作战计划大致如下：一、假设敌由北海登陆，北海守备队应积极抵抗，拒止敌人登陆，掩护北海市各机关团体与市民之撤退，并实施对北海市之破坏；任务完成后，即向廉州转进。驻守廉州之第五二四团，当敌人在北海登陆进行战斗时，应迅即将南康、福成之守军撤回廉州，以团主力占领廉州第二线阵地，掩护廉州各机关、团体、人民之撤退，并收容沿海转进之部队，使师主力有充分准备作战之时间；任务达成后，由侧方撤退至主阵地后面，为师预备队。第一七五师主力，应在主阵地带作坚强之抵抗，候军预备队之到来，协同该师将来犯之敌，压迫于海滨而歼灭之。二、假设敌人从钦防沿海登陆时，各沿海守备队应极力抵抗，不得已时向后撤退，钦县、防城之团，应即占领阵地，掩护各机关、团体、人民之撤退，收容海岸守备队之撤退归来，并使师主力有充分作战准备之时间。达成任务后，防城之第五十六团撤至贵台附近，继续抵抗；钦县第五十五团应撤回小董为师预备队；新编第十九师主力，应在水溶塘主阵地作坚强之抵抗，候军预备队之到来，协同将敌压迫于海滨而歼灭之。

北海市焦土抗战计划

第四十六军遵照桂林行营之指示，下达必要时破坏北海市之命令。如破坏实施不彻底，以违抗命令论罪。巢团长奉命后，会同广东八区行政专员邓世增、合浦县长黄维玺，拟定北海市破坏计划：将北海市码头和坚固建筑物，派工兵部队先开好药室，将炸药分别装入室内，将汽油、火油分别囤置市内各街道民房内，交由各街保长看管；实施破坏时，由北海市镇长黄之焰和工兵排长负责；监督实施破坏者，则由北海市第五区长刘瑞图和防军营长任之。破坏实施的时机听候团部命令。

北海保卫战

一九三九年十一月十四日，我（笔者）陪同师部人员，点验我团驻北海之第二营的人员武器弹药。下午二时忽接到冠头岭监视哨的电话报告，于东方约万公尺之海外，发现敌舰一大群，四十余艘，正向北海前进中。我接获报告后，随即下令停止点验，饬各部队速回防区准备作战，并派人将北海当面之情况，通告沿海守军准备作战，及搜索各方面之情况报告。随后，我率李营长、王副营长等飞奔至冠头岭哨所视察，果见东方万米外海面有敌舰四十余艘，分三线疏开向我推进。第一线敌舰十二艘，以慢速航行，至距海岸约八千公尺，即停止前进。我当时判断，敌之企图必在北海登陆，其第一线舰队停止于岸边八千公尺，正是登陆作战之部署，下午五时左右，很可能展开向我攻势。于是我立即回到营指挥所，作如下之处置：一、命令北海守备队、第二营及北海自卫大队，迅即进入现设之阵地，作拒止敌人登陆之准备。二、下达北海市紧急疏散命令，限三小时疏散完毕，由北海第五区公所负责督促。三、以电话将北海当时的敌情及自己的处置，告知廉州本部蔡副团长，迅速按照本团预定作战计划，在廉州第二线准备作战；并由他将上述情况处置报告师长，及通知钦县友军新编第十九师第五十五团。四、将北海情况及自己处置，以电话通知合浦第八区专员邓世增，请他迅即下达各城市及交通线上之紧急疏散命令，并请饬各乡自卫大队，实行放哨守卡，维护交通、通信网及保护人民疏散之安全。我将上述各项处置完毕后，召集各营长、北海区长、镇长指示作战注意之事项，北海刘区长、黄镇长提出北海市在什么时机实施破坏，我指示他们等候命令。

下午四时，敌第一线舰队续进至距海岸约四千公尺处停止，其后续舰仍停在原处不动。四时三十分，敌第一线舰队，放下汽艇二十余只、橡皮艇四五十只满载敌兵，向我老虎头、南迈、冠头岭、地角、北海市海岸驶来。同时，由围洲岛飞来敌机十二架，协助敌海陆军作战。敌机向我沿海阵地，实行低飞扫射、投弹轰炸；敌第一线舰队，也开始向我沿海阵地炮击。激战约两小时，敌艇人员企图登陆，终不得逞。六时三十分有敌汽艇一只、橡皮艇二只，驶进我地角岸边。我地角炮台旧炮四门，同时射击，将敌橡皮艇二只击沉。敌汽艇被我击伤而逃。敌舰遂以排炮向我地角射击，二百余发。我地角炮台，全部被敌摧毁，炮手八名，全部壮烈牺牲。当敌炮分别向我冠头岭、老虎头阵地作打击性的射击时，敌艇纷纷驶近海岸作登陆之攻击。我守军抱着以身殉国之精神、与阵地共存亡之决心，奋勇阻击敌人，战斗异常激烈。我预备队均增加到第一线作战。在情况紧急之际，李营长、刘区长、黄镇长、工兵排长都认为时机紧迫，请求我下达破坏北海市的命令，希望从速达成任务后，好及早撤退。同时，武利秦副师长和合浦邓专员纷纷来电询问战况，并指示不失时机实施北海之破坏。我当时认为，破坏容易建设难，北海市是经千百年用无数血汗建设起来的，如果经我手彻底破坏了，将来不知几多人失掉生活依靠，造成的困难是难以设想的，我的臭名也会千百年留在北海人民的心中。一九三八年长沙大火，枪毙了长沙警备司令，以平民愤。前车之鉴不得不引为警惕。我国四大城市先后沦陷，也未曾实施破坏，区区的北海市，虽敌占领，也起不了什么作用。经再三考虑，决定保留北海，不实施破坏。于是我将自己的意见告诉他们，刘区长等虽表示同意，又提出：违抗命令谁人负责？我答复他们："一切责任我承担，你们不要担心。"北海焦土抗战之计划，因此而放弃了。

敌我战至黄昏后，敌攻势顿减，成为对峙状态。敌艇在海面，来回游弋，不敢驶进我海岸边。九时后，敌舰也停止了炮击，敌艇越来越少。我综合当日敌攻击态势，敌舰数十艘，仅使用第一线十二艘作攻击，其余按兵不动，不似真心登陆北海。倘若敌舰队全部向我炮击，莫说一个北海，三个北海也被摧毁无遗；假如敌放下数百只汽艇，我海防线又长，空隙很多，到处可以登陆，何必仅在狭小面积上作登陆之攻击？以此判断，敌今天的攻势，不是主攻，而是佯攻，敌登陆企图不在北海，而在钦防方面。于是，当即将自己的敌情判断电话报告武利师部，并通知钦县新编第十九师第五十五团黄团长，请其通知防城第五十六团刘团长，注意沿海情况，严加戒备。随后奉武利秦副师长电话谕，同意我的敌情判断，要我速回廉州，准备尔后之作战。十时，我将我的敌情判断，告知李营长、刘区长、黄大队长，指示今后守备作战事宜，并饬沿海各部在阵地彻夜严加戒备。十一时，我离开北海回廉州团部。

十一月十五日上午三时，我回到廉州团部后，即接南宁何军长电话："奉桂林行营白主任电话谕，南京敌军广播称，日军已于十一月十四日下午在北海登陆成功，黄昏前已将北海完全占领，战事正向廉州推进中。究竟北海是否被敌占领，仰迅即查报。"何军长继问北海是否仍在我手中。我遂将昨天在北海指挥作战亲见的一切情况，再向他作一次详细的报告。何军长遂指示："敌军广播，混淆视听，命你将北海作战情况，迅即由北海电台发出通电，并说明至发电时北海仍在我手中，以粉碎敌之造谣宣传。"我当即遵嘱发出了致全国的通电。

是日拂晓，我北海守军严阵以待，等候敌之攻击。拂晓后瞭望海面，敌舰队已无踪影，仅剩敌舰三艘，停泊于六千公尺外之海面，毫无动静。北海李营长将上项情况报告我。我指示说："今天当面之敌情，符合我昨天之判断，敌之企图必在钦防方面。我北海及沿海守备，仍需要严加戒备，不得疏忽，应速将被敌摧毁之工事，修补加强。受伤官兵速向后送，阵亡士兵妥为择地安葬。补充消耗弹药，准备而后机动。协同刘区长调查北海之损失，安慰附近居民；并代表守备区向北海自卫大队致协助作战之谢意及慰问。"布置完毕，遂将北海的敌情向武利师部报告，并通知钦县友军及合浦专员公署。这次北海保卫战，我守军官兵，抱着献身为国之决心，以同仇敌忾的精神，虽在敌舰极优势之炮火压力下，仍能沉着应战，将来犯之敌击退，阻止其登陆，保卫北海不受敌侵。如我当时不多加考虑，盲目执行破坏之命令，北海市今日已不堪设想矣。

日军钦、防登陆

日军以第五舰队主力和第四舰队之一部，协同第五师团之中村旅团和台湾军第五联队，并佐世保海军陆战队之一部，于十一月十四日在北海实行佯攻，在我北海守军坚强抵抗下，未达登陆骚扰之企图，当晚敌舰即窜到钦、防方面实行登陆。

防城方面

十一月十五日下午一时，敌舰二十余艘，出现于防城、企沙海面，向我守军阵地施行炮击，同时放下敌艇百余只，满载敌兵，纷向我企沙海岸进行强迫登陆之攻击。我企沙守军新编第十九师第五十六团第一营，占领沿海既设阵地，作坚强之抵抗。敌艇在舰队炮火掩护下，驶进靠海岸约三百公尺之海滩（沙洲水深约一公尺），敌兵即弃艇涉水向我海岸攻击前进。激战约二小时，我沿海阵地，大部被敌炮火摧毁，官兵伤亡颇重。海岸线长，守军薄弱，空隙太多。敌于空隙部位登陆成功，将我守军截为数段。我守军纵横均失了联络，各自为战。至下午五时，敌全线登陆成功，我军被迫分散向后撤退。企沙遂陷敌手。

是日下午四时，敌舰队一部驶进龙门港，以海陆协同向我龙门作登陆攻击。我龙门守军新编第十九师第五十六团第二营四连进行抵抗。展开激烈战斗约一小时后，敌军登陆成功，我守军被迫后退。龙门遂于五时四十分沦陷。十七日上午，在企沙登陆之敌，向我防城前进。我第五十六团主力，在防城占领阵地，拒止敌人。激战竟日，因敌我兵力悬殊，一部阵地已被敌突破。下午三时，敌另一部又由龙门方面窜来，对我防城守军取包围之态势。我第五十六团乃被迫于黄昏后放弃防城，向贵台方向撤退。防城遂于是日下午九时三十分沦陷。

钦县方面

十一月十五日下午犁头嘴守军新编第十九师第五十五团第九连，闻得防城企沙方面有激战的炮声，该连长判断，敌人必在企沙登陆，即将情况用电话报告团部，请求增加部队前来守备。第五十五团黄团长竟答复说，这是敌对沿海进行骚扰，没有什么企图，饬该连注意防范而已。当时第五十五团在钦县，也不作作战之准备。下午四时，敌陆军在海军协助下，在犁头嘴、金鸡塘登陆；同时敌机不断地在空中协助作战，我犁头嘴守军，抵抗约一小时，不支，纷向钦县溃退。敌于五时二十分占领犁头嘴,续向钦县前进。金鸡塘我无守军,敌登陆未遇抵抗,分两股向钦县及黄屋屯前进。第五十五团毫无准备,闻得犁头嘴有枪炮声时,打电话找第九连询问情况,电话线已被敌截断,无法联络,对犁头嘴情况不明。金鸡塘原无守军,敌人登陆团部还不知道,追敌进至钦县附近时,第五十五团主力才仓皇失措地进入阵地。下午八时敌向我钦县阵地攻击。战斗约一小时,我阵地被敌突破一部,被迫退至街道进行巷战。当时第五十五团之情况,异常混乱,毫无作战纪律,打的自打,跑的自跑,各级之掌握与联系完全失掉。黄团长在这种情况下,逼得率领一小部人员向东北方撤退。钦县于当晚十一时陷敌手。

敌先头部队占领钦县、黄屋屯、防城之线后,掩护其主力于十六日由金鸡塘、企沙、龙门登陆。十七日,敌分四路北进:一路由钦县向平艮渡、牛岗、久隆、平吉、青塘窜扰,并在各点以兵驻守,掩护敌之翼侧,防备我合浦方面之侧击;一路由钦县、小董、长滩、南忠、长利北进;一路由黄屋屯经大寺、南晓、大塘、吴圩北进;一路由防城经贵台、苏圩北进。敌之前进总目标是指向南宁。

我新编第十九师师部,在小董接获敌人在企沙登陆、第五十六团转进、防城沦陷之报告后,第五十六团与师部之联络,即被敌截断。第五十六团被迫向上思方面转进。钦县之第五十五团在混乱状态下撤退,也不向师部报告,直向武鸣方向转进。因此新编第十九师师部对前方情况不甚明了。十八日,新编第十九师令第五十七团在小董附近占领阵地,作拒止敌人之准备。下午,正面钦县之敌尚未到来,而侧后方均发现敌人,向小董进行包围攻击。激战至黄昏后,第五十七团被迫放弃阵地,突围向东北转进。日军钦防登陆,我守备队作战至此告一段落。查此次钦防守备队,新编第十九师之对敌作战,损失颇大,师长黄固指挥无方被免职,第五十五团团长黄廷材作战不力,被撤职查办。

以上情况是我在第四十六军司令部,参加军法审讯第五十五团黄团长时,听取黄团长的口供。其中还有军部参谋处长袁晋模对我所作的口述。

日军钦防登陆后,桂林行营对桂南作战之策划

日军十一月十五日在钦防登陆,分三路北进。当时驻在广西之部队,有第十六集团军,辖第三十一、四十六两个军,集团军总司令部驻贵县;第三十一军驻桂平、平南、藤县一带整补;第四十六军驻南宁,所属新编第十九师在钦防与敌作战;第一七五师在灵山、合浦任沿海守备;第

一七〇师在贵县、武宣地区整训；龙州教导总队辖两个联队在龙州训练。

桂林行营接获日军钦防登陆之报告后，判断敌人必欲攻占南宁，进而侵扰柳州，威胁我西南大后方。行营为了保卫西南大后方，决心以广西现有之部队，阻止敌人北进，然后调集优势之兵力，进行反攻，将敌压迫于钦防海滨而歼灭之。行营当时之处置大要如下：一、令第三十一军（欠第一三五师）以急行军经玉林、兴业、城隍、寨圩、灵山前进，到达灵山后，协同第四十六军侧攻由邕钦路北进之敌；并令第三十一军部队扩大番号，团称为师，师称为军，虚张声势，以欺骗敌人。二、令第一三五师以汽车输送至南宁，负责南宁守备。三、令第一七〇师以急行军经贵县、横县、永淳、蒲庙向吴圩前进，并在吴圩占领阵地，阻止敌人北进。四、令第四十六军（欠第一七〇师）从速集结于那楼、旧州附近，协同第三十一军，侧攻由邕钦路北进之敌。五、令广西绥署之第一、三、四独立团合编为第二挺进纵队，速开至横县待命。六、令龙州教导总队和南宁区团队合编为第一挺进纵队，速开绥渌附近集结待命。各部队接到命令后，即刻开始行动。

行营除调遣广西境内所有部队，分头进行堵击侧击由邕钦路北进之敌外，并由各方面抽调六个军来桂进行反攻。所调集之后续部队集中情形如下：一、第五军奉命由湖南用火车输送至永福县，转向南宁集中待命，限十二月五日前集中完毕。该军第二〇〇师先以一团至桂林下火车，用汽车输送至南宁；荣誉第一师于二十二日开始由零陵输送；新编第二十二师二十一日先后由东安等处用火车输送；各师及军之补充团，于永福下车徒步前进外，其余均在桂林下车，徒步或用汽车输送前进。二、第三十六军奉命由鄂西开至宜山集中，其第五师由鄂西经常德、长沙，改乘火车到永福转宜山；第九十六师约于八日可到麻江附近，十四补训处先头于一日始由内江开拔，该部于十二月十五日可到达宜山集中。三、第九十九军所部第九十二师、第九十九师、第一一八师奉命于十二月十日在柳州集中完毕。

第三十一军（欠第一三五师）奉到命令后，即由桂平、平南经玉林、兴业、寨圩，于十一月二十五日到达灵山，旋奉行营白主任电谕，南宁已于二十四日失守，该军另有任务，着速经横县、宾阳、马头集结于武鸣待命。该军得令后，即转向武鸣方向前进。

第一三五师奉命以汽车输送至南宁，当时因为运输工具缺乏，只征集了汽车十余辆，师部决定以第四〇五团（团长伍宗骏）由汽车先输送至南宁，负责南宁之守备，掩护师主力及友军向南宁前进；师部及各团以急行军向南宁前进。第四〇五团于十一月二十三日先后到达南宁。

第一七〇师奉命后以急行军于二十三日赶到蒲庙附近，其先头部队野补团到达良庆，即与敌遭遇，展开战斗。黄昏后，野补团奉命撤回蒲庙。二十四日敌进犯蒲庙，与我第一七〇师展开激烈之战斗。战至下午，双方均无进展，成为对峙状态。黄昏后，该师奉第十六集团军总司令部命令，着其迅即由伶俐渡河，转移至邕武路高峰隘，阻止敌人向武鸣窜扰。该师遂于黄昏后向高峰隘方面移动。

南宁沦陷后，第十六集团军总司令部奉行营命令转移到武鸣，负责该方面的指挥。

第五军奉令后，由桂林以第二〇〇师用汽车输送，因汽车不足，仅将第六〇〇团于二十四日下午运至邕宾路二塘。当晚南宁沦陷，二十五日晨，第六〇〇团在二塘附近与敌打接触仗，我团不支，即向五塘转进。军主力于二十六日后陆续到达八塘圩附近，与敌展开战斗（即昆仑关战役）。

第四十六军奉命后，于二十二日由南宁出发，驰赴邕江南岸，协同第三十一军侧击由邕钦路北进之敌，二十四日到达南阳。二十五日正拟向那楼前进，忽奉行营白主任电谕，向东靠近第一七五师，以策安全。军遵令经平朗向新圩移动，二十八日到达新圩，旋奉行营电令："南宁失守后情况突变，第三十一军已改变任务，转使用于武鸣方面。第一七〇师刻已到达邕武路，堵击敌人向武鸣窜扰。第十六集团军总司令部，已向武鸣移动，负责该方面之作战指挥。第四十六军（欠第一七〇师）应竭力向敌后方袭击扰乱，以破坏敌之交通为唯一任务。"军部奉命后即在邕钦路东侧，积极执行破路之任务。

南宁沦陷

南宁是广西旧省会，也是我国南部边隅重镇，人口八万余人，水陆交通便利，市面繁荣，是桂南军事必争之要地。日军钦防登陆，我守备队被击溃后，邕钦路上并无守军，敌人长驱北进，各路前进目标均指向南宁。敌机不断在南宁上空进行侦察和扫射轰炸。人民一日数惊，不堪其扰。政府虽未下达疏散命令，各机关和市民纷纷自动地将大部物资、重要公物、老弱妇孺向安全区疏散。十一月二十二日敌先头部队，进至山圩、吴圩之线时，南宁呈紧急状态，各机关和市民仓皇地向右江方面疏散。二十三日，第一三五师第四〇五团乘汽车赶到南宁，该师主力徒步行军，尚在途中。第四〇五团到南宁后，以一营守备青山塔至津头村沿河之线，以一营守备由陈村亘西乡塘之线，另一营守备军医院亘洋关、尧头之河岸线，团指挥所及预备队在镇宁炮台附近。部署命令下达后，各营进入指定地点作阻止敌人渡河之作战准备。二十三日下午，敌一部窜至良庆，与我第一七〇师补充团进行遭遇战。黄昏，我补充团撤回蒲庙。二十四日上午，敌进扰蒲庙，与我第一七〇师主力发生激烈之战斗。下午三时，狮子口、沙井圩均发现敌人向我南宁前进，敌机又不断地在南宁上空骚扰，情况异常紧急。第四〇五团伍宗骏团长不知如何应付，向上级请示吗？与总部师部均联络不上。守吗？孤军一团兵力薄弱。在这种情况下，他奉命守备南宁之决心已动摇。下午六时，敌先头部队抵达亭子附近。该团长决心放弃南宁，向武鸣转进。部队正在集结时，忽然第二〇〇师第六〇〇团邵团长由二塘打来电话，说他的先头部队已由汽车运抵二塘，团主力尚在运输中，询问南宁方面情况。伍团长遂将当面的敌情通知，并希望邵部速开进南宁，接替防务。邵团长说他的任务是在二塘附近掩护师主力之集结，并没有守备南宁之任务。伍、邵两团长在电话中，互相推脱责任，得不到解决，结果伍团长提出两团共同负责守备南宁，邵团长则以未奉上级之命而不肯答应。于是伍团长决心放弃南宁，在下午七时通知各机关后，即率部向四塘方面转进。第四〇五团撤走后，南宁市已无防守。下午八时，南宁民团指挥部、警察局、邕宁县府与市民纷纷经心圩、香炉岭向隆安方面撤退。敌人于九时由津头村渡江，未遇抵抗而占领南宁。敌一部窜至邕宾路之茅桥、二塘附近，与我第二〇〇师第六〇〇团发生小接触。第六〇〇团即向五塘方面撤退。南宁遂于二十四日晚，完全陷于敌手。首先进入南宁之敌，系三木、纳见等部约四个大队，三千余人。

第一三五师第四〇五团伍宗骏团长因违抗命令，擅自放弃南宁，被撤职查办，经桂林行营军法审讯，判处五年有期徒刑。南宁沦陷的经过，是伍宗骏刑满释放后，对我诉苦时之口述。

陆屋之战，击毙敌酋渡边大佐

我第一七五师第五二四团，自北海保卫战取得胜利后，奉上级指示，对沿海加紧戒备，并准备机动。敌在钦防登陆后，第一七五师奉命转移到邕钦路以东地区，执行袭击、破路之任务，第五二四团仍留在合浦、北海沿海一带，担任守备。我当时任第五二四团团长，十二月九日，奉到军长何宣电令，将沿海防务交自卫大队接替，速转移到旧州方面，为军总预备队。我奉命后即与广东第八区行政专员兼保安司令邓世增协商，请他派自卫大队接替沿海防务。邓专员认为，沿海防务重要，自卫大队装备不良，未经训练，恐难胜任，如被敌察觉，再来侵扰，难以应付。他请求我团仍留守沿海，并打电报给桂林行营白主任请求免调。我当时对他说：敌主力已进至高峰隘、昆仑关与我友军作战，北海重要性已失掉价值，敌人再不会由海上来侵扰北海了。又建议说："如果自卫大队接替守备沿海，可仍使用我的番号。我送给自卫大队旧军服一千套，借给他们钢盔一部分、弹药一部分，以作充国军之用，保证敌人不敢再来进犯。"商妥后，于十日晚将北海、南康、福成、合浦各处防务，移交给自卫大队接替。十一日，我率领本团以急行军经那河、那彭，于十二日晚到达杨屋附近。十三日上午七时，我率队到达陆屋附近，闻得陆屋西北面有激烈之枪炮声，判断这是我军与敌人作战，为了明了情况，即饬通信兵架设电话。当与狮子岭军部取得联络后，我将合浦、北海及沿海一带防务交给自卫大队接替之情况向军长报告，请示我团的行动和任务。何军长说："我新编第十九师刻在上井方面与敌交锋，第一七五师则在新坪、黄洞附近与敌激战，师部在耙齿村，第二挺进纵队尚未到来。目前情况紧急，军特务营、工兵营均使用出去，我手中已无预备队。你速派兵一营，以最快之速度，赶来军部作预备队。目前第一七五师情况较紧，你可归还建制，向师长请示任务。"我奉到军长指示后，即派第三营以强行军速度，限三小时内赶到狮子岭军部，过时即以违抗命令论处。（陆屋距狮子岭约六十六华里，该营以半跑步的速度，向狮子岭急进，按时到达，获军长的嘉奖。）我随即以电话找耙齿村师长讲话，将沿海防务交替的情形及军长电示派第三营赴军部为预备队，我团归还建制等项报告，并询问情况，请示任务。师长遂详为指示如下："小董之敌三千余人，分二股向我进犯，一股千余步炮兵，经青塘至黄洞，刻正与我第五二五团激战中；另一股约两千余步骑炮兵，由青塘至新坪，刻与第五二三团激战中；野补团执行破坏任务，尚未撤回。目下第五二三团方面情况较为紧急，其阵地一部为敌攻占。着你团迅即派兵一营，增援新坪，归第五二三团黄团长指挥，其余部队在陆屋附近休整待命，并迅即架设专线通信。"我奉师长命令后，即饬第二营于上午八时出发，增援新坪第五二三团，其余部队则在陆屋西端，休整待命。

十一时，又奉师长电话命令："据报敌一部兵力不详，由平吉窜抵广平，有向大埠前进包围我新坪第五二三团侧翼之模样，着你团所部（欠两营）火速先敌而占领大埠圩，掩护师之左翼安全，协同第五二三团作战。"我奉命后即率队向大埠挺进，下午一时到达大埠圩，刚占领阵地完毕，大埠西南端高地，已发现敌人活动，我即严阵以待。敌于下午一时四十分开始向我攻击，激战约两小时后，攻势渐缓。我当时观察敌攻击面狭小，且攻击力不强，又无炮兵协同作战，判断来攻之敌，兵力不大。为了迅速击溃当面之敌，以策应新坪第五二三团之作战，即派兵一连由左翼森林地带潜进，迂回敌侧后面夹击之。敌遭到不意之侧击后，惊慌失措，不抵抗而向西北溃退。当时我为慎重起见，不行追击，将包围部队撤回大埠圩。下午五时接新坪黄团长电话说："贵团第二营增援到来后，即从事反攻，下午二时二十分已将失去之阵地全部夺回，战局较为稳定。下午三时半，敌之增援部队到来，猛攻我左翼二一五高地。下午五时该高地被敌攻占，我第三营全部阵地受敌瞰制，以致我团作战困难，拟请你派兵一部由大埠向新坪东端二一五高地侧击，协助我团进行反攻。"我当即将大埠情况告诉他，并同意派部队侧击二一五高地，请他注意联络，并就近指挥。我答复黄团长后即派一加强连，向新坪行动。六时三十分该连进至二一五高地东侧，当时第五二三团正在反攻二一五高地，我加强连出敌不意给予夹击。敌军不支，纷向西面溃下山去。二一五高地遂为我加强连占领。与黄团长取得联络时已是黄昏，敌也停止攻击。八时二十分奉到师部电报命令如下："一、敌情如你所知；二、军为避免过早与敌决战，使尔后作战容易计，决定与敌脱离，向后撤退；三、新编第十九师撤至旧州附近集结，以一部在黄屋附近向上井方面警戒；四、第一七五师主力撤至三隆附近集结，以有力之一部在陆屋、石孔角之线占领阵地，续行抵抗；五、各部于黄昏后开始行动，军部于黄昏后向龙山转进。"我师遵照军之命令即向三隆转进。第五二五团迅即脱离敌人，移至三隆以西地区集结。第五二三团转进至石孔角占领阵地，续行抵抗。配属第五二三团之第五二四团部队，速到陆屋归还建制。我第五二四团黄昏时候后撤至陆屋占领阵地，作续行抵抗之准备。第五二三团也到达耙齿村附近。并与我团在电话中取得联络。

　　十四日上午四时，忽闻耙齿村附近，有激烈之枪炮声，我当以电话询问第五二三团，黄团长说："我部由新坪阵地撤退下来，在凌晨二时以后陆续到达耙齿村附近。因为天色黑暗，侦察地形不便，部队又因连日作战，疲劳过度，只对新坪方向警戒，而疏忽了黄洞方面。不意敌由黄洞方面窜来，突向我第一营袭击，占领了第一营露营地点，并续向团指挥所进攻。现我直属队正与敌激战中。目前我团情况紧急，已调第二营前来反攻。团指挥所在此，受敌威胁颇大，准备向东北方向移动。"电话至此而中断，耙齿村方面枪炮声更加剧烈。我认为电话中断，必是第五二三团指挥所转移位置，即派联络军官通知黄团长，希望他无论在什么情况下，极力坚持到拂晓，我将以全力支援。五时三十分，接到第五二三团罗副团长电话说："我团遭敌不意之袭击，损失颇大。第一营部队，已向北溃散。调第二营进行反攻，黑夜行动很慢。在第二营未到来前，敌已迫近团指挥所。我被迫而向东北移动。敌步步进迫，各部队已呈混乱，难以继续抵抗。我团决心向三隆转进，特通告你团，仍希望你团同时转进。"我拟请黄团长说话。罗副团长说："黄团长已率直属队向三隆去了。"一声再会，电话中止。

第五二三团因为疏忽，遭受敌之袭击，部队混乱而向三隆转进。我认为本团不能随他们行动。我决心要在陆屋与敌作一次殊死的战斗，显一显身手，当即变更部署，下达命令：以第一营（欠第三连）为右一线营，展开于陆屋西北端；以王副营长达汗率第三连、第五连、重机一排为左一线营，展开于陆屋西南端，候命向耙齿村攻击前进；以第二营（欠第五连）为预备队，着李营长率兵一连占领陆屋南端既设阵地，并向大埠、新坪方面警戒；以一连控制于陆屋西端（团指挥所在陆屋西端）以便衣队活动于陆屋通大埠、通新坪之大道上，搜索该方面敌情具报，并相机进出大埠、新坪搜索情报。命令下达后，各部队遵命展开于指定地点。拂晓，我发现敌在耙齿村及以北高地休息，即令第一线营向敌攻击前进。我官兵均以献身殉国之精神，灭此朝食之决心，奋勇直前，猛打猛冲。敌被我压迫，步步后退。我右一线营遂于上午九时，攻击耙齿村以北高地，并以炽盛之火力，支援左一线营。我左一线营攻击耙齿村，异常猛烈。九时四十分耙齿村之敌，施放毒瓦斯，企图阻止我前进。我官兵见敌施放毒气，各自戴上防毒面具，急步跃进，通过毒气地带，继续向敌进攻。毒气不能阻止我军前进，这是出敌意外的，敌被迫向耙齿村以西森林地带撤退。我于十时三十分占领耙齿村后，即令第一线停止攻击，并在耙齿村及以北高地一带，构筑工事。准备尔后之作战，同时接到大埠、新坪我便衣队之电话报告："大埠附近无敌踪。据土民称，昨午被我击溃之敌，一百余人，昨晚已向平吉牛岗回窜。新坪之敌，昨晚已向黄洞方面遁去，现新坪方面亦无敌踪。"我得报后，随令便衣队在大埠、新坪一带活动，继续搜索平吉、牛岗、青塘、黄洞方面敌情。据此，我放下被敌包围之顾虑，认为当面之敌，仍在耙齿村以西森林地带徘徊，似有待援反攻之模样，决心乘敌援未到前，先解决当面之敌，并请求师长增援两营兵力，候敌主力到来决战。于是，派传骑军官，送报告至三隆师部（陆屋、三隆间无电话线）。报告内容："一、上午六时、八时、九时三次报告谅达；二、十时十分我已攻占耙齿村及以北高地，敌撤至耙齿村以西森林一带，与我对峙中，似有待援反攻之模样；三、九时我便衣队进出大埠、新坪，该方面均无敌踪。据土民称，大埠方面之敌，昨晚已向牛岗、平吉回窜，新坪之敌，昨晚已向黄洞方面遁去。判断新坪窜黄洞之敌，必增援石孔角方面，我决心在敌增援队未到来之前，先解决当面之敌，请即增援一二营兵力。如是，虽敌主力部队到来，不难击而破之。"报告去后，接到师部复令，其要旨如下："报告悉。第五二三团部队陆续到达三隆。你团向耙齿村攻击，似乎过早，尤须注意大埠、新坪之敌行动，以免陷于包围，慎之慎之。"十一时五十分，我令第一线营续向当面之敌攻击前进，团指挥所及预备队均推进耙齿村及以北高地。我第一线部队，进至森林附近，与敌展开激烈之战斗，官兵攻击精神旺盛，奋勇冲杀。敌在村缘，顽强抵抗。激战至十二时三十分，我左一线营，已攻进林缘，在森林内与敌激战；我右一线营攻至林缘附近时，敌又施放毒气，我官兵沉着地戴上防毒面具，冲过毒气地带，继续攻击前进，在森林内与敌进行肉搏。敌势不支，纷纷向林外溃退。下午一时四十分，我第一线部队，完全占领森林。敌被迫退至石孔角东端高地继续抵抗。我即饬第一线营停止攻击，就地休息，整理补充及用午膳，准备尔后之作战。当时我思想上认为，如果不是军部抽调我一营去作预备队，我有整三个营之兵力，当面之敌早为我解决，现我仅有两营兵力，使用相当困难，师部至今尚未派增援部队到来，颇感苦闷。下午二时半奉到师部命令："三次报告均悉，你团现已攻占耙齿村及以北高地，应即停止攻击敌人。我军各部均于昨晚脱离敌人，向后撤退。你团突出作战，态势于我不利。着你团停止攻击，就地固守，无须增援。"对此命令，我认为错过大好时机，如增加兵力到来，当面之敌早解决矣，战机难逢，如不及时捕捉，积极行动，殊为可惜，便再次申述理由，请求增援，并希望在黄昏前赶来，以达歼敌之大功。报告限一小时到达，着传骑飞送。下午三时，敌向我森林阵地进行反攻，展开剧烈之战斗。我判断敌主力部队已到来，决战在即，即将指挥所及预备队推进至森林内，亲到第一线指挥作战。敌山炮八门，不断向我森林地带轰击；敌机六架，不断在空中扫射及轰炸；敌步兵在敌机和炮兵掩护下，向我阵地猛攻。我官兵战斗意志坚强，沉着应战，将进攻之敌，迭次击退。战至五时十分，敌攻势较戢。森林多处被敌机投掷烧夷弹，因而起火，为我预备队扑灭。我为击退当面之敌，进占森林以西高地，减少敌炮兵之威胁，并集中全团迫击炮，于森林之西北端向敌进行歼灭性之射击；同时令预备队李营长率兵二连，由右翼迂回侧攻敌之高地；更饬正面各营向敌反扑。经一小时多之剧烈反攻，我迂回攻击队已攻占敌之高地。我第一营营长熊仲武，身先士卒，率队冲锋，攻到无名林边，不幸中弹，为国牺牲。当面之敌，被我压迫纷向后撤。我于七时完全占领了森林西端高地及无名林。敌又由张屋岭向我无名林及高地之线反攻。我官兵继续反扑，将敌击退，遂成为对峙状态。我饬卫生队将受伤官兵后送，阵亡士兵暂时就地掩埋，饬输送连将弹药送第一线，并饬各官兵速补足弹药及用膳，准备继续战斗。九时，奉到师部加急命令："师为避免过早与敌决战，着你团于黄昏后，脱离战场，迅即向石门转进，到达石门速占领阵地，续行抵抗，拒止敌人东进。"奉到这个命令，我认为良机一失再失，目前态势我尚处于主动，惜乎兵力不足，否则前途大有可为。无奈避免与敌过早决战，是军作战指导方针，服从命令是军人天职，遂令第二营李营长率兵二连占领耙齿村及以北高地，掩护团之撤退。该掩护队俟第一线部队完全撤退后，着向陆屋石门转进。令蔡副团长率直属队先行撤退并饬大埠、新坪我之便衣队，速撤回陆屋河东岸接受新任务。各部队遵命即刻行动。蔡副团长率领直属部队及各部小行李，先行撤退，至陆屋河东岸，占领阵地，收容后撤部队，并派兵在徒涉场引导撤退部队涉水过河。第一线营各以小部队在原阵地掩护，大部队于十一时开始行动，撤至耙齿村即整理部队，再从陆屋向石门转进。便衣队在陆屋河东岸，监视石孔角敌人之行动。我部队撤退敌未发觉。第一线之掩护小部队及耙齿村之掩护部队，均安全撤过陆屋河，向石门转进。

十五日上午三时，我团转进部队，先后到达石门。我即令第二营（欠第五连）在石门南端高地附近占领阵地，构筑工事以作拒止敌人之准备，其余各部就地露营休息，并将情况向师部报告。上午八时，便衣队由陆屋送来的报告称："上午三时石孔角方面，有稀疏的轻机枪声，又有火光多起，我进至耙齿村侦察，发现敌人似有退却之模样。我一部拟推进石孔角方面，进行活动"等语。我接报告后，判断敌人昨日与我作战损失惨重，今日必回窜小董，如以部队向黄洞、青塘方面截击，必获全胜。于是，即将所得情况及建议速派队截击敌人，向师部报告。上午九时奉师部命令，着我团即开到吕家坪集结待命，并以一部向陆屋、石孔角方面警戒。我遵命向吕家坪移动，十一时到达吕家坪，即派第二营向石孔角方向警戒，并令便衣向青塘、黄洞方面搜索敌情。下午五时便衣队报告：青塘、黄洞方面均无敌踪，据土民称，敌人今晨已向青塘、小董回窜，敌此次回窜狼狈不堪，以驮马载运死尸很多，伤兵人数更众等语。我当即将所得敌情报告师长。我团陆屋之战得到师长嘉奖。

十七日奉到军部通报："此次由小董东犯之敌，系敌酉渡边联队，该敌在陆屋遭我巢团堵击，伤亡惨重。敌酉渡边联队长，亦被我击毙，正在小董开会追悼。"下午八时又奉军长何宣电话说："你们在陆屋打得好，打得痛快，不但将敌击退，还把敌酉渡边联队长击毙了。刚才白主任打来电话说，昨晚敌南京电台广播称：日军在邕钦路以东地区进行扫荡，在陆屋遭遇劲敌，战斗力之坚韧、炮火之猛烈，为桂南作战以来之未所见等语。白主任勉励说，这是本军的光荣战绩，应该继续发扬之。这是贵团之光荣战绩，应转饬各官兵共勉之。"

高峰隘阻击战

南宁于一九三九年十一月二十四日晚失守，日军第五师团第二十一联队和第四十二联队当晚占领南宁。我守备南宁之第一三五师伍宗骏团（第四〇五团）当晚撤至林圩附近，我第一三五师主力赶至邕宁路八塘附近时，南宁已经失守，该师奉第十六集团军总司令夏威命令，以一个团兵力在八塘附近占领阵地，阻止敌人掩护第五军部队之集结，师主力应在三塘以西地区，侧击敌人，并兼顾阻止敌向邕武路窜扰。该师奉命后即以第四〇三团（蒋雄团）在八塘山心、三山之线占领阵地，作阻止敌人北进作战之准备。以第四〇四团（马明团）之一营任四塘圩之守备，师主力推进至三塘以西地区作侧击敌人之准备。

十一月二十五日敌第四十一联队及骑兵松本部队，由南宁向邕宾路进犯，与我守备四塘之部队，展开战斗，我军因众寡不敌，被敌冲散。黄昏时敌又进占五塘，当晚我第五军第二〇〇师主力到达八塘，第一三五师蒋雄团将防务交给第二〇〇师接替后，即归还建制。（以上材料是桂南作战后，第一三五师蒋团长对我说的。）

南宁沦陷前，第一七〇师原奉命赶至邕钦路吴圩附近，会同龙州教导总队，在该处附近阻止敌人，掩护我第一三五师及第五军在南宁集结。该师先头部队伍廷钧补充团，于十一月二十四日在良庆圩附近遭遇敌人（在邕江河南岸，距南宁约十四公里），展开战斗，黄昏后伍廷钧团奉命撤回蒲庙，该师主力当晚赶至蒲庙。二十五日敌由良庆圩继续向蒲庙进犯，我第一七〇师迎击该敌，展开激烈之战斗。在战斗中该师黎行恕师长奉第十六集团军总司令夏威的电令，其要旨如下：南宁已于二十四晚失守，该师迅即脱离当面之敌，转移到邕武路高峰隘，防止敌人窜扰武鸣。该师奉命后即饬后续部队第五〇八团（黄瑞能团）即向邕武路转移，并限明晨八时前至高峰隘占领阵地，该师主力亦于当晚脱离敌人向邕武路转移。该师黄瑞能团于二十六日晨先敌占领了高峰隘，构筑工事作阻击敌人之准备。敌第二十一联队在敌机四架协助下由南宁进犯高峰隘，于下午三时向我高峰隘阵地攻击，双方展开激烈之战斗。下午六时我阵地被敌机四架更番轰炸，摧毁过半，官兵伤亡亦重，该团被迫放弃高峰隘退守双桥，当晚第一七〇师主力来到。二十七日拂晓继续向高峰隘之敌攻击，毫无进展，下午第一三五师到来增援，两师并肩攻击高峰隘，下午占领大高峰后进展困难，敌我成为对峙状态。二十八日敌增援部队到来，续向我大高峰反攻，敌机不断地进行轰炸，炮兵猛烈地射击，我官兵伤亡严重。同时敌一部由香炉岭迂回包围我军右侧背，我军被迫放弃高峰隘向武鸣转进，我转进部队至武鸣以北地区占领阵地，阻止敌北进。三十日敌一部窜扰武鸣，经我军之阻击及地方团队之袭击旋即退回高峰隘。我第一七〇师及邕武守备队（韦布部队）奉命推进至双桥附近与敌保持对峙状态。

泗合坳战役

泗合坳战役时，我任第一七五师第五二四团团长。我团奉命在泗合坳阻止敌人东进，与敌近卫师团樱田武旅团激战三昼夜，等待我军主力部队赶来，将敌包围于镇南。敌被我军包围后，不敢恋战急于脱逃，乃利用敌机二十四架集中轰炸一点，开辟突围道路，敌遂狼狈突围向那香窜逃。

泗合坳属广东灵山县（今属广西），位于灵山县太平圩以南约五公里，钦县镇南圩以北二公里，在钦灵县分界线上，是钦县、小董经太平通灵山之要道。

由于我第四十六军自一九三九年十二月下旬起，在邕钦路以东地区袭击破路，处处给敌人以重大打击，敌后交通联络几陷于绝境。敌为减除威胁，乃以优势兵力分路东犯，企图压迫我军远离邕钦公路线，因而发生了泗合坳战役。

敌我双方参加此战役之兵力番号是：敌人方面：近卫师团樱田武旅团第二联队及第一联队之一部，附炮兵大队；我军方面：第四十六军（军长何宣，参谋长张琛）、第一七五师（欠第五二四团附独立第三团，师长冯璜）、新编第十九师（欠第五十五、五十七两团，代师长秦镇），军预备队第五二四团及军直属部队。

一九四〇年一月十四日，敌分两路东犯，一路六百余人（附炮兵一部）由大塘向久平进犯，与我第一七五师第五二三团在久平花甲山一带高地展开激战；另一路步骑炮千余人，由小董往那兰向板城进犯，与我新编第十九师第五十六团警戒部队及屯茂自卫队在屯茂附近发生战斗。我警戒部队被敌压迫向后撤退，敌续前进在屯茂东北大石岭附近山地与我第五十六团主力发生战斗，黄昏时成对峙状态。

一月十五日拂晓，久平方面之敌在炮兵掩护下，继续向我花甲山第五二三团阵地攻击，我军沉着应战将敌击退。另一股五百余由那晓窜抵南忠附近，南忠附近新塘有我第五二五团，敌我彼此监视。由小董、板城东犯之敌，是日上午继续向我大石岭第五十六团阵地攻击，敌我展开激烈战斗。上午十时后我在上井军预备队闻得板城大石岭方向有激战之炮声，当时判断是我第五十六团在大石岭附近与敌接触，嗣后炮声越响越近，我将上述情况以电话向军部张参谋长报告。十二时后枪炮声愈响愈近，我当时认为第五十六团战况不利，如敌乘胜追击，三小时内可到泗合坳，泗合坳距大石约三十里，该坳仅有我第三营警戒，兵力薄弱，如敌来犯恐难支持；且上井距泗合坳约十五华里，策应不易，我拟将团主力推进至泗合坳，预为部署以策安全。经多次请求，军长接我报告后惊异地说："为什么新编第十九师及第五十六团始终未有报告，弄到情况这样紧急。"除同意我的建议，叫我迅即移动，到达泗合坳后妥为部署外，并派员向第五十六团取联络。我奉军长电话后，即率部队向泗合坳急进，下午六时到达泗合坳，即召集各部队长下达作战命令。命令下达后，各部队即分进至指定地点，占领阵地，构筑工事。黄昏时我在泗合坳口发现敌大部队由那河方向向我前进，进至距我泗合坳阵地前约三华里即在路旁停止休息。我当时以为是第五十六团部队撤退回来，但未见该团派员前来联络，我急于明了当前情况，即派员前往联络。我联络军官回报，在我阵地前停止部队不是我第五十六团，而是敌之先头部队。事后才知道第五十六团放弃那河岗，向后撤退，敌衔尾追击，进至泗合坳附近，时已黄昏，情况不明，而停止休息。我据报告即饬集中射击，敌受我奇袭，伤亡很大，狼狈地西窜至镇南圩。

一月十六日拂晓，敌分三股，每股三百余人在空炮协助下，分向我江塘岭、泗合坳、电蒲岭各阵地猛攻，我官兵均抱着献身殉国精神，以旺盛之士气，沉着应战，迭次挫折敌之攻势，将敌击退。中午十二时发现由那河板城大路上，有敌之增援部队千余人，经我迫击炮集中射击，敌慌张向西窜入山林地区。下午三时敌又增加部队分向我各阵地猛扑，同时敌机十二架在我江塘岭、泗合坳、电蒲岭、和尚岭投下大量燃烧弹，我阵地的通信网被火烧折，火势猛烈。我守军除以一部隔绝火势，其余仍沉着应战。我通信部队官兵奋不顾身，一面开避火路，一面抢修电线，继续通信。敌趁火势向我阵地猛攻，我官兵抱着与阵地共存亡之决心，奋勇抵抗。攻击泗合坳之敌一部冲上坳口，我第九连蒋连长率队越出战壕，向敌逆袭，展开白刃战。江塘岭、电蒲岭山麓各部也全线逆袭，将来攻之敌击退。我左翼逆袭获胜后，进攻我右翼阵地的敌人也纷纷溃退下山，时已黄昏，停止战斗。经向军部报告，军部决定拟调回第一七五师由那香、南忠方面自北向南，调回新编第十九师主力在白沙方面自南向北，包围镇南圩之敌而歼灭之。军长问我是否有把握守住泗合坳，等待两师主力到来包歼敌人。当时我毅然答复，保证守到两师到来，完成歼敌之计划；如不能达成任务，愿将我首级捧来军部。当晚军部下达作战命令指出：综合各方面情况判断，此次由小董东犯之敌，系最近由钦县金鸡塘上陆之敌近卫师团樱田武旅团，其目的是压迫我军远离邕钦线，以减少敌后方之威胁。军以太平圩形势险要，万一陷于敌手，构成据点，可东略陆屋，北取蒲庙，则今后我军作战困难，截击破路更难以实施。军决以主动之地位，调集优势兵力，包围东犯之敌而歼灭之。第五二四团应竭力固守泗合坳之线阵地，拒止敌人，非有命令不得撤退。第一七五师除留一团仍在蒲庙一带服行前任务外，另以一部留于久平、花甲山阵地，牵制敌人，主力即集结百济、那香间地区，即刻由北向南，猛力对镇南圩、南忠之敌侧背攻击，并以有力之一部星夜兼程至镇南圩地方，与我第五二四团及新编第十九师主力，包围镇南圩之敌而歼灭之。新编第十九师除以有力之一部，在邕钦路钦县、小董间积极截敌破路，并防钦县之敌东犯。该代师长即刻到上井指挥野补团第九十六团星夜对镇南圩之敌侧背猛攻。各部队拿到命令火速行动，务于明（十七）日到达指定地点，向镇南圩之敌攻击，并以枪声最密集之处，为攻击目标，彼此联络，互相策应。

十七日拂晓，敌在优势炮兵掩护之下，分向江塘岭、泗合坳、电蒲岭之我阵地攻击。我官兵奋勇迎击，展开剧烈之恶战。同时，敌机十二架不断地低空扫射及投掷燃烧弹和破坏杀伤弹，我阵地前后草木均被烧燃，幸我早已开辟阵地附近一百公尺之火路，敌放火对我作战毫无影响。当时正刮着东北大风，将火势吹向敌方，来攻之敌反被火势袭退。十一时火势熄灭后敌又向我各阵地攻击，攻势异常猛烈，我官兵抱着与阵地共存亡的决心，顽强抵抗。战至下午一时，我泗合坳被敌空炮摧毁过半，守泗合坳阵地第九连蒋连长受重伤，三个排长均阵亡，士兵伤亡三分之二，泗合坳遂被敌人攻占。同时江塘岭、电蒲岭山麓当面之敌，均向我阵地猛扑，占领泗合坳之敌正向两翼扩张战果，当时我左翼营战局异常危急。我即饬预备队李营长率步兵二连、机关枪连（欠一排）攻泗合坳，并饬电蒲岭顶第一营以预备队从电蒲岭东端侧攻泗合坳之敌。部队奉令后奋不顾身，前仆后继，向泗合坳之敌猛烈反扑。激战至下午三时许，我反攻部队攻上泗合坳与敌展开肉搏，我电蒲岭侧攻部队，居高临下向侧面猛袭，敌不支溃退下坳，我第二营遂夺回泗合坳阵地，同时攻击江塘岭之敌亦被我击退，左翼阵地转危为安。我即令第二营（欠第四连）

及机枪一排守备泗合坳之线，第九连撤至江塘岭整理，第一营侧攻之部队仍归还建制。下午五时敌步兵约千人，复向我江塘岭、泗合坳阵地攻击，敌空、炮兵向我各阵地猛烈轰炸炮击。我官兵虽然拼命抗拒，无奈阵地大部被敌空、炮摧毁，官兵伤亡奇重，战局又告濒危。江塘岭雷营长、泗合坳李营长纷纷电话报告危急请求增援。我看到敌攻势猛烈，如江塘岭、泗合坳被敌突破，全线动摇，影响整个战局，无法达到围歼敌人之任务。目前我友军尚未到来，我手中所控制的预备队，仅有步兵一连、机枪排及特务排、输送兵二排而已。为了稳定战局，我决心亲率所有预备各部增援江塘岭、泗合坳，与敌决殊死战，并饬电蒲岭第一营抽调兵力一部侧面袭击泗合坳之侧背。我决定后即电话通知江塘岭、泗合坳两营长死守，我即亲率部队前来增援，在我未到来以前谁放弃阵地予以军法从事，并将情况电话报告军长。军长指示饬军工兵营赶来归我指挥增援江塘岭、泗合坳，并叫我不要离开团指挥所到第一线去。我说当前左翼战局异常危急，再不能等待工兵营之到来，如我不亲到第一线去，恐江塘岭、泗合坳难以保守。如江塘岭、泗合坳失守，敌必直趋潭江，则我全线阵地动摇矣。军长见我决心不能阻止，嘱我慎重相机行事，并说已饬工兵营跑步前来，约二十分钟可以到达。我同军长谈话后，即饬第一营抽调兵力侧击攻泗合坳之敌；并交代蔡副团长在团指挥所处理一切，如工兵营到来，以一连速向泗合坳前进，其余部队迅即占领第二线阵地。交代后即饬第四连增援江塘岭，我亲率特务排、输送连两排、机关枪排、地方自卫队（四十余人）跑步前进增援泗合坳。我增援队到达江塘岭、泗合坳附近时，敌已攻至我阵地前约二十公尺处，敌我互掷手榴弹，有的已进行短兵肉搏，我第一线官兵士气仍盛，毫无退缩。我睹此情况，即亲率增援部队以密集的队形向敌冲击。当时第一线官兵见我亲自率增援部队冲击，士气为之大振，喊杀之声惊天动地，一齐越出散兵壕，向敌冲杀。同时电蒲岭第一营之侧击部队，由高而下，猛烈地向敌侧面袭击，激战约三十分钟，敌不支纷纷溃退下山。我即以炽盛之火力追击敌人，敌遗尸二十八具不能拖走，我俘获敌受重伤浅田大尉一人，夺获军刀五把、轻机枪一挺、三八式步枪十二支、刺刀二十二把、战斗旗帜十二面，其他战利品很多，黄昏后全线停止了战斗。我将第一线部署进行调整，以第三营守备江塘岭以东之线为团之左翼营；以第二营守备泗合坳、电蒲岭东端山麓之线，为团之中央营；以第一营守备电蒲岭、和尚岭之线，为团之右翼营；以军工兵营（欠一连）占领牯牛峰、那罗山为团之第二线；以工兵营一连控制在潭江附近为机动部队。调整命令下达后，饬各部队星夜修补加强工事，补充弹药，并饬第一线各营以小部队夜半不断偷袭敌人，扰敌不能睡眠，并可防止敌人向我夜袭。我在第一线处置后即回团指挥所，检查今天作战情况，伤亡官兵二百六十余人，弹药消耗百分之八十以上，手榴弹、迫击炮弹全部耗尽，饬输送部队向第一线补充弹药，卫生队配合民众前后运送受伤官兵，收集敌我阵亡官兵于一处，留待战后掩埋。将今天作战情况电话向军长报告，军长在电话上给我们传谕嘉奖，军部先奖给我们官兵五千元；又说第一七五师、新编第十九师主力明天上午可赶到镇南圩附近，包围夹击敌人；并说着特务营、步炮营今晚开至潭江归我指挥。我认为特务营应留在军部警卫，不肯接受，只接受了步炮营（军部炮兵营无山炮，只配备步兵炮一部，其他仍是步兵装备，故名为步炮营）。

军部步炮营到来，我饬其第一连（该连有步兵炮八门）在牯牛峰占领阵地，支援第一线作战，其余部队（系步兵连装备）占领磨刀山之线为团之第三线。十一时后敌我各派出的夜袭部队在我阵地前遭遇发生战斗，双方均无进展，敌炮兵不时向我阵地射击，似此扰乱战斗直至拂晓。午夜又奉军参谋长电话，据报敌步骑炮兵约两千人已过板城，向镇南圩增援，估计镇南圩之敌四千余人，炮约十二门。明日战斗更是剧烈，要我们妥为部署以应付明晨之决战，坚持最后五分钟，等待两师之主力到来，完成军部歼敌之计划。我奉谕后即以电话传达到第一线各连长，勉以献身殉国之精神，做到寸土必争，做到人在阵地在，人亡阵地存，成功成仁，在此一战，要各连长传达到每一个战斗兵身上，如有畏缩者决以连坐法惩处。

当晚有钦县镇南圩，灵山县太平、宋泰、旧州、上井各圩镇的地方自卫队五个中队三百余人，携带武器前来团指挥所，请求参加作战，经军部许可留作预备队，他们坚决要到第一线去参加作战。我见他们武器很好，士气旺盛，同意他们的请求，饬太平自卫队开赴芦家，接替我便衣队对那香警戒之任务外，其他自卫队分别配属第一线营为预备队。

一月十八日拂晓，敌步兵在炮兵掩护下，分向我全线阵地攻击，敌机十二架不断向我阵地轰炸及投掷燃烧弹和低空射击，掩护其陆军攻击。我阵地附近二百公尺内之草木均斩割干净。敌投下之燃烧弹毫不起作用。敌空炮火力猛烈，敌步兵前仆后继，冒死前进。我官兵抱着与阵地共存亡之决心，沉着应战，战斗纪律严明，战地秩序井然，重伤官兵没奉命令不敢离开火线，轻伤官兵带伤继续作战，敌攻击虽然猛烈，但上午毫无进展。

十时，附近乡民二百余人送来酒肉菜饭百余担，要求送上火线，慰劳抗战官兵，我婉言辞谢。他们都说，你们苦战两天两夜，为国家为我们老百姓不少官兵牺牲了，假若不是你们在此阻止敌人，我们太平圩一路村庄，会同那河岗一样，被日本鬼烧光了，我们送来的酒菜慰劳品，略表我们对抗战军人的敬意。他们除了送慰劳品外，各人还携带武器要求参战保卫家乡。我见他们盛意难却，请示军长，军长指示说，他们既如此热忱，盛意难却收下罢。我得到军长的许可，拟只收饭菜，酒烟（香烟）退回，并由我们的炊事兵送上火线。民众坚持要全收及由他们送上火线，结果我们只将酒留在指挥所，俟此后再发给各部队，菜饭烟等物准许民众分头送上第一线。民众冒着炮火，在敌机轰炸下将饭菜送上火线后，又自动地参加战斗。我恐民众未经训练而有伤亡，电饬第一线部队劝告民众下火线，经再三的劝告，民众才离开火线，自动地将重伤官兵运下火线转送后方。民众这样热忱对待抗日战士，感动了全线官兵，作战更为奋勇。这群慰劳送饭的民众中，有妇女，有青壮年。青壮年参加作战也伤了三人。

十一时，敌攻我左翼江塘岭异常猛烈，第三营雷营长受伤，第七连连长阵亡，敌一部已攻上江塘岭东部，我第三营雷营长率部仍占领江塘岭西部与敌展开争夺战。我饬牯牛峰步炮营第一连集中火力支援第三营作战，又饬工兵第一连、地方自卫中队一队，速增援江塘岭归第三营雷营长指挥反攻敌人。我增援部队到达左翼营后，即向江塘岭东端之敌展开反攻，经一小时之激烈争夺战，将敌击退，夺回了江塘岭东部阵地。同时和尚岭方面，我守军第二连连长受伤，排长全部伤亡，士兵伤亡过半，火力薄弱，被敌攻上和尚岭，与我第二连进行白刃战。我右翼营代营长胡疏才（营长阵亡副营长代理营长）亲率预备队（步兵二排，地方自卫队一个中队）由电蒲岭逆袭攻和尚岭之敌，将敌击退。同时电蒲岭、泗合坳战局又告紧张，敌攻势猛烈，已进至我阵地前百余公尺，我官兵伤亡甚大，纷纷请求增援。我即饬工兵营营长率领第二连增援泗合坳，以工兵第三连及便衣队增援电蒲岭。我增援部队到达泗合坳、电蒲岭后才遏止敌人攻势，稳定了战局。但敌人增加部队到来后又展开猛烈之攻击，当时全线战斗，异常惨烈，敌机群对我阵地轰炸，敌炮兵不断向我全线阵地及后方射击。军长屡次要我接电话，我为指挥作战抽不出时间来同军长讲话，只由副团长报告作战情况。军长异常焦急，要我抽出时间向他报告战况。我将当前的战况向军长报告后，军长说：根据战况判断，敌人今天非拿下泗合坳决不放手，我第一七五师及新编第十九师目前尚未到来，不知他那方面又有什么变化，为避免重大牺牲起见，拟放弃泗合坳向宋泰圩撤退，征求我的意见。我当即反对放弃泗合坳向宋泰圩撤退，我说我相信两师部队很快到来，只要我能支持最后五分钟，胜利必属于我。围歼敌人就在目前，如放弃阵地而撤退则前功尽弃，何以对已死官兵，又何以对灵山县民众的寄托？军长又说：如不愿撤退恐怕难以支持，来日方长，何争一时？我坚决地表示说，我有把握守住泗合坳，否则我最后一滴血也要洒在泗合坳，决不离开泗合坳。争辩很久，他不能说服我而同意我死守待援，并亲饬军特务营前来归我指挥，我说特务营应留警备军部，不肯接受。军长又说：守得就守，不要勉强，你相机独断吧。下午一时后，我全线阵地都告吃紧，纷纷要求增援，迫得将步兵炮营第二、三连，团特务排都增加到第一线去了，我手中除了传达兵外，没有一个兵了。迫得将担架排武装起来，将在芦家担任对那香警戒之自卫中队撤回做团预备队，芦家只留通信兵二人电话机一架在该处负责对那香监视。军长连续来两次电话要我服从他的命令即行撤退，我坚决反对撤退，并建议军部先行撤退至宋泰，以减少我后顾之忧，如万一不幸我必与泗合坳共存亡。我说至此，军长已不能回答，换张参谋长接替说话。张参谋长说：军座为你不肯撤退，已为你难过得流了眼泪，他不能继续同你讲电话，他把电话交给我。巢团长你还是服从军座命令撤退吧！我再申述不能撤退之理由：与敌苦战已经三天两夜，官兵牺牲之大，都为要奏歼敌之功，百步已走了九十九步，尚争者一步也。如此撤退，我认为对不起已死官兵，更对不起灵山县老百姓对我们的寄托与希望。况敌我正在拉锯胶着中，如我撤退有被敌全歼之虞，太平圩民众的灾难更难想象。战，则鹿死谁手未可定也；退，则前途难以设想矣。我相信我主力部队很快会到来，如果我能支持到最后五分钟，胜利必属于我。请转报军座，请他放心，我保证完成任务；否则我以身殉国，本军也是光荣的。我说完之后，张参谋长又去请示军长，答复我说：军座指示，巢团长坚决不肯撤退，军部也不能先撤，决心成功成仁在一块吧！一切由你相机独断。

下午四时许，新编第十九师主力越到我左侧白沙附近，师部派参谋人员来联络，我即将当面之敌情及我团各部队的关系位置及近日来作战情况通知秦代师长，请其速占领白沙坳顶及以南青竹山一带山地，即向镇南圩之敌攻击，俟我师主力到来，我团即全线出击，请速架设通信网，以便联系。同时又接到芦家监视哨报告，我师第五二三团第一营谢营长前来联络，我据报更加兴奋，感到围歼敌人在此一举。我即请谢营长讲话，我将当面之敌情和我团各部队的关系位置，近日来作战之情况详为告诉，请谢营长即转告黄法睿团长，希即由和尚岭以南山地向镇南圩之敌攻击，期与新编第十九师主力夹攻敌人，我团即由正面出击，一鼓作气歼敌于镇南圩。谢营长并说师部与野补团黄昏前可赶来，第五二五团已到达那香附近，现在准备向镇南圩以南攻击，我请其架设电话线以便通信联络。我接获两师主力到来之喜讯，马上报告军长。军长喜出望外地说：你们坚持最后五分钟，战局已成于我极有利之态势，达到包围敌人之任务，应居首功。希即转知第五二五团黄炳钿团长速截断敌通小董后方交通路，除以一部向南占领阵地构筑工事，阻止敌之增援部队外，团主力应由南向镇南圩攻击，通知新编第十九师速由东向西攻击，第五二五团速由西向东攻击，包围镇南圩之敌而歼灭之。我向军长建议说，俟两师攻击有进展时，我团拟由正面出击。军长同意我的意见。我即遵照军长指示，通知前线部队派员转知新编第十九师及第五二三团，并由第五二三团转知第五二五团。

下午五时，我新编第十九师和第一七五师第五二三团、第五二五团均先后向镇南圩之敌展开攻势，敌陷于我包围之中，我军四面向镇南圩攻击，攻击我江塘岭、泗合坳、电蒲岭、和尚岭之敌，见我军四面攻击，纷纷溃退下山。我第一线部队见敌溃退下山，极为兴奋，纷纷请求出击。我饬第一线各部队迅即整顿态势，准备出击，团指挥所即推进至泗合坳。约五时四十分，据第五二三团黄团长派员到和尚岭电话通知，第五二五团已占领大里岗（镇南圩以南三公里），截断了敌通小董之后方交通线。我接通知更为兴奋，我军包围敌人之态势已形成，敌已成瓮中之鳖，看我们如何擒拿吧！我推进到泗合坳，看到敌人分兵抗拒我军四面攻击，我又看到我的部队已残破，有的一连仅存三十余人的，有的官长全部伤亡，如不整理实难继续作战，即饬各营长速将部队进行调整，在原地待命出击。下午六时，敌机二十四架由钦县飞来，集中在电蒲岭上空投下大量炸弹，敌炮兵火力集中指向电蒲岭，敌步兵千余人密集部队向电蒲岭攻击，敌机为步兵开辟道路，敌炮兵猛烈射击我电蒲岭各阵地，我守军伤亡过半，连排长全部伤亡，电蒲岭遂为敌人占领。我和尚岭第一营胡代营长率部反攻，因兵力薄弱反攻无效，当时我手中已无预备队，无力反攻，遂将当时情况报告军长。军长指示说：敌现占领电蒲岭，你们已无兵可以反攻，俟第一七五师师长到来，再由他派部队反攻，你们须防止敌向北突进。我即抽调部队增强牯牛峰第二线阵地，并集中步炮营及我团之迫击炮向电蒲岭射击。敌占领电蒲岭时已黄昏，各方面都停止了战斗。

黄昏后，我战地斥候报称：敌骑炮兵纷纷由镇南圩向电蒲岭前进。我判断敌被我军包围环攻，后路截断，敌以全力攻占电蒲岭，是作突围之准备。判断敌今晚必由电蒲岭西南经华屏村向那香方面突围，如等待师部到来再行反攻电蒲岭，恐敌已向那香方向突围而逃矣。我即将我的判断报告军长，请饬新编第十九师和第五二三团即向镇南圩之敌行夜间攻击，可望先歼镇南圩敌之后尾部队，迫使电蒲岭之敌一部回援镇南圩，迟滞敌之突围。军长同意我的意见，因通信网尚未架设完成，叫我速派员转知秦代师长及黄法睿团长。我虽然遵命办理，但夜间徒步传达无法争取时间，命令到达时，敌已开始突围矣。

下午九时许，我接师长的电话，我将三日作战经过报告师长，并说黄昏前敌已占领电蒲岭，我已无力量反攻，请求师部速调生力部队反攻电蒲岭。师长说独立第三团快到来，马上饬独立第三团刘团长反攻电蒲岭。我又说敌人陷于我军之包围后，以全力攻占电蒲岭是作突围之准备，我判断敌人今晚必由电蒲岭西南小径，经华屏向那香突围。师长说师部现驻在华屏。我说敌人突围，华屏首当其冲，请准备。师长说不要紧，刘团长马上到来，即饬他反攻电蒲岭。十时后敌由电蒲岭向那香突围，师部在华屏村首当其冲，敌全部由华屏突围而出，经那香向南宁逃窜。我野补团在那香附近未得情报，也没有作堵击敌人之准备，被敌人安全通过那香向百济而逃。

后来，我派出部队扫荡战场，镇南圩各山地附近均无敌踪，发现敌尸二百余具，均将右手斩去，用薄土掩埋，收获敌遗弃的枪炮弹、钢盔、水壶、饭盒、罐头食品很多，又有一部分文件如命令、日记等。泗合坳战役遂告结束。

战斗在邕钦公路线东翼

黄炳钿※

　　抗日战争时期，陆军第一七五师在南宁编配成立，师长莫树杰，辖第五二三旅（旅长黄琪），第一〇四三团（团长黄廷材）、第一〇四五团（团长巢威）、第五二五旅（旅长刘建常）、第一〇四九团（团长黄炳钿）、第一〇五〇团（团长姚槐）。全师调赴广东的廉州和钦州地区（今属广西），担任沿海警戒。师长莫树杰兼任广东钦廉守备司令，以第五二三旅分防钦州及防城；第五二五旅分防廉州，第一〇四九团驻防北海，担任沿海警戒，并在冠头岭至地角海岸，构筑半永久的国防工事。年来北海海面，常有敌舰游弋，出没无定，我军没有海岸重炮进行轰击，任其自由活动。还有敌机飞来上空侦察，任意投弹，我方国防空虚，根本没有制海及制空的能力。到了一九三八年，新编第十九师，以第一七五师副师长黄固为师长，担任钦州及防城的守备。第一七五师仍担任廉州及北海的防务，统归驻南宁第十六集团军总司令夏威指挥。同时把旅部撤销，第一七五师直辖第五二三团（团长黄法睿）、第五二四团（团长巢威）、第五二五团（团长黄炳钿）、补充团（团长谢庆南）等四团。每团步兵三营，每营步兵三连，重机关枪一连，全团共有官兵两千八百余人。当时除担任构筑防御工事外，还拆毁廉州城墙，破坏公路及拆毁公路附近的碉楼，作抗战的准备。一九三九年春间，第一七五师师长莫树杰调升第八十四军军长，赴安徽前线接任。遗缺以冯璜接充师长，仍驻廉州和灵山一带地区。

　　一九三九年十一月十五日，日军第五师团及台湾旅团由钦州龙门港

　　※　作者当时系第四十六军第一七五师第五二五团团长。

登陆，向钦州和小董并沿邕钦公路进攻，直逼南宁。当时新编第十九师的部队，分布沿海地区，主力仍在钦州和小董之间，可是新编第十九师驻在钦州的两营兵力，甫经交战，即被日军击溃。陆继炎团长率领全团在大垌附近的十六曲阵地防守，据险抗敌，在地形方面，本属有利，唯该团官兵素质极差，作战不勇敢，接敌未到两小时，就被日军击溃。且退向左侧山区躲避，放开正面，以致日军能够直扑小董圩，把新编第十九师师部击散。师长黄固临阵退缩，只身逃脱，师部的行李辎重、武器弹药，完全被日军抢去，损失惨重。黄固放弃职守，防务废弛，临事慌张，一败涂地，遂致日军敢于直扑南宁，使南宁商民群众事前未及疏散，所有一切物资，都被日军抢劫净尽。

　　第一七五师接得日军登陆占领钦州，新编第十九师战败的警耗，当即星夜向陆屋前进。我率第五二五团到达陆屋之后，白日有敌机袭击，战备行军，受到很大威胁。第二日黄昏时候，先到青坪圩附近，不料民众逃避一空，给养无着，带路无人。按地图方向，乘夜向小董的日军袭击，偷过警戒线后，冲入小董圩内，击毙日军守卫哨兵多名，与敌展开巷战。不料小董外线的日军纷纷聚来夹击，枪炮齐鸣，激战至夜半四时，仍不能把小董之敌击退，旋即收队到中岗附近。次晚复袭击大垌圩，又与日军激战一场，也不得手。未几，日军有一个旅团，由钦州出发，向平吉及陆屋进犯，其侧卫部队二百余人，在牛岗附近空地架枪休息。我第五连向前搜索敌情，突遇这个良好机会，乘敌不察，急行奇袭，当场击毙日军二十余人，击毙敌驮马数匹，夺获日造六五步枪十余支、驮载多具，在驮载包裹中夺获黄呢大衣三件、军毡衣服等物；又在遗尸中检获日兵随带的日本小旗、军用钞票、出征相片及许多神符鬼像。我接到这个情报，即率全团进击平吉，猝遇日军数千人，向陆屋方面前进，当即向敌侧击，一鼓作气，进行猛烈冲击，把日军拦腰冲断，展开肉搏劈刺。时有日军一部被迫缩入村落，闭门与我对抗。敌机三架盘旋上空，低飞助战，但因此时敌我相距甚近，敌机不敢投弹，又不敢开机枪扫射，只是更番旋回威胁，此去彼来。我团官兵亲眼看见敌机的太阳徽符号，又见敌飞行员伸头下视，不识其真面目，心理上受到很大的威胁，因而停滞不前，冲锋顿挫，形成对峙状态。少顷日军得敌机的协助，在混乱中整理集结。其先头部队将第五二三团击退，以一部向我左侧包围，猛烈反扑，左后枪声大作。第五二五团事前不明第五二三团部署，发生激战的时候，又不能与第五二三团取得联络，各自为战，战况不明。第五二三团陷于孤立无援，不得不放弃围攻平吉，撤至北端附近高地。此时日军主力向陆屋追击前进，枪声由近及远，且已占领青坪圩，截断我团退路。到了黄昏，情况沉寂，只得绕道撤回旧州，复向陆屋进击，支援第五二四团作战。

日军自击溃新编第十九师，占领小董后，主力已向南宁推进。我第四十六军军长何宣前来指挥作战。我第一七五师为策应南宁友军作战，遂向邕钦公路侧击，阻止日军增援。以第五二四团进击镇南圩，向小董警戒，阻止日军向陆屋及灵山侵扰；以第五二三团担任大塘地区的阻击；以第五二五团进出小董附近的那扁及新承地方，向日军袭击。时值日军已占南宁，邕钦公路上常有日军辎重车辆往来，日军还扼守桥梁、要隘。第五二五团先占领铜鼓岭阵地，一面袭击敌人，一面进行破路，连战七昼夜，击毁敌汽车数辆。后来日军三千余由南宁方面下来，协同小董上来的敌人两千余人，上下夹击，向铜鼓岭猛扑展开肉搏战，并纵火焚烧山林，敌机也不断飞来轰炸。结果第五二五团兵疲力竭，伤亡三百余人，铜鼓岭失陷，撤至附近村落休整。过了两日，日军约六七千人，由小董向陆屋前进，我第五二四团在镇南圩与敌接触，战斗颇烈。第五二五团驰来支援，由那香进出，向敌侧后攻击，把敌人后路完全截断；第五二三团在第五二五团的左翼，向敌侧攻，协助第五二四团的正面；独立团在第五二三团左后策应。新编第十九师残部在泗合坳口，担任向敌侧攻，把敌四面包围。第五二三团一举攻占敌侧的村落，夺获驮马十余匹和行李辎重。此时日军拼命挣扎，由第五二三团和独立团之间的间隙山谷突围，退路指向那香。不料师部被敌袭击，师直属部队无力抵抗，被敌击散。我接到第三营营长邓尧的报告，当即令该营调换方向，向那香严密警戒，继与第五二三团团长黄法睿商量反击路线，并亲率第一、第二两营，向那香退败的敌人进行追击，连夜追了二十余里，击毙敌人数十名。日军遗尸均被斩断左手拇指，内有大尉一名，身上穿有防护衣，是用长方形的小钢片叠成的。还夺获驮马数匹，检获日本小旗十余面，以及神符物品。是役就地形方面和作战部署方面，我军已占有利态势，两师部队及时向敌包围，本可把敌人歼灭，打一个胜仗；唯军部远离战场，以电话作指挥联络，未能应战况的变化。且新编第十九师已是惊弓之鸟，在副师长秦镇指挥之下，仍是畏缩不前。第一七五师师部被敌击散之后，前线没有高级将领统一指挥，徘徊观察，各自为战，团与团、新十九师与第一七五师也不能协同一致进攻，而致功败垂成。日军既占南宁，继向宾阳前进。白崇禧指挥第五军军长杜聿明所部装备精良配有坦克车和炮兵团，并粤军第六十四军，在昆仑关激战颇久，击毙日军旅团长一人，毙敌军很多。四塘一带地方，又有第一七〇师对敌攻击，控制邕宾公路的交通，使敌困在昆仑关，进退两难。后日军打通邕钦公路，经良庆、刘圩，在永淳渡河，先在甘棠之线，击败粤军，直扑武陵芦圩，转向昆仑关包围第五军，以解救昆仑关之围。第四十六军军长何宣率第一七五师和独立团，由旧州前进，在南乡渡河，尾击日军。不料昆仑关之敌，得到他们解围部队的援助，乘机反扑，第五军撤回邹圩、迁江一带。第一七五师也占领黎塘阵地，阻击日军南下贵县，没有与敌接触，复调回灵山的旧州及长滩一带地区警戒。

血战桂南

阳丽天[※]

一九三九年十一月十五日，日军开始在我钦州湾沿海一带登陆，击溃我防守沿海及钦州县城至小董附近之新编第十九师各部后，分道急趋南宁。二十一日晚进至邕江两岸。二十二日起，以步炮空协同，向我防守南宁之伍宗骏团沿河阵地隔河猛攻。另敌三千余由下游渡过邕江，进至邕宾公路二塘以南地区，向南宁围攻。我守军因腹背受敌，被迫向武鸣方面撤退。十一月二十四日下午，南宁沦入敌手。

敌占领南宁以后，以一个师团兵力，分别据守邕钦公路沿线大小据点约十处，以维护交通运输安全。以一个旅团沿邕宾公路北进，十二月四日占领昆仑关及附近各制高点。同时另外与一个联队（等于团）沿邕武路北进占领高峰隘，并在南宁近郊之小高峰—北湖—新圩—西乡塘—沙井—那洪等处构筑据点工事，分兵驻守，以巩固其在南宁的安全。

笔者当时任广西绥靖主任公署步兵第四独立团中校团长，正驻守梧州。南宁沦陷后，我奉令于十二月初率部乘船赶赴南宁外围参加作战。因河水枯浅，到贵县改为步行，中旬到达永淳县属之六景圩时，已闻昆仑关方面隆隆炮声。现将我团参战经过分述如下：

攻击邕宾路七塘之敌，截断敌后交通运输

我团到达六景圩后，奉挺进纵队司令黄梦年命令，要我团即日由六

景圩出发经伶俐圩—长安乡，攻击七塘圩附近之敌，并相机歼灭之；同时占领七塘圩附近至山心间之公路两旁要点，破坏附近桥梁，截断敌之运输交通。我团奉令于次日下午四时左右，到达七塘圩东面两千余米之高地一带，即召集各营、连长一同观察七塘圩附近地形。据由七塘圩逃至长安乡的群众面告：七塘圩共有敌兵百余人，驮马约十匹，到达后即将小学校周围及圩内砖房开凿枪眼，加厚墙壁，准备固守；白天在飞机掩护下，三五人一组，到附近高地瞭望，间中有十余人一组沿公路往来巡逻，黄昏前都回圩内及小学校内，夜晚从未外出活动。根据任务及当面敌情地形，我即向各营、连长下达口头命令，着第一营附迫击炮一排，以主力从东南北三面向七塘圩及小学校内之敌实行围攻，另以一部抢占七塘圩东南面高地，对由六塘方面北进之敌人及车辆，待进至我有效射程以内，即予猛烈射击；着第二营进出七塘圩北面高地至山心之间地区，占领公路两旁要点，对由八塘方面南进之敌人、车辆，予以强力阻击，并相机协同第一营围歼七塘圩之敌，另派一部烧毁七塘圩南面的一座木桥；第三营为预备队，位于后面山麓一带，注意保持机动。

我团按指定的时间下午七时半开始行动。由于当地群众踊跃带路，各部均顺利到达预定位置。至晚十一时左右，据第一营营长许荣电话报告：第一、二两连已分头进至距敌六百米左右，第三连之第一排已占领七塘圩东南侧高地。第二营长黄锵报告：第四、五两连已占领七塘圩以北公路两旁数处要点，第六连正在收集柴草，准备烧毁七塘圩南面木桥。我据报后当即指示：第一营应尽可能继续向敌潜进，适时开始攻击；各部所占要点立即利用地形开始构筑工事，加强作战及防空准备；第六连尽快烧桥。

零时左右，敌人发觉南面木桥被烧，即用照明灯四面探照，我第一营前线被敌发觉，即展开激烈战斗。直至二时左右，我第一营长察觉小学校东北角敌人火力较弱，且前面地形比较复杂，便于行动，当即增调第三连一个排加入该方面，组成突击队，利用地形，交互跃进，准备天明前在重机枪及迫击炮火力掩护下，突入小学东北角，再与左右两面配合，一举攻占整个小学校。我进至距敌百米左右时，一为敌预设之障碍所阻，并为敌发觉，再展开激烈战斗，双方并互投手榴弹数十枚。因敌以交叉火力封锁障碍物前缘，我无法破坏通过，且伤亡士兵数名，为减少无谓损害，即后撤约百米，利用地形构筑工事，与敌保持接触。

次日上午八时起，敌机三架，对我所占各据点轮番低空侦察，继以机枪往来扫射，我死伤士兵数名。至上午十一时左右，七塘圩及小学校内之敌，共六十余人，在敌机临空盘旋及向我反复扫射的掩护下，从北面冲出向我反攻，企图抢占我第二营所占七塘圩北面高地，瞰制七塘圩附近，使我第一营难于立足。我各连利用已设工事，发挥步、机、炮强烈火力，予敌迎头痛击。战斗将达一小时，敌死伤十余名，无法得逞，被迫撤回据点。

当日中午前后，有敌汽车约十辆，结队从六塘方面开来，到距七塘圩千余米处闻听枪炮声，立即掉头南逃。

经过十余小时的连续战斗，我部阵亡士兵二名，伤排长一人、士兵十余名。到下午五时许，我召集各营长及迫击炮连长，根据当日战斗中所悉敌情及地形，共同研究如何利用黑夜，增加第一线兵力，在机、炮火力协同下，逐次攻略小学校及七塘圩之计划。忽接电台送来挺进司令部电令，大意谓：南宁—昆仑关间敌之交通运输线，由主攻方面派队截击；着我团利用夜间秘密撤离七塘圩附近，转移至邕钦公路东侧之那陈—唐报间担任袭敌破路，务尽一切手段，截断敌人邕—钦间之交通运输。奉令后，当即面饬各部入夜后分头行动。

在那陈—唐报间袭敌破路经过

我团于十二月二十日到达邕宁县属那马圩西南之益致村附近停止，我即召集各营长到附近高地对邕钦路方面进行观察。当地群众面告：一、敌自攻占南宁后，即在钦州县城、小董圩、大塘圩、吴圩等重要据点各驻兵两千余，并附有骑、炮兵一部。另在上述各据点间之大垌、南晓、那陈、唐报、狮子口等处各驻兵二百左右，赶筑工事，构成坚固据点。每日从上午八时左右起，在飞机掩护下，各据点派出步、骑兵，沿公路两侧五百米内外范围往来巡逻。二、在唐报原来车渡码头，架设了能通过战车之浮桥一座。三、几天来敌人车队往来频繁。

根据任务及上述敌情，团决定即日着手做好一切准备，对那陈、唐报之敌据点利用夜间进行袭击。另派轻装部队，与当地群众配合，携带工具，沿公路选择地形，分段进行破坏道路，埋设地雷。有敌汽车二辆行至那陈西北约六华里处触发地雷，前面一辆被炸毁。以后敌每日上午，必先派车侦察，扫雷修路，其他车辆始相继通行。敌在唐报所架浮桥，日夜防范特严，不易接近。我团曾利用白日从选定之观测所测定方向距离，入夜后，以迫击炮射击二十余发，使浮桥遭到破坏。但经一个上午，敌即修复继续通行。经过约一星期时间，对那陈—唐报间之敌人交通运输，只能起迟滞敌人行动作用，未能达到阻绝之目的。

镇南圩附近歼敌纪实

敌人在钦、防登陆时，防守钦州沿海及县城附近之新编第十九师第五十六团，被敌击溃后官兵大部逃散，全团解体。我团于一九三九年底，奉广西绥靖主任公署电令，从一九四〇年元月一日起，改为陆军新编第十九师第五十六团，克日开赴钦州县属新圩附近待命。一九四〇年元月初到达新圩附近，团部驻新圩南侧约二华里之那河垌村，各营分驻新圩及附近村庄。到达次日，从与师部无线电联系中获悉，敌我两军正在昆仑关方面展开激烈战斗，连日来，敌人在他的唯一运输补给要道邕钦公路沿线各据点派出步、骑兵，在空军掩护下在公路两侧加强巡逻，并常相机深入骚扰。师部并指示：着第五十六团派兵一营进出邕钦公路东侧之南磳圩附近，尽一切手段，破坏附近公路桥梁并相机袭击敌人；着团部率两营于新圩附近选择地形，构筑工事，对小董方面严密警戒。如遇小股敌人窜扰，俟进入我有利地带，出其不意，予以猛烈打击，并相机歼灭之；如遇优势敌人进犯，应尽最大努力予以阻击，至万不得已时，可转移至新圩东南面一带高地，控制重要隘口，占领制高点待命。

我到达新圩后，当地群众面告说：近来从板城圩附近之高岭上面，不时见到小股敌人往来小董、那兰之间，并见那兰村民向小董运送粮食及肉类；那兰村常派人潜至板城圩探听我方军情。

根据师部电令及当面敌情，我即着第一营营长许荣即日率部出发，按师部指示执行任务。我亲率第二、第三两营之营、连长到新圩西南面一带高地观察附近地形，随即指示两营防守区域，并饬自即日起，各就任务范围，选择地形，开始构筑防御工事，并注意防空措施；并派团便衣队长张树雄率便衣兵数名，约请本地群众二人一同潜住板城圩内侦察敌人及汉奸活动情形。

一月十四日十时，据便衣队长九时由板城圩派一便衣兵回团报告：晨间八时半左右，岭顶瞭望哨发现敌兵约一千五六百人，驮马约三十匹，驮有大炮数门和一些木箱包裹等物，从那兰村向板城前进。我当即命令第二、三两营立即进入阵地准备战斗。十一时左右，敌先头部队进至我阵地前约千余米时，全部敌人均在道路右侧之土岭脚就地停止，派出步兵约十名，向我阵地搜索前进。同时敌机一架，飞至我阵地上空反复侦察。敌人进至我阵地前约五百米时，我第五、第六两连数挺轻机同时向敌射击，敌即就地伏卧还击十余枪后，陆续后撤约百米停止隐蔽。少顷，敌再派兵约五十名，分成三股，同时向我阵地进攻，与我阵地第一线各部战斗约三十分钟，敌伤数名后，退至离我阵地前约八百米之村庄内隐蔽。敌人通过空中侦察及地面部队之威力搜索，已查知我阵地大概情形。到下午一时许，飞来敌机三架，向我阵地来回扫射及投弹轰炸；敌炮数门，同时向我阵地猛烈射击；敌步兵三百余，分成数股，向我阵地全面猛攻。我各部利用工事，在迫击炮及重机枪猛烈火力协同下，沉着应战，敌攻至我阵地二百米内时，已死伤二十余人，并为我阵地前预设障碍物所阻，无法进展。激战至下午三时许，除团控制第九连大部外，两营之预备队，均已增上第一线。敌因我正面阵地防御坚强，无法攻破，乃另以步兵三百余，附炮二门，在空军掩护下，从我阵地右侧约千米宽之广阔旱田，迂回至新圩西北面；另敌一个轻装排，登上我阵地左侧马垢岭之制高点，在炮空协同下，从南西北三面同时向我围攻。激战至下午五时许，我第六连连长蒋志英及第七连排长一名（忘名）阵亡，两营士兵共伤亡三十余名。新圩后面高地团之指挥所附近，亦相继落下炮弹数发。在此恶劣形势下，为免黄昏前后被敌四面合围，遭受无谓损害，决遵师部指示，命令第二、第三两营各部逐次向新圩东南面一带高地转移。

当天下午一时，我第一七五师第五二四团团长巢威派一副营长（雷达宣，亭子圩人）到团指挥所与我联系。从他的通报中得知军部现在太平圩，第五二四团奉军部命令正在泗合坳及以西一带高地占领阵地，赶筑防御工事。我即将当面敌情及半日来战斗概况告知雷达宣副营长，他即写成笔记，派一传骑赶送回团。到下午五时许，我再将决定转移的情况通知他，他立即乘马飞赶回团。

下午六时左右，各部陆续撤到指定地点，敌除以步兵二十余名沿新圩东面旱田向北行动，对我监视外，主力即由大道经新圩向镇南圩前进。

团部撤至高岭东麓一个村庄整顿休息及处理死伤官兵。十五日凌晨三时，代师长秦镇来电告知，敌先头部队十四日黄昏后已进至我第五二四团泗合坳阵地前约千米附近，主力进至镇南圩附近；命令我团拂晓前由现驻地出发，经白沙坳向镇南圩附近之敌攻击，并注意与我各方友军密切协同，将敌压迫于泗合坳前镇南圩—那香坳之间而歼灭之。我于五时率队出发，七时到达白沙坳东麓停止，亲率各营、连长到坳顶观察，发现敌人正以步炮协同向我第五二四团阵地开始攻击。镇南圩内外敌人活动频繁，圩之东面有敌五六十名占领数处高地，构筑工事，向白沙坳方面警戒。我即就地指示按第三、第二营之顺序前进至坳顶东侧，稍事整顿休息后，即以最快速度通过坳之西斜面，向镇南圩东面之敌攻击，抢占制高点，逐次向两翼延伸，对敌围攻。我第三营先头越过坳顶，即为敌发现，随即以炮火向我通过之西斜面发射二十余发，同时敌兵三百余，由镇南圩冲出增援。我第三、第二两营各连陆续赶到，与敌抢占制高点，展开猛烈战斗。我各连一面战斗，同时在所占要点赶筑工事，与敌保持对峙状态。从上午九时至下午五时，敌机保持六至九架，更番交换在我两团阵地上空不停地进行低空侦察及扫射轰炸。在下午一至三时，敌从镇南圩再增兵百余，在空、炮掩护下，三度向我猛扑。我各连官兵同仇敌忾，沉着固守。在我步、机、炮火力猛烈打击下，敌先后死伤三十余名，无法进展，退回原阵地，互相保持接触。

下午四时许，为了详察当面敌阵情形及鼓舞士气，我以副团长宁国璋留指挥所主持指挥联系，亲率卫士二名，到第一线各连阵地前沿，进行直接观察，发现：一、敌机飞临上空时，敌人所占各据点，均出示日本小国旗左右摇动，使敌机辨明敌我位置；二、从敌炮响声和地形反复观察思考，判断镇南圩西南约百米之小高地后面为敌炮兵阵地位置；三、镇南圩西南约五百米之高地上，有敌兵约五十名，正在加强工事，此阵地是敌人保持与小董方面通信联络之要点，且对我第三营阵地左翼威胁很大。我当即召集第二、第三两营长及迫击炮连长就地作如下指示：一、着迫击炮连今晚前进至八连阵地后面占领阵地，尽可能做好有关射击的一切准备，明日拂晓以后，归第三营吴营长指挥，先集中火力，摧毁敌人炮兵阵地，然后转移射向，以猛烈火力，制压并摧毁镇南圩西南五百米左右敌占小高地工事，协助第九连攻占该据点；二、第九连今晚做好一切准备，明晨起在机、炮火力协同下，候命从东南面向敌阵猛攻，务尽一切手段将该高地全部占领，吴营长应随后指挥战斗；三、第六连在第七连阵地后面选择地形构筑对空射击工事，对低空飞行之敌机，予以集中火力猛烈射击。

十六日上午七时，我迫击炮集中火力向敌炮兵阵地猛烈射击约三十分钟，敌阵地中弹十余发，工事全遭破坏，敌携平射炮二门，向镇南圩西面撤逃。八时左右，我迫击炮连转移阵地至第八连后面。八时四十分起，与第三营重机枪四挺，同时向镇南圩西南敌的据点猛烈射击。至九时许敌阵地工事大半被毁，敌人伤亡相当严重。我第三营吴营长即亲督第九连从东南两面向敌阵地猛攻，我亦亲至第八连阵地左后督战。至十时半左右，我第九连冲至敌阵地前沿，双方进行手榴弹及白刃拼搏，敌兵伤亡过半，我亦伤亡三十余人。第三营吴营长右臂负伤，仍坚持指挥战斗。十一时许，敌制高点被我攻占，后方通向镇南圩地带，被我重机枪火力封锁，援军无法通过。残敌十余人，被迫向西北洼地撤逃。我当即命令第九连立即整顿队伍，修复工事，并增配重机枪一排，加强防守，彻底控制通向板城方面之道路，断绝敌后联络补给。

143

本日八时起，敌机仍更番飞至上空协助地面敌人作战，因被我防空火力几度密集射击，已不敢对我低飞扫射，我第一线各部得以减少威胁。在第五二四团方面，枪炮声时紧时疏，整日战斗不停。

十二时许，我回到团指挥所，适师部派一参谋来传达师长指示及口头慰勉，我即将两日战斗情况告知。我要他转告师部：我团所有兵力已全部用上第一线，两日激战中官兵死伤将达三分之一，迫击炮弹已不足十发，步、机弹亦亟待补充；我负伤官兵，得地方群众协助，陆续护运至白沙坳东麓，请师部速集中担架队转运后方安置及医治。他用笔记载后立即兼程赶回师部。下午五时许，第五十七团第一营营长黄略率带全营及枪炮弹二十余担赶到向我报到，并说奉师长命令赶来增援，请团长指示任务。

我第二、第三两营官兵，连续苦战三日两晚，均已疲惫不堪，且弹药所余不多。现有一营生力军前来增援，又得到大量弹药补充，士气大振。考虑到第二营死伤较重，且代营长黄锵腿部负伤，已送赴后方医治，乃令黄略营接替第二营战斗任务。交接完毕后，第二营撤至团指挥所右前高地后面整顿为团预备队，并就地做好对空射击准备。

十七日上午十时许，敌人企图夺回我第九连所占据点，恢复与小董方面之通信联络。由镇南圩派出步兵七十余，在敌机三架协同下，向我第九连阵地西北两面猛攻。十一时许，进至我阵地前百余米。我第九连全体官兵，抱定与阵地共存亡之决心，利用工事，居高临下，发挥猛烈火力，沉着应战。因敌左翼暴露在我第八连左翼之重机枪二挺的有效射程以内，受我重机枪猛烈侧击。我迫击炮已补充了大量弹药，亦配合向敌猛烈制压，使敌死伤不断增加，被迫向镇南圩撤退。

下午一时许，敌机六架，分两批飞至镇南圩上空，陆续向镇南圩西面旱田空投什物共约三十余件（敌孤军深入，连续作战四日三晚，所投可能为食品和弹药之类）。三时左右，敌机一架低飞至镇南圩及北面阵地前沿来回侦察，而后向小董方向飞去。下午四时许，敌机三架，在我两团阵地上空盘旋，随即在第五二四团阵地前沿从东向西直延至那香坳两侧高地投下烧夷弹十余枚。同时，敌兵数十名，由镇南圩潜出东、南、北三面加强原设工事。我第五二四团阵地前沿茅草着火，并迅速向西、北两面之高地蔓延。黄昏以后，火势不断增大，满天彤红，敌我阵地前沿，均可看清人之行动。且自黄昏以后，镇南圩东、南、北三面敌之机枪断续射击声较往夜紧密。根据上述情况，判断这股孤军深入的敌人，在我两团围攻下，得不到支援，可能晚间要在山火照明下撤逃。其撤逃方向，一为绕过镇南圩西面旱田至新圩、镇南间，循原路逃回小董；另为越过那香坳，经那香坳逃奔大塘圩。黄昏后我亲至第三营阵地后方召集各营长下达口头指示：吴、黄两营从现在起，即派出小部队向镇南圩东、南、北三面各自战斗范围更番出击。与敌加强接触，特别注意敌阵动态；第二营编组一个机动连及吴、黄两营预备队，尽速靠近第一线阵地后面停止，随时准备行动。至十八日凌晨三时，敌之机枪声陆续缩至镇南圩近旁发出，同时听闻第五二四团方面，一度发出密集枪炮声，约三十分钟后逐渐沉寂。判断敌人已开始向那香坳方面撤逃，当令吴、黄两营即向镇南圩三面强攻。至四时攻入镇南圩，残敌数名向西溃逃，同时第五二四团方面枪声亦渐沉寂。我即亲至镇南圩命令黄略营长派兵一连向那香坳方面追击。该连因道路荫蔽崎岖，恐遭伏击，只能逐步搜索前进，天明后到达那香坳顶，已无敌踪。后据从那香坳附近山上下来的乡民说，敌人天明后通过那香坳向大塘方面逃跑，驮马驮的多是负伤人员。

从清理战场中，发觉敌人番号为"近卫师团××旅团××联队"；发现镇南圩西北侧干河之弯曲低洼处及那香坳东南麓好些冲槽里，都有敌人尸体用薄土掩盖，共约二百具左右；镇南圩、那香坳间干河弯曲处发现成堆柴炭灰，且还有腥臭气，实系敌人焚烧尸体遗迹。

经过连续四昼夜浴血苦战，我第二营代营长黄锵右腿及第三营长吴禹臣右臂负伤，第六连长蒋志英（全州人）及排长二人阵亡，另排长四人负伤，士兵死伤共二百余名。

在连日浴血苦战中，得到附近乡村组织青壮年二十余人，日夜协助送饭菜到第一线，并由第一线抬运伤员回后方，充分体现了军民团结互助，合力御侮图存的精神。

腾翔圩、伊岭拒敌经过

我团在上井圩附近休整补充约半月后，奉令仍开赴邕钦公路东侧地区执行袭敌破路，截断敌后交通运输任务。到三月下旬，全师奉令转移至武鸣县境。我团奉师部命令，由原地出发，经永淳、宾阳县境转移到武鸣县属之腾翔圩、伊岭、双桥至武鸣县城地区，选择地形，构筑防御阵地，阻止敌人从高峰隘向北进犯。我率部于农历三月初四日达武鸣县城附近。从群众口中获悉，自敌进占高峰隘以后，曾几度到腾翔圩、伊岭、双桥以至县城附近骚扰。几天来，原驻武鸣县城至腾翔圩一带的我军部队陆续调走，人心很是恐慌。第二天拂晓，我即亲率第一、第三两营全部以及第二营营长、迫击炮连连长，沿邕武路北进，将第三营部队留驻双桥，第一营部队留驻腾翔圩。而后我率随带的营、排长到腾翔圩北面、邕武公路西侧之最高石山顶上，观察地形。根据地势及我团兵力情况，作出明确的防守部署。

我团驻守各地二十余日，到农历四月初四这个当地的传统节日，一早起来，乡民们都在忙做过节准备。上午八时许，我军民所派各处山头瞭望哨先后报告，约五六百敌人从高峰隘脚沿邕武公路向腾翔圩进犯。我即用电话命令第三营由双桥推进至第一线，与第一营协同防守主阵地带；第二营即推进至八桥附近候命加入战斗。我亲率特务、迫击炮各一排前进至八桥西北指挥战斗。

十时左右，敌人进至腾翔圩附近，敌炮两门，在腾翔圩南面高地占领阵地，向我邕武路及东西各隘口阵地连续轰击二十余分钟。此时敌机三架，亦飞到我阵地上空来回俯冲扫射轰炸。敌兵四百余，在炮空协同下，向我各隘口猛烈攻击。我利用强固工事，予敌迎头痛击。经激烈战斗，我死伤士兵数名，敌死伤士兵二十余名。敌因无法进展，即改变计划，除留敌兵数十名在我前面高地棱线后面构筑简易工事，与我保持接触外，主力向腾翔圩以西地区转移。下午三时左右，再分股向我伊岭南面及东侧各据点进行攻击。由于我所派山顶瞭望哨及时报告敌人动向，各部已有充分准备，均能沉着应战，待敌进至阵地前二百米内外时，始以步机枪同时向敌猛烈射击。在双方激战中，敌曾两度集中兵力向我伊岭东侧据点反复突击，均为我击退。至下午五时左右，上空已无敌机活动。敌恐战斗至黄昏前后，被我出击围歼，即分三路向米花坪方向移动，逐次集结撤逃。我接瞭望哨报告后，即命第七、第八两连立即进出八桥南面山口后，分经腾翔圩、伏梁村东侧向敌衔尾追击。追击到达米花坪附近，为乡民夺回被敌掳去的耕牛四头。因时近黄昏，敌人只留二十余人殿后掩护，主力加快速度向高峰隘奔逃。

晚七时左右，躲避到山上的乡民陆续回到家里。他们纷纷到我各连驻地邀请官兵分到各家一同过"夜节"，态度非常诚挚亲切。当地六十岁以上的父老，至今提起当年"军队赶走日本鬼，百姓回家过夜节"的故事，仍然津津乐道。

敌人侵占越北及由桂南撤退情形

我团于七月上旬奉令由武鸣出发，经隆安县境转移到崇善、扶南两县间之左江南岸地区，执行袭击邕龙公路（南宁到龙州）板利以东敌人各据点，破坏公路、桥梁，截断敌人交通运输的任务。

九月下旬，敌人在越南海防登陆，与龙州、凭祥之敌西进配合，占领越南北部之河内、谅山、海防等各重要城镇及交通要点。我军上级司令部分析判断，桂南各处之敌，可能相机撤逃，因饬我第一线各部队注意与敌保持接触，加强袭击敌人据点，对撤逃之敌，及时予以强力截击尾击。十月上旬某日，我率部进至山圩北面某村附近，与第一七〇师师长黎行恕会合交换情报，获悉南宁附近之敌，正经邕钦公路沿海撤退；板利以西各处之敌，沿邕龙公路撤出越南；山圩、东门各附近之敌，正分向大寺方向撤逃中。通过互相协同后，我即率部循敌撤逃路线，日夜兼程尾追。拂晓前，先头部队到达贵台圩附近，群众告知敌人已过一小时半左右；七时许，到达大寺圩，因官兵日夜兼程百里，过分疲劳，决定就地休息片刻，而后再向黄屋屯方向追击前进。不料到八时左右，由润洲岛方面飞来每群六至九架之敌机，更番向我团休息范围俯冲扫射轰炸，致使我团无法集合行动。敌机直至十时左右始全部逸去。估计时间和距离，敌已撤离海岸，我即将情况电报师部，旋奉师部电令，就地停止，警戒待命。两日后，我团奉令开赴邕钦路大塘接驻敌人所遗一个联队驻用的兵房休整训练。

到一九四〇年十一月中，桂南全面光复。

第三十一军在桂南会战

覃戈鸣※

战役前敌情判断和第十六集团军的情况

一九三九年日军先后占领海南岛和涠洲岛,封锁我广东南路和广州湾(今湛江港)、北海、钦州通往海外的国际交通。当时在广西还有一条通往越南的国际路线——由镇南关(今友谊关)入口,经邕龙公路或左江水路到南宁,再经邕柳公路到柳州接湘桂铁路。

在广西和广东南路(于日军攻陷宾阳前才划为第四战区,张发奎当时为战区司令长官,在这以前是由国民党军委会桂林行营直接指挥),当时只有新桂系的第十六集团军(上将衔总司令夏威)辖下的两个军:第三十一军和第四十六军。部队态势概要如下:

一、第四十六军(军长何宣),军部驻南宁附近。

新编第十九师(师长黄固)驻钦县、防城一带。

第一七五师(代师长秦镇、后任师长冯璜)驻合浦、北海一带。

第一七〇师(师长黎行恕)驻贵县附近。

二、第三十一军(第十六集团军副总司令韦云淞兼军长)军部驻桂平附近。

第一三一师(副军长贺维珍兼师长)驻桂平与平南之间的地区。

第一三五师(师长苏祖馨)驻大湟江口一带。

第一八八师(师长魏镇)驻平南附近。

第四十六军担任防城、钦县、合浦、北海一带的海岸防御任务,保

※ 作者当时系第三十一军军部参谋处作战课少校课长。

卫桂南重镇南宁的安全，掩护邕龙路的国际交通线。第三十一军在整补中，还没有作战任务。广东南路还有地方武装部队，广州湾（今湛江）、梅箓、电白一带的防务由地方部队担任，防城、钦县、合浦一带的地方部队与第四十六军部队配合。广西还有白崇禧办的"民团"，由南宁区民团指挥官梁翰嵩指挥与第十六集团军配合。

第十六集团军如上的配备是遵照桂林行营指示决定的，桂林行营对于这方面的作战指导是根据如下"敌情判断"为基础的。桂林行营认为日军如果窜犯广西，必以海南岛为根据地，以柳州为目标，以主力从广州湾登陆窜经玉林、贵县，攻略柳州；至于窜犯南宁，不过以一部兵力作为助攻而已。针对这样的敌情判断，所以指示第十六集团军的四个师（第三十一军的三个师及第四十六军的第一七〇师）都摆在贵县、桂平、平南一带郁江、浔江北岸整训，构筑工事准备拒止或迟滞敌军窜犯柳州，争取时间调动全县一带的第五军及抽调第七、第九战区若干兵力来转移攻势。因此邕钦路方面的兵力是薄弱的，南宁基本上是空虚的（邕钦公路曾征调大批民工来进行破坏，但破坏不得要领，大部分绕过旁边即可通过车辆，日军对于这样的破坏，修理通车并不很困难）。

一九三九年秋，军委会校阅组以杨劲支为主任到广西桂平校阅第三十一军的时候，指示军部做参谋业务演习是要根据这个军预定即将担任的作战任务来作想定和进行演习的。在预习的时候，对于敌情判断，参谋中有两种意见：第一种是照上述桂林行营的判断说了一大堆"理由"；第二种认为敌军的主攻方向和窜犯目标可能由钦县沿海登陆，沿邕钦路进攻南宁。主要的理由是：南宁是桂南重镇，占领了南宁就截断了通往越南的国际路线，现在敌军兵力不足，不会深入柳州，而进犯南宁邕钦路是捷径。到校阅的时候我们照预习那样提出来辩论，结果，军令部派来校阅参谋业务的校阅官窦大有讲评时，对提出敌军可能以主力窜犯南宁的敌情判断的少校参谋彭伯鸿还加以指责，认为敌军由广州湾登陆窜犯柳州的判断是不能怀疑的，大本营的判断没错的，一个小参谋懂得什么。

十一月间军委会军令部和桂林行营的"敌情判断"更加武断了，他们认为日军的兵力不足不会再分兵窜犯广西，广西有白崇禧"三自三寓政策"（自卫、自治、自给，寓兵于团、寓将于学、寓征于募）的政治组织和民团武装，日军是不会啃这根"硬骨头"的。同时白崇禧看到广东的新兴、开平、阳江、阳春地区既没有日军又没有蒋介石的嫡系军队，这个地区相当富庶，若果新桂系控制了这个地区，则广东南路包括广州湾、北海、钦州一带的出海口将尽入新桂系之手。白崇禧有意于扩张地盘夺取出海港口，因此迫不及待地命令第三十一军加速完成战备，准备开往新兴、开平、阳江、阳春，摆下新桂系的几颗棋子。这时第三十一军整补虽未完成，但经军委会校阅后评定整训成绩列为"甲等"。但实际上第三十一军的军训水平远未达到"甲等"这个标准，下级军官及干部也多半是新补充的和没有经验的，大半的士兵对射击、刺枪、投手榴弹和战斗教练都还不得要领。军械装备亦不足，运输力差得远，重机关枪、迫击炮部队有的有驮马，有的没有，运输兵（编制上还有所谓"代马输卒"，拿人来顶马匹）还不到编制上的一半，要行动就得采取两个办法：征民夫和令步枪兵挑担。除了令一部分能挑担的步枪兵挑担以外，每个师都要几百个民夫，因为不容易征到这样多的民夫来更换，所以后来每每征来挑了几天甚至十几天不放回去，民夫征集不及则耽误作战时机。

敌军沿邕钦路窜犯，南宁、高峰隘、昆仑关相继失守

十一月中旬，第三十一军拟由桂平、平南地区经岑溪、罗定开往新兴、开平、阳江、阳春。首先开始行动的是第一八八师，其次是第一三一师，预定军部和第一三五师随后再开走。

当第一八八师开到藤县，继续向岑溪方向行动的时候，日军第五师团（师团长今村均）在钦州龙门港登陆，以主力沿邕钦路向南宁进犯。这时桂林行营主任白崇禧到重庆去了，参谋长林蔚紧急处置，电令第三十一军不再东开，并速转向灵山以南檀圩附近地区集结，准备侧击由邕钦路以东地区北进之敌。第三十一军命令第一三五师即由江口经由桂平沿郁江北岸的公路，首先向贵县兼程急进，军部由桂平南边的覃旺附近，沿郁江南岸的道路向贵县附近急进。并令第一三一师、第一八八师迅速转回桂平，继续兼程向贵县附近地区前进。在我们西进那几天，日军的飞机不时到我们所经的各城镇、村庄、渡口轰炸扫射。当第三十一军军部到达贵县附近的时候，我连夜到贵县南方附近石山岩洞里的第十六集团军总部的指挥所联络，知道钦县、小董一带的新编第十九师被日军击散，在新编第十九师东边的第一七五师也向北撤退了。日军奔向南宁，第十六集团军总部已经命令第四十六军的第一七〇师和第三十一军的第一三五师昼夜兼程开往南宁。为了能先敌赶到南宁，还调集了一些汽车来接运部队。第十六集团军总部命令第三十一军军部及第一三一师、第一八八师兼程到宾阳的芦圩附近待命。

日军在钦州登陆以后，白崇禧由重庆飞回广西，在迁江设指挥所。桂林行营于敌军在钦州登陆后命令已开往衡阳去的第五军转调到邕宾路方面来，企图挽救南宁。十一月下旬，第三十一军军部到达芦圩附近的

时候，日军已经占领南宁，并向邕宾公路上的八塘附近的第五军的先头部队（第二〇〇师的部队）的阵地进攻。同时又向邕武路高峰隘第十六集团军的第一七〇师和第一三五师的阵地进犯。原来企图抢救南宁的第一七〇师、第一三五师和第二〇〇师，都没有赶上时间，日军窜到南宁的时候只有一些学生军和警察等对敌军进行抵抗（巢威著中说南宁有第四〇五团防守），南宁很快就沦陷了。而且陆续向南宁急进的第一七〇师、第一三五师和第二〇〇师因为部署零乱，在空袭和地面敌军的攻击下都抵挡不住，桂林行营才命令第十六集团军的第一七〇师和第一三五师退守高峰隘、香炉岭，命令第五军的先头部队退守八塘、昆仑关。敌军以约一个旅团的兵力向邕宾路的八塘、昆仑关进犯，以约一个联队的兵力向邕武路的高峰隘、香炉岭进犯。

第三十一军军部到达芦圩后，桂林行营指挥所即命令第十六集团军副总司令兼第三十一军军长韦云淞，率领少数幕僚乘汽车经思陇、天马到武鸣指挥第一七〇师和第一三五师。韦云淞率领参谋处长马展鸿、作战课长戈鸣（我当时没有用姓"覃"）、情报课长陆鸿飞、无线电班译电员等，开夜车到达武鸣时天刚亮，我们在城外明秀园（在西江江岸，那里有岩洞可以躲飞机）找到第十六集团军总部原来在这里设的临时指挥所的人员。他们之中负责作战指挥的主要幕僚是高鹏，由他负责将这方面指挥业务向我们交代。他什么文件或可供参考的资料都没有，只就地图上临时用红蓝铅笔画上高峰隘、香炉岭一带第一七〇师和第一三五师阵地的位置，两个师师部所在地，两个师的作战地境线和敌军攻击重点指向小高峰的箭头，就很快地坐上汽车走了。

日军向高峰隘、香炉岭攻击的兵力约一个联队，攻击重点指向小高峰、大高峰，步炮飞机协同争夺制高点。我小高峰主阵地上的几个主要山头已丢去了一半，还在我手里的也发生了动摇。黎行恕叫喊"顶不住了"，苏祖馨虽然认为高峰隘是守不住的，但还有信心能支持这一天。这一天上午八点钟左右白崇禧乘汽车到武鸣明秀园来，敌机在轰炸扫射武鸣城内外第一七〇师和第一三五师的辎重行李等部队，我们躲进西江岸的岩洞里。白崇禧和前方的两个师长通电话以后对我们指示："应考虑高峰隘守不住时的退却部署，先拟好命令，到实在守不住时再用电话发出去。"空袭警报解除后，白崇禧又坐汽车赶回宾阳去指挥第五军在昆仑关方面的作战去了。

这天下午，小高峰阵地已经被敌军占领了，我大高峰阵地已经没有纵深余地，一点被敌突破就会全线崩溃。

入夜，敌军继续向大高峰及其左右各山头攻击，第一七〇师和第一三五师再也支持不住了。我们用电话读诵下达了退却命令，向包桥圩附近撤退，企图在包桥圩附近重新建立防御阵地以掩护在昆仑关方面之第五军部队的右侧背，并等待本军第一三一师、第一八八师和军部直属部队（参谋长萧兆鹏率领）到来。韦云淞指挥所的人员接到高峰隘的阵地已经垮了下来的报告后，就乘夜离开了武鸣，一面步行一面用一辆汽车接运，第二天天明时到达包桥。天明后看见敌机在我前线撤退下来的部队的上空盘旋俯冲轰炸扫射。我们指示包桥乡的民团在覃村南端和覃剑村东南端的石山隘口警戒守卡，恐怕敌骑兵占领了隘路口，前方部队退不下来。下午，溃退下来的部队官兵零星陆续到达包桥，我们命令到达的部队占领覃村南端和覃剑村东南端的隘路口，继续收容退下来的部队。下午三四点钟的时候，第一七〇师长黎行恕、副师长韩练成到达包桥，黎行恕对韦云淞抖抖颤颤地说："请副总司令处分吧！"韦云淞没有责备他，他又为自己光杆跑下来的情况作了说明："当我们带着部队撤退的时候，敌机老跟着轰炸扫射，后来我们（黎行恕、韩练成）离开部队另外走一条路，敌机再不追我们了。"韦云淞叫他赶快去把溃退下来的部队收容整理，在包桥附近占领阵地。黄昏前第一三五师师长苏祖馨带着少数部队向覃剑村附近退了下来。

在这一天中敌机并没有飞到包桥附近的上空，敌地面部队也没有向腾翔圩以北追击。但由于部队溃败丧失了战斗力，若果敌人整顿后继续北犯，我军要在包桥附近支持几个小时也是不可能的，因此韦云淞命令乘夜继续向大明山区退却，到镇圩、两江圩南方山地之线建立阵地从事整理。两三天后据侦察报告，高峰隘、香炉岭的日军已减少，只有约一个大队，米花坪一带没有敌人。

邕宾路方面的日军向八塘、九塘、昆仑关节节进犯，与之作战的是陆续到达的第五军之一部。敌人攻占昆仑关以后，没有继续北犯，就在昆仑关占领阵地改为守势。

昆仑关"关门打狗"，第三十一军迂回攻击敌后路

十二月中旬，当第五军的主力在宾阳附近，第三十一军主力在芦圩附近大致集中完毕的时候，敌军以南宁为核心，以昆仑关、高峰隘为外围改为守势的情况已经判明。桂林行营决心以"收复南宁歼灭敌第五团"为目的，采取"关门打狗"的战术，全面反攻。其部署概要如下：

在邕宾路和邕武路方面"打"，在邕钦路方面"关门"。

一、以邕宾路正面为主攻方面，以第三十八集团军徐庭瑶指挥的第五军（有战车和十五榴重炮）为主攻部队，先打昆仑关，以后沿邕宾路

进攻南宁。

二、以邕武路方面为助攻方面，第十六集团军第三十一军的第一三五师及第四十六军的第一七〇师先攻击高峰隘和香炉岭，以后与邕宾路方面的主力兵团联系围攻南宁。

三、第三十一军（缺第一三五师）由芦圩经思陇、天马、罗圩，渡右江经那桐、同正（现属扶绥县），在扶南（现属扶绥县）附近渡左江出山圩、苏圩，大迂回运动到邕钦路西侧地区向邕钦路北段吴圩、绵羊村、唐报等要点攻击，破坏邕钦路，截断敌的后方交通（为西边的一扇门）。

四、第四十六军（缺第一七〇师）由横县、灵山附近地区向邕钦路东侧进出，与第三十一军策应，向邕钦路中段的那陈、大塘、小董等要点攻击，破坏邕钦路，截断敌后方交通（为东边一扇门）。

第三十一军主力经过几天的连续行军到达同正县（现属扶绥县）境时，得到扶南县地方情报和民团副总指挥梁翰嵩的电报，发现有敌军步骑炮工联合的一个纵队，附有装甲车掩护的汽车约二十辆，由吴圩沿邕龙路经苏圩、山圩修路西窜，兵力有说约两三千的，有说一千余的。按照日军惯用的支队战术，可以判断为以一个大队或一个联队主力为基干的诸兵种联合支队。但是这个支队的企图是什么呢？我们认为有几种可能：一种认为是敌军准备撤退派出侧方的掩护部队。因为敌人一个师团孤军深入，兵力不足而无后继部队，我军陆续调集大军要"关门打狗"，敌人可能"闻风而逃"；同时当时有一种谣传说是"日本天皇被刺，日本国内混乱"，其第五师团可能撤回国镇压叛乱，这个支队可能是掩护侧翼而派出的。另一种认为第三十一军的大迂回行动，很可能被敌人发觉了，这股日军（可能还有后续部队）是要乘我第三十一军渡过左江的时候给予迎头痛击，压迫于左江而歼灭我们的。前者为第三十一军军部参谋处的判断，后者是第一三一师师长贺维珍的判断。第三十一军军部幕僚认为：我军在连续几天的大迂回运动中没有发无线电报，日军的飞机也没有飞到我们部队的上空侦察过，可以断定敌人是不知道我军大迂回运动的。经过研究，我第三十一军军部参谋处又提出第三种判断，认为日军的这个支队配有运输的汽车队可能是去抢夺物资的，可能是到龙州、镇南关去抢夺我由国外运来的物资的，也可能不到龙州、镇南关那么远，而是扩大控制邕钦路侧方的掠夺地区，以便掠夺粮食、副食品等达到以战养战的。

针对上述的敌情判断，第三十一军参谋处第一课（作战）少校课长戈鸣建议迅即命令民团在扶南、山圩间和驮芦、东门街（绥渌）间严密放哨守卡封锁消息，第一三一师在驮芦、第一八八师在扶南各架一座浮桥迅速渡江集结，侦察敌情后再部署向西窜的敌人攻击。参谋长萧兆鹏、参谋处长马展鸿，与第一三一师师长贺维珍、第一八八师师长魏镇在电话上交换意见。贺维珍不同意我的意见，他主张两个师都由一个地方渡江，因为他判断敌人的企图是要在我军渡过左右江后立足未稳而背水作战的情况来打我们的，他害怕兵力分散被敌各个击破。但魏镇对我上述的建议没有异议。第三十一军军部经过考虑后认为贺维珍的顾虑是没有根据的，根据情报，西窜的敌人没有后续部队，也没有向左江南岸行动的迹象，显然我们是知道敌人西窜的情况，而敌人是不知道我将渡左江的情况的；而且我主力军方面是取攻势的，敌的主力部队方面是取守势的，我军应该以迅速的行动出敌不意攻其不备；因此渡江越快越好，只有分兵由扶南和驮芦两处架浮桥才能迅速完成渡江。韦云淞命令第一三一师在驮芦架设浮桥过左江，第一八八师在扶南附近架设浮桥过江，军部及直属部队跟第一三一师之后过江。

第三十一军没有受到任何妨碍地过了左江，并向邕龙路线上的西长、东门街（绥渌）、山圩、苏圩推进。西窜的敌人已经越过西长、板利向明江西进中。综合所得情报，西窜的敌人只有一千多人（诸兵种联合的以步兵一个大队为基干的支队），从它配有约二十辆汽车和它继续西窜的情况，可以判明它是要到龙州、凭祥、镇南关一带抢夺我由国外运来的军用物资的。我们知道明江上不容易架设能够通过汽车的桥梁，而那里的汽车渡船已经破坏了，敌人的汽车和装甲车短时间一定过不去，它的步兵继续西窜龙州、镇南关，留下工兵和车辆在明江东岸，是势所必然的。我（作战课长戈鸣）建议以第一三一师兼程向明江急进，从背后袭击西窜之敌，我认为这样就可以夺得敌人的车辆，并阻止敌人的回窜，然后包围歼灭它。另一方面为了执行攻击邕钦路的任务，我建议以第一八八师向唐报、绵羊、吴圩敌后方联络线的各据点攻击，并破坏这些据点中间的汽车路。第一三一师师长贺维珍认为西窜的敌人是去抢物资的，它是一定要回来的，跟敌人背后去追，怕被反噬，在运动中与敌战斗，没有把握。他认为自己的部队只能在西长附近占领好了阵地等待敌人回窜再打，方能立于不败之地。我也认为西窜的敌人是一定要回来的，尤其是在我主力兵团猛攻昆仑关的时候，和我第一八八师攻击邕钦路北段，第四十六军攻击邕钦路中段的时候，西窜的日军一定会回来救援的，既然第一三一师非先摆好阵地没有把握，就不得不同意他摆好阵地再打了。韦云淞决心并命令第一三一师在西长附近占领口袋阵地等待西窜的敌人回窜包围攻击歼灭之；命令第一八八师向唐报、绵羊、吴圩等邕钦路北段的敌据点攻击，要求"确实占领并确保之"。军部和直属部队经过东门街（绥渌）附近越过邕龙路进入上思西北方山地，背靠上思十万大山

（避免在左江南岸背水），利用乡村电话线和无线电报指挥部队作战，军部与师部之间相距一百华里左右。

第一三一师在西长附近（模范乡）邕龙路上，以两个团利用山地布置了口袋阵地，重点保持在邕龙路的北侧，师部在西长东北方四十华里左右的山地内，控制为预备队的一个团，梯次在第一线团的右翼后掩护着师部。

第一八八师袭击邕钦路的战斗是以夜袭开始的，当天夜里占领了绵羊村，破坏了汽车路，但是那里的地形比较平坦，稍加修理就能通车，起不了大的阻碍作用。对唐报敌据点夜袭没有成功，夜袭部队的一部分用急造爆破筒和铁条铗破坏敌的铁丝网突进后，受到敌人顽强的抵抗，我军指挥官由于害怕近战，害怕侧背威胁，因此，几十个敌人向侧翼一运动，他们就撤退出来。对吴圩敌据点夜袭也没有成功，少数部队突进街巷去之后，受到敌人利用房屋和砖头泥土构筑的火力点及铁丝网的阻止，攻击顿挫，就退了出来，在外面继续包围攻击。天明前发现敌人数百人（约一个大队）由狮子口向吴圩赶来增援，并向我攻击部队的右翼迂回，也因为我指挥官害怕侧背受敌威胁，于是向苏圩附近撤退下来。由于对吴圩、唐报的攻击没有成功，占领绵羊村的部队害怕受到敌人的夹击，也就向后撤了。

十二月下旬某日下午，西窜的日军首批回窜的有步骑炮兵五六百人，有汽车约二十辆，还有装甲汽车掩护，已经回窜到西长附近，遭第一三一师的部队截击，敌人的车辆也就开到一座石山的后面去隐蔽起来。敌人的大队长在两三小时内下了三次攻击命令（后来他的命令原稿簿被我军夺得），企图首先从邕龙路北侧包围，不逞。又企图向邕龙路北方迂回，又不遂。再企图钻隙东窜，遇到第一三一师预备队的堵截，还是窜不出去，然后才改为利用山地防御。第一三一师两个团的兵力（没有野、山炮，也没有战车防御炮，只有八一或八二迫击炮）把这股敌人包围攻击，只是用迫击炮、轻重机关枪和步枪射击，不敢近战，夜晚把敌人围起来还是不敢接近冲锋肉搏。由于我军士兵身体素质差，平时训练得不够，装备亦较敌人差，因为平时营养不足，士兵害脚溃疡病的很多，要他们和敌人冲锋肉搏，也难望取胜。第二天继续战斗，下午敌人几架飞机轮番飞来支援这股敌人，黄昏前猛烈轰炸扫射邕龙路西长附近的正面，掩护敌人的装甲汽车、骑兵和步兵冲锋突围。第一三一师的官兵因为躲飞机，不注意地面的敌人，结果阵地被突破了。敌人在突破口两侧派出部队掩护他们的汽车开过去后，步炮兵全部上汽车，向东回窜去了。

本来第三十一军在东门街（绥渌）控制有一个步兵营作为预备队的，而且也曾命令这个营准备堵击企图东窜的敌人，但军部离东门街约三十里路远，对于这个营的指挥掌握是不切实的。这个营的营长把他的部队全部都摆在东门街内，以为敌人在第一三一师大部队包围歼灭中不会跑得过来。可是晚上这个营突然被敌人包围了，他们在镇内不知道敌人的情况不敢打出来，敌人掩护了他们的汽车队修理了东门街东北侧的一条干涸的小河河岸（桥梁于敌人西窜前已被人民群众破坏，敌人西窜时是修理河岸架搭便桥通过的，通过后我军又破坏了），汽车通过后就撤围上汽车东窜了。

当我们知道敌人突围东窜之后即命令第一八八师在苏圩、山圩附近地区再度截击这批逃脱的敌人。可是第一八八师行动太迟缓，没有及时部署，又被敌人坐着汽车闯了过去，估计还有三百余人（轻伤在内，在西长附近死伤估计三百多），这批敌人增援到昆仑关方面去了。

第一批回窜的敌人逃脱之后，我们又接到情报，第二批回窜的敌人也有五六百人，是徒步的，没有车辆，已经通过北江继续回窜中。根据夺获的文件和情报我们知道，敌人窜到凭祥、镇南关的时候，因为奉令回窜增援昆仑关，因此急忙用机关枪扫射我国从国外运来的堆积在凭祥、镇南关一带的汽油桶，汽油桶被打穿燃烧了（数目不详）。敌人为了赶回增援昆仑关，第一批回窜是用汽车运的部队和骑兵，第二批是因为汽车装不了，不得不步行的。前一批的战斗力较强，后一批的战斗力差一些。

白崇禧得知第一批回窜逃脱的敌人增援到昆仑关方面去（那里正在进行决战，恐怕增加一些兵力上去，可能起严重的影响），同时又知道第二批回窜的敌人又兼程急进中，来了一个电报对韦云淞申斥，说他不集中两师兵力来围歼回窜之敌，是"不知己不知彼"的严重错误；如果再放过第二批回窜的敌人，影响主力兵团方面的战局，"该副总司令应受严惩"。

这时，我们已经来不及调动集中两个师的兵力来围歼第二批回窜的敌人了。因为第二批回窜的敌人计程已经越过板利向西长东窜中。板利距西长约二十五公里，而第一八八师的部队是在邕钦路西侧与吴圩、唐报的敌人对峙着，由军部下命令下去到第一八八师的部队改变行动，转过头来就要大半天的时间，再由苏圩、山圩一带赶到西长（约六十五公里），是缓不济急的。因此，命令第一三一师仍然在西长附近利用山地隘路的原阵地，等待截击围歼第二批回窜的敌人；同时命令第一八八师在山圩附近布置第二个口袋阵地，准备伏击围歼可能从西长附近突围东窜的敌人。

但第二批回窜的敌人没有车辆，又知道先一批回窜的部队在西长附近挨打的情况，他们不再窜进第一三一师的口袋里，而是以迂回钻隙来逃脱东窜，并预先侦察了第一三一师部队及地形道路的情况，利用夜间沿山间小道钻隙通过了。到第二天早上，第一三一师的部队才发觉这种情况，电报了军部。军部命令第一八八师以主力在山圩附近伏击第二批回窜之敌，命令第一三一师向山圩兼程追击并与第一八八师夹击围歼该敌。

这批敌人通过西长地区以后，兼程向南宁回窜，一天之内赶到山圩附近，已是黄昏时分。他们在山圩西方附近路旁大休息，准备吃夜饭后继续赶路。他们集合休息的地方，正在第一八八师的伏击阵地的一个高地下面。当他们打开饭盒罐头要吃饭的时候，伏击部队突然以已经标定了的轻重机关枪、迫击炮集中火力猛烈扫射，这群日军就叽里呱啦乱叫乱喊，倒的倒、滚的滚、爬的爬、跑的跑，散开了。随即有十几个敌人疯狂了似的向我阵地猛扑，被我猛烈的交叉火力打倒了几个，被压制了下去。可是其他慌乱的敌人在这个时候就逐渐整理了态势，向我军一个营的阵地攻击。我军有一个团开始向敌人部署两翼包围，第一八八师师长魏镇又命令另一个团向敌人的西北方运动，将敌人四面包围起来。敌人在包围中一面顽强抵抗，一面在暗夜中摸索，找寻逃脱的出路。因我军不敢近战肉搏，在暗夜中"火战"了几个小时，包围圈内的敌人逐渐减少，有些官兵盲目地认为已经把敌人逐渐消灭了。天明前，他们在战场上已经听不到敌人的枪声，再详细搜索发现敌人利用一条干沟窜到一座石山的脚下，利用石山死角转弯抹角地窜出包围圈外，朝着东北方（山圩与扶南之间），向南宁逃窜去了。估计敌人死伤约二百人，俘虏敌人一名。这时，昆仑关已经被我第五军及第六十六军的第一五九师攻克，敌少将旅团长中村正雄被击毙。这批窜回去的日军（约四百人）虽然赶不上增援昆仑关，但他们对于以后邕宾路方面的作战是起了作用的。

三路会攻南宁的计划完全落空

一九三九年十二月三十一日，邕宾路方面攻克昆仑关以后，桂林行营企图于敌人增援未到达以前，克复南宁，歼灭敌第五师团。

邕宾路方面，日军退守八塘附近利用山地建立阵地。我第五军因攻击昆仑关时损失极大，不能继续打下八塘附近的敌人阵地，把昆仑关的防务交给第九师（师长郑作民）后开到迁江整理，准备尔后攻击南宁附近敌阵地；由第六十六军的第一五九师和第一六〇师担任对八塘、七塘等阵地攻击（敌人的兵力不到一个旅团）；另将新开到的第四十三师（师长金德泽）调到这一方面为控制部队，统归新升任第三十七集团军总司令叶肇指挥。

邕武路方面，敌人约一个大队以主力占领高峰隘，一部占领香炉岭。我第十六集团军的第一三五师和第一七〇师担任对这方面敌人的攻击任务。

邕钦路（敌后方联络线）方面，由亭子圩经七婆坳、吴圩、绵羊村、唐报、那陈、大塘、小董、钦县到龙门港各要点，敌人以兵站守备部队为主，构筑有据点工事据守，另分置有若干机动部队（共两三千人，时有增减）在邕钦路靠近南端的钦县小董和北端的亭子圩、狮子口等各附近地区，全线成为"常山蛇阵"。我第三十一军由邕钦路西边对邕钦路北段那陈、唐报和吴圩、七婆坳各据点之敌攻击；第四十六军（第一七五师及新编第十九师的余部）由邕钦路东边对邕钦路中段小董、大塘等据点之敌攻击。

主观设想邕宾、邕武、邕钦三路攻击进展后，三路会攻南宁。

一九四〇年春节前，邕宾路、邕武路方面的攻势实际上没有进展。邕钦路东、西两方面对敌后方联络线攻击，一个据点也没有打下来。现在将回忆邕钦路西第三十一军的作战经过概略写述于下。

第一三一师约一团夜袭七婆坳（以一营攻七婆坳的制高点，以另一部迂回七婆坳后面）曾一度打到坳上的制高点与敌人进行争夺，到第二天，敌人在飞机直接协同下反击，我攻击部队被打下来了。这个师的另一部攻击吴圩，又因由狮子口前来增援的敌人部队迂回到我攻击部队的右翼，我攻击部队怕被敌人反包围就撤退下来了。

第一八八师对那陈、唐报的敌据点夜袭，没有成功，白天集中迫击炮来打敌的据点工事，观测到我迫击炮弹在敌有掩盖的机关枪掩体上面爆炸，但是敌工事并没有损坏。我攻击部队在敌人的铁丝网前面，不能也不敢去接近和破坏，这样和敌人对峙是不能长久的，小董或大塘方面的敌人是会来增援反攻的（几个小时就可以赶到）。我们预料由小董或大塘来增援反攻的敌人一定向我第一八八师的右翼迂回包围，因此以一个团在右翼选择阵地埋伏等待敌人前来。在一天黄昏的时候，敌人的先头到达我伏击阵地面前却迟疑不前，并退回去了，可能是我伏击部队有什么情况暴露，被敌人看出来了。

第一三一师和第一八八师攻不下敌人的据点，就退到邕钦路西侧利用山地构筑阵地与敌对峙（第一线营的营部白天可以用望远镜看到敌据点和邕钦路上的敌车辆和部队运动的情况），不时地在夜间派出小部队掩护工兵和民工去破坏邕钦路，在公路上埋地雷，摆三角钉，并埋伏小部队在路侧对敌往来车辆射击。因此敌人汽车队先派装甲汽车扫清道路上的障碍，然后在飞机掩护之下运输。

敌人为了排除其后方交通线的威胁，就派出机动部队进行"扫荡"。敌人"扫荡"部队总是针对第三十一军各部队害怕侧背威胁的弱点（因为军部、师部经常离前线部队数十里，敌人迂回前线部队的侧翼前进，就威胁到军部和师部，军长、师长就着慌，就下命令要前线部队撤退下来掩护军部、师部了），每次都是由两翼外迂回向军部和师部作"钳形攻势"。其实敌人迂回部队的兵力并不大，左右两翼仅各一个大队的兵力，有时一个大队也不到，是由各据点的守备部队拼凑来的。有一次敌人由亭子圩方面派出不到一千人的步骑炮联合的支队经苏圩、山圩之间向上思北方、邕龙路南方的山地我左侧背进犯；另由小董、大塘一带拼凑不到一千人的一个支队向上思东方、邕钦路西方山地那禁附近右侧背进犯，正面仅派一些零星的部队佯攻。我第三十一军就一面派部队对敌人作逐次抵抗，一面向上思方向撤退，军部恐怕白天撤退受敌空袭，决定黄昏时才开始撤退，因此军部前方第一三一师师部就不能先撤退。下午，敌人正向第一三一师的阵地进攻的时候，原先派出扶南与七婆坳之间的地区去"游击"的一个团（团长周军毅）奉师长贺维珍电令归还建制，不预期地走到正在攻击该师的敌人的后背，他们已经看到敌军支队的预备队在行动中。周军毅电报了军部和师部，军部参谋处主张命令周军毅即向敌的后背猛烈攻击，但师长贺维珍不同意，他电示周军毅迅速绕道到师部附近来，以便由正面拒止敌人的攻击。贺维珍的"理由"是既害怕周军毅这个团孤立，被敌人反噬吃不消，又害怕自己正面阵地被敌突破或侧翼被迂回包围，手上的兵力不够应付。

由于敌人这次"扫荡"的兵力不大，不敢深入上思附近的大山中（属于十万大山），迫使我第三十一军退到上思附近远离邕钦路后，又转回邕钦路去了。

敌人"扫荡"邕钦路西侧的第三十一军后，又转过去"扫荡"邕钦路东侧的第四十六军，也是用两翼迂回包围的"钳形战术"，迫使第四十六军第一七五师、新十九师向灵山、横县地区撤退。

当敌人"扫荡"邕钦路东侧的第四十六军时，第三十一军又逐步向邕钦路西侧接近，继续袭击和破坏敌人后方联络线的交通。但敌人就在这期间以飞机掩护其汽车队由钦县向南宁运输。第一八八师派出袭击破路的部队曾在公路上拾得敌人失落的东西，上面写有新的部队番号，第一八八师师长魏镇认为这是敌人增援部队到达的证明，分电桂林行营、第十六集团军总部、第三十一军军部（这时第四战区刚刚成立，还未开始指挥作战）。当时我到第一八八师师部视察，我看到魏镇拿出来的物证，还怀疑这是敌人"故意用来迷惑我们的"。我再到第一线第一营营部去看，用望远镜观察邕钦路，敌人一点动静也没有，更认为"未必真有敌增援部队到达"，因而没有作任何相应的建议。

一九四〇年春节前，敌人对邕宾路正面的第六十六军转移攻势，把第三十七集团军的注意力吸引到邕宾路正面以后，拼凑约一个旅团（后来的情报证明这股敌人的兵力约一个旅团，包括由台湾增援来的一个联队在内）迂回第三十七集团军的左翼往高田附近向宾阳窜犯。在昆仑关的第九师就仓皇向巷贤、亭亮溃退，并在亭亮一带被敌机轮番轰炸，受到惨重的伤亡，失去战斗力；同时第四十三师（在高田附近作第三十七集团军的预备队）也就向后撤退。这股敌人没有受到抵抗就窜向第三十七集团军总部所在地的宾阳去，叶肇和他的总部就向迁江后撤。第六十六军知道敌人已抄到了后方，第九师和第四十三师已经退去，也就向大明山区退却了。据说（在后来的战史旅行中听到的）由于敌人窜到宾阳这样的突然，有些老百姓于发觉敌人来到后才仓促逃走，惨遭日军扫射屠杀，令人非常痛心！

对于这次的溃退，究其原因，是复杂的。在后来召开的军事检讨会上，桂林行营主任白崇禧说：邕宾路方面战场的统帅是三十七集团军总司令叶肇，前方的事情应该问他。蒋介石下令将叶扣押查办，要枪毙他。叶肇说：第九师和第四十三师不听指挥擅自撤退，有什么办法？第九师和第四十三师说：叶肇在情况有重大变化的时候，毫无决心和处置。据说，第九师和第四十三师所以敢于后撤，是因为陈诚和徐庭瑶预先对他们指示了情况不利时撤退的腹案，第一步退到哪里，第二步退到哪里等等。第六十六军是叶肇自己的基本部队，在发现有大批骡马的一个纵队的敌人经七塘附近向高田方面运动的时候已经报告了叶肇，可是叶肇"稳坐钓鱼台"，认为在高田、昆仑关一带有两个师，要什么紧，没有及时指挥部队作战。而第四十三师的部队在山上居高临下地看着敌人的一个行军纵队经过高田附近北进正好对敌人侧击的时候，不仅不主动地捕捉难得的战机，给敌人予以打击，反而借口上级"没有命令"（叶肇则说不是没有命令而是"不听指挥"），赶快退去。白崇禧认为叶肇情有可原，力保叶肇，同时自己请予降级，由一级上将降为二级上将。

敌人窜到宾阳后的第三天，第四十六军第一七五师及第六十四军赶至宾阳。孤军深入宾阳的敌人不得不赶快撤退。同时桂南之敌（第五师团及由台湾来的一个联队）不得不缩短防线以图"长久"盘踞南宁。敌人缩短了的防线是以南宁为核心，在南宁的外围剪刀圩附近的凤山、邕宾路上的四塘、邕武路上的高峰隘及南宁与西乡塘之间的先生岭（青山岭）构筑据点工事据守，以为其机动部队转移攻势的支撑。

敌人缩短防线之后抽出机动的兵力，反复"扫荡"邕钦路两侧的第三十一军和第四十六军，而且又派出一部追击第三十一军，窜据龙州。直到日军侵占越南之后，才自动退出桂南。

昆仑关攻坚战亲历记

郑洞国　郑庭笈[※]

一

一九三九年冬，国民党军第五军奉命协同友军对侵犯南宁的日军作战，担负昆仑关攻坚战的主攻部队。

第五军是抗日战争时期新成立的第一个机械化部队，直辖第二〇〇师、荣誉第一师、新编第二十二师。军直属队有两个步兵补充团、两个战车团、装甲车搜索团、重炮兵团、汽车兵团、工兵团、辎重兵团，并有苏联顾问帮助教育训练。军长杜聿明。第二〇〇师师长戴安澜，该师是杜聿明从装甲兵团扩编的，是该军基本部队；荣誉第一师师长郑洞国兼，该师是由从抗日战争中伤愈的官兵编成的，因此加上"荣誉"二字，官兵勇敢善战，经过训练后，士气更加旺盛；新编第二十二师师长邱清泉，该师是由新兵成立的部队。军部及军直属团队，第二〇〇在广西全州；新编第二十二师在湖南东安；荣誉第一师在湖南零陵地区整训。重庆军事委员会校阅全国各军教练训练，第五军被评为全国第一。一九三九年秋季，第五军在广西界首举行大规模各兵种联合攻、防、追、退演习，历时一月之久，更打下了第五军的战斗基础。

※　郑洞国当时系第五军副军长兼荣誉第一师师长。郑庭笈当时系第五军荣誉第一师第三团团长。

二

当时抗日战争形势：一九三八年十月，南京国民政府搬到重庆后，敌人占领武汉，切断粤汉、平汉南北铁路和公路交通线。接着又占领了广州，控制华南沿海海岸线，对外联络线亦被切断。仅广西与越南，海防的国际交通线还保持畅通。重庆统帅部根据敌人在南海地区军队调动频繁，判断敌人有切断我华南国际交通线，实行封锁政策，直接威胁重庆之企图，遂命第五军在界首演习完毕后，各回原防，进行战备，待命行动。

不久，荣誉第一师从零陵开往衡山，准备参加长沙会战。

三

一九三九年十一月十五日，敌军在我国南海北部湾钦州龙门港登陆后，进占钦州、防城。于十一月二十四日沿邕钦公路北犯，侵占南宁。据报这次侵占南宁之敌，有两个半师团，其番号就是第五师团、第十八师团之一部和台湾旅团等。

第五军奉命派第二○○师第六○○团，由广西全州用汽车输送向南宁前进，阻止敌人北犯，掩护我军主力集中。十一月二十四日，该团在团长邵一之的指挥下，到达南宁城郊二塘，与敌遭遇，展开了血战。敌人在飞机和优势的炮火掩护下，对我第六○○团进行猛击。我军沉着应战，一次又一次把敌人击退，阵地失而复得，得而复失。进入夜晚，战场双方进入停战状态。二十六日拂晓，敌人向第六○○团阵地迂回，包围我军，切断退路，邵团长命令各营坚守阵地，他亲指挥步兵第一连，向敌迂回部队反击。邵团长身中两弹，仍继续指挥部队，向敌猛击，敌我双方正处于激烈的肉搏战中，邵团长坚持指挥作战，不肯退下战场，不幸又中第三颗子弹，壮烈殉国。副团长文模、团附吴其升和全团官兵知悉团长牺牲了，悲愤异常，士气更加高昂，誓为团长报仇，继续顽强战斗，打退敌迂回包围部队，并夺回团长遗体。这时团附吴其升牺牲，副团长文模亦负伤。由第一营长大伟代团长职务，利用夜间逐步撤回思陇附近归还建制。敌人跟后前进，十二月四日进占昆仑关地区。

据第六○○团在战场上获得的文件表明，与该团激战的敌人是第五师团第二十一旅团第二十一和四十二联队。

四

一九三九年十一月二十四日敌侵占南宁,二十五日在二塘同我第二〇〇师第六〇〇团激战后,十二月四日进占昆仑关,第五军各师从衡山、东安、全州向迁江、宾阳清水河和红水河间之邹圩、石陵圩地区集结待命。

各师集中完毕后,十二月十六日,军长杜聿明在迁江附近召开团长以上的军事会议,我们参加了会议。会场设在一个地洞里,周围树林茂盛,非常掩遮,容易防空。会场里用横木挂上一张桂南五万分之一军用地图,图上用红蓝纸标志敌我态势。军长杜聿明介绍了当前敌我的形势。据我方情报探悉,这次侵犯桂南进占南宁的敌人兵力共有两个半师团,即第五师团、第十八师团一部分和台湾旅团。第五师团有第九旅团,辖第十一、四十一联队;第二十一旅团,辖第二十一、四十二联队;每联队有官兵三千余人。敌人称第五师团为"钢军",因为是台儿庄战役坂垣征四郎旧部,在侵华战争中参加过南口、山西忻口、太原、鲁南台儿庄、华南广州等战役。在开辟华南战场前,经过两个月山地作战训练,官兵多系日本山口县人,秉性剽悍,长期受武士道训练,侵华战争两年多,战斗攻守经验丰富,成为这次进犯部队的主力。敌人攻占南宁的战略企图是:第一,切断我西南交通,首先是越桂公路,威胁越滇铁路;第二,侵占广西,威慑云南、贵州,扰乱我抗战大后方,给重庆方面以致命的打击,力求达到以军事上手段配合其政治上"逼和"的战略目的;第三,威胁英、法,使它感觉越南、缅甸危险,屈服于日本。并对重庆方面实行国际交通上封锁,以进一步巩固和加强日本在亚洲的地位。

接着杜聿明介绍了昆仑关的形势:敌军在邕武路占领高峰隘南地区、邕宾路占领昆仑关至九塘间高地,日夜修筑工事。昆仑关是西南国际交通上控制着邕宾公路的扼要雄关,它的四周,丛峦万壑,绵亘相偎,由公路进入了这个地区,不但是迂回曲折,而且正覆压在公路的中腰,其地势的险要,实可比食道的咽喉,所谓"一夫当关,万夫莫敌"的古战场,是兵家必争之地。它是南宁外围的重要据点,敌军以重兵扼守,还在昆仑关北的仙女山、老毛岭、同兴堡、四四一、六五三、六〇〇、罗塘南高地、界首等高地,赶筑据点式的堡垒工事,外围有数道铁丝网和鹿砦等障碍物,构成拱卫昆仑关的坚固防线,并以轻重武器编成火网,各阵地以火力互相支援。日军阵地伪装非常好,阵地和枪口都不容易发现,敌兵在掩体里休息,高山上观察不到目标,同时附有炮兵、机械化部队来加强防守。这次同我第六〇〇团在二塘激战的敌人,就是第五师团的第二十一旅团，直辖第二十一、第四十二两个联队。缴获敌的作战部署图，获悉第五师团司令部及第九旅团两个联队在南宁。第二十一旅团两个联队守昆仑关、九塘、八塘至南宁之线。杜聿明讲到友军位置和本军作战部署时说，我最高统帅部集中四个集团军的兵力来同敌军决战。蔡廷锴第二十六集团军在敌后邕钦公路游击，负破坏公路、桥梁，阻击敌增援部队及后方输送粮、弹补给的任务；夏威第十六集团军，指挥第三十一军、第四十六军；叶肇第三十七集团军，指挥第六十六军担任邕武路高峰隘南的对敌攻击；徐庭瑶第三十八集团军，指挥第五军担任邕宾路上对昆仑关攻坚战的主力部队。

接着杜聿明谈第五军作战部署：采取战略上迂回，战术上包围，"关门打虎"的方针。其部署如下：一、荣誉第一师、第二〇〇师为正面主攻部队，以公路为界，公路线上属第二〇〇师，军重炮兵团、战车兵团、装甲兵搜索团、工兵团，协助主攻部队作战，按战况需要由军部指挥，按命令行动，以完成战斗任务；二、新编第二十二师为军右翼迂回支队，由原地出发，超过昆仑关，选小路进占五塘、六塘，切断南宁至昆仑关之间公路、桥梁交通要道，堵击敌增援部队北上；三、第二〇〇师副师长彭璧生指挥两个补充团编为军左翼迂回支队，由原地出发，经过岭圩、甘棠、长安圩，向八塘大迂回，进占七塘、八塘，策应正面主攻部队对昆仑关的攻击；四、汽车兵团、辎重兵团，归兵站指挥，担任后方粮弹补给及伤病人员向后方输送；五、通信联络以有、无线电为主，传骑为辅；六、军指挥所设在第一线部队的后方，跟随第一线部队行动；七、攻击时间为十二月十八日拂晓。

最后杜聿明说，这次战役胜负，关系到抗日战争的前途，也关系到本军创建军的前途，是国家民族存亡的关键。第五军是抗日战争中新建立的第一个机械化部队，我相信全军将士一定能勇敢善战，胜利完成这次攻坚战斗任务，一定要抱"不成功必成仁"的决心，歼灭日军，收复失地，以慰革命先烈在天之灵。

会上，大家一致举手宣誓一定完成这次攻坚任务。宣布散会已进入黄昏，各乘车返回部队。各部队接战斗任务后，按指定的路线利用夜行军进入准备位置。

五

第五军军部前方指挥所，设在正面主攻部队第二〇〇师和荣誉第一师分界线的公路边一个高山的地洞里，山顶地势很高，又掩遮，瞭望前方方便，山顶和山洞里都架设有线电话编成通信网。山顶上架设炮兵用的远程观测镜，对前方阵地、地形、敌我的行动，看得清清楚楚。杜聿明日日夜夜在山顶上观测镜和电话机旁，观察前方战况，并同各部队长通话，交换战况。同重炮兵团团长朱茂臻通话，要求对前方敌阵地进行测量，规定各目标的距离；又同战车兵团长胡献群通话，要该团选测战车攻击准备位置，同步兵协同各种记号。敌机不时在指挥所上空盘旋，对公路后方车辆进行扫射和轰炸，杜聿明规定公路上哨兵站岗，有警报时，用红旗指挥车辆进行掩遮，因此，空袭时车辆没受损失。敌人炮弹纷纷落在指挥所附近；在他身边爆炸，但他极为镇定，从容指挥战斗。

十二月十八日凌晨，我军重炮兵团和师的山炮兵营，集中炮兵的火力向昆仑关及周围阵地进行炮击。双方进行炮战，在我远射程的重炮火力压迫下，敌炮兵中断向我射击。随即我第一线攻击部队第二〇〇师、荣誉第一师发动攻击，在战车和我轻重武器的火力掩护下，向敌阵地运动。敌机在我军阵地上空盘旋，企图空袭我步兵，但遭到我军高射炮火猛烈射击，致使敌机不敢低飞。待我步兵接近敌阵地后，敌机再不敢在阵地前扫射和投弹，仅在我后方交通补给线上狂轰滥炸。荣誉第一师官兵久经战阵，作战机智勇敢，该师第一团在团长吴啸亚的指挥下，先把仙女山敌人击退，占领了仙女山，当晚利用夜袭占领了老毛岭、万福村、四四一高地。第二〇〇师第五九八团在团长高吉人的指挥下，攻占六五三、六〇〇高地。该师第五九九团在团长柳树人的指挥下，在战车掩护下沿公路长驱直入，占领了昆仑关。荣誉第一师第二团在团长汪波指挥下，占领了罗塘高地。

十九日午后，敌大批飞机出动掩护反攻，昆仑关口被敌人夺去。我军占领各据点，反复争夺战，得而复失，失而复得。我新编第二十二师右翼迂回支队，占领了五塘、六塘。后来五塘又被敌反攻夺去，我军坚守六塘，阻敌增援，收效很大。我彭璧生左翼迂回支队，亦将七塘、八塘占领，切断敌后退路。增援八塘的敌人，在八塘附近被我军包围，打了一昼夜，敌死伤极众，残部攀山越岭，向南逃窜，汽车几十辆被我军炮火烧成了灰。我右翼支队占领六塘后，日军台湾混成旅团由南宁向五塘增援，反攻六塘。师长邱清泉命令刘建章团死守六塘，邓军林团、熊笑三团将主力埋伏公路两侧高地，仅留小部队于五塘至六塘之间，引敌深入，且战且退，当日下午四时，熊笑三团一部与敌援军激战。入晚敌坦克车、装甲车向六塘街道推进，邱清泉亲率主力向敌反击，命令工兵部队破坏公路和桥梁。战斗激烈，敌坦克车被我军战车防御炮击中二辆，邱师各团四处猛击，敌军大乱，纷纷向公路南侧高地溃逃，敌遗弃卡车、坦克车、装甲车，多被我军炮火打毁。这时，杜聿明为加紧在战术上围歼昆仑关敌人，命令荣誉第一师派一个加强步兵团从右翼包围九塘。郑洞国得命令后，立刻派该师第三团在郑庭笈指挥下，利用夜行军从右翼高地袭击九塘阵地。该团占领九塘西侧高地，是下午四时左右，郑庭笈用望远镜观察九塘敌阵地，发现九塘公路边的大草坪里有敌军官集合讲话，遂命令第一营在高地上占领阵地，命令迫击炮连、重机关枪连集中炮火向敌猛击，瞬间，迫击炮打中了目标，敌军军官纷纷向九塘逃窜。收复昆仑关后，在缴获日军的日记有记载："第二十一旅团长中村正雄少将在九塘被中国军队炮火击毙。"随后，昆仑关第二次被我军收复，但不久被敌军在关口四周的炮火侧击，我军伤亡很大，又被敌军夺去。

杜聿明研究两得两失的原因，是敌人在关口的两侧高地有坚固的堡垒式工事，配备轻重武器，组成交叉火网，互相支援，兼地形优势，可以保护着关口的安全，以火网来封锁我军对关口的进攻，如果不首先消灭敌军在昆仑关四周的高山据点，光是攻占关口，是无法立足的。因此，杜聿明在电话上同各师师长研究，更变原来作战方针，采用要塞式攻击法，将各据点分配给第一线师各团负责，同时攻击，逐次攻克，缩小包围圈，同吃饭一样，一口一口地吃。要军部参谋长黄翔下达命令，将新编第二十二师主力调为主攻部队的总预备队。留少数兵力在五、六塘扰敌后方，荣誉第一师第三团建制，负担主攻据点的战斗任务。这时，敌人最困难的是饮水和弹药、粮食、医药补给困难，不得不用飞机输送，有些投入我军的阵地里。第二○○师、荣誉第一师调整攻击部署，十二月二十五日，荣誉第一师第二团在团长汪波的指挥下，再次攻克罗塘南高地。这时师长郑洞国正在第二团指挥所，将攻克罗塘高地的战况向杜聿明报告，杜当时对汪团传令嘉奖。郑洞国命令汪团继续向老毛岭、四四一高地进攻，在四四一高地进行了反复争夺，最后将敌人全部歼灭。第二团的伤亡很大，阵地在我军稳固的控制之中，从而给昆仑关守敌致命的打击，但敌仍坚持固守中。这时，敌机虽在上空盘旋，因敌我在近战对峙中，不敢向阵地扫射和轰炸，敌炮兵在我重炮压制下，不敢向我阵地炮击。第二○○师第五九八团在高吉人团长的指挥下，两次攻克同兴堡敌据点阵地，第六○○团在刘少峰团长指挥下，攻克六○○高地，该师伤亡很大。

界首高地位于昆仑关北，是保关口的敌坚固据点，是属第二○○师战斗境内的，因该师担负不了对界首攻坚任务，杜聿明命令郑洞国派该师第三团归戴安澜师长指挥，于二十八日晚对界首攻击。敌机在上空盘旋，该团士气旺盛，对界首进行强攻，在敌火力侧击下，伤亡很大，组织爆破手，用手榴弹从敌据点枪口投入，多次都失败。入夜十二时，敌我正在对峙中，该团九个步兵连，有七个连长伤亡，郑庭笈身边的司号长李均也中弹阵亡。杜聿明要郑庭笈不顾重大牺牲的代价，一定要攻克界首阵地，利用夜间调整部署，选突击队，编成突击组。二十九日早晨，军部重炮兵开始对界首阵地猛击，炮弹均命中阵地上。这时各突击队分别向界首阵地匍匐前进，在三小时的激战中，界首阵地被我军攻克，这时杜聿明通令全军对第三团传令嘉奖。昆仑关各据点均被我主攻部队各师占领，界首阵地移交新编二十二师派兵接替，第三团归还建制。三十日，新编第二十二师邓军林团第三次收复了昆仑关。

六

第五军在战斗中共击毙敌第五师团第二十一旅团长中村正雄少将，第四十二联队长坂田元一、二十一联队三木吉之助、副队长生田滕一、第一大队长杵平作、第二大队长官本得、第三大队长森本宫，班长以上军官百分之八十五以上，士兵有四千余人死亡。这是日本战后公布在昆仑关同中国第五军作战死亡的数目。生俘士兵一〇二人、战马七十九匹、山炮十门、野炮十二门、战防炮十门、轻机枪一〇二挺、重机枪八十挺、步枪两千余支，其他军用品和弹药等堆积如山，拍成照片。这是第五军在柳州、桂林、全州开展览会公布的数目，各师未上缴的数目尚未在内。

昆仑关战斗

崔贤文※

日军第五师团于一九三九年十二月四日占领昆仑关之后，因沿途多处设防，兵力分散，一时尚无增兵北犯之企图。

桂林行营主任白崇禧，根据当前情况，决心进行反攻，夺回南宁。这个计划，经军事委员会批准，开始了兵力调遣部署。除原在广西的夏威率领的两个军以外，还从各方面调来第三十八集团军徐庭瑶率领的第二军、第五军、第六军、第九十九军、第三十六军和蔡廷锴率领的第二十六集团军。还调来两个十五公分口径的榴炮营和一个高射炮营、一个战防炮营，统归桂林行营指挥，兵力火力均优于敌军。

各部队到达指定位置后，十二月十六日在广西迁江白崇禧的行营指挥所，召集师长以上指挥官开军事会议，讨论作战计划。决定将军队区分为西路军、北路军、东路军三个指挥系统，下达了攻击命令，其命令要旨：

一、西路军由夏威担任指挥，以主力向昆仑关西南的高峰隘敌据点进攻，协同北路军围攻昆仑关，而后协同北路军攻略南宁而占领之。

二、北路军由徐庭瑶担任指挥，以主力从宾阳出发向昆仑关进攻，而后在东西两路军的协同下，攻取南宁。

三、东路军由蔡廷锴担任指挥，派出多股突击队，破坏邕钦公路，妨碍敌之补给运输，阻止向前增援，协力北路军之作战。

四、炮兵以主力支援北路军对昆仑关之攻击，以一部支援西路军向高峰隘之进攻。

※　作者当时系第五军新编第二十二师辎重营副营长。

五、第九十九军（欠第九十二师）为总预备队，位于宾阳附近，随时准备对北路军之支援。

六、战斗开始时间为十二月十八日拂晓。

七、行营指挥所位置于迁江。

从这个命令中可以看出，这次的主要攻击任务，是由徐庭瑶指挥的北路军担任。

我当时的职务是第五军新编第二十二师辎重营少校副营长，对东西两路军及其他各军的战斗情况，知道得很少，现在只主要谈第五军的一些战斗情况。分为两部分来谈：

一、第五军的作战指挥系统：

第五军军长杜聿明，副军长郑洞国，参谋长黄翔，参谋处长罗又伦。

第二〇〇师师长戴安澜，副师长彭璧生，参谋长张止戈，第五九八团团长高吉人，第五九九团团长柳树人，第六〇〇团团长邵一之，补充团团长郭琦。

新编二十二师师长邱清泉、副师长廖耀湘，参谋长柴钊，第六十四团团长熊笑三，第六十五团团长邓军林，第六十六团团长刘俊生，补充团团长刘建章。

荣誉第一师师长郑洞国（兼），副师长邓经儒，参谋长舒适存，第一团团长吴啸亚，第二团团长汪波，第三团团长郑庭笈，补充团团长王文第。

军野战补充第一、二、三团。

骑兵团团长萧平波。

军装甲兵团团长胡献群。

军炮兵团团长冯尔峻。

军工兵团团长李贤。

军辎重兵团团长杜××。

军特务营营长李公瑜。

军野战医院院长张骥。

从这个指挥系统看来，第五军在当时的各军中，它的编制装备是比较好的。

二、第五军攻击昆仑关的作战方针和战斗经过。作战方针是：乘敌立足未稳，增援部队尚未到达之前，以主力先行击破昆仑关、八塘之敌，然后由邕宾公路两侧，将敌压迫于七塘附近而歼灭之。相机向南宁进击，收复南宁。

在战斗开始前和在战斗过程中，我经常看见军长杜聿明身边，有三四个苏联顾问在一起，有时举目向前观察地形和战斗情况，有时在高地上展开地图，研究作战指挥，十分认真。

当时围攻昆仑关的作战部署是这样的：将部队区分为中央队、右翼队和左翼队，兵分三路向昆仑攻击。

战斗经过：

第一路荣誉第一师为中央队，担任主攻。于十八日黎明在炮兵和坦克的支援下，由正面开始向昆仑关展开攻击。攻击开始后，战斗进展甚为顺利。到下午一时许，先后占领昆仑关西南数处敌之外围据点，对昆仑关构成包围态势，但盘踞昆仑关之敌，凭其猛烈炮火和坚固工事，顽强抵抗，加之敌之飞机轮番轰炸和扫射，使荣誉第一师进展困难。这时配有装甲车和榴炮的敌增援部队，向荣誉第一师猛扑，战斗甚为激烈。激战至晚，荣誉第一师占领的诸高地，悉被敌人夺去。我荣誉第一师被迫退至原阵地，与敌对峙。

第二路新编第二十二师为右翼队，于十八日拂晓，从昆仑关西侧迂回，向五塘、六塘进攻，经过激烈战斗，到上午十时许，攻克五塘、六塘和林村，将邕宾公路上的道路桥梁加以破坏，切断了敌人后方的通信联络。

第三路由第二〇〇师副师长彭璧生率领的军的第一、二、三补充团为左翼队，对七塘、八塘之敌久攻不下，退回原阵地固守。

经过十八日全天的激战，军长杜聿明综合各方情况，加以分析，认为当面敌人顽强抵抗是企图固守八塘至昆仑关一带之阵地，阻止我军夺取南宁；同时认为我军进攻是有成果的，除给敌人以重大杀伤外，并攻占了昆仑关外围许多据点，应继续按原部署向敌进攻，不使敌有喘息机会。并令荣誉第一师将敌人对我进攻危害最大的六五三高地，迅速夺取，以利对昆仑关之攻击。令预备队第二〇〇师，随时准备支援荣誉第一师之战斗。右翼队和左翼队任务同前。

十九日拂晓，荣誉第一师向六五三高地及罗塘进攻，虽遭敌人顽强抵抗和敌机轰炸，但我官兵不顾牺牲，勇往直前，终于击破敌之抵抗，于中午时候，攻占了该地。

十九日上午七时许，敌汽车二十余辆，满载由南宁增援昆仑之敌兵，向我据守五塘的新编第二十二师第六十五团阵地猛攻，将五塘攻占。我第六十五团集中全团兵力，在炮火支援下进行反攻，激战至下午，终将五塘克复。但敌千余人乘隙逃往昆仑关，达到其增援之目的。

从十二月二十日至二十二日，激战了三天，第五军仍未将昆仑关拿下，且敌得到增援千余人，冲进了昆仑关。军事最高统帅对此十分不满，严电前线指挥官，限三天内攻占昆仑关，否则军法从事。

白崇禧接到电令后，在林蔚、徐庭瑶陪同下，来到宾阳第五军司令部，召开团长以上的军官会议并训话，传达了蒋介石的电令，检讨了连日作战的得失。白崇禧在讲话时，并没有像蒋介石在电令中的那样严厉，而是比较客观地分析了情况，总结了连日作战的经验。他说第五军官兵作战是勇敢的，攻击精神是旺盛的，虽在敌人猛烈炮火的射击和飞机的轰炸扫射之下，仍能奋不顾身，前仆后继，给敌人以重大杀伤，并夺取了一些重要据点。所不足的是战前对敌情侦察不周，敌情欠明，兵力分散，火力也不够集中，未能突出重点，以致对敌打击不力，虽对敌形成包围，但围而不困，致使敌人援兵得以冲进昆仑关，使敌阵地得以加强。根据这些分析，第五军决定调整部署，决心集中兵力火力，形成重点打击力量，摧毁敌防御设施，彻底断绝其部队增援和物资补给，把当面之敌全部歼灭于阵地之上。

参加会议的军官及将领回到各部队传达了会议精神，官兵听到传达后，个个精神振奋，斗志昂扬，决心把敌人消灭于阵地之上。

经过调整后，各部队于十二月二十四日又开始向昆仑关发起攻击。

二十四日拂晓，荣誉第一师以主力向昆仑关前面的得而复失的重要据点——罗塘进攻。我士气旺盛，于下午四时许，完全占领罗塘及其附近高地。这次战斗，毙敌人官兵二百余人，缴获小钢炮及步机枪千余件。

正当荣誉第一师进攻罗塘之际，敌第二十一旅团长中村正雄少将，亲率第四十二联队千余人，在十辆战车掩护下，向我进攻罗塘的荣誉第一师反攻，被我荣誉第一师第一、第三两团包围狙击。敌中村旅团长当场被击伤，敌救护人员将其抬至路旁一家茅屋内进行抢救时，被我一发炮弹击中毙命，另打死打伤敌官兵二百余人，残敌夺路逃回昆仑关。

在二十四日的同一天，南宁派来的敌援兵，几次拼命向我据守五塘、六塘的新编第二十二师第六十五团第一营阵地进攻，企图打通交通线，几次冲到我军阵地前，杀声震天，但终于被我击退，敌之企图，终未得逞。五塘、六塘仍在我军手中。

从二十四日到二十八日的几天的战斗，激烈异常。对据点的争夺，形成拉锯，昆仑关附近的四四一、六五三高地和罗塘据点，得而复失，仍被敌人占据。同时在这几天的激烈战斗中，敌人伤亡甚重，其指挥官伤亡尤为惨重，几次由空中投下指挥官来指挥战斗。敌机空投时飞得很低，所以投得较为准确，敌人弹药也所剩无几，全靠空投补给，由于制空权不在我手中，对此也徒唤奈何。

十二月二十九日，军长杜聿明根据几天的战斗情况判断，昆仑关外围据点，基本已被我占领，敌人已成强弩之末，于是调整部署，以新编第二十二师为中央队，接替荣誉第一师担任主攻。将伤亡较重的荣誉第一师改为右翼队，将担任预备队的第二〇〇师调为左翼队。军直属的第一、二、三补充团改为预备队，位置于新编第二十二师后跟进，随时支援新编第二十二师的战斗。并会配属军作战的第一五九师，以一个团从第二〇〇师南侧迂回敌后，攻占敌之重要制高点六五三高地。军炮团和两个十五公分口径的榴炮营，以主火力指向昆仑关及其邻近的制高点，支援新编第二十二师的进攻。

十二月三十日拂晓，各部队按指定任务开始进攻，我这时指挥辎重营将弹药运到前线，补充新编第二十二师各团，使他们充分发挥各种火器的威力。我经过炮阵地时，亲眼看到两个十五公分口径榴弹营，正以逐次集中射击的方式猛向昆仑关及各制高点发射。这种炮过去很少用过，今天在对昆仑关进攻中，发挥了它应有的作用。只见遭到炮弹轰击的地方，炮声隆隆，硝烟冲天，敌人的阵地工事、通信设备，尽皆摧毁。激战至十一时左右，新编第二十二师攻占了昆仑关邻近的同兴、石寨和罗圩及其东南各个高地；荣誉第一师夺取了昆仑关西南重要据点四四一高地；第二〇〇师攻占了昆仑关南侧的枯桃岭、同平两据点，逼近八塘、九塘；第一五九师也乘势攻占了六五三高地。至此，昆仑关外围据点，均被我各部队占领，但敌人仍作困兽之斗，垂死挣扎，多次举行反扑，均被我击退，盈尸遍野。我各部队乘胜直追，新编第二十二师第六十五团首先冲入昆仑关，与敌人展开白刃战，勇猛地将残敌肃清。第二〇〇师也占领了八塘。残敌向南宁和邕江沿岸狼狈逃窜。至此，第五军完全收复了昆仑关。战斗结束后，将阵地交由第九十九军和第三十六军接守。第五军调至思陇、宾阳地区整补待命。昆仑关战斗到此遂胜利结束。

此次战斗，共歼敌四五千人，我军亦伤亡一万四五千人，其中第六〇〇团团长邵一之、团附吴其升均阵亡，副团长受重伤，全团营长以下军官死伤三分之一，其他各团的军官伤亡亦重。

昆仑关克复后，我即到昆仑关高地参观，只见敌盈尸遍野，无一生存，山上遍地皆是千人缝、佛像、护身符、太阳旗和武运长久的白布条，还看到好几处地方，日军将战死官兵的尸体进行焚毁，有的还正在焚烧中。

激战昆仑关，郑作民师长殉国

解云祥[※]

一九三九年十一月，日本侵略军向桂南进攻，最高统帅部命令原在四川酉阳、秀山、黔江、彭水一带担任戡剿地方惯匪（匪首张少卿）的第二军南开，留置归第二军指挥的何绍周的第一〇三师于原地，担任维护地方治安，另将夏楚中的第七十九军的一个师拨入第二军建制（该师代字番号为"佛山部队"）。

第九师从四川出发，兼程赶到贵州都匀后，用汽车运送到广西宾阳南，接替友军（第五军）昆仑关阵地，与敌鏖战二十多天。我军因经过一年多时间的休整补充，兵员充足，士气旺盛。敌人虽在飞机大炮的掩护下，连日向我阵地发动猛烈进攻，我军据守雄关，在友军的协同配合下，给进攻之敌以沉痛的打击。敌人见久攻昆仑关我军阵地不下，遂沿用迂回包围的伎俩，抽出一个支队的兵力，绕道至宾阳，并一举攻下宾阳，直接威胁我昆仑关侧背，遮断我友军对昆仑关的支援，配合正面之敌，对我昆仑关阵地进行强攻。我守军处于腹背受敌、孤军作战的不利情况下，势难久持，即弃关撤退。

此时，沿公路西进的敌军，乘我军撤退之际，猛力向我军冲击，敌炮兵以炽烈火力对我军射击，敌机凌空助战，对地面轮番进行轰炸扫射，卒将我军指挥系统打乱，官兵呈现散乱，人马在田野里四处奔跑，第二军军长李延年此时也只有几个参谋和随从副官卫士跟随。溃散的官兵在失去指挥的情况下经上林、圩城地境向大塘脱走，当地民风强悍，人烟稀少，居民多聚住在大村寨里，有自己组织的武装和团队守护。散兵溃

※ 作者当时系第二军第九师第二十七团第一营少校营长。

卒不敢闯入村寨，只好在田野里风餐露宿，连李延年也不例外，和士兵一样以稻草当被褥。这样地溃退了两天后，部队才逐渐被收容起来。

在溃散中第九师师部被敌人冲散了，参谋主任张荣愚负伤，参谋长邓朝彦和副师长夏德贵不知去向。第二十七团直接遭受敌步、骑兵的冲击和敌机、炮兵的猛烈轰炸射击，死伤枕藉，溃不成军。团长黄振纲只带了三十多人杂在乱军中溃逃。最惨的是负伤官兵无人照管，轻伤的还可互相搀扶，忍痛随军逃跑，重伤官兵只好躺在地上惨遭日军杀戮。师炮兵营长杜劲秋也只带领剩下人马百余，没有一门完整的山炮。第二十五、二十六两个团部队虽然大体完整，但也成了惊弓之鸟，官兵丧失斗志，大家都跟在军长后面走，走了两三天才接近大塘。这时各部队才开始收容各自的部队，才知道师长郑作民在溃退中被敌人的飞机炸死了，什么时候在什么地方被炸死的，大家都不知道。

以后据目睹当时情况的士兵说："师长见到部队溃散的情况，心中很难过，但又无法制止，他带着师部特务连的少数士兵和卫士总走在部队的最后面，抚慰负伤官兵，督促溃散的官兵迅速归队。不料他的行动引起了丧心病狂认贼作父的汉奸们的注意，当敌机临空侦察并尾随溃逃的部队狂轰滥炸时，杂在溃军中的汉奸不时发射信号弹向敌机指示目标。当师长行抵一破窑时，附近即出现很多打黑布伞的老百姓（即汉奸），其中有发射信号弹的，也有向天空照反光镜的，敌机遂集中向破窑俯冲、轰炸、扫射。此时郑师长一行数人正隐蔽在破窑中，敌机逸去后，再也没有看见师长的行踪了。"

军长李延年到大塘后，得知第九师师长郑作民失踪，可能被炸死的消息后，大发雷霆，责令副师长夏德贵一定要派人把师长找回来，生要见人，死要见尸，否则即按陆军连坐法从事。这下可把夏德贵吓慌了，即派人四出寻找，不知下落，以后才按目睹当时情况的士兵所提供的线索，命其做向导，由师部骑兵连派出一排人到该地进行严密的搜索。好在这时候敌军早已离去，没有敌情的顾虑，终于在破窑内找到一具个子矮胖的尸体，面目已无法辨认，幸喜有镶嵌的金牙为证，才确认是郑师长的遗体无疑，运回到柳州，存放于柳州公园内。

蒋介石委员长闻讯，大为震怒，副师长夏德贵受到严厉的申斥，事后军事委员会下令取消第九师番号，改为无名师。这种处分在国军部队里是史无前例的。副师长夏德贵受到记大过的处分，第二十七团团长黄振纲、师部炮兵营长杜劲秋等失职人员，分别受到撤职或调差记过的处分。

一九三八年夏，调原任第五十师师长张琼任第二军副军长兼第九师师长，部队调赴湖南耒阳补充整训。

第九师官兵蒙受遗弃长官、改为无名师的奇耻大辱，上级为了激励官兵"明耻教战"，在所佩戴的符号和臂章上印有"进就不退，守就不走"的警语，直到一九四〇年才正式恢复第九师番号。

桂南上空的战斗

韦鼎峙※

桂南上空勇战日机

一九三七年，七七卢沟桥事起，随着八一三上海大战爆发，广西航校当局奉令，将所属的两个飞行教导队，分别依照航空委员会中国空军部队编制表改编。教导第一队改编成空军第三大队第七、八两个驱逐中队；教导第二队改编成空军第三十二驱逐队及空军第三十四轰炸队。空军第三十二队队长是张柏寿，副队长是韦一青，分队长为杨永章、韦鼎烈及马毓鑫三人。队员则有：倪世同、吕明、韦善谋、蒋盛祜、莫更、何觉民、唐信光及庞健等。从改编起，空军第三十二队队长张柏寿一直就因病住院疗养，所以一切烦琐队务，全由副队长韦一青代理。

教导第一队原驻南宁，改编完毕后，即刻奉命轻装离省北上，参加中国空军的战斗序列。教导第二队原驻柳州，改组完成后，空军第三十四轰炸队奉命移防至南宁北约五十公里的武鸣县，空军第三十二驱逐队，则奉命移驻南宁。

空军第三十二队奉命移驻南宁，接收原飞机教导第一队所遗留的飞机及装具。当时接收的飞机中，有英制 AW－16 型一架、日制九一型九架及朱荣章号一架以及甲四型十余架。这些飞机多已破损老旧，而零件器材来源亦早已断绝。

副队长韦一青率领全队人员，由柳州迁驻南宁后，一面训练空勤人员，磨炼战技，以提高飞行人员的技术水准；一面要在器材补充困难情

※　作者当时系驻柳州空军第二路司令部成员。

形下，鼓励机械同人尽心尽力，维护飞机性能良好，以备训练及作战之用。韦一青平时待人谦和，以身作则，全体机械同人在韦一青的领导下又精诚合作，克服困难，故能经常保持百分之五十可出动的机数。

一九三七年十二月下旬，南京失陷，敌人突举兵攻我西南沿海要地，封锁我海口，企图截断我国际补给物资入口路线。敌人首次派飞机空袭南宁，是一九三八年一月八日。这天早上，全队人员用完早餐，平静如往昔。一群空勤人员，正拟搭汽车由桃源路前往郊外机场时，突然传来空袭警报，在心理上没有准备的人，自然会表现出手忙脚乱，可是这群受过特殊训练的军人却沉着冷静。韦副队长抓着杀敌机会，立即吩咐值星官高声宣布："空勤人员迅速上车出机场，其余人员，按平时规定防空疏散。"并打电话到机场去给机械长崔国良，叫他将所有能起飞的飞机全部加满油，作起飞准备。韦到机场后，知道只有五架日制的九一式机可以起飞，于是集合全体人员，下达作战任务。同时指定分队长杨永章、韦鼎烈、马毓鑫及队员蒋盛祜等四人为僚机，由他本人率领升空迎战。紧急警报发放后，他们五机同时起飞，一面编队爬高，一面索敌、警戒，每个人都心情兴奋，斗志高昂。

我迎战的五架机起飞后，绕着南宁市区上空飞行，机影越来越小。大约二十多分钟之后在地面疏散的人，隐约看见敌机七架由南宁东边侵入市空，立刻就看见我们的飞机从市空西南方飞来迎击，随即听到我机俯冲攻击时，机关枪射击"嗒嗒、嗒嗒"的声音。敌机忽然散开，形成混战局面，飞机发动机的怒吼杂以机关枪射击的声音响成一片。首先看到一架敌机冒黑烟坠落，一架拖着白烟漏油逃跑。跟着又看见我们的一架单翼机着火；飞行员立刻跳伞降落，又有敌机围攻。后来知道这架机是五○七号，由队员蒋盛祜驾驶，他攻进敌阵之后，座机着弹起火，跳伞时又被击成重伤，落于亭子圩的邕江里。民众上前抢救，但他因伤过重，在送医院途中不幸殉国。正当混战之时，另一批敌机赶到，加入战斗，韦副队长等均感飞机性能及数量不及敌人，只有回避爬高，取优势作战。韦鼎烈分队长因营救被攻之僚机，遂为敌所蹑，终赖地面青山塔上的陆军阵地炮火支援射击，始得脱身。敌机以油量所限，不一会儿统统逃逸了。我机除被击落一架外，四架返防，经检查后，发现韦一青副队长的机身上挂有弹痕数处。韦鼎烈分队长击落敌机一架、击伤敌机一架。

第一回合是过去了，敌我互有损伤，可是警觉性高的韦副队长要求全体机械人员，从速加紧检修飞机，以迎击下一次进犯的敌机。当他们回到队部，开完检讨会后，已是中午用饭时间。吃完饭，各人正想舒展一下紧张心情，谁料又有空袭警报。副队长首先打电话到机场去问崔机械长，到底有几架飞机可以出去？据称，只有四架九一式机能起飞。于是他便宣布，由他本人率领杨永章、韦鼎烈两位分队长及队员何觉民，进机场担任警戒，其余人员，由值星官负责督导，作防空疏散。韦一青等四人到机场之后，他立刻向其余人员宣布起飞后如同上午一样，尽快集合爬高，一俟发现敌机，不管敌机优势如何，我们要集中火力对敌机作一次彻底的攻击，使敌人遭受重大损失，然后相机攀高，向武鸣方向脱离，诱敌深入，不可与敌机缠斗，时时立于主动地位。

元月八日下午二时许，敌机一批七架侵入南宁市空，另一批六架，向飞机场投掷炸弹，升在高空上迎战的我们四架九一式机，霎时间闪电般地划空而降，向头一批进袭的敌机猛烈攻击，敌机群顿形混乱，约十分钟后，就逃得无影无踪了。

下午，我机四架安全降落武鸣机场，韦副队长以电话与南宁队部联络，知道下午敌机空袭结果，除机场被炸几个小洞之外，余无损失。第二天早上，他们即飞返南宁。

九日上午九时半，敌机十一架，又经过小董向南宁侵袭。我三十二队并不以机少而回避战斗，韦副队长毅然率领飞机四架升空截击，尽量诱导本队飞机至有利之位置，然后利用高度之优势，断然攻击敌机，最后脱离战斗，向武鸣机场降落。

九日空袭中，除机场被炸出大大小小好些弹坑之外，其余均无损失。而这些弹坑，当日晚即全部抢修复原。十日晨，所有疏散至武鸣的飞机，统统又飞回南宁。当时，南宁各界代表纷纷前来慰劳空军将士。副队长韦一青亲自接见，并报告连日来的空战经过。代表们非常兴奋，报以热烈的掌声。

游击昆仑关

一九三九年十一月十五日，日军乘我西南边防兵力薄弱之际，由广东钦州湾作进犯广西的第一次登陆，二十四日越过十万大山，攻陷我西南重镇南宁。至十二月四日，又攻占南宁外围高峰隘、昆仑关等险要地方。十二月上旬，我军为消灭来犯之敌，调集有力部队，分路反攻南宁，官兵用命，展开激烈战斗，终于十二月三十日克复昆仑关，打击敌人之侵略气焰，开拓尔后胜利基础。

在此期间，我驻防柳州的空军，只有我第三大队的一些地勤人员。所有空勤人员，全部奉调甘肃兰州西古城空军驱逐训练总队，负责教育训练工作，大队长徐燕谋乃兼该总队之副总队长职务。十二月二十三日，大队长指派副大队长陈瑞钿率领刚升为第三十二中队长的韦一青，各驾驱逐机一架（陈驾驶俄制 E－15 机，韦驾驶英制格机）从西古城出发，目的是到柳州队部，处理多日积压的公事。此时柳州空军第二路司令部知道他二人回队，立即找到他二人，一则是柳州确实无机队驻防，二则因前线战事激烈，确实需要空军支援以挽回态势，振奋军心士气。最重要的一点，是司令官确实深信韦一青对广西天候、地形至为熟悉，所以每天均派他二人分乘原机于凌晨从柳州飞至昆仑关前线侦巡，同时掩护地面友军作战。如未遇敌机，即支援友军，轮番扫射敌阵，为友军开拓反攻之路。在前线作战之地面友军，苦战月余，突见有自己的飞机前来助阵，莫不欣喜若狂，人心士气为之大振！全线各级指挥官，亦能把握时机，乘势攻击，顺利夺回许多重要据点。至第三次出发时，则碰上敌人两架有单浮筒的水上侦察机，当即发生空战。我机性能较为优越，再加上该二员战技精良，又有实战经验，故仅交手数次，即击落敌机一架。地面友军亲眼见到可恨的敌机被消灭于空中，莫不欢天喜地，高呼"空军万岁！"韦一青返防后，曾将作战经过情形详报，并判断敌方必采取报复对策，而我空军在柳州方面可用之兵力，仅此飞机两架。为了继续鼓舞前线士气起见，建议今后出击，宜改变时间及航路，以求机动，使敌无法捉摸，以发挥这两架驱逐机之最大威力。

不料到了十二月二十七日，正是敌我争夺昆仑关要地最惨烈战斗之一日，指挥官基于前线陆军紧迫请求支援，于是命令他们迅速起飞，支援第一线友军，以期稳定战局。但当我机刚飞抵目的地时，即发现高空上密密麻麻，数倍于我之敌机蜂拥而来，重重将我机包围。该二员虽身陷不利困境，但凭彼等倔强之性格及爱国心，沉着施展其优秀战技与实战经验。与敌机搏斗约二十分钟，终因敌机数倍于我，一时防范不及，韦一青座机被奇袭，复因高度过低，无法跳伞求生，人与机同坠落于敌我两军阵地中央。当时地面友军见状，不顾危险奋力冲入敌阵，因而将忠骸夺回。陈瑞钿副大队长座机中弹起火后，亦因高度太低，无法跳伞，遂紧急迫降于我军阵地旁，人已昏迷，手足及面部均被灼伤，赖我友军及时抢救脱险。陈瑞钿副大队长是美国华侨，此次手足及面部之伤势不轻，故不久即送美国养伤。至于韦一青队长的遗体，被地面友军抢回之后，立即运回柳州，举行公祭。三军将士，哀痛愈恒，民众前往吊祭者络绎于途，遗体葬于柳州羊角山空军坟场。

桂柳会战经过

李汉冲※

　　一九四四年，日军太平洋海上联络线受美国优势海空军之威胁，有被遮断之危险，故日军企图打通由武汉经湘桂与越南之衔接，开辟一条大陆交通线，求与南洋联络。于是年八月八日陷我衡阳后，继续由湖南及广东两个方面向广西发动大规模之进攻。我军于桂林、柳州间地区进行防御，结果失败。十一月十一日桂、柳相继陷落。此战役在抗日战史上，称为桂柳会战。

　　其时，广西属于第四战区作战地区，战区司令长官张发奎在会战中组织了一个前进指挥所，亲自接近前线指挥重点方面之战斗。最高统帅部副总参谋长白崇禧亦亲自参加指挥会战，并发起广西全省的动员。在会战中枪毙了一个失守全州的第九十三军军长陈牧农和一个失守武宣高地的广西部队的团长曹震，均为其他战役罕见之事。

　　我那时任张发奎的随从高参（后调参谋处长），是张左右的主要幕僚之一，在会战全部过程中，参与了作战计划之决策和执行指导业务之实施，对整个会战经过情况知之颇详。兹将亲历和所闻，就记忆所及，记述如后。

会战前第四战区之情况

　　第四战区成立于一九三八年南京沦陷后，原作战地区辖粤桂两省，初由何应钦兼任司令长官，余汉谋为副司令长官。武汉撤退后，改任张

※ 作者当时系第四战区高参、参谋处长。

发奎为司令长官，作战地区照旧。一九四〇年春桂南会战后，蒋、何认为一个战区不便在两个不同的正面指挥作战，将广东地区划开，新成立第七战区，任余汉谋为第七战区司令长官，张发奎则专负广西方面之作战。留驻战区的只有夏威的第十六集团军。广西是白崇禧的老家，部队又是桂系军队，所有军政大权一向操在白的手里。张发奎理解这种关系，感到坐冷板凳的寂寞，但是又念自己没有本钱，暂时屈居，还可以与白崇禧互相利用，倒不如以"张公百忍"为上策，无论大小事情，任凭蒋、白布置，凡蒋、白所示，无不顺旨听命，照章办事。张发奎这种地位及态度，决定了他在指导会战中不负责任、放弃职权、决心动摇和命令不敢贯彻诸弊端，也是导致会战失败的一个主要原因。

其次，自一九四〇年冬，日军撤离邕龙至桂柳会战前，整整三年时间，由于没有敌情，松懈了一切作战准备。战区原以对越（向西）为作战正面，第三十一军的第一三一、一八八师兵力均配备在邕龙方面，其中第一八八师在龙州主要对越南边界警戒，第一三一师在南宁为机动部队兼顾钦州、防城沿海之警戒。至于与湘粤接壤之桂东、桂北方面，一向以为有第九、第七两战区之依靠，从无兵力配备与任何战斗设施。即六月间长沙失陷后，犹以为第九战区今后之作战，必以主力转移于湘西南地区，以黔桂大后方为联络线，战区仍可借其掩护，不致遽然遭受威胁。迨敌继续南下攻衡阳，第九战区司令长官薛岳率残部退走湘东南后，始感广西之东北方面门户敞开，有作紧急措施之必要。遂一面抽调第三十一军之主力陆续向桂、柳移动，一面派我即赴桂东北判断地形，向衡阳方面收集情况，打听第九战区对尔后作战之意图。幸敌攻略衡阳后，从事部署整顿，未即继续西进，否则当更加手忙脚乱，桂柳之间须演"空城计"矣。

我于六月下旬在湘桂铁路沿线之全州、东安、零陵、祁阳一带，及沿湘桂公路之道县、江华、龙虎关一带和零陵经灌阳出全州、桂林之山区间道，作了一旬的实地调查。并向衡阳外围作战之第四十六军军长黎行恕、零陵县长张某及全州专员陈恩元等，多方面了解有关衡阳方面之情况与桂东北之兵要地理。综合所得，大要如下：

一、进犯长衡之敌，为第三、第十三、第三十四、第二十七、第六十八、第六十四、第一一六、第四十、第五十八等九个师团和五个独立混成旅团，共约十七万人。其兵力之强大，超过以前三次长沙会战之任何一次。

二、第九战区的部队已支离破碎，竟向湘南撤退，薛岳已走茶陵、安仁，无法掌握部队和组织全战区之作战。衡阳形势危殆，虽有几个生力军趋援解围,但因逐次注入战斗,反予敌人各个击破。湘桂铁路及公路沿线异常混乱,难民拥塞于途,各县政府均在作逃亡准备。在衡阳以西铁路附近,只有一个最后加入的黎行恕军尚保有组织的战斗,其他均支离破碎。广西东北正面,实际已经暴露于日军面前。

三、如敌陷衡阳后继续西犯广西,其兵团运动路线可能有三条:第一条沿湘桂铁路,这是正面,适于大兵团之运动。第二条沿道县、江华经龙虎关、恭城出平乐、荔浦之湘桂公路,可作战略上迂回桂林之右侧背和遮断桂柳间之联络线。第三条由零陵经灌阳出全州或桂林之山区间道,可作战术上迂回全州,并可作公路、铁路左右两兵团中间之联系,及策应两方面之作战;但系山道,重兵器运动困难,只适于小部队运动。

四、全州灌阳和龙虎关之线,是战区的门户,也是以桂林为中心内线作战之利害转变线。尤其全州是桂林正面的前进要点,其北三十公里之黄沙河,前面地形开阔,后面有纵深之高地群,左右两翼依托良好,为一优越之防御阵地,不可轻易放弃。

我针对上述情况向张发奎具申了对战区初期作战指导之意见(意见内容如下段所述)。

战区之初期作战计划与白崇禧指导会战之居心用意

七月上旬,陈牧农第九十三军奉令由黔入桂,增加战区兵力。此时衡阳已受敌猛烈围攻。张发奎即以我的意见具申为基础,召开高级幕僚会议,决定如下初步作战计划:

一、敌情判断:如敌大举进犯战区,其目的有三个可能性:一是以打通粤汉路为目的,在攻略衡阳后,当以一部扩大衡阳以西地区,以巩固衡阳的占领。因此战区东北正面,时有受敌骚扰之可能。二是以打通湘桂路与越北之敌衔接为目的,当协同越北之敌从东西二方面来夹击战区,最后占领桂林、柳州、南宁各要点而固守之,其主攻方面当在桂北。三是以侵犯贵州、威胁重庆为目的,由湘桂黔铁路线及湘西两方面分进合击贵阳,在交通条件上,当以沿铁路线为主作战方面(当时对广东方面之敌应有的动作,则未估计)。

二、战区之作战方针,应以敌情的第二、第三种可能性的判断为基础,故应以确保桂柳为目的。根据现有之兵力,应集中力量于桂柳两据点之城防守备,采取持久防御,以待后续兵团到达后,再策尔后之计划。但为明确敌人之真正意图,掩护桂柳防御准备可得余裕之时间,并使后续兵团尔后之作战容易,应以有力之一部于全州、灌阳、龙虎关之线,竭力迟滞敌之行动。特别在全州方面须行较坚韧之防御，以直接掩护桂林。

三、兵力部署，我即率战区直属工兵营及第三十一军工兵营前往黄沙河选择地形，构筑一个军两个师使用的半永久性工事阵地，限两周内完成。同时在全州设立战区情报收集所，与衡阳方面部队联系，收集敌情和我军状况，并监督全州专区发动群众，进行地方配合作战诸准备工作。

第九十三军到达后，即开赴全州，以主力占领黄沙河阵地，一部于灌阳方面对敌警戒。

第十六集团军总司令夏威指挥第三十一军集中桂林，构筑桂林城防之永久性设堡阵地工事，而后该军即担任桂林城防之准备。

第六军分校主任甘丽初率该校学生及平乐专区地方团队，进出龙虎关附近，选要占领阵地，对敌警戒。

靖西指挥所主任陈宝仓（陈是当时长官部的副参谋长），指挥龙州指挥官曾天节、东兴指挥官潘奋南及越桂边讯警部队，严密对越北之警戒。

长官部指挥直属部队构筑柳州之永久性设堡阵地工事。

这个初步计划经蒋介石同意，付诸实施。八月初，第九十三军到达全州。八月八日，衡阳失陷，守城军长方先觉降敌。外围作战部队纷纷向西撤退，敌人向零陵、道县一带跟踪追击，数日后龙虎关、东安发现敌情。八月中旬，黄沙河与龙虎关均已发生斥候战斗。桂柳会战之序幕于是揭开。

在衡阳失陷后，蒋介石令第四十六军黎行恕部由湘桂铁路撤退，第六十二军黄涛部由湘西之武冈经龙胜向柳州撤退，改归第四战区指挥。并指定黎军归回夏威集团建制，与第三十一军协同固守桂林，黄军固守柳州。同时，白崇禧以副总参谋长名义偕军令部第三厅（主管作战）厅长张秉钧、后勤总司令部参谋长汤垚前来战区，亲自指挥作战。当即会同张发奎在桂林开了一个以策划战区整个作战指导为主题的高级军事会议。参加会议的除白、张外，有张秉钧、汤垚、黄旭初（广西省政府主席）、张任民（广西省保安副司令）、夏威、韩练成（第十六集团军参谋长）、张励（长官部高参主任）及李汉冲等。会议进行了一个整天，讨论了如下两个问题：

第一是关于会战指导问题。白崇禧听了我代表张发奎汇报战区的初步作战计划后，他立即不同意这个采用持久守势以确保桂柳的作战指导。他说，我们不能挨打，应采取内线作战各个击破敌人的攻势手段，来达成确保桂柳之目的。要乘敌人沿湘桂铁路正面和沿湘桂公路侧面前进之分离，于桂林以北和平乐附近地区，集中主力与敌决战而各个击破之。这个决战方面的主力兵团，由夏威集团之贺、黎两军担任之。对桂林防守，他亦反对固守设堡阵地之持久战术。他说，桂林之防守，应用依城野战之手段，把主力控制于城外实施决战防御。桂林城防守备部队，他主由第九十三军在黄沙河转进后担任之。至于桂西方面，他说，不得已时可以放弃南宁，坚守柳州。当时大家对白的这个指导方案，都不发表意见，夏威还一再强调桂林城内不能配备过多的兵力。我当时对白的计划很不以为然，我对张说："白的计划，表面上好像很妥当，实际上很危险，以战区现有之兵力和贺、黎两军之素质，对优势敌人之攻势作战，难期有操胜券之把握；况黎军甫由衡阳作战归来，士气、员额和装备均有缺点，怎能担任攻势决战之主力？又陈军将来经过黄沙河作战后，由敌前转进而担任桂林城防守备任务，既不熟悉地形，又无时间准备，也是不切实际的。依我意见，不如仍用战区之指导精神，集中贺、黎两军于桂林，依坚固之设堡阵地和优势之制空权，进行持久防御，以待后援，再行转移攻势，比较稳当（此时蒋允将第九战区之一部转归第四战区使用，并调一个生力军由黔来桂）。"张虽同意我的意见，但说："白是对最高统帅部负责的，自有其智虑之处，我们何必另出主意，将来作战不利，把责任归咎于我。由白一手布置就是了。"于是白的计划作为一致意见，由白即以电话向蒋汇报。蒋虽原则同意，唯兵力使用上仍应照他的前令，以贺军守桂林，不同意改由陈军担任桂林城防准备之意见。白始不得已稍作修改，随即令张秉钧、韩练成和我三人按照他的指示，起草书面计划，制成作战命令，交张签署下达。命令内容大要如下：

一、湘西南之敌，现于衡阳以西集结，有沿湘桂铁路及湘桂公路向战区前进，分进合击桂柳之企图。

二、战区以确保桂柳之目的，以一部固守桂柳两据点，主力乘敌前进之分离，于桂林以北和平乐附近地区，求敌决战而各个击破之。

三、第九十三军占领黄沙河既设阵地，极力阻敌西进，而后依情况逐次向桂林转进，协同第三十一军之桂林作战。限令该军在九月十日以前不得令敌超过全州。

四、夏威指挥该集团军担任桂林方面之作战，以该集团副总司令韦云淞为桂林城防守备司令，指挥第三十一军，另战区直属炮兵一个团、战车一个连固守桂林。如无命令，不得放弃。以该集团之第四十六军控制阳朔、永福一带，依情况候用于桂林或平乐间之作战。

五、第六十二军固守柳州。

六、靖西指挥所仍照前执行任务。

七、战区于荔浦设立前进指挥所（张发奎以参谋吴石、参谋处长李树正无作战经验，令留守柳州。以张励为指挥所主任）。

白为贯彻他的作战指导，会后还与张发奎率领我们几个幕僚视察桂林城郊阵地工事，并到荔浦、平乐间，侦察预定攻击由湘桂公路前进之敌的地形。他说："桂林将成为东方的凡尔登要塞，可以守上半年。"又说民国十九年，蒋介石的中央军朱绍良、毛秉文等部队，由广东侵犯广西，就在平乐的桂江右岸，被广西军队打得落花流水。现在又凑巧在这里打击日军，这是一个吉兆，当年的战史，可能重演一番。

桂林会战的第二个议题，是关于广西全省动员的问题。白说：这次要动员广西全省力量，与敌周旋，要创造一个抗战以来空前的战绩。他说，广西民气刚强，一向有组织基础，可以动员五十万人参加战斗，其中又可以编组五万的基干力量。因此他提议向蒋要求，由第三十一、四十六两军各编一个补充师，另成立两个两团制的独立纵队。他用电话对蒋说，只要中央拨给两师和两纵队的武器装备和饷项，可以在两星期内编成，将来即使后续兵团不能如期到达，这些部队也可以立即参加战斗。蒋介石为当时的形势所迫，只得答应下来，所需装备粮饷令汤尧如数交拨。

但是白的指导计划没有成为实际。沿湘桂公路前进之敌人，还没有通过平乐，桂林已先失陷了。桂林经与敌作战旬余，城防司令韦云淞即弃城逃走了。临时扩编的部队，员额还不及半数而整个会战已结束了。但白崇禧在桂林进入战斗之前，仍坚持其机动攻势作战之意见。我当时真不明白这个"小诸葛"究竟有何神机妙算。直至他以依城野战为借口，将他的外甥海竞强师由桂林抽调出来之后，我才恍然大悟，这次来桂之目的和他的作战指导之实质不外有三种用意：第一，他要保存桂系部队的实力，不愿在这次会战中桂系部队有严重之损失；第二，白想利用这个机会来扩充桂系实力，他幻想扩编五万人的基干力量；第三，他想乘机增加一些武器装备，并且不厌其多。实际上他把大量的新武器秘密储囤在蒙山县之太平、陈村塘，后来这批武器为敌人所获。

战斗经过概况

桂柳会战之序幕，虽于八月中旬在湘桂边境之龙虎关和黄沙河发生了斥候战斗，但正式的战斗是自九月上旬敌攻击黄沙河开始。因敌人进攻桂柳从湖南和广东两方面分进，敌情错综复杂，战况亦互相交错。为便于记述起见，拟按各战斗时间大致之先后，以全州战斗、桂平战斗、桂林战斗、柳州战斗和黔桂线撤退之顺序，分述如下。

全州失守与陈牧农之死

全州位置于湘桂铁路正面，与湖南交界，为桂北门户，在兵要上是桂林的重要前进要点。但全州城里是一盆地，受西北郊高地群之瞰制，且无预设工事，不利于守，故守全州必守黄沙河。战区原令陈牧农的第九十三军以主力占领黄沙河既设阵地，以一个团进出庙头占领前进据点，进行持久防御，在时间上迟滞敌之前进，以掩护桂林之防御准备。第九十三军到达全州后，张发奎和我于八月下旬前往视察，发现该军竟未按照战区命令部署，改以主力置于全州城内，黄沙河方面只使用一个团兵力，作为全州的前进阵地。经张质问，陈答："这是委座所规定，但与战区命令有矛盾，始以一团推进于黄沙河。如果一定要贯彻战区之命令，请再补发一个命令，当遵照执行。"并出示蒋的电令为据。张怕违反蒋的意旨，只得说："既然有委座电令，就按现在部署就是了，唯必须加紧构筑城防工事，并确实控制两侧高地，才能掩护城内和安全后方交通线。"由全州归途中，我对张说："全州地形不好，陈军又抵达伊始，目下情况紧迫，恐无时间来构筑坚固工事。委座远在重庆，不了解实际地形。陈军已归战区指挥，就应执行战区命令才对，否则恐难达成持久任务。"张说："全州战斗的性质，不过是争取时间，得失关系不大。委座指挥部队，向来掌握到师，有时甚至到团，他的命令是不容轻易改变的。为今之计，你可替我补发一个命令给他，规定该军应在全州作坚强之抵抗，不得已时，逐次向兴安大小溶江之预备阵地交互转进。唯自大小溶江以北地区，自黄沙河战斗开始日起，最少须滞敌半个月以上之时间。又各次撤退时机，应候命令。"张既不能坚持原来计划，又不敢向蒋具申意见，一味敷衍塞责，就犯了一大错误。

敌于九月初以先头第十三师团开始向我黄沙河阵地攻击。那时张仍在桂林听候战报。黄沙河经一日战斗即告失守。翌晨，全州开始接触，但据陈军长电话报告，战况并不紧张，敌我主力均尚未展开战斗。讵当夜十二时许，突接全州专员陈恩元由兴安打来电话，说全州城内火光烛天，爆破声甚巨，电话已中断，兴安已发现少数溃兵（兴安距全州仅十余公里），情况似有变化等语。张非常焦虑，即令我星夜驰车前往侦察，并手令由我临时处理一切。拂晓我在兴安与陈军长相遇，据说昨夜十一时西侧高地被敌袭击，左侧背与后方联络线均已受威胁，为便于撤退安全和便于尔后战斗起见，不得不放弃全州。又因情况紧迫，弹药粮秣已无法撤退，不能搬走的乃作了焚毁之处置等语。我问他何以不事先向长官报告，他说因电话中断不及请示。我乃请其立即收容部队，占领兴安预备阵地。后兴安亦只战斗两日，即告不支向后撤退。于是桂柳会战已失战机。张发奎在我转报全州失守经过后，异常震怒，连说非严办陈牧农不可。即以电话向蒋报告，并言陈军长未奉命令，擅自放弃全州，焚烧大批军需物品，应予严厉处分，才能整肃军纪，否则将影响今后战场纪律与部队之斗志。蒋先令扣留法办，但后三日即令就地枪决，并连催立即执行。陈牧农遂被枪毙于桂林城内。

关于陈牧农之死，其中还有一段恐非众所周知的经过。张扣陈后，所遗第九十三军军长职务，令该军副军长符昭骞暂行代理，并准其探监与陈接洽交接任务。陈在狱内，一面托其电渝设法营救，一面将撤退详细经过令其写成一函密呈于张。函中述说他奉命来桂林之时，蒋即对他说："在桂作战，应相机行动，不可以主力投入决战，一切战斗行动，可直接报告我，以我的命令为依据。"又说他在全州撤退之前，已通过电话向蒋报告，并得同意等语。张看信后，虽更加愤怒，但以陈情有可原，不拟置之死地，令我叫他可根据实情详细呈报，以便向蒋要求宽大。后据张说，该副军长因想乘机除掉陈牧农，乃将陈之密函内容转呈于蒋。蒋恐暴露其私，乃即令张速行枪决，以图灭口，并以此来炫耀"大公无私，执法严明"。张发奎亦曾说过这个内幕，并说陈死后，蒋对陈之家属优恤有加。至于有人说，陈牧农之死，实张发奎为张德能报仇（张德能是张的第四军旧属，因失守长沙，为蒋所杀），殊非事实。据我所知，张自始至终均无杀陈之意，只想将陈撤职查办而已。

桂平攻击战斗与顿挫

与敌进犯全州之同时，广东方面之敌为策应桂北敌主力方面之作战，以第二十二、一〇四两师团及独立混成第二十二、第二十三旅团在突破第七战区高要、四会防线后溯西江而上。九月中旬其主力已窜至桂平、平南、丹竹一带，一部窜至蒙山以南之太平、陈村塘附近，且有继续北进，抄我桂柳后背之模样。战区对西江方面，向以梧州以下有七战区部队驻守，又距桂柳遥远，不致有何顾虑，现突然发现敌情，当然手忙脚乱。尤其白崇禧更为焦虑。因在太平、陈村塘储藏有一大批新式武器，不仅有资敌之虞，且将被人揭发秘密，曾亲自往蒙山指挥抢运，后亦损失甚巨。

此时蒋介石令第七战区邓龙光集团及其所属张弛第六十四军和第九战区杨森集团及其所属丁治磐军、罗奇军和杨汉域军等，分由贺县、八步及道县、恭城各路入桂，转归第四战区指挥。唯这些部队除张军战力保持较为完整外，余均系第九战区之败残，士气沮丧，兵员奇缺，尤其罗军虽名为一个军，实际只有一个人数不足五千的第九十五师。而黔桂线上蒋系之生力军，则迟迟不令前进。蒋对桂柳会战之态度，可见一斑。战区以西江之敌，狼奔豕突，桂柳背后威胁至大；且柳州为战区中心，在兵力使用上，亦无法在桂柳两方面同时进行主力之战斗。于是白、张共同决心，放弃平乐间决战之预定计划，改以桂林为北面支撑点，利用桂柳间铁路及柳江水道交通便利条件，转用张弛、黎行恕两军于西江方面，先求击破桂平之敌，排除背后顾虑。得手后，再将主力转用于桂林方面，支援桂林之作战。为确实掩护张、黎两军之集中，先令原在高雷方面之张军第一五五师兼程向桂平前进。并将颜僧武第一三五师及唐纪独立纵队（人数总共不足五千），于武宣东面之金田高地阻止敌人前进。同时又令罗奇军由蒙山向平南、丹竹进击，策应桂平主力之攻击。这个内线作战指导，在战略上本来是积极的，但当对桂平攻击实施兵力部署时，白却以保存桂系黎军之实力为要领，不按原来战区将黎军由贵县渡过邕江，与张军夹江并列，向丹竹、平南进出，遮断桂平敌之后路，并策应张军右翼攻击之计划，借口集中优势兵力于主攻击方面，将黎军重叠配备于张军之后，使黎军得以避免正面第一线攻击之损失。当时我极力反对，张虽已识破白之用意，但张又不敢坚持己见，仍对白唯唯诺诺，遵照白的指示，修正计划传令下去。

桂平之攻击战斗，大概于十月中旬开始行动。按照预定计划，要求速战速决，须于五天内攻击桂平，将当面敌独立第二十三旅团及第二十二旅团之一部全部予以歼灭。由邓龙光统一指挥，张本人亦在黎塘设置前进指挥所，亲临前线指导战斗。攻击正面之兵力，除张军三个师（第一五五、一五六、一五九师）全部展开攻击外，另配有美式一〇五榴弹炮一个团及七五山炮一个营。又美机以柳州机场为基地，经常使用约五十架飞机协同地面部队作战，实施陆、空、步炮协同作战。当时士气旺盛，一举攻略了敌之蒙圩前进据点，但后因敌集中兵力，后退顽强固守桂平城区据点，又我弹药有时接济不上，以及陆空协同动作生疏等原因，攻击至第九天仍未能拿下敌之最后据点，而攻势顿挫。嗣后因桂林方面战局影响，停止再兴攻击，放弃了内线作战全盘计划。尔后会战形势向柳州推移。

桂平攻击战斗顿挫之原因，虽在战略上由于桂林方面战局之影响，战斗上也犯了一些小的过失，但最主要的原因，是军事指挥的不一致所导致的战术部署上错误。据日军华南派遣军司令田中久一在广州投降后供称，当时据守桂平之敌约六七千人，经我军九天之猛烈攻击后，死伤过半，弹尽粮绝，夜间须用竹炮代替枪声。但由于我军没有邕江右岸侧翼之行动，日军右侧背不受威胁，得以缩小防御正面，集中力量来对付蒙圩正面之攻击，因而能支持较长时间之防御战力。如果我军在攻击开始时，能以相当力量在邕江右岸攻其侧背，或能继续攻击二日，则桂平守军将遭全部歼灭之命运。

桂林城防战

九月中旬，第九十三军失守全州、兴安后，撤退于大小溶江之线，归夏威指挥，担任桂林外围之守备。当时敌人似对我军桂林防御力量估计过高，不敢不待后续兵团之到达，即行连续不停之攻击。于十月初集中了三个师团兵力，一举突破大小溶江后，始对桂林展开主力的攻击。

桂林地形，市区岩石矗立，三面环抱，东面滨漓江，郊外平野开阔，形成天然之要塞堡垒。八月间决定确保桂林后，即从事永久性工事构筑，利用岩石内洞，设备了纵横交错可以抵抗十公分加农炮和五百磅飞机炸弹侵彻力的各种火力与人员掩蔽部，编成了各个独立而又互相联系的堡垒群。为弥补滨江薄弱地带的缺点，除了沿河设置了各种障碍外，还将东岸的七星岩编成了一个坚固的独立据点，与市区交叉火力互相呼应。军需品如粮秣弹药等储备了足供半年之用。在地形工事设备上来说，喻之为东方凡尔登实不为过。美国副总统华莱士曾于战斗前来桂视察，亦认为防御设备相当坚韧。白崇禧且在华莱士面前大夸其地形之良好与桂系部队之战力，保证桂林可以固守半年。华莱士说："只要守上三个月，就可以创造其他方面有利的情况，桂林之围，那时可以不救自解。"并保证在柳州机场控制充分之空军，取得绝对之制空权，以协助城防部队之战斗。还答应供给一批美式武器装备如火箭筒、无线电报话两用机等。

按照白崇禧的桂林防御计划，由夏威指挥第三十一、第四十六、第九十三三个军与敌进行决战。以第三十一军担任守城，为攻势转移之支撑点；以第四十六、第九十三两军配置于大小溶江方面，乘敌渡过大小溶江后，利用与桂林据点相衔接之斜交袋形阵地，从东西两翼转移攻势，包围敌人于桂林北郊而歼灭之。但后第四十六军第一七五师和第三十一军海竞强师调去了桂平，第九十三军自陈牧农死后内部人事互相倾轧，军心极其衰颓，白崇禧的计划完全落空。即尔后第九十三军在大小溶江，也只稍为抵抗，即向桂林西侧山地转移，说是掩护桂林之左翼，实际上是为城防部队先铺好一条退路。

桂林城防守备任务，蒋介石严令规定由贺维珍第三十一军担任（该军辖第一三一阚维雍师和第一八八海竞强师，另第一三五师驻防平南一带），兵力配备，原以阚师担任北面和西面复廓阵地，这是重点方面。海师以一个加强团守备河东七星岩据点，以一部担任沿河及南面之警戒，余为总预备队。原来阵地是按三个师兵力使用设计的，现在只有两个师，已感不足。不过阚、海两师，均系久经训练、尚未参加战斗之生力军，如能上下一心，坚持战斗，亦必能取得相当之代价。讵料白崇禧在全、兴失守之后，桂林即将进入战斗之时，仍坚持依城野战方针，将海师抽出城外（后又拨归黎军指挥，转用于桂平方面），所遗任务，由阚师抽派一个团接替七星岩据点，由许高阳第一七〇师勉强调入城内接替海师之东南面任务，致守备兵力与阵地正面更不相称。当时张、韦、贺等均不敢同意，但白一再强调确保桂林不在于城防方面，而在于外围决战方面，城内兵力应力求节约使用，还说优势之空军力量可抵一个军的力量。张等无可奈何，韦、贺亦只得暗中叫苦。白为什么要变更这个部署呢？张对我们答复了这个问题，张说："海是他的外甥，怎能见危不救，这是白的为人和用心之处。"又白以韦云淞为城防司令，说韦在民国十九年滇桂内战时，有坚守南宁半年的经验。实际上白以韦年已耳顺，来日无多，不如乘此机会，给他一个"名利双收"。当韦受命之日，白即授意他亲自出面要求，要补充多少枪械弹药，多少粮秣给养，多少鼓励士气的犒赏费和安家费。事后张对我说："我早知韦云淞无与城共存亡之决心，不过白这次有意给他和一铺'北风北'的两番而已，桂林之失定矣。"我说："你是战区的司令长官，负有整个会战胜败的责任，桂林得失，关系重大，为何不坚持你的意见？将来桂林不保，你将为十手所指，难逃罪咎矣。"张喟然曰："反正是广西的事、广西的人，我何必得罪他们，即令桂林失守，究竟谁负责任，自有公论。"

十月二十九日，敌人对桂林展开全面攻击，初以城北为攻击重点，因阚师之奋战不得逞。十一月四日敌对七星岩据点施放毒瓦斯，我官兵八百余人死于岩内，十一月五日七星岩遂失守。敌乃改攻河西岸阵地为重点，经几番激烈争夺，我军未能限制敌之渡河。敌渡河成功后，即占领沿江几处据点，向城内逐步扩大战果，并加强桂林城四围攻势。敌人逐点攻击，至十一月十日我守军因死伤甚重，各据点逐一为敌突破，第一三一师师长阚维雍乃自杀于指挥所内。韦云淞、贺维珍等突围出城，城防参谋长陈济桓自杀殉国，第三十一军参谋长吕旃蒙阵亡。十一月十一日桂林遂告失守。

柳州之防守战

日军在围攻桂林的同时，分兵南下柳州，与桂平方向之敌南北夹攻柳州。此时柳州四面楚歌，情况异常紊乱，张发奎不得不勉强支持。张对柳州的作战指导方针是：柳州按敌我现在情况是无法固守的，但如能多守上一些时日，也可以挽回战区一点面子；如因此能得到援军，在宜山附近站稳脚跟，保有桂西北一隅之喘息余地，更是喜出望外。于是在敌将近合围柳州时，他在柳州长官部匆促地开了一个军长以上的会议，夏威、周祖晃、杨森、邓龙光、黎行恕、黄涛、张弛、罗奇、丁治磐及杨汉域等均出席。会议决定：杨森指挥丁、杨、罗三个军担任柳州方面之作战，并指定丁治磐担任柳州城防之守备。夏威指挥黎军及第九十三军于宜山以东忻城至罗城之线，占领预备阵地，尔后以确保宜山为任务；第三十一军海竞强师应先进出柳城，阻止柳州之敌西进。周祖晃仍率领颜僧武第一三五师及姚、唐两纵队于迁江附近红水河左岸警戒，掩护柳州、宜山之右侧。邓龙光指挥张、黄两军，在来宾以西地区与敌保持接触，而后向那马、都安、红水河两岸地区活动，与夏集团联系，保存桂西北最后地区之安全。

张于柳州会议后，即向蒋汇报部署情况，并说现敌以十万之众合击柳州，我军均系败残之余，杨森集团号称三军，实际不足二万人，现虽勉强部署，只难期能久守。要求增援两个生力军前来，方能挽回颓势等语。但是，援军一直未见到来，局势严重，张发奎乃对丁治磐说："我绝不要求你死守柳州，只希望你尽力支持，愈久愈好。"又对杨森说："我二人非到不得已时，不要离开柳州。"于是故作镇静，日夜与杨纵酒谈兵，至四郊枪炮声大作时，始转大塘指挥所而去。但他对丁治磐的一句话，却为丁不战而走做了根据。

原为蒋介石指定防守柳州的第六十二军军长黄涛，怕担任柳州的城防守备，向张请求改调任务。张徇同乡之情允为相机照顾，后即通过我的设计，乘西江敌窜据桂平，武宣方面危急之际，先将该军李宏达师由柳州抽出增援武宣，以为尔后将该军逐次调出柳州外围，免除守城任务之借口。杨集团三个军，虽然均担任城防任务，但互相推诿。杨汉域是杨森的侄子，该军是杨森的老本，当然杨不同意。罗奇只有一个师，兵力不足守城，且我与罗奇有旧交，亦从旁代他说话。于是这个任务就落在丁治磐身上了。丁治磐对守城任务，部署极为巧妙，他一方面在张发奎面前自告奋勇，表示愿与柳州共存亡；但另一方面却在张、杨离开柳州之后，即暗中将步兵主力移出城外，改以一部炮兵配置城内，在敌接近时，在城内发炮射击，以示其在城内战斗。罗奇以蒋嫡系自大，不愿归杨森指挥，又怕在兵力使用上吃亏，在柳州转进时，乃擅自不受命令，独向桂西而去。张发奎以桂西北为战区最后剩余地区，将来要在桂西北生存，就非保留一部比较可靠的实力不可，因此他看中了张、黄两军

（均系粤系部队），在部署时，有意照顾两军向都安、那马一带比较安全的地带撤退。

柳州虽经张发奎部署一番，但实际没有主力战斗，丁治磐军仅隔河与敌先头搜索部队对战一天，即以"不必死守柳州"为依据（张发奎后来要追究丁不战而走之责任，丁乃以此向蒋申辩），不待敌之主力之展开，即弃城而走，杨森本人亦同时率杨军远走黔桂边境宜山以西之荔波。其他部队亦多是与敌稍一接触，即仓皇而逃。

黔桂线上撤退之惨状与六寨之悲剧

张发奎于柳州失守后转至宜山，尚图于宜山以东地区令第四十六军再作持久之防御。他对夏威说："第四十六军与第三十一军的海竞强师是战区现在唯一之生力军，应该一显身手。"不料第四十六军与敌开始接触，便相继溃败，把部队拉向西北撤退，因此，不但战区有组织、有计划的战斗已告终止，而且令敌人东突西窜，使整个桂北地区一夕四惊。夏威于宜山仓皇出走，周祖晃在宿营地受敌袭击，总部副参谋长孙宝刚受敌夜间袭击受伤。敌陷宜山后，马不停蹄地继续沿黔桂路疾进，此时张发奎手无部队，只得亲率特务团与一部炮兵在怀远阻止敌之追击部队，并掩护破坏怀远铁桥，其状至为狼狈。

但千百万不愿做亡国奴的人民，此时则携男挈女在黔桂线上奔逃，与向北飞驶的各种军队车辆交织成为极不调和的人流。在怀远以北黔桂公路上，沿途都是难民，风餐露宿，拥塞道途，为了逃命与减轻行李负担，他们沿途抛弃物品，有的最后已是倾家荡产，孑然一身。尤其凄惨的，不少人与自己的家人走失，呼亲觅幼的哭声，令人不忍闻睹。张发奎从怀远撤退途中，拾了一个两岁的女孩，取名怀远，交其妻抚养，旋病而卒。

桂柳会战最后之一幕，是六寨的大悲剧。张发奎兵退六寨后，贵阳震动，蒋介石将南丹之陈素农军交张发奎指挥，在南丹附近掩护撤退，因而张得在六寨停留数日，从事部署各军溃兵及后方机关人员眷属及物资等之收容与撤退。这时六寨之难民与溃兵人山人海，挤得水泄不通。在张到之第三日下午一时左右，突有美机十六架在六寨低空盘旋散发传单，传单内容说：所有撤退之军民人等，应避开公路大道行走，因公路大道是轰炸的目标，很为危险等语。六寨军民，当时看到是美国飞机，不以为意，仍在这个小市镇上和公路上以及麻尾火车站附近麇集，处理其后退事务。两小时后，美机再度出现，即在六寨市内及麻尾火车站一带投下几十个炸弹，登时炸得血肉横飞，尸横遍地。张发奎那时在六寨汽车站旁的一座小洋房内。美军联络组人员则在六寨至麻尾的公路上的一个小村庄，附近几十公尺处均落有炸弹，虽未命中，亦饱受惊慌。因当时撤退到六寨的部队、机关和难民等，混杂不堪，不但死者姓名籍贯无法调查，即人数亦无法统计，特别难民有的已经是全家炸死，连调查亦无从着手了。估计死伤至少在三五千人以上。张发奎在死者消息纷至沓来时，听到军训部的中将监督陈克球、四战区干训团少将教育长王辉武、高射炮兵少将指挥官岑铿和八个上校及不计其数的中下级官佐士兵都已遇难之后，也不免流了眼泪。

事后据美军联络组博文上校转来美军顾问团的备忘录说：因接美军联络组在六寨发来的电报，说敌人已到达金城江北侧之六甲，因译音相同，美空军指挥误为六寨，因而误会轰炸，造成惨事等语。究竟真相如何，事后未再追究。

张发奎后来转到独山、都匀，解除了继续指挥作战之任务，由汤恩伯以黔桂湘总司令接替其指挥。汤对第四战区入黔境之部队，均予缴械监视，即张的卫士排的武器亦不能例外。这时弄得张发奎狼狈不堪。

第七十九军在桂林作战

方　靖

　　敌人自一九四四年八月八日攻陷衡阳后，继续沿湘桂路向广西进犯，首先突破黄沙河攻占全州。十月八至九日，日军第十一军约三个师团集结于兴安、全县、灌阳附近。十月中旬，敌分三路向桂林进犯，一路向大溶江、一路由兴安向高尚田，一路由灌阳向海洋坪、大圩，目标都是指向桂林。

　　第七十九军在一九四四年十月以前的行动概况。该军（军长王甲本、副军长甘登俊，九十八师师长向敏思、副师长朱济猛，第一九四师师长龚传文、副师长徐会春，暂编第六师师长赵季平、副师长龙矫）原在湖北公安、藕池口一带与日军对峙作战，于八月间奉命参加衡阳会战。在衡阳外围西南之观音堂附近地区，与敌人作战，直至衡阳被日军攻占后，在撤退途中，直接经过红炉寺东安间之山口村，忽与日军先头部队遭遇（此时敌人也是由红炉寺方面向东安前进）。军长王甲本走在警卫营先头，相距后面部队二三百米，刚到达山口村以北约距山口村二百米处的高地，发现村内有部队，还认为是友军，由高地下坡抵达山口村数十米才认清是日军，开枪射击，而敌人用机枪还击。军长王甲本当时臀部腿部受伤，旋有敌兵三名用刺刀和大刀将军长王甲本砍死。随即我后续部队赶到，将敌击退。

　　第七十九军随后即调到武岗附近整训一个短时间，至九月底奉命经广西龙胜到桂林城东北高尚田一带地区，归第四战区副长官兼第十六团军总司令夏威指挥，加入桂林外围战斗序列。

　　──────────

　　[※]　作者当时系七十九军军长。

我桂北最高军事指挥官是第四战区副司令长官兼第十六集团军总司令夏威，当命第九十三军加强防御工事守备大溶江阵地，命第七十九军守备高尚田之线，命新编第十九师守备海洋坪之线，各军在大溶江、高尚田、海洋坪之线，拒止敌人，未奉命令不得擅自撤退。当时第十六集团军总部位置于永福县城，设指挥所于桂林城内，夏威又命令第四十六军所部副师长巢威由各军抽调六个步兵营组成一个纵队开赴高尚田，归第七十九军指挥作战（此时我是从第六十六军军长调任，尚未到职，暂由副军长甘登俊代理）。即命巢威为军之右翼守备队，守备高尚田之观音顶、雷公顶阵地，军之左翼队是第七十九军第九十八师师长向敏思。

十月十七日敌人全线向我阵地总攻击（仍是试探性的攻击模样），战斗较为激烈，经过两日战斗后，敌人停止攻击，每日仅有零星小接触（似在做最后攻击准备）。至二十四日起敌人又发动总攻击（是在雨天进行），较上次更加激烈，我军正在坚守原阵地抗击中。

我原是第六十六军军长，于一九四四年九月十七日以前是在湖北松滋县刘家场担负宜都枝江松滋江防守备任务。九月十七日奉到调任第七十九军军长的命令，当即将第六十六军军长职务移交副军长宋瑞珂接替，于九月二十六日后，步行经湖南桃源、沅陵、辰溪、宝庆、洞口、武岗、通道、广西龙胜、义宁，至十月二十六日下午到达桂林市。当即赴桂林北门城内中国银行，第四战区指挥所见到副长官夏威，接受作战指示，了解当面敌情和桂林外围第一线正在激战中的情况以及准备城防守备计划等。这天晚上即与第一线第七十九军军部甘登俊副军长及第九十八师师长通了电话。此时该师正在与敌进行阵地争夺战，甚为紧张。我与甘副军长及向师长说："要尽全力，坚持战斗，固守阵地；要服从命令，完成任务，没有命令不得退后一步。"我第二天（十月二十七日）同第九十三军军长甘丽初乘吉普车前往灵川视察（沿途经过几道河，大都是用木船装上吉普车渡河，只有一条河架了浮桥）。到达灵川后，正遇到第一九四师龚师长传文，该师刚从大溶江方面向高尚田、灵田增援，我当即予以鼓励："务必保持以往英勇奋战的精神。"下午由灵川返回桂林城内，随即赶赴桂林城东北约十公里的灵田西南地区第七十九军军部到任。当时得悉第七十九军正面部队正在与敌紧张激战中，已有一部阵地被敌突破，仍在坚持战斗。

十月二十八日，第九十八师及第一九四师在高尚田原阵地，稍后第二线既设阵地与敌坚持战斗。至下午第九十三军方面之右翼被敌人突破，该敌已有一部侵入两军衔接部，我新增援第四十四师部队堵击窜入之敌，已有一部被击溃，仍在与敌战斗中。

本军战至二十八日晚十时，奉到副司令长官夏威下达我第一线阵地全线总后撤的电话命令（另有笔记命令），着第七十九军即于本日晚十二时开始后撤至桂林以西四合村附近占领阵地，拒止敌人；第九十三军着于本晚十二时开始后撤至桂林以西四合村义宁间占领阵地，拒止敌人；第十九师撤至桂林南端李家村附近集结待命（战区在桂林城内的指挥所移至桂林永福间）。

第七十九军遂即于十月二十八日晚十二时开始后撤，至二十九日下午到达桂林以西四合村附近时，又奉战区副长官夏威命令，指定第七十九军第九十八师编足一个加强团（该师第二九四团），团长王卓如率领于十月三十日进入桂林向韦云淞城防司令报到。该团是由第九十八师全师各团挑选的精干官兵共有两千多人编成的，迫击炮、机枪、六〇炮武器齐全。

第七十九军军部于二十九日下午到达四合村宿营时，接到副长官前进指挥所参谋长韩练成电话说："此次第一线部队后撤，张长官是不同意的，其责任已完全由夏副长官担当起来了。因为你们各军伤亡甚大，又无预备队增援，所以决心后撤，固守桂林城，尚希各军长勉励所部，再接再厉，坚持奋战，以竟全功。"

桂林城防部署如下：

一、以第一三一师守备中正桥以北沿河区北门至甲山口之线，及河东岸屏风山、斧头山、七星岩、猫儿山、水东街沿河之线及各军独立据点。该师部署是以第三九三团（团长陈村）守备中正桥以北沿河至北门之线；以第三九二团（团长吴展）守备北门至甲山口之线；以第三九一团（团长覃泽文）两营守备河东岸各个独立据点及水东街沿河之线，该团另一营为师预备队控制于师部附近。

二、以第一七〇师守备中正桥以南沿河区之定桂门南门、西门至甲山口之线及象鼻山、将军桥、将军山各个独立据点。该师部署是以第五一〇团（团长郭鉴淮）守备中正桥以南沿河区定桂门、南门之线；以第五〇九团（团长冯丕临）守备西门以西沿河至甲山口之线；以第五〇八团（团长高中学）两营守备象鼻山、将军桥、将军山各个独立据点，由该团抽调一营为师预备队，控制于南门附近。

三、第七十九军第九十八师加强团（二九四团，团长王卓如）守备德智中学及以西山地猴子坳、尖峰坳等各个据点。

四、军直属炮兵营，以一连（山炮四门）配置象鼻山，以一连配置北门附近，以一连配置南门炮六团，十五加农炮四门配置皇城附近。炮兵统归炮兵指挥官炮六团陈团长指挥。

五、总预备队两营（第一八八师步兵一营，第一七〇师步兵一营），控制于北门附近。

第七十九军第九十八师的第二九四团（加强团）团长王卓如于十月三十日下午率领该团，遵照部署进入德智中学及以西山地猴子坳、尖峰坳各个据点。

十一月二日第七十九军军部直属部队及第九十八师（欠第二九四团），以及第一九四师集结在两江圩南北地区占领阵地。至十一月六日，时有敌人骑兵小部队十余人进犯，皆被我警戒部队击退。

第九十三军甘丽初部第八师师长马叔明及第十师师长王声溢，于十一月二日前也由灵川撤至桂林以西四合村义宁间占领阵地，加强工事拒敌南进。

第七十九军之军部与桂林城防司令部及第九十八师第二九四团王团长从十一月一日至九日，每天用无线电话都能联络一两次，直至九日下午无线电话联络中断。

十月三十日下午六时，河东岸苗山附近，北门车站以上地区，发现敌之先头部队。十月三十一日上午七时，河东岸之敌向我屏风山、猫儿山作试探性的攻击。下午三时，将军山以南李家村附近及西门外检查站附近和猴子坳以西地区发现敌人，这时日军已形成对我桂林城的包围圈。

从十一月一日至五日敌人每天向我屏风山、猫儿山、将军桥及德智中学以西石山地区阵地进攻，北门车站以北甲山之线，皆有零星小战斗。德智中学以西山地被敌攻占一个据点，守军第七十九军第九十八师第二九四团之一个连仅生还八人。

十一月五日这一天敌人有两千余人在敌炮兵十余门支援下向我德智中学以西山地之阵地猛力攻击，由上午七时开始战斗至黄昏时，山地阵地被敌攻陷一半，仍在继续战斗。北门、河东岸、西门将军山之线，均发生激烈战斗。

十一月六日上午四时，敌占领河东岸斧头山、七星岩山顶，我守军仍在各岩口独立据点，与敌作激烈的战斗。下午六时，水东街沿河阵地均被敌攻占，我守军退回各个岩洞的据点内，继续作战。桂林河东西岸的交通被敌截断，城内与七星岩第三九一团通信利用无线电话联络。北门外有敌战车八辆掩护步兵进攻北门，被我战防炮击毁二辆。敌攻击部队伤亡很大，同时将军山、西门、甲山、德智中学以西地区，均在激烈战斗。

十一月七日，敌战车掩护步兵分向我西门、北门阵地攻击，被我击毁西门攻击之敌战车三辆，又在北门击毁一辆，该敌旋即退去。河东岸敌人利用火焰器攻击成岩洞各个据点，将岩洞外的树木全部烧光，我守军仍继续战斗。

十一月八日，敌竟日向我攻击，敌空军协助战斗，我德智中学以西地区，除猴子坳及德智中学外，全部被敌攻占。我第二九四团伤亡甚大，当即混合编组仅有一个营兵力，仍守住猴子坳及德智中学各个据点与敌战斗。

十一月八、九、十日三天内，敌我反复冲杀，终因敌我兵力悬殊，桂林城有几处被敌强行攻破。十一月十日，河岸各据点无线电话不通，已中断六小时，河东岸战况不明，德智中学以西山地大部陷入敌手。与第七十九军第九十八师第二九四团通信，无线电话、电报皆不通，虽然各方阵地仍在战斗，但我官兵伤亡过大，守军战斗逐渐削弱。最后，韦云淞召集守城部队长官开会，决定突围，当晚突围出城。十一月十一日敌人攻进桂林城内，我守军部队蒙受很大伤亡（数目不详），随后调查，除有千余人被日军俘虏外，其余大部分向永福方面退去。我第七十九军第九十八师第二九四团有两千余人坚守德智中学及以西山地各个独立据点，遭受敌重点围攻，处于孤立无援的境地，亦于十一月十一日全团被日军歼灭了（该团从十一月十日下午无线电话、电报皆中断了）。

十一月十三日，第七十九军部队即军部直属部队、第九十八师（欠第二九四团）余部及第一九四师，奉命撤至百寿县待命。桂林防守战役至此结束。

桂柳会战的第六十二军

许让玄※

一九四四年夏，第六十二军奉蒋介石命令由粤北入湘参加衡阳外围作战。第六十二军在衡阳城外与由长沙来的日军作战，结果不利，第六十二军阵亡副师长余某，士兵伤亡和散失总共约七千人。第六十二军被迫由湘桂铁路退入广西，先在桂林整理，整理结果只剩余七千多人。

第六十二军从粤北出发时，实力有万余人，在湘南又补充了一批美式武器，如战车防御炮、手提机关枪、小型迫击炮等，但是作战结果还是吃败仗。由于战败的关系，造成混乱状态，粮食、弹药、医药、服装等补给都极端困难。伤病人员没有得到及时的安置，因此死掉不少人。在此情况下，在广西境内的第六十二军实在无力继续作战。

湖南衡阳会战失败后，蒋介石以桂北的全州、桂林、桂中的柳州各地为战略据点，他要守军在每个据点死守三个月。蒋介石这样做，是想延迟日军打通大陆交通线的时间，以等待抗日战争胜利的到来。他自己的嫡系军队，则放在云南、四川、贵州、陕西等地。当时在广西的桂系高级将领，对蒋介石的做法不满，因此计划不用主力去抗拒日军，想保存实力。但士兵对此颇有怨言，他们说：没有看见日军的影子就逃跑，究竟跑到什么地方才停止呢？不打死都要跑死，与其跑死不如打死好些。

蒋介石按照他的计划，派第三十一军与第四十六军担任死守桂林城防；第六十二军死守柳州城防；第六十四军死守贵县、桂平地区。蒋另派他的嫡系部队第九十三军死守桂北全州、黄沙河之线，主阵地设在全州，前进阵地设在黄沙河。

※ 作者当时系第六十二军参谋长。

第六十二军自在湖南衡阳战败后，撤退到广西境内，只剩下七千多人，蒋授命要这些人死守柳州城三个月。我当时是参谋长，为了这事忧虑了好几天。若按照命令实行死守柳州城，第六十二军只剩下这七千多人，同时又在作战物资缺乏情况下，必会遭到守衡阳的同样命运；若放弃柳州城不守，又恐怕做陈牧农（放弃全州被枪决）第二。尤其是第六十二军军长黄涛，他害怕将来难免会有与方先觉和陈牧农一样的结局。当时我与黄涛一样心态。后来我向黄涛建议：表面应装成积极准备死守柳州城的姿态，以镇定人心；而对内另用一套，暗中做好弃城逃跑的准备。我计划俟日军接近柳州城约一日行程时，就派人在城内四处用汽油放火烧房屋，诱说这是汉奸在城内响应日军，第六十二军就可以借此为理由放弃柳州城防撤走。当时，黄涛同意我这个建议。随后我将这个计划的内容通知第一五一和第一五七师师长，着他们准备放火的汽油和布置担任放火的人员。

一九四四年十一月上旬，广西武宣县告急。武宣是柳州外围重要据点，武宣不保，就会影响到柳州的防守。第四战区司令长官张发奎对此非常重视。但我当时抱着不同的看法，我认为这是放弃柳州的时机到了。我乃借此向张发奎建议：抽调第六十二军死守柳州城的第一五七师三千人出城去援救武宣县。我这个建议得到张发奎同意，这是我放弃柳州城撤走步骤，第一步得到实现。在十一月九日左右，我又借柳州外围据点贵桂石龙情况危急为理由，再次向张发奎建议将守柳州城第六十二军剩下的四千多人调去援救柳州、武宣间的石龙，张发奎也答应了。张两次采取了我的建议。张发奎将第六十二军全部调离柳州城后，将死守柳州城的任务另交给丁治磐第二十六军接防。事情至此，第六十二军的金蝉脱壳计划全部实现。

一九四四年十一月十一日，第二十六军借口兵力不足，不能固守柳州城防为理由，自动放弃柳州城防任务，取道经宜山、河池向贵阳撤退。张发奎这时对自动撤退的第二十六军却一筹莫展。因为他身为第四战区司令长官，是自己先带头向贵州撤退的。在这期间，第六十四军在广西桂平蒙圩与日军展开了一次激烈的战斗，给日军以打击。第六十二军全部离开柳州城后，在柳州西边的大塘地区与第六十四军会合。自张发奎的司令部向贵州撤退后，留在广西境内的第六十二军与第六十四军，失去了指挥系统，就像一盘散沙一样。后来推举第三十五集团军总司令邓龙光负责担任广东部队的指挥，决定向忻城撤退。第六十二军向忻城撤退途中，在忻城以东地区，遭受日军埋伏部队的袭击，整个步兵团被消灭，团长钟某阵亡。第六十二军进广西以来首次遭受重大损失。

　　第六十二、第六十四军到忻城后，以忻城接近宜山（宜山是通往贵阳的大道，但已沦陷日军），因此感觉到忻城不安全，决定向都安县撤退。

　　第六十二、第六十四军在都安驻扎一个短时期，觉得都安地方狭小，粮食补给困难，决定再向南宁地区移动就食。另外设法与第四战区司令部恢复联络关系。在往南宁途中得消息说：南宁早几天就被日军第二十三军占领了。至此，邓龙光又改变计划向桂西边境百色地区撤退。

　　一九四四年十二月一日，第六十二、第六十四军到达了广西田东县以东地区，对南宁日军警戒。不久，第六十四军在果德县地区与南宁方面开来的日军接触，经过了一次战斗，将日军的进攻态势阻止。

　　为了防备越南方面的日军袭击百色，第六十二军开至广西靖西县担任右侧翼掩护任务，而第六十四军仍旧在果德县地区防备南宁方面日军的再次攻击。这时候的百色已成为部队整理和作战物资补给基地。

桂林防守及沦陷经过

覃戈鸣[※]

蒋介石命令"死守"

一九四四年夏，日军以十二万人发动所谓打通大陆交通线的湘桂战役，蒋介石命令第四战区（司令长官张发奎）在广西的全县、桂林、柳州各"死守三个月"，并以桂林为防守重点，将新桂系在广西的武装部队集中到桂林这一个战略要点上。当时新桂系的白崇禧以军委会副参谋总长的身份到桂林指挥衡阳战役，调集兵力对围攻衡阳的日军进行反包围，以图解衡阳之围，阻止日军向广西进犯。但蒋介石把他的中央军控制在贵州。向衡阳外围的日军反攻的一部分部队（包括粤军、桂军及中央军）军令不一，士无斗志，反攻毫无进展。白崇禧打算在桂林组织一次大战，即打算以新桂系的第十六集团军主力守桂林，并请求蒋介石以在贵州整训的中央军主力部队，于日军围攻桂林受到一定程度消耗后，调入广西向日军反攻。八月间，在白崇禧指导下第四战区的兵力部署概要如下：

一、第九十三军（中央军，军长陈牧农）"死守全县三个月"。

二、在桂林成立一个"防守司令部"，由新桂系第十六集团军中将副总司令韦云淞担任防守司令。守城部队为第十六集团军的两个军的主力，即第三十一军的军部及其第一三一和一八八师，第四十六军军部及其第一七五和一七〇师，任务是"死守桂林三个月"。

三、第四战区司令长官部所在的柳州则以广东方面调来粤军第六十二军（军长黄涛）和第三十五集团军（总司令邓龙光，实际上这个集团

军只有第六十四军一个军，其原属的新二军已不存在）防守，任务也是
"死守三个月"。

四、第十六集团军总部（第四战区上将衔副司令长官夏威兼总司令）
除了指挥桂林防守司令部之外，还指挥下列部队：

（一）向衡阳外围雨母山反攻失败后，退回广西桂林东乡大圩一带的
新编第十九师（属于第四十六军的一个师，少将师长蒋雄），作为策应桂
林的城外的机动部队。

（二）由第十六集团军中将副总司令周祖晃指挥的第一三五师（属于
第三十一军的一个后调师，少将师长颜僧武）及由两个保安团编成的唐
纪纵队，在平南、江口、丹竹机场一带对由广东方面进犯的日军防御，
掩护柳州。

（三）由两个保安团编成的姚槐纵队。

（四）各专区的保安部队、民团。

（五）临时编组起来的所谓游击支队等（在桂林东乡有黄绍之支队，
南乡有胡国秀支队。桂林疏散时由防守司令韦云淞将"桂绥"仓库里的
旧枪、杂枪发给他们几百支，而大部分的武器是本地封建势力的）。

桂林防守司令部的组织

一九四四年七月，韦云淞被任命为桂林防守司令，是白崇禧选拔并
向蒋介石保荐的。因为一九三〇年滇军入桂围攻省会南宁时，桂军死守
南宁的部队就是由韦云淞指挥，他守了几个月，等待白崇禧在柳州组织
训练部队进行反攻。守军把南宁的存粮吃光，再以商人囤积的黑豆充饥
的时候，白崇禧指挥援军由邕宾路、昆仑关和邕武路、高峰隘之间钻隙
出五塘，拊滇军围攻部队之背，将滇军打败，恢复了桂系的广西地盘。
白崇禧认为可以把过去打内战的经验作为基础，在桂林对日军的抗战中
重演一次"死守待援""里外夹击"的战术。韦云淞被白崇禧看成桂系中
唯一"能守"的"爱将"，现在又把"死守"桂林的任务交给他。韦云
淞不是不知道过去打内战时，"死守待援"和现在抗日的"死守待援"条
件不一样，但白崇禧这时夸奖他"黑豆节"的"光荣"（桂系把守南宁
开始吃黑豆的那一天称"黑豆节"，以纪念打内战守南宁的将士的"功
劳"），他要保持"光荣"，要对白崇禧效忠，无法摆脱这个艰险危难的任
务。有不少人看到韦云淞被任命为"桂林防守司令"，要在桂林"死守三
个月"，很替他担忧。在这种情况下要组织防守司令部是不容易找人的，
因为人们都看到蒋介石命令桂系部队"死守"桂林，命令粤系部队"死

守"柳州，他的嫡系大军却控制在贵州"整训"，实际上是等待胜利（德、意、日轴心国家败局已定）。韦云淞找不到适当的人当他的参谋长。我原是他的部下，见到自己的老长官有新的任命需要人用就去找他，我打算去做他的参谋处长（我当时是上校级，按编制参谋处长也是上校级），但我去和他见面之后，他就要我代参谋长并报经白崇禧同意了，于是我就帮助他组织防守司令部。八月上旬，防守司令部大致按照军委会规定的编制组织起来，主要的是两个单位，参谋处和总务处。韦士鸿（韦云淞的堂侄）当总务处上校处长，总务处其他的成员都是韦云淞的旧部；叶振文（韦云淞的旧部，当过第三十一军第一八八师的参谋主任）当参谋处的上校处长，参谋处其他的成员大部分是由我找来的，都是韦云淞的旧部和我的旧同事或部下；另外有一个中校级的军法官陈芹声，一个相当于少校级（编制相当于中校级）的秘书龙贤关，也都是韦云淞的旧部。

由于桂林防守司令部指挥两个军部——第三十一军和第四十六军，这两个军的军长都是中将级，参谋长都是少将级，我以上校（支少将薪）代防守司令部的参谋长，很难和他们打交道。而且桂林当时中央的、地方的，各党、各派、各系的，大、中、小机关很多，我没有应付的才干和经验，实在干不了。八月底或九月初，过去韦云淞守南宁的副手陈济桓向韦云淞表示，坚决要求参加防守桂林，韦云淞很高兴，报告白崇禧，白崇禧也很高兴。只是他是一个桂系的老中将，军委会无名，他的资历不能当防守副司令（不但军委会不会批准，下面的两个中将军长也不会接受），也不适合于当参谋长（按编制参谋长少将级，必须具有一定的学历，受过一定的参谋教育，他是一个"黑官"中将，又没有受过参谋业务的教育），只好由桂林防守司令部发表他为"中将参谋长"，不向军委汇报，当"黑官"，把我改派为副参谋长（编制上并没有副参谋长，但我代参谋长军委会有案）。九月，参谋处长叶振文活动当临桂县县长，以便逃出"死守"的桂林，韦云淞见他无心参加守城，同时希望他出城去保持与城内的联系，以便在守城中由他那里得到城外的情报和供应支援，在突围时得到他的联络人员带路等便利，就批准和介绍他去当临桂县的县长，于是参谋处长的业务也由我来兼办了。

慌乱一团的疏散

八月，衡阳守将方先觉向日军投降，中央社发出消息说方先觉决心在衡阳"成仁"，并说他打电报给蒋介石："来生再见！"桂林各报都以首要的地位刊登出来。接着桂林防守司令部就根据军委会和第四战区司令长官部的电令强迫疏散。当时桂林的情况非常复杂，要疏散的人口和物资很多，我对这些情况毫无调查，极不了解，什么疏散计划也没有。交通运输工具除了火车由战区司令及其所属的机构掌握安排，遇到请求疏散的机关认为安排不当由防守司令解决外，防守司令部曾下令并派部队去控制汽车和船只。在桂林的许许多多的机关的汽车是不接受控制的，只强制控制了一部分的商车，但开出去后就不再回来。比较容易控制的是船只，我派秘书龙贤关等几个人去办理控制调配汽车、船只（主要是船只），疏散人口物资的业务。我对于关系广大人民生命财产的疏散这样重大的问题不放在脑里，很少去规划和指导疏散的事情，而是把主要注意力用在侦察阵地和规划阵地构筑，以及处理桂林防空警戒等方面的事情去了，因此在疏散方面，造成很大的混乱，我有严重的责任。火车的车厢里、车顶上，凡是能够容身的地方都挤满了人，火车开起来非常危险。不仅由于抢车有不少人受伤，而且还有撞车、翻车的。记得曾有人向我报告，火车曾在苏桥撞了车，死伤了许多人，听说桂南路有一家老商号全家大小都在这次撞车中遇难了。火车优先拨给车辆的是军运（军用品、后勤机关、部队等），中央设在桂林的各机关，重要工厂如修械厂、电工器材厂、造币厂、发电厂、水泥厂等，这些工厂的机器设备原材料除了极少数太笨重之外，重要的都运走了（但是否能安全运到目的地我不清楚，因为后来日军于十二月初直追到独山黔桂路的终点）。船运疏散的方向是往平乐、昭平等地。龙贤关负责调配船只，有权有势的优先配给船位，对他"送礼"（贿赂）的，优先配给船位并让船只先开走。当时我不是没有想到会发生这种情况，但我认为只要不出大问题，"不告不理"，发财是他的，出问题他负责。后来在强迫疏散的最后阶段，龙贤关逃跑了（他是湖南人，可能逃回湖南去了），他逃跑后有人告诉我：龙贤关在掌握调配船只中勒索和收受贿赂，得到满箱的大钞票，逃跑了，逃出了"死守"一关，还发了大财。

八月底或九月初强迫疏散完毕，防守司令部命令守城部队按照防区挨家挨户检查，据报已经没有一个居民留在桂林市了（强迫疏散命令宣告，强迫疏散期满私自留在市内者"以汉奸论"）。就在检查的期间，有一部分守城部队的官兵看到居民有一些没有拿走的东西，如旧衣服、鞋子、被子之类就任意搜集起来，甚至于抢夺起来，并利用到市外集镇采买副食品的机会，拿到集市上去摆地摊出卖。

白崇禧曾指示广西省政府及各专区的专员发动"劳军"，叫多送一些猪牛羊进城里，以备日军围城后部队仍有的吃。但实际上疏散之后除了各级司令部有好的吃，甚至于有酒喝之外，城内的士兵连蔬菜也吃不上。因为"兵荒马乱"，"劳军"就谈不到，同时再也没有人能挑菜进城来卖了。采买副食品，在日军围城之前还可以派人到数十里之外的圩市去办，日军围城以后就不行了。

阵地选定及工事构筑

桂林防守阵地的选定是白崇禧带头下现地侦察决定的。阵地的范围包括漓江东岸的七星岩、普陀山、月牙山、屏风山、猫儿山；漓江两岸由象鼻山经"中正桥"（漓江大桥）、伏波山、风洞山、北面的虞山、北门、鹦鹉山、老人山及北站四方附近的一些小石山；西面的水泥厂附近的一带石山及猴山隘一带的石山（这两带石山各南北相连，中间成狭长的山谷）；南面由猴山隘附近到将军桥（造币厂），中部以牯牛山为主要支撑点。各方面主阵地的纵深都由城郊到城内；核心阵地以靠近北门的鹦鹉山为中心，包括铁佛寺、法政街北面、叠彩山，阚维雍家周围的石山、风洞山、老人山、骝马山等地区。按照上述阵地的正面和纵深以四个师（每师约八千人）的兵力配备上去是不能构成严密的火网的，因此只能利用桂林石山的特点节约兵力。以漓江东岸的阵地为例（其他方面的情况大致相似），猫儿山、屏风山、普陀山都不能以轻重机关枪的火力互相支援；在猫儿山和屏风山各配置一个加强步兵连，各成为一个孤立的据点。七星岩、普陀山、月牙山地区配备两个营兵力，阵地前虽然能够构成火网，但石山到处是死角，不仅轻重机关枪消灭不了，迫击炮也不容易消灭；漓江西岸阵地的火力也很少能够支援漓江东岸的战斗。参加守城虽然有一个炮兵团，但由于石山死角太大，炮兵也很难协同步兵进行防御战斗。

桂林的石山有许多大大小小的岩洞，"无山不洞，无洞不奇"，较大的岩洞是七星岩（当时不知道芦笛岩有被堵塞的内部情况）、风洞山、伏波山、鹦鹉山、虞山、铁佛寺、老君洞，城西北郊的水泥厂、城南郊的将军桥造币厂都有很大的岩洞，再次一点和小的岩洞不胜枚举。这些岩洞防空的效果很好，但作为防御阵地就很不好办：死角大，上下左右交通不便，火力难以互相支援；石质坚硬挖掘困难，构筑掩体和交通壕成大问题，尽量搜寻岩洞来利用，但洞口的方向、大小不一定合乎要求，没有两个洞口的岩洞用来做掩蔽部已经不得不有所顾虑，用来做火力掩体摆死在那里不能变换阵地，更成问题。如果敌军以大炮来打，可能打进洞口，也可能震裂岩口，大石块塌下来堵塞岩口，石山多跳弹和石头

被打碎散飞，增加死伤。再因工兵部队和工兵器材缺乏，请领铁筋水泥
又没有运到，在这种情况下，防守司令部指示守城部队购买铁钎、铁锤
打眼，用黑色药炸破，用石块砌成掩体，结合石块就用石灰，由防守司
令部招商在城郊大造石灰分发使用（桂林水泥厂在这以前早已停止生产，
原因不详）。顶材、支柱、枪眼、炮口等用的木材就地向桂林木材商"征
借"存货，给借条不给钱，说是以后再给，实际上后来打败仗就一文也
不给。（强迫疏散时，韦云淞派韦士鸿向中央在桂林的经理机关预领了一
大批的工事费，用两部汽车把钞票运出桂林往后方送，后来桂林沦陷，
韦云淞逃到百色被撤职查办，不知道这笔钱是否被追缴。）这样构筑的阵
地，要求"死守三个月"，不能说不是问题。

在白崇禧指示之下，组织有"桂林城防工事委员会"，第四十六军军
长黎行恕担任战术组长，我当总务组长，中将工兵监林柏生担任技术指
导。开始时派有中央军的一个工兵营担任技术作业，说是有一部开山机
器可以调来使用，但后来不仅机器没有来，工兵营也调走了，林柏生也
疏散回重庆大后方去了。

阵地的重要部分构筑有一带的铁丝网，战车能够接近的地方挖有外
壕（漓江东岸普陀山前面和北门外虞山附近等处）。

阵地前预定于敌军到达之前埋设地雷（这一点容后叙述）。

"扫清射界"——放火

七月后或八月初在侦察阵地的时候，跟着一起去侦察的部队长（军、
师、团长及工兵营长等）中有人提出阵地前"扫清射界"的问题。因为
阵地前有许多房屋，而桂林市的房屋有很多是有权有势的大官的，如李
宗仁、白崇禧、黄旭初、李品仙、夏威等以及这些大官的家属亲戚的房
屋，防守的部队要想破坏是不敢动手的。白崇禧指示："阵地前妨碍射击
的房屋可以破坏，必要时可以放火烧"，并指示由军、师、团长具体侦
察，预先计划好"扫清射界"的计划。我在草拟桂林防守计划（作战计
划）时在"指导要领"上写上这一条，并规定"候令实施"。由于桂林
防守计划还未确定，两个军的防御计划和"扫清射界"等计划都没有策
定好和呈到防守司令部来，但团长以上的指挥官对于防御计划和"扫清
射界"计划都有腹案，哪里房子能烧不能烧都预先当面向韦云淞请示。
部队要求放火烧德智中学，韦云淞说："德智中学是李夫人（指李宗仁的
妻子郭德洁）的，不能烧，不能破坏！"请求的团长说："如果敌人占领
了德智中学很不好对付。"我建议："到那时再集中炮火打！"韦云淞说：

"敌人占领后再炮击，李夫人就怪不得我们了。"城外阵地前的房子除了德智中学之外，凡是妨碍射击的房子都可以烧；但是有些不坚固的零星房屋应该留着以吸引敌人，然后集中炮火轰击之。城内要破坏或放火烧的有核心阵地前一部分的房屋，主要的是叠彩山南边、高等法院东边的法政街和王城外围的房屋。炮兵团要求破坏风洞山与伏波山之间李品仙的楼房，因为它高，妨碍炮兵对漓江东岸射击，韦云淞指示可以爆破去一部分，不要放火。预定放火分两个步骤：第一步先烧城外的，第二步再烧城内的。因为城内防守司令部以下守城部队要住的房子是处处有的，要利用来做据点用的也有一些。更重要的是城内囤储很多的炮弹、枪弹、地雷、粮食、被服和器材……因此在烧城外阵地前的房屋时，应预先开断火路，防止蔓延进城内。在烧城内之前，详细侦察必须放火烧的部分，预先开断火路，防止蔓延，并由桂林市警察局留城内的"义勇警察大队"预作救火准备。

日军由衡阳向湘桂边境进犯，尚未进入广西境的时候，桂林"扫清射界"的火就烧起来了。我看见四处火起的时候就问韦云淞："下了命令吗？"他说："是夏总司令（指第四战区副司令长官兼第十六集团军总司令夏威）召集团长以上部队长到他的公馆里下口头命令的。"当时湘桂路正面第九十三军尚在全县，而按照蒋介石的命令，全县是要"死守二个月"的，为什么夏威这时就下命令放火"扫清射界"了呢？因为当时判断日军可能由零陵经道县进龙虎关直攻桂林，因此，除了命令从衡阳外围撤退回来的新编第十九师（少将师长蒋雄）在临桂东乡大圩对龙虎关、海洋坪、灵田、高上田一带搜索警戒，机动地掩护桂林之外，就慌慌张张地下命令放火"扫清射界"了。而实际上这种敌情判断是从恐日病的思想产生的。日军要进攻桂林，势必使用重炮、战车，而且不能不考虑要打相当大、相当长时间的仗，由零陵经道县龙虎关攻桂林，没有公路，后方交通补给是不合要求的。

城外到处起火之后，火乘风势，风助火威，火势蔓延，在城郊阵地准备利用的街道房屋也被火苗吞吃了。更出乎意外的是，本来第一步放火是不许烧到城内的，而城内居然冒起了多处火头。鹦鹉山附近是防守司令部所在的区域，铁佛寺附近是第三十一军军部所在的区域，环湖路是第十六兵站分监部为桂林防守囤积大量炮弹、枪弹、地雷、粮食、被服、器材等仓库的所在，都同时起了大火，弄得到处要抢救，到处要搬家。特别紧张的是第十六兵站分监部在环湖路的炮弹仓库，他们指挥输送兵首先将炮弹投入环湖里，由桂林警察局组织留下协同守城的"义勇警察大队"拼命地进行救火，爬上屋上去开断火路，有的队员从屋上跌了下来，受了重伤。韦云淞急得乱蹦乱骂："怎么给烧进城来！为什么不堵住？火路事前没有开好！……"我亲眼看到环湖路附近的火是独自冒出火头来的，不是由城外烧进来的。我报告他这种情况，他说："是不是城外的大火被风吹到半空中然后落到城内来的？"我说："环湖路离城外火烧的区域这样远（最近的漓江东岸的七星岩附近，也有三里路以上），燃烧了的木头能吹得这样远吗？"我觉得莫名其妙，打电话向部队查问城内起火的情况，所有的部队都未在城内放火。城内起火的原因有两种意见：一种意见是上述韦云淞说的，"城外的火星飞来"；另一种意见认为可能城内藏有汉奸，见城外四处火起就跟着在城内烧起来。我认为后一种可能性较大，因为在桂林疏散未完毕以前，每次敌机夜袭，城里城外都有汉奸发射"火箭"和信号弹（我曾通知部队布置警戒和搜查，但始终没有抓到放"火箭"和信号弹的人）；白天空袭则有汉奸用小镜子向空中反射阳光（部队曾先后捕获过两个人，从他们的身上搜出镜子和红布一块，审查供认有人教这样做：飞机临空时摆开小块红布，把镜子放在红布上向飞机闪光，每天得相当于银毫四角左右的"报酬"，这两个人都是无知无业的游民）。这种印象时时显现在我的脑海中，这种怀疑"汉奸多"的思想使我同意对桂林隙守区域之内来一次彻底重新搜查，并报告韦云淞核准，命令部队实施。我说："按疏散命令，强迫疏散期满后不容任何老百姓潜藏在市内，违者以汉奸论罪，强迫疏散完毕后又已经挨家挨户搜查过一次了的，如果再度搜查，搜出的人就是汉奸。"各部队就自己的防区搜查，结果搜出了四个人，都是四五十岁的北方人，其中一个"天津食堂"的，身上带有日本造的吗啡针六七支。经军法官陈芹声简单地审问，他们不承认是汉奸，他们说："人地生疏不知道逃到哪里去好。"陈芹声断定他们是"汉奸"，并建议把这四个人都枪毙。因为我在搜查之前就认为城内可能有汉奸潜藏，现在既然搜出人来，又有日造吗啡针，再加上当时火烧到防守司令部和军品仓库区域，一肚子的恼怒，就同意陈芹声的意见。韦云淞立即命令警卫部队将他们拉到北门外去枪毙了。

城内由于抢救，大约大半房屋未烧，城外大部分都烧光了，烧得最光的是江东岸和北门外。城内被烧去的地方如环湖路、铁佛寺、鹦鹉山等处附近并不是预定要烧去的地方，预定要第二步烧去的核心阵地前的一部分房屋——叠彩山南方、高等法院东方的法政街一带这时还未被烧掉，这一部分的房屋是后来韦云淞、陈济桓和我再侦察决定开断火路并到场监督烧去的。王城周围的房屋是拆毁的。城内后来于十一月上旬敌军攻入后发生战斗，双方又用火烧，再后来日军撤退时又烧，所以桂林城内几乎都成了焦土。而王城周围和法政街一带所谓"扫清射界"拆毁和烧去的地方，在日军突进城后并未命令抵抗就逃跑了。

白崇禧抽出部队重新部署防守计划

八月间，衡阳沦陷后，白崇禧打算在桂林和日军进行一个会战，从桂林飞重庆向蒋介石请兵，桂林大火是他到重庆请兵的时候由夏威命令实施的。桂林大火之后，日军并没有像夏威等所判断的那样从道县进龙虎关攻桂林，而是沿湘桂路先进犯全县，而且在进入广西之前作了周密的准备和部署。桂林大火后十天八天，湘桂边境的日军还未到黄沙河，这时大后方对桂林大火议论纷纷，要追究责任，白崇禧很狼狈。同时，蒋介石不肯将他的嫡系大军调进广西参加"桂柳会战"，白崇禧也就放弃在广西进行会战的打算，重新部署桂林防守。于是白崇禧又匆匆地由重庆跑到桂林，召集守城部队团长以上的部队长和主要参谋人员开作战会议，并由重庆秘密将一些烈性燃烧剂带到桂林，以便由桂林回重庆时当作"物证"来证明桂林大火完全是汉奸放火烧的，硬说被枪毙的四个人是用这种烈性燃烧剂放火的。随同白崇禧由重庆到桂林的有韩练成（第十六集团军中将参谋长兼第四十六军副军长）和孙国铨（经常在白崇禧身边的少将级参谋人员）。

在白崇禧召开的桂林作战会议中，由我将防守桂林的作战计划草案报告。在我作报告的时候，除了韩练成、孙国铨之外，所有参加会议的部队长和幕僚都不知道原来用两个军四个师守城的计划将要变更。

作战计划的草案是按照两个军四个师的兵力（共三万多人）配备的。会议时我所拟的草案有两点争论：第一点，我对第三十一军和第四十六军的作战地境线：南北划分桂林，东半部归第三十一军，西半部归第四十六军，两个军由主阵地到核心阵地都各有一定的作战地域。第四十六军军长黎行恕不同意这样划法，他主张第四十六军的作战地域只有桂林城外西面的阵地，城内全部归第三十一军。他的理由是：一、"责任分明"；二、第三十一军的两个师都是作战师，第四十六军的两个师中有一个师（第一七〇师）是后调师。据判断日军围攻桂林的主攻方面必在桂林的北面或东面，第三十一军挨打必退守城里，而第四十六军方面不是敌军的主攻方面，敌军的兵力在这方面就会弱些。因此我说："这样第三十一军被迫退守城内时，由于城郊主阵地战斗损耗，兵力就不够，无法守下去。"问题没有解决。争论的第二点是：我配备江东岸阵地的兵力是一个步兵团，而防守司令部的总预备队则控制两个团，分置在铁佛寺附近和"中正桥"的西端附近。第三十一军军长贺维珍认为"江东岸的普陀山、月牙山瞰制城内，地形重要，必须配备两个团的兵力"。问题也没有解决。跟随白崇禧由重庆来的韩练成提出另一个新的问题，我记得他发言的大意如下：守城必须有城外机动部队策应，摆两个军在桂林防守是下策；只用一个团的兵力守核心阵地，把主力都调出去机动地攻击敌人的侧背是上策；但为命令所限，不能这样做，可以采取中策，即把若干兵力调出去机动地策应桂林的防守。韩练成说完话之后，白崇禧说话了："守城必须有城外支援，本来，两个军守城吸引消耗敌的兵力，再以机动的主力军从外边反包围，在桂林打一个会战是可以的，大家有信心，很好。可惜了！中央在贵州的主力军不来了。因此抽出若干兵力到外面去是必要的。"会议就这样结束了。因为把谁调出去和留谁在城里的问题，不好在有两个军四个师的团长以上的干部参加的会议中讨论。白崇禧另外召集少数人去开秘密会议决定了。这个秘密会议，不仅我没有参加，韦云淞、贺维珍也没有参加，因为我们是被指定留在城内"死守"的。结果白崇禧命令把第四十六军军部和属于这个军的第一七五师以及属于第三十一军的第一八八师抽调出去，而被指定留在城内"死守"的是：桂林防守司令部、第三十一军军部和属于这个军的第一三一师以及属于第四十六军的第一七〇师。为什么作这样破坏建制的抽调呢？一、因为要保存实力就把较强的师抽出去，第一八八师是第三十一军中较强的一师，第一七五师是第四十六军中较强的一师，打算留在桂林的部队牺牲后，可以由这两个师又扩充起来成为两个军。二、第一八八师的师长海竞强是白崇禧的外甥，第一七五师的师长甘成城是夏威的外甥，不愿意留外甥部队在城内"死守"牺牲。三、第四十六军军长黎行恕与海竞强有拜把关系，与韩练成有很长的同学、同事、互相支持的历史关系，这两个人都能在白崇禧面前替黎行恕说话，而且黎行恕自己在李宗仁、白崇禧身边当高级幕僚的时间很长，又是桂北阳朔人（与李宗仁、白崇禧是邻县）；而第三十一军军长贺维珍不是广西人而是江西人，在政治上虽然属于桂系，但历史渊源不特别深。

留在桂林"死守"的还有一个炮兵团和一个高射炮营，这些部队是蒋介石中央的部队，因为上述桂系第十六集团军各部队（除了抽出去的第四十六军军部有一个炮兵营外）只有迫击炮和战车防御炮，其他的炮一门也没有，要守城就不得不配属给这些炮兵部队，但炮兵团的炮数是不足额的（炮数我记不清，可能是榴弹炮八门、山炮四门），炮弹也是很少的（炮弹数我记不清，可能是三个基数）。

原来美国派来了一个陆空联络组，驻在防守司令部里，这时也撤走了（桂林空军基地比这更早的时候就破坏了，他们仓库里的东西放火烧了），他们将要走的时候对我说："死守在城里等敌人围攻，我们美国没有这种战术。"这样，我们依靠美国空军支援的希望又靠不住了。陆空联络组走后，我们在主要阵地的山顶上都插上国旗，以免美国飞机来到看不清目标向守城部队轰炸。至于地对空指示目标的联络方法就没有什么考虑的必要了，因为美国空军从来不理会地面部队指示目标的。

白崇禧把第四十六军军部，第一七五、一八八师调去后，原来两个军四个师三万多人的防御阵地，现在由两个师共一万七八千人来守（其中第一七〇师是后调师，大半是新兵，第一三一师有一部分也是新兵，合计新兵约六千人，而且这些新兵大半都是刚刚征集送来的），不缩小防守的阵地，是无法配备上去的。但是按照桂林的地形，东、南、北三面原来的阵地都不好割舍，只能把西面的主阵地缩到甲山南北之线（在桃花江、阳江的左岸），把德智中学、猴山脚、猴山隘等桂林西郊的主阵地都改为前进阵地或警戒阵地，派出小部队卡守山坳原来构筑的一些工事，其他没有兵守的工事就破坏了。这样只能缩小了约四分之一的阵地，兵力不免太单薄，防守司令部和第三十一军军部控制的担任警卫的预备队各一个营，两个师师部的预备队也不过各一个营。这样宽大的阵地，这样单薄的兵力，"死守三个月"的任务不仅我完全没有信心，韦云淞也没有信心了。我想，唯一的生路，只有打到一定程度后"突围"。如果不打而逃，不被枪毙也见不得人。我和韦云淞谈到将来如何办的问题，我们都认为打到一定程度再向白崇禧和夏威请求准予"突围"，他们一定可以向蒋介石力争批准"突围"出去的。因此韦云淞和我除了作防守的打算就是作"突围"逃出的打算。我们考虑"突围"的方向有三案：一、向西面"突围"后转向西北方向，向龙胜、融县、三江山区逃走。二、向南面突出去再转向西北方向逃走。我们判断如果由南面突出去，敌军一定很快地调兵来堵截和追击，因为这个方向还是敌军南进的基本方向，所以突出去后必须转向西北方向逃走，采取与敌军南进相左的方向，敌军就不会远追。韦云淞再三提到要把在桂林的一辆破烂战车修理，以便利用它由这个方向突出去，这只是幻想，这辆战车实际上已经破烂到无法修理了。三、向东面溜出去，先到临桂、灌阳交界的山区，以后再想办法逃回大后方。我们设想如果南、北、西三面敌军兵力大，无法"突围"时就由东面溜出去。韦云淞还向美军索取一只橡皮艇，准备在混乱的情况下几个人乘橡皮艇偷渡漓江向临桂东乡逃命。为了防御战斗和"突围"，我建议阳江和漓江上的桥梁必须郑重处理，破坏桥面，配备火力封锁及设置障碍物，以防敌军冲过，同时准备材料堆积在我方的桥头附近，以便临时迅速铺好桥面，"突围"出去。为了打算"突围"逃命，我们还有其他准备,如韦云淞介绍参谋处长叶振文去当临桂县的县长,叫他找桂林附近熟悉大小道路的本地人进来联络,准备"突围"时带路,由敌军不注意的小路逃命。我自己准备好了一件皮袍,打算"突围"后化装和夜间睡觉当被子盖。我还请假到临桂东乡我老婆的娘家去一转,我过去没有到过她的娘家,这次为了准备"突围"后必要时逃到那里去,所以先去一趟,以便认识道路。但参谋长陈济桓只有一条腿(另一条腿是木制的假腿),他主要的思想是"死守待援",他去视察督导构筑工事较勤,韦云淞和我原来计划留作"突围"时利用的阳江上的德智桥,不知道什么时候他命令那里的部队把桥面桥桁都烧掉了。

留在桂林"死守"的两个师作战地域大致划分如下:北面和东面以及核心阵地由第一三一师防守,这个师以一个团(团长覃泽文)配备在漓江东岸的普陀山、七星岩、月牙山、屏风山、猫儿山地区,以一个团配备在北正面,以一个团的一半的兵力配备在漓江西岸。西面和南面由第一七〇师担任。桂林防守司令部控制一个步兵营(由第一三一师派出),在鹦鹉山附近为预备队兼担任司令部警卫。第三十一军的军部在铁佛寺,第一三一师师部在阚维雍自己的家里(叠彩山附近),第一七〇师师部在丽泽门夕、老君洞附近。炮兵团炮兵主力的阵地及观测所在王城独秀峰附近,炮兵一部的阵地在风洞山南方附近,还有两门炮配备在象鼻山附近,准备阻止敌军渡江。炮兵主要的火力是对付来自东面的敌人,因为北面和西面石山太高,不能超越射击,南面虽然能发扬火力,但判断敌军把南面当作主攻方面的可能性较少。

因为在恐日病的思想指导之下,错误地判断敌人可能经道县进龙虎关进犯桂林,所以在调出第四十六军军部及第一七五师、第一八八师等部队之后,就在阵地前埋设地雷。在埋设地雷的过程中,第一三一师的一个姓杨的营长,自己踩着地雷被炸死了。后来日军有一段时间未进入广西,情况不大紧张,附近的人民(关心守城部队的人民)由大坪方向向桂林七星岩附近走来,又炸死了两个人,这是埋设地雷的时间过早,又没有适时把地雷起出来所造成的。

全县弃守,枪毙陈牧农

蒋介石命令中央军第九十三军(中将军长陈牧农)"死守全县三个月",稍有些军事常识的人如果知道全县备战的情形就很容易了解,要"死守三个月",就一定要赶筑坚固工事,运上大量的铁丝网、地雷,囤储一个军三个月用的粮弹,而事实上完全不是这样。张发奎对陈牧农当面指示，只要求陈牧农在全县与桂林之间逐次抵抗，尽可能地迟滞敌军的前进，争取时间。但他没有书面的命令或电报。听到第九十三军的人说：陈牧农的部下曾有人提醒陈牧农应该请张发奎给书面命令，陈牧农认为不必要："长官当面的指示就是命令，怎能对长官的口头命令不相信呢？"

九月间，敌军渡过黄沙河，第九十三军的一部分部队（前进部队或警戒部队）稍加抵抗即行后退；同时另一支敌军由全县东方湘桂边界的扁担坳迂回到第九十三军的右侧背，第九十三军与这支敌军打了一个夜晚，陈牧农惊慌失措就向大溶江撤退，途中在严关、兴安等地摆了一些小部队作逐次抵抗，打了一些零星的小仗，基本上并没有起到迟滞敌军前进的效果。原来向人民、向军队宣称要"死守三个月"的全县，竟然打不到一夜就放弃了，桂林、柳州间疏散的人民慌乱起来了。张发奎派一个军官带着宪兵乘坐吉普车向大溶江附近第九十三军军部驶去，说是要接陈牧农到柳州去开会。听说陈牧农的部下有人提醒他不要去，陈牧农认为他是按照长官的指示行动的，为什么怕去见长官呢？不去反而不好。可是吉普车并没有把他带去柳州见张发奎，而是到桂林后就送到桂林防守司令部交给韦云淞执行枪决。韦云淞叫总务处长韦士鸿去对陈牧农说明奉司令长官（张发奎）转委员长（蒋介石）的电令，因为他"擅自撤退"，由桂林防守司令枪毙他，"以昭炯戒"！并问他对部队有什么话要交代不，对家属有遗嘱不。陈牧农说："张长官害了我，没有什么话可说的！"他还能说什么呢？蒋介石不叫把陈牧农押解到重庆去交军法审判，张发奎也不把陈牧农带到柳州去交军法审判，而是交给桂林防守司令韦云淞执行枪决，是因为交军法审判，蒋介石和张发奎所玩弄的把戏就会被揭露出来。同时，杀一个陈牧农来警戒韦云淞及桂系防守桂林的部队，要桂系的部队只能"死守"，不能逃跑。

蒋介石在桂林防守司令部刚刚成立的时候，特别例外地颁发一枚勋章给防守司令韦云淞（还未打仗，先发勋章），并在授勋的文件上把韦云淞的中将级写为"上将"级，这不可能是无意的错误，因为蒋介石以下的"上将"是有一定名额的。我认为这是蒋介石要桂系的两个军四个师"死守"到底的伎俩。但是，白崇禧把第四十六军军部和两个较强的师硬抽调出去之后，留下守城的部队又可能弃城而逃，而守柳州的粤军也可能如此。杀一个陈牧农，一方面保存了蒋介石嫡系第九十三军的实力，一方面威慑桂军和粤军"死守"桂林和柳州，这不仅是白崇禧及其桂系的部队所意识到，张发奎及粤系的部队也意识到了。

陈牧农被枪毙后，蒋介石派甘丽初接充第九十三军军长，这个军的主力在大溶江附近占领阵地，对沿湘桂路进犯的日军的先头部队给予一度坚决抵抗。日军受到这意外的抵抗，迟滞了几天，重新搜索部署。后来，九月下旬，日军由兴安出高尚田，迂回第九十三军的右翼，第九十三军被迫向西南方向撤退，到桂林以南的苏桥并沿湘桂路逐次抵抗，向永福、矮岭、黄冕撤退，敌军就开始包围桂林城了。

桂林防守战斗及沦陷经过

九月下旬，日军经高尚田、灵田向桂林东方的尧山及桂林东南的大圩进犯，新编第十九师（属于第四十六军的桂系部队）以及由桂林派出的搜索部队与日军打了一些零星的小仗后即行撤退。同时由桂林派出甘棠渡的警戒部队对沿湘桂路向桂林北面进犯的日军，作了短时间的抵抗之后也撤退了。

十月下旬，日军对桂林形成合围，北面的日军是沿湘桂路来的，东面的是由高尚田方向来的，西面的是由官衙、义宁方向来的，南面的是由大圩方面和由义宁方面包过来合围的。究竟有多少兵力和什么番号我们都不知道。而在桂林被围的同时，外围的第十六集团军总司令部、第四十六军军部、新编第十九师、第一七五师、第一八八师却向后退去，防守桂林的部队就成了孤军。

日军合围后侦察搜索阶段

日军四面包围桂林后，经过一个星期左右的不断侦察和搜索，派小部队接近我阵地作试探性的攻击（威力搜索），引诱我部队暴露情况。在江东岸屏风山、普陀山、月牙山的阵地前，每天有少数敌军接近到阵地前数百公尺的坟墓地观察我阵地，防守部队曾派部队出去驱逐，拾得其遗弃描绘地形及我火力点位置的纸片。防守部队也曾用游动的迫击炮向这些敌军射击过，可是他们以后每天仍然照样来观察。显然，敌军在我派部队出去驱逐和用迫击炮射击的时候，又侦察出了我出去和回来的道路（没有地雷的）及迫击炮活动的地区和道路。其他方面日军的侦察和搜索的情况都和这差不多。在西面，日军派出少数人渗透到我警戒阵地（利用山隘构筑半永久掩体工事——原来是主阵地的工事）的后方侦察我主阵地，我军发现一个日军（带军刀和手枪）用军刀砍杀我联络兵，我部队将其包围到一个小岩洞内，在轻机枪火力掩护下接近，投手榴弹把他炸死。江东岸穿山警戒阵地上的一个排长于敌军向他们攻击的时候，未经批准就撤退下来，团长覃泽文把这个排长枪毙了。

日军为搜索和触发守军埋设地雷的区域，在桂林外围的农村抢夺人民的耕牛，赶到桂林东面和南面我军的阵地前。有一天的黄昏发现日军由临桂东乡赶来二三十头耕牛进临桂大村，准备于夜间赶到我江东岸的阵地前触发地雷后跟着突入我军阵地。防守司令韦云淞命令炮兵团用几门炮向临桂大村轰击，破坏了日军的攻击准备。过了两天之后，日军又赶来四头牛，守军将赶牛的敌人驱逐后，把牛拉回来杀吃了。南面阵地也有同样情况。日军经过这样反复侦察和搜索之后，已经把我军埋设地雷的区域和没有地雷的路线都摸清楚了，以后日军向我阵地攻击，一个地雷也没有响了。

日军逐点攻击阶段

敌军经过周密的侦察搜索之后，开始对我军阵地逐点攻击，今天打这一点，明天打那一点，或者两天、三天再打另一点，日子我记不清。现在将记得的一些战况，略述如下：

最初，敌军于一天黄昏后对北门外阵地攻击，被我守军击退了。

有一天上午，敌军约一个大队分三路包围攻击猫儿山，被打退了。第二天又来攻击，守军一个加强步兵连在城内炮兵支援之下进行了一天的抵抗，但城内的炮火在敌靠近猫儿山，进入石山死角后不能再作有效的支援；又由于猫儿山比较孤立，没有兵力增援，在夜间被日军冲上山顶，而守军在下面的岩洞抵抗，仅有少数人跑回七星岩团部报告，其余"情况不明"。

猫儿山失守后的一两天的夜间，敌军向漓江中的鹭鸶洲偷渡，在鹭鸶洲的警戒部队向西岸撤退后，我西岸的守军按照预定新计划集中六〇迫击炮火力逆袭，敌军偷渡的部队站不住脚退回去了。

日军的炮兵连续两天对第一三一师师部在附近山顶上插的国旗不断炮击，一炮一炮地打，打了一百多发炮弹，直打到旗杆子断了为止。同时还对普陀山、伏波山、独秀峰、鹦鹉山等地进行炮击。

日军的飞机也前来轰炸。由于城内有高射炮营对敌机射击，敌机不敢低飞，轰炸没有什么效果。美国的飞机很少前来，有时来了也飞得很高，不过嗡嗡地兜几个圈子就走了。

南面的敌军向将军桥造币厂我军的石山据点进攻，用步兵平射炮由南面的土山向我重机枪堡垒的枪眼射击，掩护其步兵前进。我重机关枪的枪眼被敌炮弹打中了，堡垒被打毁了，这个火力点被消灭了。这对于守军精神上的打击不小，因为桂林防守阵地上所构筑的工事的强度都和这个堡垒差不多，都是用石灰结合大石块砌成的，既然这个堡垒很容易地被击毁，那么其他的堡垒也靠不住了。但将军桥的据点并没有被敌军攻下，这就阻遏了日军向南门进攻。

敌军第二次攻击北门也是在一天的黄昏后开始，一阵阵的炮击后，战车四辆掩护步兵冲到北门外我外壕的前方，我守军有一个战车防御炮连（四门）配备在北门附近，看到敌军战车的灯光就慌张地开炮，没有打中，敌军战车就慌忙掉头退去了。为了对付敌战车再度攻击，防守司令部把属于第一七〇师的战车防御炮连也调到北门附近来，以后敌军的战车再也不敢冲到北门附近来了。

敌军于白天攻击北门外我石山阵地各据点，使用重炮向我利用岩洞构筑起来的火力点射击。有一个岩洞口的大石块被震裂塌下来，一个组的士兵被大石块封闭在洞内。韦云淞打电话要这个地区的团长吴展设法救出他们，但吴展束手无策（因为在敌炮火下不能作业），他们活活地被堵死在岩洞里了。

日军对东、北两面大举强攻阶段

十一月初，日军加大了对我东西和北面攻击的兵力。由于北正面的地形坚固，担任防守的一个步兵团（团长吴展）比较坚强，敌军攻击没有进展。但东面的阵地情况越变越坏，阵地前的铁丝网在一个晚上就被日军破坏殆尽，桩子都倒了，还不知道敌军是怎样弄倒的。继穿山、猫儿山失守之后，敌军又三面围攻屏风山，我军在城内的炮兵对屏风山的支援无济于事（因石山死角太大），日军步兵在一阵阵炮火支援之下攻上了山腰，防守司令部指示在七星岩的团长覃泽文派兵增援逆袭，没有奏功，敌军攻占了山顶。防守司令部命令覃泽文在炮火支援之下把屏风山夺回来。覃泽文派出一营的兵力，并部署迫击炮和重机关枪支援，打了一天没有打下来，只得利用夜暗将部队撤回。

敌军攻占屏风山之后又做周密的侦察准备，以屏风山为支撑，对普陀山、七星岩、月牙山包围攻击，重点指向普陀山。最初的一两天攻击普陀山的敌军绝大部分都被阻止在我守军的阵地前，仅有几个敌人突进我阵地内，并利用石山死角爬到山腰攻占我一个石山小岩洞的火力点。在这个岩洞里，有守军囤储的几箱手榴弹。守军派部队去围攻这几个敌人，敌人就扔出手榴弹抵抗，搞了一整天都没打下，敌军的后续部队随后就突入越来越多，而守军在山腰以下利用石山岩洞做的据点就被敌军上下夹攻。敌军冲上普陀山山腰以后的夜间，又绕到普陀山的西面，攻击七星岩的主要洞口（向西的），覃泽文的团部与防守司令部、第三十一军军部、第一三一师师部的联络就被切断了。次日上午我们由城内用望远镜看到普陀山上还插有国旗，到下午我们看到日军冲上山顶，国旗也倒下来了，普陀山已被日军占领了。覃泽文等是否还在七星岩抵抗呢？我们不敢再往下想，因为我们不可能也不打算去救他们，我们赶忙作阻止敌军渡过漓江向城内攻击的布置。敌军已经进到漓江东面的江边了。漓江西岸的部队都进入了阵地，炮兵准备以主火力向江东岸射击，破坏敌的渡江攻击准备，并阻止敌人渡江。本来漓江上的大桥——"中正桥"的桥面已经破坏了的，但钢筋水泥的桥墩还未破坏，守军在桥的中段的桥墩向城内的这一面构筑有重机关枪掩体，担任对江面的侧防。我们事前没想到"中正桥"这样的设防有很大的毛病，敌军占领普陀山后，对我军在"中正桥"附近的阵地一目了然，我守军的行动都在敌人监视之下，而且敌机又由空中来侦察，桥墩后面的"侧防机关"和他们同后方联络通路都被敌军看见了。十一月九日夜，敌军猛攻北门的同时，由江东岸向"中正桥"的西端猛烈炮击，敌军强渡的部队就利用桥墩由水面逐次跃进，沿着我军设在桥中段的机关枪班向城内联络的通路冲进城内来了（我军机关枪班的下落不明）。防守司令韦云淞命令炮兵团对"中正桥"东端附近集中炮火轰击，阻止敌军继续渡江，同时命令第一七〇师抽调一个步兵团的主力由"中正桥"西端逆袭。这天夜里，第一七〇师的一部经过战斗夺回了桥头，敌军部队被我炮火阻止，不能继续渡江。但是，我炮兵团的炮弹在这天晚上消耗得差不多了，已经渡江的敌军，除了被压迫由原路后退之外，还发现有少数几个人已经钻进桥头附近街道的民房里。这些敌军东钻西钻，不时放冷枪，我军包围搜索，因民房甚多互相连接，不仅夜间搜索不着，第二天早上围搜仍无结果。随后敌军在炮火支援下又继续渡江。由于我炮兵的弹药快要完了，不能与优势的敌军炮兵炮战，也不能阻止敌军继续渡江，只能断断续续地射击加以妨碍。到午后，向北门附近（防守司令部在北门内鹦鹉山）攻击的敌军已经冲到北门附近，敌炮猛烈轰击鹦鹉山，破碎的石块乱七八糟地滚下来，防守司令部的预备队（就是担任警卫的由第一三一师派来的一个步兵营）已经在北门附近占领阵地，有一部分已经与敌军发生战斗。而同时由江东岸冲进城内的敌军逐渐增加到数十人。第一七〇师及第一三一师的各一部虽一再进行逆袭，但敌军顽强，而我守城部队不能进行决死的搏斗，屡遭失败。我判断到晚上不仅东面和北面的敌军将打到桂林城的中心和突入北门之内，而且十一日拂晓后，西面和南面的敌军也可能全线发起攻击，以配合东面和北面的进攻。如果不在十日黄昏后开始"突围"，就有被全部歼灭的可能，不被打死也会被敌军俘房；如果不能逃脱残暴的敌军之手，将会死得更惨。我急求逃命，就向防守司令韦云淞建议请求"突围"。

"突围"——少数人逃命，成千上万人死伤和被俘

我向防守司令韦云淞建议经德智桥和牯牛山之间，过阳江向南和西南方向，突出敌的包围圈后转向西北方逃走，撤到湘、黔、桂三省交界的三江县附近地区。我认为"突围"的主要方法是"钻隙"，不要经过主要的山隘，因此应该选择没有路但是能爬过去的地方通过。韦云淞同意我的意见，他指示守城部队派工兵到德智桥和牯牛山附近架桥预为准备。第一三一师师长阚维雍也到防守司令部商量如何应付当前的难关。我去叫通第四战区长官部的无线电报话机后，请韦云淞与张发奎通话。韦云淞把严重的情况报告张发奎，哀求他批准"突围"。张发奎置而不答，只是口口声声地问："钻到城内的少数敌人消灭了没有？"随后由报话机来了一个指示："大军在行进中"，要我们"死守待援"。哪里来的"大军"？向哪里"行进"的？我们知道是骗人的假话。因此我草拟电报向白崇禧和夏威请求准予"突围"，韦云淞不管有没有命令，决心"突围"，他叫我草拟命令下达。我当时心乱如麻，实在难以马上写下去，因此对他说，书面命令来不及了，用口头或电话指示吧。韦云淞乃用电话指示第三十一军军长及第一七〇师入夜即由牯牛山过阳江向南突围后转向三江县方向退入大山区中，对第一三一师师长阚维雍是当面指示的。阚维雍在防守司令部（鹦鹉山的岩洞里）和我们一起吃晚饭。我们想，今晚"突围"凶多吉少，还有两瓶好酒，拿出来喝罢！阚维雍和我们一面喝，一面谈，席间他斟满了一大杯喝下去，并说："来生再见！"防守司令部参谋长陈济桓拉一拉他的手说："不要讲这种话！"我看见阚维雍态度仍和往常一样平静地回他的师部去了，我没想到他这时已经决定自杀。

我们指示炮兵团、高射炮营将火炮破坏，指示担任防守司令部警卫的第一三一师的一个营长和担任正面阵地防御的团长吴展掩护我们的后面，等到我们过阳江开始突围后就跟在后面担任后卫（后来据报这个营长和这个团长都在桂林阵亡了）。入夜，韦云淞命令防守司令部的人员由鹦鹉山移到骝马山，路上要出城门，而城门是堵塞的（究竟是陈济桓指示部队堵塞的还是平时因迷信的关系堵塞的，我不清楚），我们只得爬城墙下去。到骝马山后韦云淞才对我们说："阚师长已经用手枪自杀在他的公馆里了！"他又由骝马山摇电话与铁佛寺等三十一军军长联络，但贺维珍这时已经走了。于是韦云淞才对防守司令部的官兵指示"马上突围"，立刻就向德智桥走去。这时桂林城的中心已发生战斗，而且起火。我们到老君洞附近时看见路上挤满了溃乱的官兵，我看见有炮兵团的、高射

炮营的、输送兵、杂兵以及许多刚入伍未久的新兵。将到德智桥的时候接到报告，德智桥已被烧毁（据说陈济桓早些日子指示部队烧毁的）无法修理通过，工兵部队在附近架成一座浮桥只能一路纵队通过，而第三十一军在牯牛山附近架设浮桥未成功。看情况，几千人由一条浮桥过阳江，想要在天明以前过完并突围出去脱离敌人是不可能的，而且很可能因为争先恐后抢过桥把桥弄断了。在韦云淞身边的韦士鸿、梁仲光等看到面前已经有约一个连的步兵过了桥，就建议防守司令部的人员立即过桥。原来计划是在大约一个步兵营过桥展开后，防守司令部才过桥指挥向敌军的包围线突出去的。我建议司令部过桥后仍然等大约一个营过桥展开后突出去。但司令部过桥后，他们就急于逃走，因而就成为带着大约一个连的部队，由敌军包围线的间隙，利用夜暗和地形搜索溜出去，不管后面部队的死活了。前面的一个连向猴山脚村方向搜索前进，被敌军发觉了，敌军就烧起火光照明射击，这个连就停下来。我和陈济桓上去督令部队冒死迅速冲上，告诉他们"停下来只有死路一条"。这个连冒死冲上去了，村庄里的敌军逃跑了，我后续部队跟着上来了。我回转数十步找防守司令韦云淞，有人告诉我，他们已经在我们上去督战的时候走了（他们有本地人带路），我只得跟参谋长陈济桓走。陈济桓指挥部队就冲上猴山隘去，敌军利用山隘顽抗，后面来了重机关枪排正向山隘上赶上去。我上到半山腰，轰！轰！是敌军的掷弹筒打过来的手榴弹爆炸在我们跟前的斜坡上。我想，这样冲不是办法，我叫我身边的几个参谋和士兵等退下去绕过旁边走。我说："参谋长只有一条腿，他不能爬过没有路的石山，才拼命向山隘冲，但是冲不过去。我们可以由没有路的石山上爬过去，没有路的地方不会有敌人卡守，而这一带的石山是可以爬过去的。"我们绕过猴山隘北边爬过去，因为没有路，各爬各的，原来跟我走的二三十人就散了。我满以为越过猴山隘之后再西边的一带山敌军不会有严密的配备，可以比较容易地溜出去了。我扔掉了手里的冲锋枪，脱下军衣，穿上长袍，企图再越过第二带石山。可是遇到几个钻隙逃命的官兵，他们硬说我是本地的老百姓，强迫我带路过山隘逃走。我怎样说明必须由没有路的地方爬过去，他们也不信，只得沿山隘的路走去。山隘上的日军开了枪，我们才各自逃散由旁边没有路的山上爬过去。可是刚爬到山腰时天亮了（晚上由没有路的地方摸索过石山地区特别费时间），只得躲藏在乱山丛草中等到夜晚再钻出去。十一日这一天，我在山上听到城内仍有零星的战斗，敌人的重炮不时地轰叫，这是对残存在石山岩洞里的官兵继续战斗的。下午，我看到几十个人走成一路，服装零乱，好像是被俘的官兵被日军押解到城外去的。十一日夜，我一个人在乱山中摸索到了山脊，往外看，只见日军有探照灯照明，到处点火呼叫，追赶钻隙逃出去的官兵。我所在的山脚下有村庄住有日军，村庄前面有宽约十公尺的小溪，我不敢下去，等到天明（十二日）详细侦察出去的方向和小溪能够走过去的地方，到晚上再摸出去。十二日夜间，我摸过敌人封锁线，过小溪，逃出后得到附近老百姓的帮助，两天后在桂林西北数十里的山村中找到防守司令韦云淞。他们带有一个连长和一百人左右的官兵，是从猴山隘的南边的石山区钻隙出来的，也是分散潜伏在乱石山上，侦察敌情地形后，于十二日夜才逃出敌人的包围圈，逐渐聚集起来的。同时知道第三十一军军长贺维珍、第一七〇师师长许高阳带着一部分部队于十日夜在我们之后过阳江上的浮桥，看到我们由西南方打不开，他们就向南面冲，比较顺利地冲出包围圈，然后转向西北方，照原定的目标——三江县附近山区逃走。他们还带着冯丕临团长和该团一个营的主力以及一些散官散兵。他们在逃出敌军的包围圈后，比我们早走在前面，跟在他们后面冲出去逃散的官兵不知是多少。不久，参谋长陈济桓的卫士拿来陈济桓自杀前在名片上写给韦云淞的遗书，名片上写着："因在猴山隘负伤……决以手枪自杀成仁……"并盖血指印在他的名字下面。后来桂系向军委会报请抚恤，因为他是"黑官"，军委会不承认，说是"本会无案"，不予抚恤。桂系把他的骸骨埋葬在普陀山上。

韦云淞陆续收容冲散的官兵，决定把掩护他逃出来的连长升为营长，并部署从金竹坳的北边越过龙胜通桂林的公路。这条公路上各要点都有日军占领，必须于夜间秘密地钻隙通过。我们摸索越过公路并登上公路西方的大山顶，由那里可以看见金竹坳以北通龙胜公路日军的一些动静。在那里有少数民族的村庄，我们向他们要粮食充饥。此后我们就完全脱离了敌军占领的地区，向三防、四堡地区去集结整理，并与第三十一军军部及第一七〇师的部队会合，炮兵团的团长和高射炮营的营长以及他们的少数官兵也逃出来会合在一起了。

在这期间，我们由逃散回来的官兵处得知：第三十一军的少将参谋长吕旃蒙在"突围"中被打死了，第一三一师守七星岩的团长覃泽文在敌人攻占普陀山山顶后，带少数官兵由七星岩东端的小洞口冲出去了（日军撤退后桂林市政府打扫七星岩，发现在岩内被日军用毒气毒死的官兵尸骸将近八百人。为什么岩洞里有这么多人呢？是伤病官兵、输送兵、担架兵、炊事兵、其他的杂兵以及被敌军炮击缩到洞内躲避的官兵和原来配备守洞的部队等。为什么没有防毒设备？除了国民党军事当局没有对部队配给必需的防毒器材应负责之外，我也应负一些责，因为我到过洞内视察，看见没有防毒设备，我只是空口说白话要覃泽文注意防毒设

备，而没有采取实际措施和给予物质上的支援）。守北正面的团长吴展和
担任防守司令部警卫的营长都阵亡了，第一七〇师的一个团长郭鉴淮被
俘了。后来又知道郭鉴淮被俘后没有暴露身份并逃了回来。据逃跑回来
的人说：日军押解一批俘虏向灵川方向后送时，这些被俘的官兵走到路
的西边都是山林的地方就一哄而散。但估计被俘的官兵约有四五千人，
能逃散的不过其中的一部分。

追究责任

十一月十日晚，我们打无线电报向白崇禧、夏威请求批准"突围"，
未等复电就行动了，并造成少数人逃命，成千上万人伤亡和被俘的后果
已如上述。蒋介石、白崇禧、张发奎、夏威等国民党军事当局应负最严
重的责任，守城的主要的指挥官韦云淞、贺维珍和作为他们主要幕僚的
我也有责任。我现在每次想到被我们弃置在桂林而牺牲的官兵——继续
坚决抵抗而牺牲的官兵，实在觉得自己太对不起他们。

据说，我们请求"突围"的电报打出去后，夏威促使张发奎下命令
"突围"，张发奎不答应，以致大吵大闹起来。白崇禧去向蒋介石请求和
争吵，结果蒋介石答应复电"准予突围"。但实际上我们已经先行动了，
电报是后发的，据说是十一日发的，而我们在行动后无线电台已经损失，
并没有接到电报。

本来蒋介石的命令是要张发奎的司令长官部及粤系的两个军（第六
十二军及第六十四军）"死守柳州三个月"的，但张发奎最初只命令第六
十二军一个军守城，第三十五集团军总部及第六十四军则部署在桂平、
蒙圩一带去机动的掩护柳州。到十一月九日（柳州失守前两天）就命令
第六十二军撤出柳州之外去"机动作战"——逃跑。日军进犯柳州的两
支部队都是由广东方面来的，除了桂系第一三五师在平南丹竹附近等地
方打了一下和粤系第六十四军在蒙圩打了比较硬的一仗之外，柳州没有
做大的抵抗，于十一月十一日就被敌军占领，张发奎的司令长官先向宜
山逃跑了。可是张发奎硬打电报说："桂林失守影响柳州失守"，把责任
推给桂林防守司令部和桂系的守军，他自己和粤系的部队一点责任也不
负。事实是：十一月九日第六十二军就撤离了柳州，十一月十一日桂林
沦陷，十一月十一日日军未经战斗进入柳州，而进入柳州的敌军是由广
东方面来的，并不是由桂林"坐火车"来的（铁路已经彻底破坏，不能
赶修利用），怎能把柳州弃守的责任推给桂林防守司令部及其守军呢？按
照张发奎的意见是要枪毙韦云淞的，但白崇禧已经从蒋介石那里取得了

蒋介石准予"突围"的电令，保住了韦云淞的脑袋。可是由于火烧桂林以及不能"死守三个月"，以致广大地区迅速沦陷于敌军铁蹄之下，桂林、柳州之间以及黔桂路沿线广大人民受到非常惨重的损失。在人民控告和舆论指责之下，韦云淞被撤职查办了（事实上只是撤职并未查办，让他暂时闲住了事）。第三十一军军部，第一三一师、第一三五师、第一七〇师在这次战役中丢失的武器器材请求蒋介石中央补充，蒋介石、陈诚是很少答应的。日军投降后，在蒋介石、陈诚的整编方案之下，桂系第十六集团军已经缩到一个整编师了。这个整编师的番号就是白崇禧从桂林抽出来的"第四十六军"改为"整编第四十六师"。

桂林 "焦土抗战"

巢 威※

白崇禧策划 "焦土抗战"

一九四四年夏季，日军大举进军湘南，在衡阳会战后继续进犯广西。当衡阳会战时，第四战区长官部召集了一次军事会议，黄梦年参加了这次会议。会议决定："拟以第十六集团军所辖第三十一、第四十六两军为守备桂林部队；以第十六集团军副总司令韦云淞为桂林城防司令；桂林市除市政府、警察局留在城内协助守城，市民每户留壮丁一人在家看守财物外，其他各机关团体市民全部疏散，离开桂林城，以免作无谓的牺牲。会后即命韦云淞到桂林成立城防司令部，筹划桂林守备事宜，并调集第三十一、第四十六两个军到桂林构筑守备防御工事。韦云淞领到工事费两千五百万元，只使用极少数的工事费构成野战工事。

白崇禧当湖南抗日军事紧张的时期，由重庆回到广西。他认为第四战区长官部所决定的以第三十一军、第四十六军两个军守备桂林的作战计划不恰当，并对这个作战计划有所改变：由第三十一军抽出第一三一师，第四十六军抽出第一七〇师，配属第七十九军一个团及炮六团一个十五榴弹炮兵一连为守备桂林部队，将第四十六军军部及第一七五师（师长甘成城，是夏威的姨甥）、新编第十九师以及第一三五师（师长颜僧武）、第一八八师（师长海竞强是白崇禧的外甥）调出了桂林。计划改变后，守城官兵都认为无异把他们葬送到桂林，愤愤不平，因此军心涣散，士气低落，纪律废弛，逃亡日多。白崇禧又命柳庆师管区征集新兵补充桂林守城部队，以未经训练的补充兵马上去前线作战。

第四战区司令长官张发奎对白崇禧一意孤行、改变他的计划，深为不满，因而对桂林守备事宜也置诸不问。衡阳失陷后，张发奎即命令第九十三军在黄沙河构筑防御工事，阻止敌人南进，掩护桂林市疏散及作战准备。九月敌军进至黄沙河，第九十三军军长陈牧农放弃黄沙河退守大溶江，桂林呈现紧张状态。各机关团体纷纷抢占交通工具，市民无运输工具者，丢掉财物，携男抱女地向南逃难。桂林一时甚是紊乱，民怨沸腾。结果陈牧农被枪毙。

桂林市原计划留市政府、警察局在城内维持秩序，协助守备部队作战，每户留壮丁一人在家守备私人财物。谁知桂林紧急疏散时，桂林市长苏新民、警察局长谢凤年（他们都是白的亲信）向白崇禧请求疏散离城，白为了私情也批准了。因此，市府、警察局、留户壮丁，在疏散时都跑光了。桂林城内除守备部队外，没有其他机关存留。

我当时是第一七〇师少将副师长，十月十三日，当我由桂林西门进城时，在西门外民房，看到骷髅躺在竹床上，无人收尸；家家大门打开，物品丢得乱七八糟，民房烧去很多。我会见韦云淞时问他，何以敌人未来，桂林已变成一片焦土，韦无言可答。

桂林外围作战的经过

十月八、九两日，日军第十一军四个师团八九万人集结于兴安、全县、灌阳附近。中旬，敌分三路向桂林进犯：一路向大溶江第九十三军阵地攻击，一路由兴安向高尚田圩，一路由灌阳向海洋坪、大圩。目标都指向桂林。当时桂北军事指挥是第四战区副长官兼第十六集团军总司令夏威负责。当日军主力集结于兴、全、灌时，夏即命第九十三军加强防御工事守备大溶江原阵地；命第七十九军守备高尚田之线；命新编第十九师守备海洋坪之线；命各军在大溶江、高尚田、海洋坪之线拒止敌人，未奉命令，不得擅自撤退。当时第十六集团军总部位于永福县城，设指挥所于桂林城内，十月十五日夏威又命令我由各军抽调部队共六个步兵营组织一个纵队，开赴高尚田，归第七十九军军长方靖指挥作战（方靖尚未到任，由副军长甘登俊代）。到达高尚田后，甘副军长即命我部为军之右翼守备队，守备高尚田观音顶、雷公顶阵地，军之左翼队是第七十九军向敏思师。

十月十七日起，敌全线总攻击，战斗激烈。经过两日战斗后，敌人停止了攻击，每天都有小的战斗。二十四日起，敌人又发动总攻击，这次战斗在雨中进行，较上次攻击更加激烈。二十四日下午，第七十九军向敏思师阵地被敌突破，军预备队使用殆尽，无法恢复既失阵地；同时第九十三军方面，军之右翼也被敌人突破，两军联结部被敌占领，全线发生动摇。夏威即下达全线总退却的电话传达命令，各军在九时后开始向后撤退。各军撤退后，又奉到夏威的笔记命令，由参谋人员亲自送来，命令是要我纵队和增加来的杨森集团之第四十四师，在灵田圩东北、西北一带高地占领阵地，掩护全线总退却。二十八日拂晓，敌向我掩护阵地进行攻击，在我空军协助下与敌激战竟日，敌不得逞。二十九日晨，我机群不断在上空助战，敌不敢猛攻，只以少数部队进行佯攻。下午我空军停止活动时，敌即以大部队猛烈攻击，我纵队右翼之一营被敌截断，右翼营独立作战。下午四时，第四十四师第一线阵地被敌占领，部队向后溃退。黄昏时候接夏威总部电话命令，同意掩护部队向后撤退。三十日上午七时，我纵队及第四十四师部队到达大圩，奉到夏威的笔记命令：令第四十四师迅即向柳州撤退归还建制；巢纵队除将第七十九军、第九十三军之部队饬令迅速归还建制，该纵队迅向永福方向撤退，今后归第十六集团军总部直接指挥。各部正在准备行动时，又接到桂林城防司令韦云淞派参谋人员送来的命令及亲笔信，说明夏威命令巢纵队向永福撤退，归总部直接指挥的命令已改变，巢纵队是桂林守备部队，应撤回桂林。我接到命令，即向桂林撤退。当我纵队渡过大圩河南岸时，敌先头部队跟着即到达大圩。双方互相隔河射击，至下午一时，我纵队即由河南岸向桂林撤退，敌也由河北岸向桂林前进。

桂林城之战

当时桂林守备军战斗序列如下：

城防司令　　　中将　　　韦云淞
参谋长　　　　中将　　　陈济桓
第三十一军军司令部及直属部队
军长　　　　　中将　　　贺维珍
副军长　　　　　　　　　冯　璜（已调职）
第三十一军第一三一师师长　　阚维雍
　　　　　　副师长　　　郭少文
第四十六军第一七〇师师长　　许高阳
　　　　　　副师长　　　巢　威
每师辖步兵三团约一万人，另有第七十九军第二九四团，第一七五师步兵一营，第一八八师步兵一营，炮六团十五加农炮一连（四门），军直属炮兵一营（山炮十二门）。

防御工事大部系野战工事，一部利用石山岩洞砌成碉堡，全部副防御无铁丝网，仅用木材钉成木栅，无照明设备，阵地前敷设少数地雷。

桂林守备部署是：

一、以第一三一师守备中正桥以北沿河区北门至甲山口之线，及河东岸屏风山、斧头山、七星岩、猫儿山、水东街沿河之线及各个独立据点。

第一三一师部署是以第三九三团（团长陈村）守备中正桥以北沿河至北门之线，以第三九二团（团长吴展）守备北门至甲山口之线，以第三九一团（团长覃泽文）两营守备河东岸各个独立据点及水东街沿河之线，由第三九一团抽调一营为师预备队，控制于师部附近。

二、以第一七〇师守备中正桥以南沿河区，定桂门、南门、西门至甲山口之线，及象鼻山、将军桥、将军山各个独立据点。第一七〇师部署是：以第五一〇团（团长郭鉴淮）守备中正桥以南沿河区定桂门、南门之线，以第五〇九团（团长冯丕临）守备西门以西沿河至甲山口之线，以第五〇八团（团长高中学）两营守备象鼻山、将军桥、将军山各个独立据点；由第五〇八团抽调一营为师预备队，控制于南门附近。

三、第七十九军之第二九四团，守备德智中学及以西山地各个据点。

四、军直属炮兵营，以炮兵一连（山炮四门）配置象鼻山，以一连配置于北门附近，以一连配置南门。炮六团十五加农炮四门配置于王城附近，炮兵统归炮兵指挥官——炮六团陈团长指挥。

五、总预备队二营（第一八八师步兵一营、第一七五师步兵一营）控制于北门附近。

十月三十日下午六时，河东岸苗山附近，北门外车站以北地区发现敌之先头部队。三十一日上午七时，河东岸之敌向我屏风山、猫儿山作试探性的攻击；下午三时将军山以南李家村附近及西门外检查站附近和猴子隘以西地区均发现敌人；是日敌人已形成对桂林城的包围圈。

十一月一日上午八时，敌步兵两股，每股约三百人分向屏风山、猫儿山各个独立据点进行攻击，我象鼻山炮兵向敌射击，支援我各个据点的作战。我十五加农炮及北门山炮兵连向集中在北门车站附近之敌作歼灭射击，敌炮兵均未还击，判断敌炮兵尚未到来。攻击我屏风山、猫儿山之敌不得逞，黄昏时撤去。

十一月二日，敌一部向我屏风山，一部向我猫儿山，一部向将军桥，一部向我德智中学以西石山阵地进行攻击，一大部由北门车站向北门甲山北之线攻击，战斗较为激烈。黄昏后敌不得逞而退去。

十一月四日，敌军四面进行攻击，屏风山、猫儿山战斗异常激烈，敌步兵在敌炮兵掩护下向我屏风山、猫儿山据点猛攻。黄昏时屏风山、猫儿山据点同时被敌攻陷，每据点我守军仅步兵一排，配属重机枪一挺，官兵除受伤者外，全部殉国。敌步兵在炮兵及战车八辆掩护下向我北门、西门阵地猛攻，都被我击退。德智中学以西山地被敌占领一个据点，守军第七十九军第二九四团之一连，仅生还八人。

十一月五日，敌两千余人，分六股向我德智中学以西山地阵地进行猛烈攻击，敌炮兵十余门支援敌步兵攻击。由上午七时开始战斗至黄昏时，我守军无兵增援，山地阵地被敌攻陷一半，仍继续战斗。北门河东岸，西门将军山之线均发生激烈战斗。

十一月六日上午四时，敌占领河东岸、斧头山、七星岩山顶，我守军仍在各个岩口独立据点与敌作激烈的战斗。下午六时，水东街沿河阵地均被敌攻占，我守军退回各个岩洞的据点内，继续作战。桂林河东、西岸的交通被敌截断，城内与七星岩第三九一团通信利用无线电话。北门外敌战车八辆掩护步兵攻击北门，被我战防炮击毁战车二辆，敌攻击部队伤亡颇大。同日将军山、西门、甲山、德智中学以西山地均在激烈战斗。

十一月七日，敌战车掩护步兵分向我西门、北门阵地攻击，被我击毁西门攻击之敌战车三辆，在北门击毁一辆，敌退回。河东岸敌利用火焰器攻击我岩洞各个据点，将岩洞外的树木全部烧光，我守军仍继续战斗。

十一月八日，敌竟日攻击，敌空军协助战斗，我德智中学以西山地，除猴子隘及德智中学外全部被敌攻占。我军第二九四团伤亡和逃走过大，混合编组仅一营兵力，仍守猴子隘及德智中学各个据点，与敌战斗。下午八时至十时，敌集中优势炮兵十五加农炮三十余门、山炮百余门向我城内各据点，作打击性的炮击，敌步兵在炮兵掩护下分向我阵地进行猛扑。各方面攻击之敌都被击退，唯守备中正桥以北盐街沿河之线的守军阵地，被敌炮兵摧毁。敌步兵由河东岸利用木排，强行渡河成功，一股三百余人窜入盐街，中正桥桥头堡及沿河各个独立堡垒均被占领。我象鼻山炮兵发现敌强行渡河，作猛烈射击，将敌后续渡河部队阻止而截断，韦云淞知道中正桥桥头堡及沿河之线被敌突破，一部敌人窜入盐街后，即派师预备队在王城方面堵击窜入之敌；并命令我部恢复中正桥桥头堡及沿河之线阵地，悬赏夺回桥头堡的给五百万元，夺回沿河之线阵地的一千万元。

十一月九日，我亲率预备队一营，千方百计地于当日下午三时将中正桥桥头堡及沿河阵地恢复。窜入盐街之敌，被我两方夹击，围困在街道构成的房屋堡内。敌军各方面仍继续攻击，双方均无进展。

十一月十日，我军两营进行围攻窜入盐街之敌无效。敌各方面继续向我各阵地攻击，以北门、甲山、西门敌之攻击为最激烈。同时河东岸七星岩第三九一团无线电话通信中断六小时，不知河东岸状况。以上是桂林城战斗的经过。

城防司令韦云淞以桂林战况不利，于十一月十日下午四时召集守城高级将领开紧急军事会议（我在象鼻山前线指挥作战，未参与这次会议）。首先韦云淞责备第一三一师阚维雍部队作战不力，被敌突破中正桥以北沿河阵地而窜入城内，屡次扫荡而不能奏功，造成了心腹之患。他说河东岸各据点无线电话不通，河东战况不明；德智中学以西山地各据点，大部陷入敌手，与第二九四团通信也被敌截断。虽然各方面阵地尚能稳定下来，但我官兵伤亡过大，阵地守军逐渐削弱，势难久守。处在现在战况下征求各人意见。大家都不敢发言。韦继续说："守是守不了，不如放弃桂林突围而出，而免被敌全歼。"大家都赞同。决议黄昏后除象鼻山、将军山、河东岸各据点不通知外，其余各阵地部队，只留少数部队困守阵地，大部在黄昏撤离阵地，分向西方突围，突围后以两江圩为第一集合点，以龙胜为总集合点。会议散后，韦饬各回指挥所做突围之准备，黄昏后开始行动。散会后第一三一师长阚维雍回到师指挥所，师部人员已集合在会议厅等候他开会。阚对他们说："有好消息，你们等一会儿，我回房小便后再来告诉你们。"谁知阚回房后，房内即传出手枪声，参谋长郭炳祺入房看时，见阚已以手枪自杀（在阚奉命守桂林时，即具与城共存亡的决心，曾写下绝命书信寄柳州给其家属，现在仍保留在他妻儿手中）。郭炳祺当即以电话报告韦云淞，韦说："死了，算了。"仍饬各团按照计划准备突围。

第一七〇师师长许高阳散会回指挥所后，打电话要我由第一线归来商讨突围。我回到指挥所时，许高阳将突围决定转告。晚上九时，我到达通往德智中学的桥头，师直属部队陆续到来，韦云淞、贺维珍、许高阳也于九时经过那里。他们对我说："希望你好自为之。"说完后他们就仓皇向西去了。晚上十一时，到来的有第一七五师的梁营和第五一〇团的黄营，第五〇九团两个步兵连和一个机枪连，当时德智中学之敌向我射击，证明敌人又占领了德智中学。我随令黄营击退德智中学之敌，并即率各部到达德智中学，召集各主管说明企图，命令梁营向猴子岰攻击（当时猴子岰已被敌占领），黄营攻击夹峰坳，梁营攻击猴子岰。攻占第二个坳口时，伤亡很大，继续向隘顶攻击时，梁营长不幸阵亡，士兵溃退下来。我亲率特务连继续攻击猴子隘，当时面部两处受伤，牙齿被打掉过半，当场昏倒不省人事。城防司令部参谋长陈济桓随韦云淞突围，由于他是跛子，无法突围，最后他自杀殉国。

我受伤不省人事后，部队伤亡颇大，无人指挥而行溃散。同时黄营攻击尖峰坳，营连长阵亡殆尽，部队也因无人掌握溃散而被敌俘虏。十一日上午八时，桂林守备战斗到此终止。我重伤后也被敌俘虏。敌参谋部浅田中佐迫我先去南京见汪精卫，后回广西组织伪政府。我即趁敌看守松懈时，在厕所越墙而逃。

桂林防守战

郭炳祺[※]

战斗前一些有关情况

一九四四年八月八日，衡阳沦陷。日军沿着湘桂铁路长驱直入，大举进犯广西的时候，蒋介石下令给柳州第四战区司令长官张发奎，要张确保桂柳。张在柳州战区司令长官部，召开了一个军事会议，决定以第十六集团军开往桂北守备桂林。当第十六集团军所辖的第三十一军开到桂林，第四十六军由衡阳附近用火车输送开到桂林时，白崇禧由重庆飞回广西，到了桂林，把第四战区原定的作战部署作了更改，改以第十六集团军副总司令韦云淞为桂林防守司令，指挥第三十一军（下辖第一三一师和第一八八师）为主干防守桂林，以副总司令周祖晃率领第三十一军第一三五师为主力，并指挥以广西绥靖公署四个独立团临时编成的两个纵队，作为武宣守备队，对付由西江下游向平南桂平进攻之敌人。其余各部队统由第十六集团军总部统一指挥，在桂柳外围机动使用。部署方定，白崇禧又把原定守备桂林的第一八八师调出为机动，以第四十六军的一个大部分是新兵的后调师第一七〇师来替换，同时把第三十一军副军长冯璜及第一三一师第三九三团团长蒋晃调出桂林。当时军中对此都认为这次守城将是十分危险，第一八八师师长海竞强和冯璜、蒋晃等都是白的亲戚或亲信，故白将他们调离险地。顿使军心大受影响，人心惶惶，愤慨不平，议论纷纷，许多人都为这次守城给家属写了遗嘱。这是当时在桂林战役前最突出而又最普遍的一个军情。

※ 作者当时系第三十一军第一三一师参谋长。

桂林防守问题决定以后，白崇禧在桂林召集防守部队团长以上人员开了一个军事会议，我也参加了这个会。白崇禧在会中，大为宣扬城防司令韦云淞和参谋长陈济桓当年内战时守备南宁吃黑豆苦战的精神，及指示如何加强配备构筑城防工事等，以鼓励军心。也有一些人提出了一些防守的经验和建议。最后韦云淞提出了一个要求，他说："吃黑豆精神固然要发扬，但桂林地区这样大，兵力这样少，其中一师多是新兵，我防守司令部连卫兵都没有一个来守，叫我如何去守桂林？请求再增加一个师。"白崇禧看韦云淞这个请求很硬性，在会上答应增加一些部队。其后调配了第七十九军第二九四团，第一七五师、第一八八师各抽调一个步兵营，炮兵第六团（加农炮一连仅两门炮），山炮兵一个营（炮十二门），高射炮一连（炮四门），战车防御炮一连（炮四门）及一部分卫生部队。

以上是作战前白崇禧由重庆飞回广西策划桂柳作战的一些有关情况。

桂林防守作战计划

一、敌情判断：当时根据情报发现当面之敌有七个师团番号，判断进犯之敌，最多不超过十万人，并判断敌对桂林的主攻方面，将为北门或由伏波山至中正桥头的阵地。

二、作战任务：坚守桂林城三个月。

三、战斗序列：城防司令韦云淞，参谋长陈济桓，副参谋长戈鸣。第三十一军：军长贺维珍及军直属部队，副军长冯璜（战斗前调出桂林），参谋长吕旃蒙，副参谋长覃泽文。第一三一师：师长阚维雍及师直属部队，副师长郭少文，参谋长郭炳祺。第三九一团团长覃泽文（由军部副参谋长调充），第三九二团团长吴展，第三九三团团长陈村。第一七〇师：师长许高阳，副师长巢威，参谋长黄济。第五〇八团团长高中学，第五〇九团团长冯丕临，第五一〇团团长郭鉴淮。第七十九军之第二九四团，第一七五师之步兵一营，第一八八师之步兵一营，炮兵第六团，第一五加农炮一连，山炮兵一营，高射炮兵一连，战车防御炮一连。

四、战斗部署：

（一）以第一三一师占领中正桥以北沿河，北门至甲山口地区，及漓江东岸，屏风山沿猫儿山至七星岩地区，包括各个小山各个独立据点。

（二）以第一七〇师占领中正桥以南沿河至定桂门、将军桥、牯牛岭及甲山口地区。

（三）两师作战地境为中正桥甲山口相连之线，线上属第一三一师。

（四）第七十九军之第二九四团占领德智中学及以西山地。

（五）炮兵部队由陈团长统一指挥，将山炮兵各配置一连在北门、南门及象鼻山附近，十五加农炮连配置在王城及体育场附近，高射炮连配置在独秀峰附近，战车防御炮配属在北门附近。

（六）总预备队步兵两个营（第一七五师及第一八八师之各一营）控制在鹦鹉山、孔明台间地区。城防司令部在鹦鹉山岩洞内。第三十一军司令部在孔明台岩洞内。第一三一师司令部在东镇路之猫儿山岩洞内。第一七〇师司令部在丽泽门外老君洞附近。桂林守备部队共约三万人。

（七）第一三一师的战斗部署：

第三九三团占领中正桥以北沿漓江至北门之线，特别加强沿河西岸的工事及火网配置。第三九二团占领北门至甲山口之线，并于北门前面各小山占领前进据点阵地，构成火网互相支援。两团战斗地境为北门火车站沿公路至鹦鹉山右侧之线，线上属第三九二团。第三九一团（欠一营）占领河东屏风山沿猫儿山至七星岩及水东街、沿河之线包括各个小山独立据点。第三九一团之一营（欠一连）为师预备队，控制在师部附近。

作战准备：根据坚守三个月的任务

一、粮弹及副食等，计划囤积三个月用量。当时广西绥靖公署积存在桂林的武器弹药颇多，因疏散不去，大量拿来充实各防守部队；主副食按照部队直接供应，不足三个月，但桂林疏散后民间遗留下来的很多，各防守部队都自行搜掠囤积，足够有余。

二、城防工事构筑：为了构筑城防工事，成立了一个城防工事构筑委员会，负责计划工事构筑事宜，冯璜和我都是这个委员会的成员。冯对此极为热心，在他未曾离桂林城之前，几乎每天他都约我到各部队、各个山头去督察工事构筑情况。当时的阵地编成及各个工事的构筑，是利用桂林石山地形的特性，构成各个独立性的野战工事，也有一部分半永久工事。除防守外围阵地为第一道防线外，由王城、独秀峰至孔明台，构成一道向南的外八字第二道防线，准备巷战时，保卫城防司令部、第三十一军部及第一三一师司令部。阵地前都设置障碍物，有铁丝网、鹿砦、木栅、轨条砦，并重点埋设地雷（触发的），但缺乏照明设备。后因为这个缺陷，在战斗中被敌趁夜接近我阵地，偷渡漓江，占领中正桥桥头堡及盐街负隅攻击，对战斗全局起了极大的影响。

三、通信方面：城内以有线电话为主，无线电及徒步传达为辅。与城外联络以无线电报为主，陆空联络为辅。并在桂林城内各山顶上，高插国旗，表示国旗还在、阵地确保，国旗不在、阵地不保，以便我陆空军侦察联络。

战斗前夕疏散情形及火烧桂林城

八月八日日本侵略军占领衡阳，九月第四战区下令强迫疏散桂林市民。当时桂林市所有负责的军政机关，毫无指挥与措施，机关、团体、学校争先恐后，抢夺交通工具，乱成一团，情况非常狼狈。群众顾此失彼，呼儿唤父，怨声载道，极为悲惨。桂林紧急疏散后，除守城部队外，其他什么人都走光了。隔不到数日，说是北门外扫清射界处起火，当天西北风特别大，无人救火，即使火势从北而南，在一昼夜时间，桂林城一片火海，人民财产付之一炬。日本投降后，桂林市民回转家园，只见一片荒墟草丛，无处安身，人民群众义愤填膺，游行示威去找韦云淞算账，吓得韦云淞在广西一段时间不敢露面。这是后话。

桂林防守战斗经过的情形

一九四四年十月二十八日，城防司令部通知各部说：在大溶江附近和在海洋坪、高尚田前线与敌作战之友军已后撤，一二日内敌人即可迫近桂林，命令各部严阵以待。是日下午，第十六集团军总部桂林指挥人员撤出桂林。当他们撤出时，我曾和他们联系，请他们在外边用无线电和我们多联系。他们答应得很爽脆，说无问题，一定给我们常来电报。结果桂林被围攻十天，师部与第十六集团军总部通信完全断绝，不知他们跑到什么地方去了。

十月三十一日，桂林城东南西北均已发现敌人，从十一月一日起，敌人向我外围阵地日夜进攻，战斗日趋激烈。四日我屏风山、猫儿山等四个据点为敌攻陷，守军全部牺牲。五日敌以燃烧弹攻象鼻山阵地，把阵地堡垒化为一片焦土。我德智中学以西阵地亦失之过半。河东岸沿河一带亦均被敌占领。黄昏后，敌人炮声不绝，桂林城四面八方变成了一片火海。敌用毒气和火焰放射器攻七星岩口，守军与师部电话中断。九日敌以优势兵力，大炮百余门，战车三十余辆，在空军协助下，对我进攻愈加猛烈。是日敌人强行渡过漓江，突入盐街，与我军进行巷战。德智中学以西阵地全失。九、十两日，我军陷入苦战中。突入盐街之敌扩大战果后，续向核心阵地皇城进攻。十日，敌攻占七星岩、斧头山、北门外各个山头，十日下午城防司令召开紧急会议（内容我不知道），阙维雍师长前往参加会议。回来后，情绪异常，向我们交代：我们要坚决与桂林共存亡，假如我死了，由副师长、参谋长指挥。说时呜咽，语不成声。说后他到电话机房内去即开枪自杀了。

阙死后，我用电话报告了韦云淞，韦命令我和副师长郭少文继续指挥战斗。是夜九时，我打电话与城防司令部、军部及第一七〇师师部联系，均无人接电话，后派人去联络，始知他们都走了。这时我有些心慌，对郭副师长说："情况如此，怎么办？"郭说："不用着急，他们走得不久，必向西门走，让他们先走，我们带师特务连，跟在他们后面冲出去。"当时我也没有什么好主张，照郭副师长所说办事。我心里只是想为什么这样走了，不告诉两位团长？

当我们率部向西门突出后，不久即听到前面突围部队被敌阻击于猴子隘，双方激战，炮火连天。事后我知道在这场激战中，城防司令部参谋长陈济桓，军部参谋长吕旃蒙、参谋龙祖德、营长甘若丹、梁胜周，团附江有涛均于是役阵亡。我和郭副师长向西南突围，半小时后亦为敌人阻击冲散，我被敌人俘虏。

桂林防守战原来任务是要防守三个月，结果由于种种原因，孤军奋斗，苦战旬日，即为优势的敌人攻陷。撤退时又毫无计划，以致损失十分惨重。

桂林战役江东地区战斗

覃泽文[※]

我原在国民党军第三十一军军部任上校副参谋长，一九四四年秋随军移驻桂林，归城防司令韦云淞统一指挥，其时全州已经沦陷。第一三一师阚维雍师长有一天（大概是九月下旬）对我说："要调你去接第三九一团团长职务，请你做好思想准备。"副军长冯璜也对我说："你就要去接第三九一团团长，担任守备江东地区。"他并说："第九十三军军长陈牧农失守全州，已经枪毙了；失守平南丹竹机场的第一三五师团长曹震，也已经枪毙了。"此外也没讲其他的话。我就意识到他是在提醒我，向我敲警钟；接着军部的派令就到，贺军长叫我第二天去到差。没有任何人给我饯行，冷清清只冉启盛一人（我的通信员），帮我扛行李一同过漓江桥去七星岩第三九一团到差。师部没有派人带我去举行布达式，团部也没有人列队欢迎我，只是那晚团部多加几个菜，三个营长和直属连队长都到团部来聚餐而已。他们都认识我，我却不很认识他们；但他们盼望我来的心情，在每个人的面孔上已充分流露出来，在这样简单肃穆冷静的气氛中，充分显示着一场残酷的大战即将来临。

关于当时的敌情，根据上级的通报，兵力大约是五六个师团八九万人，分由灵川、高尚田、海洋坪三路向桂林进逼。

防守的任务是坚守待援，期限预定三个月，因此粮弹的储备为三个月。防御工事，愈坚固愈好。

所有守城兵力，原定两个军（第三十一军和第四十六军），其后白崇禧由渝飞桂，改变计划，破坏建制地把第三十一军的第一八八师（师长

※ 作者当时系第三十一军第一三一师第三九一团团长。

海竞强，是白的外甥）和第四十六军所辖第一七五师（师长甘成城，是夏威的外甥）调出外围作战。结果仅留第三十一军所辖第一三一师和第四十六军的一个后调师（第一七〇师）共两个师，担任守城，总共不足三万人，跨河配备，阵地辽阔，敌我对比悬殊。故此战之败，白、夏责任难逃。

我记得防守计划是城防司令部制订的，一切规定得很详细，每一地区的防御阵地和配备，上级都规定好了。我去接前任团长蒋晃的任务时，一切都照他的部署，并没有什么更动。记得仿佛第二营（欠一连）守备从漓江边亘花桥至月牙山一带阵地；第一营负责守备从月牙山脚亘普陀山周围至六合路中间小桥、七星岩口小溪边至花桥边之线一带阵地，并派兵对漓江边施行警戒；第三营负责守备从六合路中间小桥亘猫儿山、屏风山，延至漓江边一带阵地。配属地区队之山炮两门，位置于普陀山与屏风山之间。预备队步兵一连，位置于豆芽岩及七星岩口前面之空坪。另派第二营之步兵一排守备穿山前进阵地。团指挥所先设在七星岩口之八角楼。

十月二十九日，尧山已发现敌人，当晚十时至三十日二时左右，在第三营猫儿山前头，不时有零星枪声，迄至天亮，即平静如常。

十月三十日晚十一时左右，敌人小股部队从甘蔗地中突然窜出，向我猫儿山阵地威力搜索，战斗约三个小时，敌人被我击毙数名，拖尸而逃。普陀山至月牙山一带阵地，也发现有敌人试攻，均被我守军击退。

十月三十一日至十一月一日夜，倾盆大雨，铺天盖地，敌人以雨幕为掩蔽，又向我猫儿山进攻，战斗甚为激烈，其一部已突入我阵地，第三营派队逆袭，才把敌人击退。与此同时，在普陀山后阵地前的敌人，驱牛十余头踏我阵地前沿，企图扫除我埋设的地雷，曾有一只牛被炸死在我阵地前，次晨守兵拉来加菜吃了。同晚月牙山，屏风山第二、第三营阵地（至漓江边）前沿，均发现有敌人活动，且间有枪声。由十一月一日至四日这几天内，除猫儿山、屏风山战斗仍甚激烈，双方各有死伤；同时普陀后山也发生激烈战斗。三日拂晓前，派守穿山前进阵地之排，已全部撤退下来，据该排排长杨建报称："昨晚敌人猛攻我排，战斗非常激烈，我排支持不住，于是乃全排退下。"我问死伤多少，他说没有死伤。又问整排完全退下否，他答完全退下，一个没有失落。我听了非常恼火，气愤地说："战斗既非常激烈，为何一个没有死伤？既没有死伤一人，为何支持不住？前进阵地由地区队派出，其撤退也必须奉地区指挥官之命；未有命令擅自撤退，放弃阵地，这是军纪所不能容忍的。"随即将情况电话报告贺军长，奉贺军长指示，要严肃处理，以肃军纪，并立即执行。我就下手令给团部副官宁德星去监督执行。从此军威大振，官兵执行任务，不敢苟且马虎。记得有一天我巡视防线，凡是见官兵非其工作岗位而随意游动者，必严诘其原因，如确属企图逃跑者，立即予以枪决。有野战医院院长邬克亮（广西龙津县人）被诘，状极惶恐，即说"我是来看伤兵的，绝不会逃跑"，并说"我是大学毕业的，请团长体察"，其对军纪严肃性的领会程度，可见一斑。

由十一月五日至十日这几天内，在五日拂晓前，敌人以我数倍之众，集中强大炮兵火力，还有空军配合，对我江东猛攻，其重点指向我猫儿山、屏风山及普陀后山，在我浓密火网带附近，伏尸累累，曾几度反复冲杀，发生肉搏。普陀后山第一营第三连连长黄英毅挺身与敌格斗，壮烈牺牲，即由该连中尉排长升代连长，仍率领该连坚守阵地。是日敌之攻击，终被我击退。但由于黄连长牺牲，敌人即由此插入一把尖刀，直冲山顶，隐匿盘踞，不时从后方阻击我守兵或交通人员，威胁极大。五日午，我上七星岩顶观察，正在拾级而登的时候，忽然叭的一声，有枪弹打在路旁岩石上，我立刻抢上几步到拐弯地方。我想这枪弹从何而来，这条路位于猫儿山、屏风山的背面，距离普陀后山和月牙山阵地前沿也相当远，总在一公里左右，而且是在白天，敌人接近我火网不易，这个情况令我怀疑不解。我回到指挥所约半小时，报来有个炮排弟兄也在上七星岩顶（炮兵观测所）那条路，被敌人的步枪弹打伤面部有几个伤口。从陷在面部的破片判明是步枪弹片打在石灰岩上反跳回来的破片。证明在普陀山的几个山峰上，已有日本兵插了进来。此乃心腹之患，非想办法将其肃清不可。五日下午即派一个搜索班上山搜索，四处全是石灰岩，犬牙参差，且颇急峻，攀登不易，进展缓慢，搜了几个钟头，天已入暮，但已证实在普陀山背靠近七星岩顶的那个山峰，确有少数日本兵盘踞在上面，兵力多少还不明白。天已黑了，搜山不得不暂停下来。六日拂晓继续派兵一排，我亲自督率进行搜山。迄九时左右，师部又派兵一连增援搜山，苦爬了半天，很难发现敌人，但不时我兵又被其打死打伤。至十七时左右，尚未搜到山顶，师部搜索连已撤收过河，天色渐晚，随之团的搜索排也撤收了。

十一月七日拂晓，敌人更集中绝对优势的兵力，配合飞机及浓密炮火，向我江东全线进攻，仍以重点指向我猫儿山、屏风山及普陀后山。猫儿山是我第三营阵地突出部，许多掩体均被敌平射炮摧毁，我守兵顽强死守，敌人冒死向我阵地不断冲来，伏尸遍野。经一昼夜浴血奋战，守兵全排壮烈牺牲。自猫儿山沦陷后，屏风山右翼暴露，腹背受敌，团部又无一兵一卒可以增援，因此屏风山阵地情况不明。敌即由此突破口增兵席卷，一面强攻普陀后山星子岩，一面对我七星岩口发起猛攻，炮声隆隆，枪弹如雨；且有瓦斯弹及烧夷弹，与我月牙山守军展开血战，双方死亡，难以数计。是时团指挥所迫不得已，转移到七星岩之内部，伤兵纷纷抬进岩中，幸存士兵及岩中带武器者，亦派干部分别组织堵守四个岩口，随之前岩口被敌炮火封锁。此际曾与贺军长无线电话通话，报告战况，我说："目下各营联络已断，战况欠佳，但凭军人报国的满腔忠心，保证有一个掩体打一个掩体，有一个人打一个人……"仅说至此，无线电话中断了，其后再叫不出来了。此时七星岩中，人员非常拥挤，也很混乱，伤病员啦、后勤人员啦、非战斗人员啦，以及一部分退却进来的官兵，估计总共不下千余人。四处点煤油灯（无电灯及汽灯设备），四处也有人煮吃，随时有人行动，环境非常嘈杂，指挥所在此，俨如聋瞎一般，毫无作用，于是决心搬到后岩口，时已是十一月九日。到此尚可闻枪炮之声，又少受七星岩口敌炮烟之威胁。此时由于各营电话不通，情况不明，乃先派团附出后岩口外了解情况，久久未见回报。其后，副团长自动报告带同上尉副官曾志成出去看情况，许久亦无一人回报。我非常苦闷而焦急，思绪万千。自尽吗？坐以待毙吗？还是突围一拼呢？时已是十日子丑时分，我正在一张行军床上斜靠沉思纳闷中，忽中尉副官宁德星到我跟前报告说："报告团长！副团长、团附和曾副官他们都突围走了，我看团长也可以走了。"经宁副官这一提醒，把我发呆绝望的思想，拉到了另一个方向，我想副团长、团附（已忘其姓名）都是行伍出身的人，为何不告而走呢？肯定三个营全部都垮了，如果尚有一个营残存的话，他们都会有人来回报的。当时我想到军队连坐法规定：营长先退以致团长阵亡，杀营长。现在不仅三个营已垮，连附团长、团附都借机出走，我突围谅无杀头之罪。而且突围一拼，死则搏敌成仁，生则重整旗鼓以报仇，仍不愧对国人，于是就决心突围。立即召集残存官佐，面授突围意旨，我亲自带领特务排十余人，并另加佩驳壳手枪一支，整装由后岩口突围。我到后岩口外一看，昏黑无光，敌人的歪把子轻机枪，从对面月牙山及左侧，定时似的向岩口路上点放，火星在石板路面四射。我判知敌人是盲目射击，封锁岩口，我就率先分组跃进，利用枪声间断的空隙，跃过其火力封锁地带，经几许周折才通过铁丝网，找到通向大圩的公路，检查人数，仅得黄阿二、李阿四、农秀光三人跟我而已。开始沿公路南行，是个小上坡，走几十步，闻前面有人声，忽然上面歪把子轻机枪两轮点放，我们四人立即退过一旁，发现黄阿二的水壶已被枪穿。我想敌人如敢过来，就拼他两个，如不过来，另找去路。于是决定一不走高地，二不近村庄，三不靠山边，只有沿着低洼之处，逶迤迂回地朝大圩方向前进。一夜弯腰屈膝走到天亮，离普陀山还不到二十华里，见到一个村子，很是寂静，走进一家中等人家，遇逢一个三十来岁的老乡正在做饭。他很客气而诚恳地让我们吃饭，并以煮好的带有臭气的一碗辣椒炆猪肉给我们下饭，饭香菜热，我们吃得很有味。那个老乡说："每天八点钟左右，鬼子都来搜村，你们赶快吃完，离开此地，以免吃亏。"我们吃完即刻离村，到附近一个石山上，找得一个岩洞隐蔽起来，一直蹲到下午三四点钟，才离山走出公路向大圩前进。

守城日记

宁德星※

敌军进攻桂林的第一炮——十月二十九日

天气是阴沉沉的，尧山一带弥漫着白雾，滴水掀起千万重愁纹。风，阵阵地由此吹向南来，把浓雾推向江上、城头上、石山上，挡住战士们的视界，也掩护着战士们所要监视的敌人的行动。枪声在远处的浓雾里零碎地响了起来，情况开始紧张了。

团长吩咐我用电话通知各部队严密警戒，并派特务排许排长率兵一班沿六合路向尧山方向搜索。

正午，我斜靠在室内沙发上，闭着眼，找寻本身职掌战备的缺陷的时候，老许忽然回来："喂!"我惊了一下，立刻放弃了思索，起身问他："怎么样?"

"不讲啰! 丢那妈，挨哪……"他用粤语回答我，音调是愤愤地。

"怎样挨?"我也用粤语急促地问他。

"我的小腿负伤了，是在冷水塘附近挨的，鬼子在石山上用步枪向我们射击，居高临下……"他一面说，一面用手指着他那捆着绒裹着的左小腿。

我看出他那小腿是在行进中受伤的，流血甚多，连忙扶他坐在沙发上，把我自备的裹伤包递一个给他。他微笑说："谢谢你，我现在还未感觉什么痛苦……"

夜里，我猫儿山、屏风山、星子岩各线均发出了枪声，一阵一阵的，

※ 作者当时系第三十一军第一三一师第三九一团中尉副官。

但不甚紧密——大概是敌人利用夜间来试探我们的配备吧！

敌军的暴行和猫儿山的小接触——十月三十日

早上的天气十分寒冷，崖壁上沾满了白头霜，窗外像飞飘着生盐。

我随着团长赴各部阵地去视察，见弟兄们都在加强工事，工作紧张而兴奋。团长问他们："怕不怕？"他们都异口同声："不怕！"还有的说："怕什么！几大不和他拼！""他妈的，最大芭蕉叶！"团长听了大概是觉得士气很旺盛吧，严肃的脸上露出了一阵兴奋的微笑来。接着又用警惕的口吻，叮咛他们小心谨慎，严密警戒，并召集各官佐作了一番指示。

回到团部，已是中午时分，天空虽然没有太阳，气温却比早上暖和一点。

各部守兵在阵地前拴获些老百姓模样的人，押解到团部来，其中男女老少都有，据各部的报告说是敌便衣队、汉奸。经我审讯结果，差不多全数都是被敌人强迫来踩踏地雷和试探我们机关枪位置的。他（她）们哭诉着敌军的许多暴行，哭诉着一家失散，爸爸、妈妈、孩子被杀丧的情景，哀求我恕他（她）们无罪。

我为了想从他（她）们口中搜出些可供参考的战斗资料起见，不惜用任何样难看的面目施行威吓，但，内心中早已难过极了！

团指挥所（在七星前岩左侧）北面传来了一阵阵步枪声，团长接获第三营黎营长的电话报告说猫儿山与敌发生接触，时有敌兵三五在岩前甘蔗田内出现，被我守兵击毙三名，但尸体却被敌冒险拖去。我想到敌人敢于在我火力控制下来拖尸，这种精神，真令人不得不予佩服。

团长感于猫儿山是一个突出据点，孤立而没有支援，放心不下，用电话训勉守将梁、王两排长，要他们沉着应付，坚持到底。他们回答说："请团长放心，除非一齐死完，猫儿山是不会……"他们都勇敢善战，尤其是梁排长是以"打"出身的，讲话是那般豪爽而直率，团长听了，仿佛把肩上的百斤担子卸了五十斤。

我可爱的空中战友——十月三十一日

昨晚，我全线都发出了机关枪声，猫儿山响得特别密，直到拂晓才逐渐停息。敌军曾赶了一批耕牛到我阵地前来踩踏地雷，牛到了外壕边，不自前进，停步吃草，敌人也不敢走近来赶它。天明，牛打起架来，给我守兵牵回几条，分配给各单位享受。

中午，太阳偶然从云层里露出面来，照见雨血淋湿了的阵地，照见屹立的石山，照见战士们发亮的头盔、发亮的刺刀和枪。

远远地传来隆隆的飞机声，愈响愈近，原来是盟机，大家都欣喜若狂，我赶快拿出望远镜，跑上普陀山顶去瞭望。

盟机三架掠过头顶，向尧山直扑过去，它飞得比尧山低，它侧着翼，似乎在搜索地上的目标，我从望远镜里望见几个不沉着的敌兵在跑动——这是我第一次看见盟机在我们阵前活动，也是第一次看见攻桂的敌兵。

"轰隆！轰隆！轰隆！"炸弹像倾盆似的投掷下去，一团一团的浓烟从那山腰、山脚冒起来，可惜看不出里面是否夹有敌人的血和肉。

夜雨在我们抱怨中尽下着，夜是比漆还更黑，阵地上的警戒兵们蹲伏在冷雨中，尽管把眼睛睁大些，也看不出三步以外的东西。

敌军用各种离奇古怪的声调，到处呐喊，目的在于扰乱我们的视听，造成一个恐怖场面；我守兵中有不沉着的，不管射击有效与否，大开其机关枪，枪声十分热闹。

穿山陷落——十一月一日

天雨越下越大，烟雾漫天，盟机是不能出动的了吧！敌人也像是把握住这良好的活动机会，展开了攻击的态势，白竹洞、临桂大村、刘家里……都布满了敌人。我们的炮兵，在高级司令部指挥之下，不断对进攻我们这东地区的敌人施行制压，敌炮也集中向我们的阵地和城内各处还击，声震天地，形成了整天的炮战。

入晚，城内各地区都展开了剧烈的攻防战，尤其是北地区的枪声炮声响作一团。我方在庆幸我们江东地区今晚闲静，倒在床上想安心睡一觉来消除疲劳，突然，我们的右翼——穿山发出了紧密的枪声。接着，第二营梁营长来电话报告说穿山电话不通了，我虽然在为穿山那突出阵地担心，但疲困终于把我拉入梦乡了。

军法无情——十一月二日

咯咯的机枪声和乒乒的步枪声，夹着风雨声传进我的耳膜，天色是惨白而迷蒙，指挥所前面几株大树，给风雨吹打得呜呜惨叫。

天已经大亮了，我还贪睡在被窝里想偷闲一会儿！

"报告宁副官，团长请，有紧要公事。"团长的卫士黄亚二恭谨而急促地站在床边呼唤我。我"啊"地回答了一声，披衣下床，一面扣，一面走过团长室去。

"你下去准备，率领特务排武装兵一班去把第六连中尉排长杨建枪毙，他擅自放弃穿山。"团长愤愤地命令我。

天啊！杨建是我多年的同学、同事，而且是要好的朋友，如何能枪毙呢！团长这一段话，简直是晴空霹雳，吓得我目瞪口呆。我想给杨建说说情，终于给团长那副严肃的铁面孔把念头给吓退了，只得勉强答应一声"是！"转身出来，团长还补了一句："要快！"

我总觉得杨建是不应被判处死刑的——穿山那么大，兵力只一个步兵排，谁去当排长也没有办法——我真愤愤不平！

我一面洗脸，一面抹着流不尽的眼泪，暗想杨建是无论如何都应该救的，副团长和团附平日都很信任我，我要找他们帮助叫声"刀下留人"，也许……想到这里，觉得杨建还有几分希望，遂连忙跑过副团长那边去。

刚踏上那短小的楼梯，听见副团长和团附在那里议论："……这是该杀的，如果不杀，怎能维持今后几个月的战斗纪律？"这简直是把一盆冷水倒上我的头。

"宁副官！宁副官！"团长又在那里高声呼唤。

"有！"我答着，连忙跑过团长室。

"手令在这里，快点去，枪毙了回来报告我。要注意严守秘密，他走脱了是要你负责的！"团长把手令交给我，同时毫不客气地这样说。

我接过了手令，看那上面写的是："第六连中尉排长杨建临阵退缩，擅自放弃穿山阵地，着宁副官率兵前往拘扣，就地执行枪决具报。仰即遵照，此令！"

这已经没有请求的余地了，我在命令的督饬之下，率着一群武装的士兵，冒着雨向笔架山的道路走去。

"我当真去把杨建枪毙吗？"这问题沉重地压在我的心头上，心头激烈地跳动着。我天真地想，如果暗地里放他走，回来欺骗团长说已经把他枪毙了，或者我和他一起逃亡……但后来平心静气再想，放他走，万一事机不密给团长晓得了怎么办？和他逃亡，周围都布满了敌人，又逃到什么地方去？

想到这里，我的心感觉绞痛，泪珠在面上一颗颗直滚下来。弟兄们都以为我是奉派了作战任务，怕死流泪，倒关切地慰问我："副官！我们去做什么的？你讲吧！莫怕！几大不是几大！"我始终没有答复他们，也不愿意答复他们。

到月牙山龙隐岩附近转弯的地方，突然遇见杨建一个人跑回来，周身染上了黄土。

"你去哪?"他慌张地问我,好像是已经知道,我是奉派来枪毙他似的。

我几乎说不出话来,但终于抑制着情感,临时骗他说:"团长派我到穿山附近搜索敌情。到底前面的情况是怎样的?"

他气喘喘地给我说了一大套,但谁有心去听他的话呢?谁还要他告诉什么敌情呢?

无论情丝是如何的绞缠,然而命令是无情地决定我必须枪毙杨建。我两眼凝视着这可怜虫杨建,说不出一句话,也流不出眼泪来了。

终于我硬起心肠:"老杨,对不起,这是团长的命令!"一面说,一面从衣袋里取出命令递给他看。

他看完了,面色由青变白,两眼死盯在纸上。

雨,苦下着,周围的景物像死一般地沉寂,月牙山下的小溪皱着脸,呜咽地流着,大地像即刻要化为灵堂了一样。

我命令弟兄们把杨建绑起来,推到花桥旁边。我握着他冰冷的手说:"老杨,别了!你还有什么吩咐吗?"泪珠又从我眼内滚出来,滴落在手枪弹带上。

"没有!"他没意识地答,但却没有流泪。

申山的恶战——十一月三日

一位班长与一个敌兵搏跌在岩下,敌兵头破了,流出些脑浆来,班长却巧跌敌兵身上,反而夺获敌枪一支。

申山失而复得。敌兵一批一批地倒下,又一批一批地冲上来,直到天明,敌军因经不起我屏风山、普陀山、星子岩的猛烈火力夹击,才向尧山回窜去。

申山终于骄傲地兀立着,它身上染满了战士的血,它雄视着躺在身旁的敌尸,仿佛在咀嚼敌军的血和肉。

这一战,敌遗尸六十三具,内有少尉小队长一名,推想敌军的伤亡至少在一百以上。我第七连阵亡士兵十八名,重伤九名,轻伤十二名。

黄英毅与星子岩共亡——十一月四日

昨晚午夜,敌又猛攻申山,被我守兵用"伏击"的巧妙战法遏阻了,但并未能打消敌人的攻势。相反的,敌人却增加了小钢炮、火焰放射器,转向我星子岩及普陀山东端的第三连阵地猛烈攻击。

最初是稀疏的步枪声和轻机枪声，后来炮声，手榴弹、地雷的爆炸声，隆隆地响作了一团。

雨，整夜没有停止过。

敌人在黑暗掩护之下，一批批地向我星子岩阵地猛冲，也像申山一样，一批批地在我火网中倒下。战斗激烈地进行了两个多钟头，星子岩仍固若泰山。

顽强的敌人，经过几次冲锋顿挫之后，知道非先消灭我们的自动火器不可，于是使用火焰放射器来摧毁我们两侧的机关枪阵地，用平射炮轰击我们的掩体。

英勇的守兵，不知被敌烧杀了多少，连长黄英毅也在这时候阵亡了，星子岩与普陀山东面形成了混战局面。

梁营长接获第三连逃回的炊事兵的报告，跟即用电话报告团长。团长知道星子岩的得失，关系整个战局，立即指示梁营长速派陆副营长前往指挥，并随时将情况报告。

陆副营长去了没多久，派兵归回报告，说战况颇为恶劣，自黄连长阵亡后，战斗已呈混战状态，星子岩已大半陷入敌手，我残余守兵，刻仍奋勇与敌搏斗中。另有敌一小股，已由普陀山东窜上普陀山顶，请速派兵扑灭。

团长得了这个报告，虽然表面上还是处之泰然，但据我观察，他的内心已经是烦躁极了。他命令第一营梁营长火速派兵逆袭，尤须迅速扑灭窜上山顶的敌人。

黎明，雨还是在下着，比午夜更冷，我们的逆袭部队——第一连——已开始和敌军激战，因为兵力过少，而且山的周围地形开阔，攻击时死伤甚大，天色大亮，逆袭仍无法奏功。团长看见情形如此，只好命令第一连暂时停止攻击，在原地监视敌人行动，重新做大规模的逆袭计划。

搜山与逆袭——十一月五日

星子山失守与普陀山顶被敌窜上，无疑是我东地区心腹大患，由是搜山与逆袭，实为当前战斗之急务。

在昨晚团长召集的紧急会议中，搜山与逆袭的计划已经决定了：

搜普陀山的兵力，主要的是配属增援的搜索连及团预备队的第五连，此外并抽调第二营的战防排及迫炮连的一排配属在内，统由第五连宋连长指挥，派曾副官督战。

逆袭星子岩的兵力，分为两路：

第一路为第一连全连，抽调一机连二机连各重机一排及第二营各步兵连所有的小炮班，由第一连宋连长指挥，侯团附督战。

第二路为四、六、九连各抽一排组织一步兵连，直机连、三机连各一排及第三营各步兵连所有的小炮班，由第一营梁营长指挥，吴副团长督战。

此外并集中全团的山炮、步炮火力协助逆袭部队的攻击前进，同时要求城内重炮向星子岩东北端前地及临桂大村六合路口一带准备火力，于逆袭部队与敌接触后，对敌施行制止射击，阻止敌人的增援。

拂晓前，部署已就绪，各部队依照计划在暴风雨中开动了。第一路沿普陀山南端前进向星子岩西端攻击，第二路搜山的部队由霸王坪而东逐步搜索，第三路沿普陀山北端前进向星子岩西北端攻击。同志们同怀一颗复仇的心，在艰苦地进行他们的任务。

指挥所里剩下周季康（政治室干事）和我陪着团长，我们围着电话机旁边，听候他们的捷报。约半小时许，从东方传来一阵浓密的机关枪声，我们知道逆袭星子岩部队已和敌人发生接触，团长即用电话指挥山炮、迫炮并通知城内重炮按预定计划开始射击。

战斗又在激烈地开展了，我们在浓密机炮声中，希望敌军能多死几个，但却也担忧我们的弟兄伤亡惨重。

没多久，团长先后接吴副团长和侯团附的电话报告，知道两路逆袭部队均已到达普陀山东端之线，就冲锋准备位置，此时团长命令他们趁着天色未亮赶快实施冲锋。

天色微明，机炮声、手榴弹爆炸声，在浓密地交响着。团长说逆袭部队一定在和敌人肉搏了，希望他们能成功才好，我和季康都应声"是"！

一会儿手榴弹爆炸声已逐渐稀少而至于没有了，但枪声仍在不断地响着，室内的电话机突然叮叮地狂叫。报告团长，逆袭部队曾一度冲上星子岩，夺回掩体数个，但因被敌居高临下，火力甚猛，我伤亡极为惨重。现第一连朱连长腿部负伤，第九连李排长阵亡，士兵伤亡统计在一百二十名以上。因伤亡过于惨重，逆袭尚无法奏功，目下退守普陀山东端之线，是否继续进攻，请予指示。这是副团长的电话报告。

"暂时在原地候命。"团长烦躁地临时随口指示副团长，随即放下听筒。

"唉！怎么办呢？星子的逆袭又失败。"团长放下听筒，失望地说，同时躺在沙发上闭着眼睛。

"我看我亲自督战好啰！他妈的，逆袭不下来我就拼死去算了！"团长刚躺下去又站起来愤愤地这样说。

"报告团长，请团长考虑一下吧，团长现在是不方便离开指挥所的，因为副团长、团附都出去了，万一旁的地方发生战事，可怎么办？"我着急地报告他。

"不要紧，指挥所的事情，你们在这里处理就是了，赶快叫卫士准备随我去。"他坚决地说，同时随手把钢盔戴上。

"请团长不要着急，星子岩纵使夺不回来，我们还是可以继续作战的。只要我们在普陀山东端断住他们的进路，同时扑灭山顶的敌人，那么我们的阵地还是很安定的。请团长还是慎重地考虑，为整个战局着想。"季康也着急地阻住他。

团长坐在沙发上沉思了一下。"那么怎办呢？"他忧郁地问。

"依我的意见，留少数兵力固守普陀山东端，其余归还建制，然后专从事山顶敌人之扑灭，待山顶的敌人扑灭后，再设法逆袭星子岩。理由是我们的兵力有限，如果为这小据点而牺牲了强大的兵力，于整个战局恐有不利。"我慎重地提供意见。

"我很同意。"季康说。

"那就是这样办吧。"团长说着，同时用电话通知副团长留第一连兵力一排及直机连重机一排镇守普陀山东端，其余归还建制。

"为什么搜山的部队还没有报告呢？"团长把注意力转移到山顶，同时奇怪地问。

"那么我去看。"季康慷慨地说。

"可好！你去看了回来报告，同时告诉曾副官督他们上去。"团长对季康说。

"是！"季康答应着同时把戎装整理了一下，带领一个传达兵出去了。

约十分钟之后，季康来个电话找我。

"亚宁吗？"他问。

"是。"我答。

"山顶的敌人，据说六七十名，盘踞在竖有三脚架的山顶上，我搜山部队，正向该敌围攻中。但因山顶上过于崎岖，行动极不容易，我现在是在迫炮连的观测所打的电话，请代转报团长。"季康说。

我把季康所说的话，向团长说了一遍。

副团长、团附忽然在外面进来，浑身都是黄土，黑油油的，说明他们在这一场战斗中备极辛劳，他们把手枪靠在肩上，开始把详细的战斗经过报告团长。

团长听了，眼眶里充满了眼泪，但始终用力地抑制着，给副团长、团附慰劳了几句，叫他们休息休息。

副团长、团附换了衣服，仍到团长室里来坐，他们商议着怎样去克服战斗的种种困难。

咯咯的机关枪声，又传进了我们的耳鼓，声音特别响亮，不消说是从山顶传来的。

"宁副官！我和你到山顶去看。"团长被这一阵枪声吸引了，决心亲自出马。

"是。"我应着连忙叫卫士们准备。

"指挥所的事情，请你们两位招呼招呼。"团长吩咐副团长和团附。

"是。"副团长站起来回答他。

"去。"团长说着跨出了指挥所，一个卫士在前面走，我和其余的两个卫士及一个传达兵跟在后面。

我们沿着霸王坪的石级小路先到迫炮二排的观察所，观察山顶的情势，并询问当前的敌我情形。

得到石排长的报告后，我们沿着崎岖的岩石路踏着荆棘，向三脚架山峰前进，呼呼的枪声，不时掠过我的头顶和身旁。团长警惕我们说："姿势低点！"

在三脚架山峰附近的山的鞍部，遇着曾副官和宋连长正在那里指挥作战，季康也在那里。我们躲在一块大石背后，观察部队攻击部署情形。

季康和曾副官看见我们，他屈着身体，利用石头和草丛的遮蔽，跑过来报告团长："经过我们严密搜索，发现了山顶的敌人有六十多名，有三名已在山谷里给我们击毙，现全窜上对面山峰，宋连长已指挥队伍完成包围态势。但因岩峰倾斜急峻，石牙突锐，冲锋极为困难；且敌携带掷弹筒、手榴弹颇多，亦殊不易接近。"

"你通知宋连长命战防排用火箭筒制压当面之敌，在该排掩护之下赶快冲锋，限本（五）日十二时前将敌军全部扑灭。"团长听了报告后，很断然地给予这样的指示。

曾副官把团长的命令转知宋连长后，火箭筒即开始猛烈射击，一团团的火石滚下岩来，一群群的小石，在空中飞舞。

步兵在火箭筒强烈的火力掩护之下发起了冲锋，士卒因见团长亲自督战，尤为奋勇，蜂拥一般地冲上山去。

到了半山，火箭筒已无法射击，敌军躲在石隙里不住地把手榴弹投掷下来，但兄弟们还是不顾一切地向前冲。团长和我们，眼见一批批的弟兄倒下来，又看见一批批的弟兄扑上去，但终差二十公尺的距离无法冲上山顶。因为地形决定勉强前进，只有徒遭损害。

团长看见这情形，决心不再强攻，命我上前去通知宋连长确守已占领的阵地，并分兵一部占领霸王坪东南端各山峰，严密监视敌人行动，只要不许敌人再窜下三脚架峰。

虽然敌人还没有完全扑灭，但因团长觉得能够把他包围在一个山峰里，总算已获得了相当的成功。

团长、季康、曾副官和我率着卫士和传达兵，一行仍沿旧路回指挥所，已是十三时许了，我们才用那冷而乏味的早饭。

猫儿山的失守与屏风、月牙山的激战——十一月六日

经过一个多礼拜的战斗，兼之连续几晚没有合眼，口腔干干的，精神极度疲劳，就是素以"肥老"称的吴副团长也显得消瘦多了。

季康建议要注意调养精神，保持健康，团长乃指示我们轮流休息。

昨晚十点钟以后，是轮到我休息了，我放心地一觉睡到今早天明。

"你昨晚知道猫儿山、屏风、月牙山发生激战吗？"老曾微笑地问我。

"我不知道。"我用手抹着眼睛说。

"那才要紧啊！枪炮声整夜没有停止过，猫儿山被敌连续作十次的冲锋。"老曾本来就是快乐神仙似的，他用好奇的口吻微笑而低声告诉我。

"现在呢？"我关切而急促地问他。

"月牙倒还安定，但猫儿山、屏风山的电话都不通了，还没有接他们的报告，依我看来猫儿山恐怕是完了。"老曾也带有几分忧虑地说。

"团长怎样处理？"我关心地问。

"有什么办法，又没有兵力可以增援，还不是让他们自己去想办法吗！不过团长命通信排赶快抢修屏风山电话。"老曾回答我。

"时间太宝贵了，以后恐怕难得休息的机会，你还是去休息休息吧。"我见他打了个哈欠，不敢再耽误他的休息时间。

"好的！必要时你得叫我。"他和衣倒到床上去。

我走到团长房里，团长靠在沙发上，身上半盖着毯子，看他那焦瘦的颜容，禁不住令人感到一阵心酸。

副团长坐在椅子上，手拿着听筒，和第二营梁营长讲电话，后来他告诉我说是梁营长报告昨晚战斗的详细经过。

当我和副团长谈着各方面的战事的时候，传达军士马敏香进来说："报告副官，外面有弟兄名叫宁快然，他刚才从猫儿山跑回来，说要

见你。"

"猫儿山的吗？喊他来！喊他来！"副团长正想明了猫儿山情况，他抢着说。

传达把宁快然带进来了，他身上的衣服已完全湿透，他先后向副团长和我行礼后，站在房门附近发抖。

"你是猫儿山跑回来的吗？"副团长问。

"是。"他敬谨地答。

"现在猫儿山的情况怎样？"副团长继续问。

"昨天晚上敌军百余人，对我猫儿山作整夜连续的冲锋，敌我伤亡都很大，后来只剩下梁、玉两排长和两个班长五个弟兄，而且每人只有几颗子弹、一两个手榴弹。那时梁排长已经发神经起来了，我们几个人去拖他走，他都死死赖在那里。他说，我不走了，你们回去报告连长营长吧，说完了放声大哭。"

"那么猫儿山又完了！"原来团长并没有熟睡，他听了宁快然的报告，吁一口气痛心地这样说。

"那你是怎样跑回来的？其余的兄弟呢？"我接着问宁快然。

"我们几个人一同下山后，玉排长和三个弟兄不见了，只剩我四个人一起走。到河边，又给敌人迫进河里，他们不大会游泳，都溺毙在河里。我一个人侥幸游过对河，后来才从中正桥回来的。"他说。

"你到传达室休息休息吧。"我指示他出去，同时通知传达军士找衣服给他换。

电铃叮当地响，我拿起听筒来听，原来屏风山的电话通了，黎营长请团长说话。

团长听到我和黎营长的对话，不待我报告他，他已经起来把我手上的听筒接了过去。

"报告团长，昨晚敌军约两中队（配有高热度的火焰放射器）向猫儿山阵地猛扑，敌我伤亡均惨重，现猫儿山情况不明……"黎营长报告还没有完结，电话突然又中断了……

指挥所的迁移——十一月七日

屏风山，自从昨天早上电话中断以后，已经失了联络，派出查修线路的通信兵，曾在建干路与敌接触，以致线路无法修理。

昨晚，落了整整一夜大雨，在浓密的枪炮声中，可知屏风山的战斗最为剧烈，几次派兵前去联络，却没有一个回报。午夜，指挥所也给敌人偷袭，老曾、季康和我，指挥着杂兵和仅有的特务排，与敌人作了数十分钟的战斗。后来，赖三〇三机枪的侧射得力，指挥所幸获安全。

本来，自猫儿山失守后，指挥所已直接受着炮的重大威胁，更兼目下屏风山战况的恶化，指挥所已大有迁移的必要。

今天早上，团长令副团长去七星岩开设指挥所，构成通信网，他仍暂留原指挥所里。

黄昏时候，团长将战斗情况及指挥所之迁移用无线电报告军长后，和我们一起进入七星大岩。

不见天日，不知厉害——十一月八日

进入大岩以后，我看见输送连李连长戴着眼镜坐在悬着帐帘的铺前面，手上拿一本小说，对着黄昏的小灯神气十足地翻阅，态度极为安闲，令人有"隔壁犹唱后庭花"之感。

说来也有点难怪，因为在岩里听不到枪炮声，更看不到敌人，而他又没有战斗任务，叫他怎么不安闲呢？

原来岩里所住的是医院、卫生队、伤兵、输送连及饲养兵、驭手等非战斗兵员，只于各个出口配备少数的战斗部队。

团长进入大岩后，即召集各单位主官加以训勉，并指示他们在岩里构筑工事。

我靠在电话机旁边一堆行李上，不知道什么时候睡熟了。我也不知道什么时候醒转来，周围的空气仍然是烟沉沉的，通道上兄弟们走来走去地喧嚷着，我无法辨别是昼是夜，我几乎忘怀我们是在敌军的重围之中。

季康坐到我身旁告诉我说，昨晚敌军猛攻月牙山，第二营梁营长已经阵亡……

听了季康的话，我的心，又再次投入战斗的旋涡去了。

突围——十一月九日

昨晚，敌人用烧夷弹炮击前岩，里面的房屋起了大火，北风把火烟向岩内尽情地吹，岩里充满了烟雾，几乎无法呼吸。

电话线已完全烧毁，指挥所与各据点的联络，从此就全断绝。

外面的情况简直是一点不知，团长只好决心与岩洞共存亡，已无法顾及其他。

今早，据报朝天岩、豆芽岩岩口已有敌人用火力封锁，前岩也就不在例外，只有后岩还有第一连的兵力一排在极力抵抗着。

团长得到了这样的恶劣情报，低声地对我说："事到如今，我们只有一死以报祖国！"泪珠一颗一颗地从他那倦眼滚出，我除了陪着流泪之外，没有什么话可说。

团长叫我随他到后岩打算给防守司令、军师长发最后的一电，但结果却联络不上。电话通知副团长又把指挥所移到后岩来，也许团长是因为舍不得后岩的日光和空气吧！

中午，团长召集各单位主官作了一段悲壮的训话，他说："我们的命运已经决定了，我们只有拼最后的一死以报答国家……"大家听了，无不潸潸堕泪，同时坚决地表示在团长领导之下奋斗到底。

团长经过这次的训话后在指挥所闭着眼睛靠在椅子上，半天不说一句话。

黄昏时候，防毒排在前岩附近发出了毒气警报，许多兄弟们中毒昏倒了。

岩洞里发生了很大的骚动，许多兄弟在向后岩挤来，秩序非常混乱。我们在后岩因为比较通风，当时还没有感受毒气。

"怎么办呢？难道眼睁睁地让这成千条性命中毒死掉吗？"团长打开了沉默半天的口，提出疑问。

"还是决心突围吧！我们情愿到外面和敌人拼死，不该在这里给毒气闷死。"还是他自己答。

他立即召集各部主官，面授突围命令。

深夜一点多钟，在惨淡的月光映照之下，我和老曾跟着团长冒着枪林弹雨由七星后岩冲出，向月牙山方向冲去。但我们在岩口的人丛中都和团长失了联络，月牙山上早有了敌人，我们只得向大圩方向突进。

桂林七星岩八百壮士殉国纪实

陈兴让[※]

一九四四年敌人南窜时，笔者正在青年远征军团，任中校主任职（在安徽整训）。胞兄陈村当时任第一三一师第三九三团团长，住桂林。侄儿陈绪祥，在第三十一军指挥所任参谋。桂林战役序幕开始时，兄弟叔侄往来通信中，多谈布防概梗，及至桂林城沦陷后，虎口余生的仅存者（胞兄与侄儿）互谈其中情况，使我深印脑海，事隔三十六年余之久，记忆犹新。

一九四四年夏长沙失守，湘桂路沿线十分紧张时，白崇禧在八月间由重庆飞回广西，召集高级将领会议，策划防守部署；并说国民党中央意图，要坚守桂林城三个月。并在桂林召集排级以上全部防守军官训话，勉励同心协力，共同坚守桂林城。

会议后，决定由第十六集团军总司令夏威，负全责防守桂林城。并即派第十六集团军副总司令韦云淞任城防司令，率领所属第三十一军（军长贺维珍）第一三一师（师长阚维雍）、第一八八师（师长海竞强，白崇禧外甥），另第一三五师（师长颜僧武，原在平南县守丹竹飞机场未动）和第四十六军（军长黎行恕）第一七〇师（师长许高阳）、第一七五师（师长甘成城，夏威外甥）、新编第十九师（师长蒋雄），并由中央配属炮兵一个团，限在八月间赶至桂林布防。阵地在牯牛岭一带，桂林城内囤积三个月的粮弹以备守城之用。并由城防司令部拟定防守作战计划，计桂林城已有两个军布防，作战地境以七星岩、桂林大桥（即现在解放桥）、老君洞与猴山隘之线相连，线上以北归第三十一军防守，以南

※　作者当时系青年远征军团中校主任、守军第三九三团团长，陈村之弟。

由第四十六军防守。由各军按计划分地区，派出部队构筑工事，埋设地雷，敷设铁丝网障碍。

不料至九月间，突有命令来抽调第三十一军之第一八八师、第四十六军之第一七五师，共两个师，由副总司令周祖晃指挥，率领至柳州附近待命。旋又命令调第一七〇师的一部归副师长巢威率领，在桂林右侧地区，担任机动部队使用。是则防守桂林城之两个军，已缩变为两个师防守而已，并归第三十一军军长贺维珍指挥。因在此情况下，以两个师兵力分任两个军之防线任务，其兵力薄弱，可以想见，又迫得重新布防。以第一三一师之第三九三团（团长陈村）负责守卫中正桥西端以北沿河经伏波山至北门之线一带阵地。第三九二团（团长吴展）负责守卫北门外公路以西至甲山之线。第三九一团（团长覃泽文）担任守卫漓江东岸猫儿山、七星岩以及水东街地区。第一七〇师亦派各团分担第四十六军之防线任务。各部重新加强构筑防御工事、埋设地雷、架设铁丝网，各派出前哨警戒部队。待至十月二十九日拂晓，知道各友军在大溶江及高尚田附近与敌军作战，初战虽然取得胜利，但因敌兵不断增援，寡不敌众，只得且战且退，敌兵日内即可接近桂林。十一月一日晨，敌军开始以大炮向城内轰击，与我守城炮兵发生炮战，当时因敌炮较少，为我城防炮兵制压。待至三日黄昏，敌炮大有增加，乃于次日集中火力，向城内猛轰。并以小部队全面向第一三一师阵地展开攻击，守军予以还击，敌未得逞（因当时电台尚能与第四战区长官部保持联络，作战之初，仍有我飞机向北门外敌军轰炸并扫射，敌对我城内虚实及兵力多寡，尚未得知，敌人未敢冒昧大举进攻）。及至桂林城战斗紧张时，据报平南丹竹飞机场失守，柳州紧急，第四战区长官部不知迁移何处，电台已失联络，第六十四军不知去向。当时只剩下孤城一座，内部兵力薄弱，外无援兵。事后据说，因当时敌人过高估计守城兵力，故未敢轻进，大约敌使用有五至六个师团兵力围攻桂林城，故在敌众我寡兵力悬殊之情况下，敌人集中其优势炮兵，轮番向城内外猛轰。据曾参加过上海战役者说，在敌攻上海时之炮火，远逊攻桂林之猛烈，以故桂林守军，乃被各个击破，致使全军覆没。

经过两日夜战斗，至五日拂晓，敌人集中优势兵力，在坦克和猛烈炮火掩护下，向北门外阵地猛攻，并以炮兵轰击城内各阵地，炮弹如雨点一般。当时老人山顶插有国旗，是轰击之目标，故老人山山头及紫金山，至今弹痕累累。我在北门的守军，严阵以待，敌军虽在战车及炮火掩护下，数度向阵地猛扑，均被击退，伤亡甚众，坦克亦被我守军之防御战车炮击伤数辆。斯时由高尚田方面开来之敌军向七星岩之前沿阵地猫儿山进攻，均被击退。待至六日拂晓，敌兵不断增援，向猫儿山反扑，激战终日，敌伤亡颇众，但仍前仆后继，我守军亦有相当死伤。当时北门外之敌军伪作佯攻，小有接触，意图牵制我方援兵，其主力则指向七星岩方向，故敌军源源增加，七星岩方面各据点，均被同时猛攻，猫儿山乃被包围。敌以重炮掩护于当晚七时许，潜由山后攀登山顶。我三连连长黄英毅率部遏止敌军，身先士卒，与敌短兵搏斗，不幸阵亡，壮烈牺牲，至此猫儿山陷落敌手。敌军乘势向甲山及七星岩各线阵地扑来，守军予以还击，死伤极众，激战达两日夜，终因猫儿山据点失守，唇亡齿寒，敌采用各个击破战术，甲山相继失守，七星岩更难以固守矣，因此全线崩溃。至十日，各据点残余官兵全部退到七星岩内被敌重重包围，仅能在岩口一带凭险固守，与敌战斗。初敌向我猛扑时，被我击毙甚多，乃改用山炮（平射炮）向岩口阵地轰击，弹片碎石，飞如雨点，岩口守军，伤亡严重，不得已乃撤入岩内，计退入岩内官兵一千余人（包括伤病兵在内）。敌军乘机攻占岩口，全部守军俱被困于岩内，敌以手榴弹投入岩内，继则用汽油灌入岩内燃烧。在危急之时，团长覃泽文即率小部队由后岩口突围而出，敌军发觉后，即以火力封锁后岩口，并增加兵力，致后来突围者，均死于后岩口前，其余守军无法再突围，全部被封锁于岩中。当敌人以手榴弹、汽油投入岩内时，守军仍在岩中向岩上之敌还击，斗志昂扬，宁死不屈。盖当危急之际，岩内无线电话仍能与军部、师部指挥所保持联络，故当时岩内外战况，得以清楚了解。其后敌乃用毒气弹投入岩中，当时尚接岩内无线电话报告说，敌使用毒气弹投入岩中，死亡惨重情形。相隔约三四十分钟，指挥所继续以无线电话呼叫，均未见声息，想守军已全部壮烈牺牲矣（战后清理岩中，尸骸累累，共有八百余个，惨不忍睹）。

当敌围攻七星岩之际，同时以猛烈炮火轰击对岸之桥头至伏波山沿阵地与城内，直至十日黄昏后，仍不断猛轰，在火力掩护下，即强渡漓江，夺取桥头阵地，敌死于河中及桥下者甚多。我阵地已大部摧毁于敌炮火之下，敌继续不断增兵，乘势攻占桥头附近阵地，即分向南北中三路扩张进攻，以掩护其后续部队前进。当敌人向北进攻时，在伏波山阵地前发生激烈战斗，第三九二团第一营第五连长方绪敏率部顽强抗拒敌人于阵地前，故敌未能前进，虽经几度猛扑，均受重创。敌人乃复用猛烈炮火轰击，伏波山阵地始被全部摧毁。第五连在无法抵抗的情况下，不得已退入伏波岩内，被敌封锁岩口，旋用汽油倾入岩内燃烧，全部守军被烧死于岩中。

敌兵大部队不断由七星岩方面向城内增援，致各据点相继失守。此时桂林城内南北西各路均发生巷战。北门外阵地，继续为敌人突破，使守兵首尾不能相顾。城内受敌内外夹攻呈混乱状态，各处通信联络俱已中断。北门阵地上守军，仍英勇顽抗，与敌短兵相接，展开血战。无奈敌以五六倍之兵力围攻，我军并无增援，众寡悬殊，第三九二团长吴展、第二营长甘若丹、第三九三团团附江有涛均阵亡，第三九三团长陈村、副团长蒋道宽、师参谋主任钟其富、第一七〇师副师长巢威、军指挥所参谋陈绪祥等人均被俘。

当城内战斗呈混乱之际时，韦云淞与贺维珍等决定由铁佛寺后岩向两路口、猴山隘突围（此时副总司令韦云淞亦已与贺维珍会合）。当时两路口、猴山隘均有敌兵把守，在离开铁佛寺经两路口时，城防司令部陈参谋长、军部吕参谋长、蒙参谋、龙参谋等人拟由两路口突出，敌兵以火力封锁隘口，吕、陈等所率的退却残部向隘口敌军攻击，几次猛扑，均被击退，未能突围，致全部战死于隘口前铁路附近。韦、贺等数人无法逃出，乃藏身于猴山隘附近石山隐蔽之岩中，次日俟敌兵撤离猴山隘后，始由猴山隘逃出，仅以身免。韦等经两江附近，过龙胜至三江收容残余，回到百色。

被俘之第一七〇师副师长巢威、第三九三团长陈村、副团长蒋道宽、连长钟超禄、师参谋主任钟其富、军指挥所参谋陈绪祥等人被敌幽禁于桂林环湖路黄旭初的公馆里，敌兵严密看守，并派有翻译官王泽民监视（王系湖北汉阳人，二十余岁青年），从中施加压力，威胁利诱，要彼等出面在桂林组织维持会，为"皇军"效劳。彼等尚有民族气节，不愿做汉奸出卖祖国，宁死不肯答应。后与日翻译官相处日久，同是中国人，难免有怀念祖国的感情，彼等常以不愿出卖民族利益、充当汉奸遗臭万年之大义向翻译宣传，并俟机暗中以民族大义劝服翻译官。王泽民已有所悔悟，答应愿同一道逃走，乃由其哄骗日军军官，伪说巢威等人已有转意，因此敌人戒备较前松懈。几度由翻译官王泽民带他们出花桥一带购买食物（自日军布告安民后，花桥一带，已有少数东西卖），趁机窥察敌兵警戒位置，探测逃出路线，选定在暗无月色之夜，巢威、陈村等带同翻译官全部安全脱险逃出，从猴山背翻山出走，经三江往大后方。

桂柳会战片段

黄炳钿※

支援衡阳

一九四四年五月下旬，日军大举侵犯湖南，企图打通粤汉和湘桂两线，长驱南犯，长沙沦陷后围攻衡阳，桂林吃紧。白崇禧和张发奎策划守备桂林，先调桂系第十六集团军第四十六军第一七五师开到桂林。我当时系第一七五师副师长，我部正在进行构筑防御工事时期，适值日军第三、第十三、第三十四、第四十、第五十八、第三十七、第六十八、第一一六等八个师团，进攻衡阳，与第十军方先觉守军展开激战。为了支持衡阳，七月下旬，第四十六军军长黎行恕亲率新编第十九师、第一七五师开赴衡阳。但由于黎军长将往日所领到补助军官的眷米，积压不发，各部官佐早已啧有烦言。当新编第十九师部队到达火车站的时候，团、营、连长情绪低落，观望徘徊，发出一些怨言。部队只有值日的连排长维持秩序，故意拖延时间，不肯先行上车。新编第十九师师长得悉内幕情况，急向黎军长请求从速发给官兵薪饷和补助军米。黎军长怕总部查究，始派军需人员携款到车站照发，然后各部队才上车，开往衡阳前线。第四十六军到达衡阳西端后，以新编第十九师和第一七五师之一团，向鸡窝山和雨模山之敌攻击，并形成对峙的状态。每日间有美国空军助战，美机往往盘旋空际，投弹之后即行飞去，次数甚少，陆空没有协同一致。是以制空权仍没有完全掌握，敌机每乘隙频来袭击轰炸，因此连战十余日，没有一点战果。八月六日，城内枪炮声稀疏，战况沉寂，

※ 作者当时系第四十六军第一七五师副师长。

方先觉发出电报告危，衡阳失守。此时第四十六军奉调回桂，我指挥一七五师（师长甘成城因病离部）掩护撤退，而新编第十九师则将存放衡阳西端村落的硝磺、棉花等类物资运走。

桂林部署

白崇禧和张发奎策划守备桂林，以桂系第十六集团军副总司令韦云淞为桂林城防司令，陈济桓为参谋长，指挥第三十一军（军长贺维珍）和第四十六军为守城部队。六月上旬，第四十六军调到桂林，构筑防御工事，第一七五师驻在南门和五里街一带地方。黎军长率领团长以上的军官，随同白崇禧和韦云淞，前往桂林南端将军桥侦察地形，登上一个大岩洞。白崇禧即面示城南防线，由象鼻山沿漓江左岸一个石山而至将军桥一线，以将军桥至两路口，为第一道防线，利用天然岩洞，构筑掩体。并说我们所站的岩洞，形势很好，必须派一个得力副师长驻在这个岩洞指挥，岩洞接近将军桥，可定名为"将军岩"。白崇禧询问黎军长派何人担任？黎军长指着我说："派这个黄副师长担任南方指挥。"白崇禧转眼凝视一下，说道："他太瘦了。"黎军长答："他刚刚病好，能够胜任的。"并决定在桂林东区选择屏风山、七星岩、猫儿山、月牙山；南区选定象鼻山、将军桥、将军山、两路口；西区选定猴子隘、德智中学背后石山和甲山；北区选定老人山、虞山之线。构筑机关枪和战车防御炮的掩体，形成独立据点，设置外壕和交通壕，铁丝网和鹿砦等障碍物。并组织城防工事委员会，征集铁丝、木材、石灰、士敏土（水泥）等材料，加强守势防御。八月初旬，衡阳沦陷、第四十六军撤回桂林。白崇禧主张内线作战，以攻势进行各个击破敌人的手段，达到保卫桂林和柳州的目的，先在桂林附近集结主力部队，乘机与敌决战而击破之。同时变更部署，由桂系第十六集团总司令夏威指挥第三十一军和第四十六军，担任桂林方面作战。仍以副总司令韦云淞为桂林防守司令，指挥第三十一军第一三一师（师长阚维雍）、第四十六军第一七〇师（师长许高阳），并抽调第一七五师第五二三团第一营、第一八八师第五六三团第一营，附野炮一连、重炮一连、高射炮一连，作为守城部队。且决定由第一三一师担任东北防线，第一七〇师担任西南防线。外线原定全州的黄沙河防线，由中央军第九十三军防守。桂林外线，还有杨森集团军的第四十四师，桂系的新编第十九师。夏威驻在永福，调第四十六军军长黎行恕率领第一七五师和第三十一军的第一八八师，控制于永福至阳朔地区。我指挥第五二五团和地方自卫两个大队，扼守阳朔据点，准备在桂林和平乐之间作战。这个临时变更部署，乃系白崇禧别有用心，因此，桂系团体熟悉内幕的守城军官，悲观失望，满肚牢骚，守城抗战都受到不良的影响。

桂平战役

一九四四年九月间，日军为策应桂北敌主力方面作战，由广东抽调第二十二师团和第一〇四师团，溯西江而上，直扑梧州；一部从罗定经岑溪进犯藤县；一部从廉江入陆川，经北流和容县侵犯平南。九月中旬，敌主力已集结平南地区，这时浔江和桂江一带地方，异常吃紧。白崇禧和张发奎又变更计划，放弃在桂林及平乐间决战的计划，以桂林为支撑点，利用桂柳铁道及柳江水道交通，先把粤系邓龙光集团的第六十四军（军长张驰）和桂系的第四十六军，运送桂平，企图攻破桂平之敌，排除背后的威胁。并将桂系第三十一军第一三五师（师长颜僧武），广西绥靖公署新编的第一纵队司令唐纪，辖独立第一、第二两团，归第十六集团副总司令周祖晃指挥，开往武宣东端遏止敌人。广西绥靖公署新编的第二纵队司令姚槐，辖独立第三、第四两团，归邓龙光指挥，由柳州经武宣，到达桂贵石龙集结，会同粤系第六十四军进攻桂平。第四十六军放弃支援桂林作战的任务，由永福乘车输送来宾，复经石牙、东山石龙进出贵县的大圩，由镇隆方面，协同第六十四军围攻桂平西端蒙圩之敌，南北夹攻。日军缩在村落据点，顽强抵抗。我军士气旺盛，战况良好，只因缺少炮兵协助，不利攻坚。同时美机又不能与陆军密切协同作战，飞来次数甚少，以致未能攻破家屋围墙，形成胶着态势。卒因桂林方面形势的影响，第六十四军先行撤退，第二纵队也乘夜撤离火线，经来宾、大塘向宜山转进。第四十六军也向贵县移动，由第一八八师韦善祥团在大圩掩护夜间撤退。次日该团到达棉村休息，猝遇日军由龙山圩出来袭击，韦团队伍混乱，纷纷溃散。我指挥第五二四团在覃塘南端公路的林业公司附近占领阵地，掩护全军撤退，等待许久，后续情况十分沉寂，当即派出便衣侦探和联络军官向后方侦察，仍未见韦团踪影，且不知他们逃往何方。到了半夜，我始令第五二四团撤退，经覃塘、樟木、良江而至来宾车站归还建制。武宣方面，战况不利，特别是第一三五师师长颜僧武、第一纵队司令唐纪，原是白崇禧的爱将，他们恃宠骄横，临阵畏缩不前，甚至不服从命令，擅自放开正面，绕道溃逃。日军乘机进迫石龙，直犯柳州。白崇禧五窍生烟，万分愤怒，即以踞守武宣高地的团长曹震（湖南人）作战不力，令张发奎把曹就地枪决，结果仍不能挽回失败的战局。

柳庆溃退到桂柳反攻

日军进犯桂林，先压迫我外线部队，继包围桂林城，经过十多日的战斗，守城部队于十一月十一日放弃桂林。柳州方面，原是粤系第六十二军（军长黄涛）防守，适因敌情变化，先将该军李宏达师增援武宣。因此，柳州防区交由杨森集团军丁治磐部第二十六军接替。但丁部原是残破部队，与日军稍为接触，又放弃柳州。我到来宾车站的时候，情况异常紧急。复率领第五二三团乘火车驰往百朋，进出三都占领阵地，向柳州严密警戒，掩护本军通过三都。守了一昼夜，安全掩护第一八八师由三都沿山边小路前往洛满。军部和第一七五师经里高、土博而至三岔。夏威退到庆远，仓皇应战，指挥桂系部队于庆远以东忻城亘罗城之线，拒止敌人。日军占据柳州之后，主力由桂黔铁路直扑庆远，一部沿柳庆公路经大塘北犯，另有一部向罗城进扰。我第一八八师在洛满附近与敌接触，激战未久，即被敌击溃，海师长仅率残兵数十人，逃到洛东军部。我第一七五师占领三岔阵地，以第五二三团和第五二五团为第一线，第五二四团为预备队。我在第一线团指挥，于十一月十四日与北犯的日军展开激战，我师士气旺盛，连战三昼夜，毙敌三四百名，铁路旁边遗尸颇多。我师左翼原有龙江依托，可是龙江北岸阵地，原定的是杨森集团军防守，但联络不上，那边情况完全不明。十六日拂晓，我第五二三团阵地后方，发现日军两三千人，蜂拥冲击，枪炮声大作，第五二三团前后被敌压迫，支持不住，纷纷向右侧溃退。我急令第五二五团变换阵地，全力支援，掩护第五二三团收容整理。此时第一线与洛东的师部和军部，被敌拦腰截断，彼此音讯不通，而无线电的报话两用机，也失却效用。到了黄昏的时候，日军进犯屏南，与我右地区队的第一三五师接触，枪声由远而近，愈响愈密。我到该师指挥所了解情况，据颜师长说："本师尽是新兵，人数不足，实力太差，已准备撤退。"在这种不良的战况下，又无高一级的指挥官重新部署，形成各自为战。我当饬第五二五团和第五二三团，密切联系，以第一三五师的战况为转移。夜后日军直扑屏南，第一三五师已向西撤退。我率第五二三团冲过公路，次早在石别圩与敌遭遇，且战且退，经拉利、就田而金城江，始追到师部和军部的驻所，面报战斗和撤退的情况。日军侵占庆远之后，继续向河池进犯，次日金城江右岸石山隘口，发现敌人向军部驻地袭击，经派第五二四团抵御，并派第五二五团占领河池东南端要隘，经一昼夜的战斗，掩护总司令和军部退却。河池山上的岩洞、广西绥靖公署和中央机构囤积许多武器弹药和军需物资，因敌情紧急，交通工具缺少，无法运走，所以放火焚烧，发出隆隆巨响，声如雷鸣。弃婴挣扎路上，哭哭啼啼，为状极惨。南丹方面，已有中央军陈素农军防守，向河池警戒，我军有些逃散官兵，由公路行走，也被该军勒令缴械，制止向北行动。夏威总司令不敢由公路退却，由河池西端大山的小路，进入公华北端的小村落，去路被敌遮断，不能通过车兰的公路。继有中央军第三十七军军长罗奇率领两千余人，亦进入这个地方，彼此困在一隅。待了两日，始分两路冲过车兰公路，退到三旺停止，第一七五师担任警戒。过了数日，经隘洞而至东兰。日军仍沿桂黔铁路进犯南丹，直扑贵州南面的独山。第四战区司令长官部及中央机构以及逃难民众，走到六寨时，拥塞路上，竟遭美国飞机滥投炸弹，炸伤炸死的人很多，第四战区和中央机关的将校级军官，也被炸死二十余人。周副总司令退到九圩时，被日军包围指挥部，遭疯狂射击，周副总司令胸部受伤，参谋长孙宝刚也被击伤，其余官兵百余人，死伤过半，惨不堪言。到东兰之后，第一三五师师长颜僧武、第一纵队司令唐纪，因作战不力，已被扣留，由百色押上飞机送重庆撤职查办。不久日军由贵州撤退。汤恩伯任黔桂湘边区总司令率部阻击。第四十六军进出板坡、长老，向河池攻击前进。迨汤集团到达河池，担负追击的任务，第四十六军调到都安整训，第一七五师在隆山，向南宁方面警戒。军事委员会任命我为第一三一师师长。我即赴东兰就职，接收第二纵队和桂林出来的残部，编为三团，人数不足，装备亦缺。到一九四五年春间改编，张发奎将第一三一师这个番号拨归粤系六十四军统辖，由张显岐接充一三一师师长，而我就形成昙花一现，列为编余军官，集中田州，编为军官总队，由罗奇任军官总队长，移驻南宁。

一九四五年汤恩伯集团南下进击，步步紧追。六月间，日军集中柳州，纵火焚烧民房。七月中旬，中央军由黔进入古宜、龙胜，会攻桂林，二十八日克复桂林。接着汤恩伯到达桂林，指挥大军沿湘桂铁路追击向湘南逃遁的日军，八月十五日克复全州。桂平一带之敌，也于八月上旬集中梧州，十七日向广东撤退。

桂平激战

周　竞[※]

　　一九四四年九月下旬，敌军由湖南迫近广西边境的黄沙河时，广西绥靖公署将直属的四个独立团编成两个纵队，以便统一指挥，对日作战。第一纵队辖独立第一、第二两团，以绥署副官处长唐纪为司令；第二纵队辖独立第三、第四两团，以绥署参谋处长姚槐为司令，集中柳州担任防守任务。第二纵队防守柳南马鞍山飞机场、张公岭之线。正在日夜加紧构筑城防工事的时候，日军已渡过黄沙河，陷全县向桂林前进。广东方面的日军配合湖南方面的日军行动，也由梧州侵入广西，攻陷桂平，战况十分紧急。此时，白崇禧在桂林急电调第二纵队迅速赶赴贵县石龙增援第六十四军（粤军），并归该军军长邓龙光指挥。姚槐接电后，即停止柳南城防工事构筑，命独立第四团团长周竞（笔者）率领所部，轻装星夜出发，紧急行军，经武宣在勒马渡河到达贵县石龙。姚槐自率司令部和郭怀邦所指挥的独立第三团随后前进。

　　十月九日左右（确实日期记不清了），第二纵队全部到达了贵县石龙附近集结。

　　第二纵队全部到达贵县石龙集结后，得知当时的情况如下：

　　日军攻陷桂平后，继续向西前进，企图直趋贵县，被我第六十四军和第四十六军阻击，敌不得已占领蒙圩及其以北至猛风坳前面一带村庄，采取守势；我右翼军进攻蒙圩得而复失者数次，伤亡颇大，全线仍在激烈战斗中。第六十四军邓龙光军长命令第二纵队加入左翼，接替该军左翼师的战斗任务。当时姚槐决定以独立第四团（因为该团是美式装备）

　　※　作者当时系广西绥靖公署独立第四团团长。

接替第六十四军左翼师，向猛风坳前面一带村庄攻击；独立第三团为预备队，控制在右后方。我接受任务后，即到前方与第六十四军左翼师长商妥交接办法，黄昏时将团展开。以陈植民所指挥的第一营接替第六十四军左翼师的左翼团；以海戴清所指挥的第二营接替第六十四军左翼师的右翼团；迫击炮连一部在左第一线营后，主力在右第一线营后占领阵地，协力第一线作战；高射机关枪连一部在左第一线营后，主力在右第一线营后占领阵地对空警戒；梁耀新所指挥的第三营为预备队，控制在右后方，相机使用。当晚全线接替和战斗准备完毕，次日早晨开始向敌阵地攻击。当面敌人阵地都是利用村庄构成据点工事，火网配置得很严密，屋顶、树上也都设置了监视哨、狙击手或轻机关枪巢，我攻击部队很难接近。经两天两夜的攻击，我第二营亡排长一人，伤士兵十余人，所控制的预备队亦已使用部分，战斗仍无进展。

战斗至第三天拂晓，我空军轰炸机六架和军炮兵协同我团对敌阵地实行陆、炮、空联合攻击。首先由军炮兵对敌阵地集中炮火，特别是对敌阵坚固据点，施行破坏和制压射击。同时，我空军轰炸机对据守村庄敌阵坚固据点，不断轰炸、扫射，以掩护我团第一线部队攻击前进。战斗极为猛烈，敌人死伤惨重，阵地被我突破。但部分敌人仍据守村庄，恃其坚固工事顽强抵抗，后经我集中迫击炮和火箭筒火力对之强行破坏制压，敌遂不支，全线崩溃，经猛风坳向桂平退却。此役敌死亡八十余人，我获敌步枪五十余支、掷弹筒五个、轻机枪四挺。敌退却后，我第二营即跟踪追击，将至桂平西山，天降大雨，且时已天黑，此时我追击部队遂放弃了对敌追击，进入村庄宿营，使败退之敌得有喘息机会。于午夜十二时左右乘黑夜大雨，我军孤军深入，联络不易，对我第二线营宿营地施行夜袭。该营因事前疏于战斗准备，受到敌人手榴弹、掷弹筒、步机枪集中火力突然袭击，伤亡很大，顿时发生混乱，不得已冲出村庄向西撤退。我闻讯后，即以第一营占领猛风坳及其两侧高地，收容第二营，收容后清查部队，计阵亡连长一人、排长四人、士兵六十余人；损失轻机枪三挺，步枪四十余支。拂晓后，独立第三团继续增加到我团右翼，占领猛风坳以南一带高地，阻止敌人前进。战斗至第四天上午九时许，由柳州飞来助战的美国空军的三架飞机，误认（事后据该飞机飞行员说的）独立第三团为日军，使用机关炮、燃烧弹对之反复俯冲扫射，该团阵地多是枯草，以致引起遍地大火。后经我团用无线电话通知上空的美军飞行员，才停止对郭团阵地射击；但此时该团有的官兵已被烧得焦头烂额了。

当日下午第二纵队接到命令归第四十六军军长黎行恕指挥，占领原阵地阻止敌军前进,敌对我猛风坳一带阵地连续两日夜的猛烈攻击,均被我击退,战事形成胶着状态。

战斗至第六天,上午十一时左右,敌我双方仍在猛风坳及南北一带高地对峙,我和独立第三团郭怀邦团长到达纵队指挥所,听取第四十六军军长黎行恕面示意图。黎说,桂林已失守,陷桂林的敌军现正向柳州前进,第四十六军奉令向宜山方面转移,要第二纵队当晚撤退,经来宾大塘向宜山转进。他将意图指示后,就匆忙地带同他的参谋长走了。

黎走后,姚槐和他的参谋长张正明同周、郭两团长研究撤退部署,决定独立第四团在黄昏时转移至新隆东南面高地占领侧面阵地,掩护独立第三团撤退。任务达成后,到南泗会合,经正龙向宜山转进。我接受任务后即回至团指挥所,带同各营副营长到新隆东南面一带高地选择阵地,黄昏后完成了转移行动。

独立第三团在撤离阵地后,敌骑兵即跟踪深入由左侧空隙突向贵县石龙以西,企图拦击我第四十六军主力,放弃了对第二纵队衔尾追击,因此整个第二纵队反落在敌人后面,退路断绝。独立第三团迫不得已偏入新隆附近,隐藏在山地里面。次日黄昏,姚槐自率领司令部和独立第三团经福田、桐岭向正龙撤退,独立第四团沿新隆北面山地小道经峡江到正龙会合。晚间九时左右,姚率领的部队走到福田附近,遭受由贵县石龙敌派出的警戒部队哨兵射击,姚以为追击的敌人来了,吓得手足无措,不顾部队,带领一个卫士独自溜走了。后面队伍不见了司令,又转退回新隆,沿独立第四团行进道路撤退到预定地点会合。经过几天的行军,在大塘的会福乡才遇着姚槐。当时由于宜山情况已很吃紧,第二纵队遂改向河池前进。

柳州沦陷前后

梁镇海[※]

柳州解放前未设市，属县治，水陆交通方便，又为桂黔铁路的枢纽，地处广西的中心，商业繁盛，物产丰富，战略地位重要。一九四四年秋，日军急于打通湘桂铁路，以畅达越南，当时柳州大有"山雨欲来风满楼"之势。慌乱、"恐日"和狼狈撤退逃难等情况，还历历在目。兹将所见所闻的各方面，分陈如下：

一、县长易人：当时柳江县长杨盟，平南人。考虑到如果柳江沦陷，人地不宜，难以领导群众开展游击抗战，省府为形势需要，特免杨职，以柳江人覃采如接充。覃当时原为柳江县临时参议会议长，是覃连芳的二哥，覃于一九四四年九月一日到职视事。覃接任后，将县府班子全用清一色的柳江人。秘书柯传滨（县参议会秘书充任）、民政科长伍于捷、财政科长刘继明、教育科长李泮源、建设科长张逢圣、粮政科长韦初科、社会科长梁镇海，军事科由县国民兵团长韦文富兼任。覃连芳因感乃兄覃采如是文职人员不懂军事，转荐其旧部（在他当军长时的团长）刘栋平到县府组织一个自卫大队，刘任大队长，下辖三个中队。同年十月一日，奉令成立县民团司令部，县长兼民团司令，刘栋平为民团副司令（由县长私自任用）。同年十月中旬，省府主席黄旭初过柳，驻乐群社（即现在工人医院西边楼房），覃采如见形势越来越紧张，佯以胃病严重，向黄签呈请假三个月，职务由刘栋平代理，后得批准。

二、政务方面：当时县府的政务，主要是各种征役和征税、征粮等。除了征兵、征粮、征税属正规性，由有关科处专司职责外，征工、征夫、

※ 作者当时系柳江县政府社会科长。

征车、征船、征料，都既是临时而又是最迫切的任务，一起集中在建设科张逢圣一身。随着时间的变化，这些任务就愈紧急愈重要。驻柳各机关以及过境部队需索情况"急如星火"。原以为张逢圣乃张任民（省保安司令）的弟弟，是有来头的，可以顶得住过境部队之需索，谁知也无法招架。有一次他在办公座上，被逼得"休克"了。覃采如见状，很着急，只好把他所负责的这几项征调任务分了出来。他分给我的是最伤脑筋而又最难办的征夫任务。有一天第四战区兵站总监部来一个副官，要我组织三个中队的民夫共三百名，交由他统制指挥，抢运军用物资，但其中私人的东西也占不少。我用尽了气力才在所属十八个乡征足三百名民夫，派科员梁超群任队长，全交他指挥使用。但当时敌机每日夜都到市空骚扰，晚上来时投下照明弹，落到之处如同白昼，把民夫吓跑回乡去了。对方来查问时气势汹汹，扣以"贻误戎机"的大帽子，我只好用尽人事再从各乡征集来应付。还有在一九四四年十一月二日左右，唐纪的纵队由武宣东乡界顶退败回柳，被战区司令长官张发奎责他率部阻止来宾清水河之敌，将功赎罪。他的部队急于向大塘方面前进，因在南站出去的铁路交叉地方，为车厢阻塞，车厢上载满了物资，要把物资卸下，用人力将列车厢推开去，火车才能通过。我们的民夫正在工作时，敌机又来袭扰，民夫又一个个逃光了。这时真是万分着急，我科派去的梁超群被兵站总监的负责人扣押起来，这回真有"贻误戎机"之罪了。我闻讯亲往交涉，为了解决当时的问题，我向他提出保证，如果把派去的梁超群放回，担保当天可完成任务。结果几经交涉，才得到释放梁超群回来。后来我商得粮科同意，将粮科控制着的运粮民夫，借用一百名，加倍津贴，搞到夜深，才把任务完成。又有一次在十一月四日，第十六集团军总部的一个中校副官伍汉章（柳州人）到来问我要民夫，他开诚地说，因总部的商品物资与枪械，大量的载在火车上，铁路已阻塞不通了，要把这些物资卸下来改从水路运走，请我帮助。我认为支援抗战运输是主要的问题，搬运部队的商品物资，则是次要的，拒绝了他。后来他找国民兵团副团长韦文富商量，愿意送六挺重机枪给地方抗战，这才派了民夫把枪械商品卸了下来。后来这六挺重机枪配发给沿省道公路边的如三都等乡。这货卸下之后，又向我索要了儿名浮桥上的水工帮他带水向上游而去。由此看来国民党部队，在困难深重、局势危急之际，仍一边兼做买卖，又怎不一败涂地呢！

三、逃难撤退方面：群众疏散和各机关的撤走，都是各顾各的，没有任何上级领导组织指挥行动的，谁也顾不了谁。就以县府而论，早有省令，以不离县境为原则，而其他省属单位，如警察局、税捐稽征局、省营电话局柳州分局以及法院三高分院、柳州地方法院等都是盲目地自认为哪里安全地带就奔向哪里。柳州电话分局，在我与柳城通话时，知道凤山已闻敌人枪声后，因我弟弟梁镇潮在该局工作，我去关照他，通知他们撤走，他们局的主任王祥禄说没有接到命令，擅自离开难负责任。我说："最高的第四战区长官部都撤走了，你还等谁来下令叫你们撤退呢？可照我们县的乡村电话处处理办法：留下几门插线小总机，把当地主要的军政机关插线联死起来，无人接线也可通话了。"后来他照着做了。

另外，群众疏散全无交通工具。因当时市区马、牛、手板车，都没有了，只凭肩挑，担得多少，就得多少。对饲养的鸡、鸭、猪仔很多不能带走，宰杀来吃已来不及，丢掉又可惜，管理群众的屏山镇公所已先走了，而属于屏山镇管辖的一个消防队尚未撤走，群众将不能带走的这些牲口送到消防队来。队长张建贵（又名老贵）将这些牲口，在六日通通宰掉，大宴宾朋，留守县府的全班人员，都来参加大宴。我们又走向云岭街，经过旧时的一间当铺（一善当铺），见大门敞开，进去一看，原来是一个军用的被服库，也无暇观察它是第四战区的还是桂绥署的。只见军服、钢盔、刺刀、被带等军用物品，还有花生油等堆积如山，层层楼都放满，并无一人看管。我们想如果留下这些物资就是资敌，但纵火焚烧，又没有权。我们回到县府将这一情况汇报，后来决定由国民兵团电话通知各乡自卫队来搬去，谁搬谁得，作为各乡自卫队装备，仅沿公路里高、三都、思贤等乡用马车来运。物资太多，马车载量有限，于七日开始一直运到九日。敌人已占据飞机场，三都的马车在机场边经过，因不知敌人已到，都做了俘虏。六日晚，飞机场的盟军空军撤走，火车南北站用炸横跨柳江两岸的铁路大桥的烈性炸药爆破炸毁，炸得响声震天，火光冲天。那晚敌机又来，投下照明弹，住在乐群社的美空军，大小吉普车开出跑了。还有些最后疏散的群众，闻见此剧烈的声光，连夜奔逃，其惊恐混乱及悲惨之状实难形容。当日深夜接由穿山乡公所来的电话，是部队打来的，可能是第二十六军，因军用电话阻塞，借用乡村电话，叫转长官部由参谋长吴石接话。据偷听，说是"敌人已有两百多人由武宣渡河，请求长官部增派兵援，否则明晨柳市可能发现敌人。"我们得了这个消息后，个个紧张，各人都武装起来，当晚枕戈待旦。七日晨我与县府出纳员冯国英到河南岸巡视一周，北岸已是一座空城；南岸这边沿着今驾鹤路驻防军第二十六军的一些士兵，正在纵火烧靠河一带房屋，所谓"扫清射界"，实际是老百姓遭殃，何曾在已清的"射界"射击敌人一枪呢？当晚我们也感到异常紧张了，由民政科长伍于捷主稿，签呈警备司令部，理由是群众已疏散完毕，县府留此已不发生作用，请批准转移到乡下指挥各乡自卫队开展游击抗战，旋得到批准。

四、撤出市区以后：十一月八日早，我们饱食以后，向县的成团乡撤退，原根据地拟定是在乡属的蜈蚣村。于当天下午我们到达成团，县府占用了乡中心小学。武装力量原拟成立两个自卫大队，后因时间仓促，兵源征调来不及，只成立一个大队，辖三个中队，共三百多人枪；另加上县警武装共四百人左右，布防在成团乡外的李眷岭一带。作为团队来看，配备算是较好的；每中队有三挺轻机，其余大多是机造七九步枪，且有足够的手榴弹、钢盔、刺刀等。配备与当时的国军差不多，唯征调来的壮丁未经训练。

十四日下午天将黑，县的自卫大队，从成团李眷岭败溃下来，由一个中队长率领有三四十人枪，其中有轻机枪四挺。他们是在各中队被敌人打散而混集起来的。他们在十二晚深夜被敌人摸到阵地，经与敌作战后溃下来的。他们摸到九伦村见了覃县长，覃以手令要我收容安置，我设法给他们饱食一顿后，命令他们连夜到土博待命，我明晨前去安置他们。事后才知自卫队在李眷岭溃散后，县府被包围，所驻小学只有前面大门，他们拼命冲出，先一个开门的覃介立（原屏山镇副镇长，撤退时带镇警及消防队合组成一个排，县委他为直属排长）被敌机枪扫射，当场牺牲了，还有建设科科员龙波左肩中弹倒地后被俘。被围在县府的自卫队手中除步枪外最犀利的只有一支打驳壳弹的手提机枪，是副团长韦文富私有的，出门时朝着敌人机枪阵地猛扫，他们才冲得出来。

十五日清晨，我赶到土博，谁知刘荣所带之三十四名自卫队，因黑夜山路难走，在中途露宿一晚，故我先到土博。到后，见土博圩上的人都躲到山里去了，仅剩一户姓周的，又有一个姓邓的，是长官部派来与县府联络的参谋，叫他随我去，他以还没吃饭为理由不肯走。当天下午敌人到土博，因邓不熟路走上山，被敌人打死了。我率队出到圩外，见土博与宜山南乡交界的坳顶，架有一挺机枪，有士兵数人，其中一军官见我们队伍到来，招手示意，呼喊停下来，他下坳来与我们谈话。他说是第一八八师的副官，在这里收容他师的散兵，并说：他们部队在柳城与敌遭遇，已有一营强渡过北岸了。这一营的团长是韦善祥，是柳江人，现战事还在流山打着，劝勿向这方面走去，免遭遇敌人。我们的根据地是在土博乡属的六茶村；六茶离此（土博圩外）仅八里，而流山离此尚有五十多里，故坚决向六茶村前进。临走我问他的师长海竞强现在何处。他说：从公路坐汽车到宜山去了。我到了六茶，该村约有三十户人家，该村地势，系低陷在山脚下，四面环山，形同盆地，虽然险要，但进出是很困难的。当到村时，县国民兵团大部分军官如潘团附及督练官韦碧钢、陆海星等十多人都已在那里。因我不懂军事，把刘荣带来这批人指定由韦碧钢负责指挥，因他是本县三都人，地形熟悉，且职级较高，交代定后，他们要求我集合这些士兵讲话，安定他们。我乃对这些士兵讲：要坚持抗战，保卫家乡，对伙食饷项不必担心，我负责筹给。正在这个时候，敌人有三个斥候到了我讲话处的小学左侧，伏在几株大枫树脚下，距离我们仅二十米左右，但当时谁也没发现。我讲完话后，回到村里民房，正在拿公文纸，拟发命令：开发乡村仓的储备粮，用作官兵给养。命令还未写完，忽见国民兵团一个姓庞的督练官仓促地冲进来，到他的床头拿了两颗手榴弹，形态异常惊恐。我急问为什么，他答话语不成声，只说敌人已到村。我即叫刘荣带队上前，他命令某某班长带四名士兵向左边去；某某又向右边去。我叫随着我的两名警卫，压阵而上。敌人当时虽仅三人，但镇定沉着，待我自卫队靠近了才射击。后来自卫队用机步枪还击，在盆地小谷里，响声震天，我自卫队未正式与敌人作战，已四散奔跑，我亦向山上草里钻，到岭顶已经上气不接下气了。未几敌之后续部队亦到，但已没有什么战斗了。

第九十七军在黔桂边境作战经过

黄　淑※

一九四二年冬，第一九六师、第一六六师，组成第九十七军，以李明灏为军长，直属重庆卫戍总司令刘峙指挥。本来何应钦、刘峙保举梁华盛、郜子举当军长，但未为蒋介石所批准。刘峙对李明灏遇事诸多掣肘，一九四四年八九月间，李明灏被何、刘报请撤调。这时蒋介石亦乐于另派浙江系黄埔三期生陈素农（陈原任成都军校教育处长）继任军长。陈任军长不及二月，因桂柳战事告急，即于十月初奉命由重庆、綦江等地出发，开赴黔桂边境作战。

一九四四年八月中旬，长沙、衡阳相继失守，桂柳会战序幕展开。九月上旬，第九十三军军长陈牧农弃守全州。十月视敌迫近桂林，情况危殆。第四战区司令长官张发奎在柳州纷电告急。蒋介石以桂境部队节节败退，桂（林）、柳（州）难保，深恐日军经趋贵阳，直奔重庆，乃命令第九十七军于十月上旬，由重庆沿黔渝公路向贵阳进发。该军于十一月上旬到达贵阳时，适闻桂林已陷日手。第九十七军在贵阳休息一天，遂继续经贵定、都匀向独山推进。当时第九十七军接到蒋介石电令：该军即日向南丹进发，会同黔桂边区司令韩汉英部（韩任设在独山的中央军校四分校主任，边区司令部设在南丹。实际上韩汉英除四分校部分学生外，并无正规部队），守备黔桂边区。十一月二十日左右，军主力到达南丹。经研究，以一部进入河池西北高地，占领前哨阵地；主力占领南丹以南、车河一带山隘要口之既设阵地（八九月间边区司令部已向军政部领到国防工事构筑费，指令四分校学生并征集民工在南丹地区构筑防

※　作者当时系第九十七军第一六六师代理师长。

御阵地），确实控制铁路、公路，拒止日军北犯。

十一月二十二日，第九十七军团长以上部队长官及作战参谋，偕同边区参谋长韩潮等，前往各预定阵地侦察地形，发现所谓"既设阵地"竟毫无半点工事，连重火器位置亦未标定，仅沿铁路线、公路线及交通方便地方，有极小部分工事材料。大家见此情况，面面相觑，大为吃惊。韩潮为了推卸责任，强调种种困难，企图说明工事未克如期完成之原因。在此紧急情况下，我们只得临渴掘井，概略指定阵地带工事和重火器位置，草草了事。

第一六六师附七五山炮一连（四分校调来的），占领河池西北以公路为重点，沿大山塘车河、大厂、许家村作纵深配备。

我当时是第一六六师副师长，代理师长（师长王之宇作战前因侦察地形跌伤已回重庆就医）。依据军部命令，我即作如下处置：一、令第四九六团团长萧超伍率领该团附七五山炮一连，主力占领大山塘及左右高地为主阵地，扼守公路；并以一部进入河池以北占领警戒阵地，属第一线。二、令第四九七团团长郑广杰率领该团占领车河、拔贡间阵地，属第二线；左与第一九六师，右与四分校学生队取联络。三、令第四七八团团长樊雄率领该团集结大厂为师预备队，在大厂构筑预备阵地，并随时准备支援第四九六、第四九七团之作战。各部进入阵地后，应迅速构筑工事。四、师部位于大厂、南丹间之许家村，战斗开始时，师指挥所推进至大山塘。

第一九六师一个团占领牛栏关及其左右山地，确保铁路线，右与我师协同作战；以一个团控制于南丹、大厂间地区为军预备队（第一九六师具体部署不详）。

桂林失陷后，日军即扑向柳州。柳州原是第四战区司令长官部所在地，指定杨森集团军守备，但杨军无斗志，未经大的战斗，不及一周，即告失守。后黎行恕军在宜山占领阵地，亦如惊弓之鸟，一触即溃。于是第四战区部队纷纷向桂西之都安、那马，黔南之荔波各方向撤退。张发奎率领长官部部分幕僚和极少数随从人员，约于十一月二十五日晚败退至大山塘第一六六师指挥所，但敌仍衔尾追击，张率长官部人员退往六寨。

十一月二十六日晨，第九十七军第一六六师在第一线的部队第四九六团，在河池以北之前哨部队即与敌接触。在敌机滥炸与河池方面敌炮火的轰击下，简易工事大部被毁，伤亡官兵三十余人。十二时许前哨阵地为敌占领，被迫撤退至大山塘主阵地一线，敌随即向我主阵地开展攻击。河池北侧至大山塘，是狭窄的山谷地带，中间仅有一条公路可通，敌之骑兵和大部队活动，均受到相当限制，且公路大桥既经四战区破坏，机械化部队不能运用。我据守山隘，有险可恃，居高临下，火力又容易发挥，敌人仰攻困难，因此战斗至黄昏，敌未得逞。入夜停止攻击，第四九六团得以暂时守住原有阵地，保持对峙状态。

二十七日晨，敌采取正面佯攻和侧翼迂回包围之战术，仅以少数部队和炮火向正面第一六六师第四九六团阵地进犯轰击，而大部轻装，避开第一六六师第四九七团车河、拔贡阵地正面，向我左翼迂回至牛栏关，向第一九六师攻击，右翼迂回至大厂向第一六六师第四九八团攻击。敌我战斗至当日傍晚，该两部阵地部分为敌突破占领。军部使用预备队进行逆袭，无效，只得勉强在现地保持对峙状态。

二十八日，敌继续增加迂回部队，对第一九六师及第四九八团正面扩大突破点，并以钳形攻势向第一九六师和第四九八团两翼攻击。同时以飞机三架支援地面部队战斗，猛扑我正面第四九六团大山塘阵地。我虽坚强抵抗，但以火力薄弱，无法压制敌人。战斗至中午，第四九六团大山塘阵地终被突破占领。该团撤退至车河、拔贡收容整顿后，协同第四九七团在第二线阵地，继续战斗。这次战斗，第四九六团伤亡官兵二百余人。当日下午三时半许，第一六六师第四九八团及第一九六师之阵地，全部被敌攻占。该部各自向南丹方面左右两侧山地撤退。鉴于第四九六、第四九七两团侧翼，既为敌远距离迂回包围，正面又受敌重大压力，战斗益趋激烈，渐形不支。虽派特务连、搜索连参加战斗，亦无法挽回颓势。乃于当日黄昏，向军部要求将部队转进至南丹大许家之线，重新占领阵地。转进时，因利用夜暗，敌未紧追。

二十九日下午二时前，无战斗。三时许，敌之搜索部队已到达我新阵地前方与我发生接触。五时左右，师接军部指示，将阵地交第九十八军（军长刘希程）第一六九师（该部系由该军参谋长欧阳秉填、师长曹玉珩率领，由贵阳用汽车输送前来的）接替后，撤退至南丹车站（约离南丹城五华里）收容待命。当时因在战斗进行中，无法交替，第一六九师改在南丹城山口上布置新的阵地。第一六六师（缺第四九八团）支持至黄昏，避开南丹城，利用夜暗，由左侧翼秘密脱离阵地，向南丹车站撤退。至三十日晨，才在南丹车站陆续收容完毕。战后统计，是役，第一六六师伤亡副营长黄本荣以下官兵三百二十余人，第一六九师及边区司令部所指挥之四分校学生伤亡情况不详，日军亦有相当伤亡。

十一月三十日晨，第一六六师第四九六、第四九七两团，在南丹车站收容集结时（第四九八团于二十八日下午在大厂向南丹山区撤退后始终未取得联络），敌左右两翼迂回部队已侵占南丹城，其搜索部队沿公路前进，并用轻机枪向南丹车站射击。这时，我没有命令现存部队展开占领阵地，继续抵抗。原因是军长既向后逃，事前又未指定军指挥所后撤位置，联络不上；而且，新增加的第一六九师竟仅一夜之间，被打得七零八落，去向不明；第四九六、第四九七两团已经疲惫不堪，士气低落，难于再战；加之战斗任务，早已交第一九六师接替，再与敌胶着，就会无法脱离战场，有导致全师溃灭的危险。乃令参谋长曹福谦率领第四九六、第四九七两团在黔桂公路以东山区，选择道路向独山、都匀方面转进。我带着师部及少数直属部队，爬上南丹车站以北一个山上，原打算窥察敌人动态，再追赶部队。至当日中午，见日军大部停留在南丹飞机场附近，其先头搜索部队到南丹车站后，尚未沿公路向我追击。为了部队小规模行动方便，就没有追赶主力部队，而率少数人员间道从巴平附近下山，插到黔桂公路，夹杂着湘桂逃难人流，经六寨、下司、上司、独山，约于十二月五日到达都匀。在都匀以北（地名忘记）遇到汤恩伯部之第二十九军军长孙元良。他说："汤总司令命令，凡属后撤部队，要离开公路线至贵阳收容集中。"我按照孙传达的命令，又在都匀、贵定间上山，走小道经云雾山才绕至贵阳，与师主力部队会合。

我在大山塘一带，布置防御阵地时，眼看第四战区部队整连整营、成千累万地经河池狼狈后撤。二十五日晚，张发奎到达大山塘第一六六师指挥所时，曾很气愤地对我说："广西退下来的部队，你都把它缴枪好了。"第四战区部队很多是美械装备（当时第九十七军非美械装备），竟望风披靡，不战而逃。第九十七军的官兵说："他们这样好的武器都不打，我们还能打吗！"不但士兵有此怨言，就是中上级军官也心存保存实力，预作逃跑打算。所以，在十一月二十六日起，第九十七军部队与敌接触后，第二、第三日，第一九六师即向后溃退，至战斗结束，都未与军部取得联络。第一六六师之第四九八团被敌击溃后，逃入山区，不知去向，使敌在毫无阻挡下占领了南丹车站。此项战役表面上虽打了三四天，但战斗并不是都在激烈地进行，有很多时间是消耗在后退逃跑走路上面。同时，中上级军官无一伤亡，亦足见当时战斗实际情况。总的来说，黔桂边境战役，是各打各的、各走各的一次糊涂仗。

桂黔大溃退目睹记

曹福谦※

一九四四年八月衡阳失陷后，日军开始向大西南进攻，拟打开重庆的后大门。九月，敌人从衡阳出动进攻广西。广西首当其冲的是全州，全州的守军是第九十三军。

一九四四年五月间，第九十三军由四川綦江出发，七月间到达全州后，不积极做阻止敌人的作战准备。陈牧农在广西、湖南交界的重要险地——黄沙河，仅派一个营去做前哨部队。敌人乘防守疏忽之际，于九月初一举而突破黄沙河，进入广西省。当时驻柳州负指挥全责的张发奎，要陈牧农固守全州，而陈牧农听从部下两个师长马叔明、王声溢的说法，误解为不是单守全州城池，而是守全州全县，只要兵不退出全州境内，就算对啦。九月十四日陈牧农将全州城防撤守，退出城郊三十多里之外。全州城郊烧了十几天的大火，日本人唾手而得全州城。这样湖南通广西的大门已被敌人打开，广西全省各城市皆震动了。

全州又为国民政府的西南补给点，堆积的枪支、弹药、大炮、机枪、被服、粮秣，以及后方仓库应有的资料、美国人的汽车汽油，都很多。还有机械化的杜聿明第五军的后方仓库物资也堆积在全州，给第九十三军这一撤一烧，损失得干干净净。

由浙江、江西、广东、湖南逃来的老百姓一点也没有歇歇足、喘喘气的机会。因为全州一失，而且失得太快，难民们不得不继续拖男带女、扶老携幼地向西逃走。由于部队只顾撤退，不掩护他们，其中有走不快、走不动的难民，落在后边，成批成伙地被日军抓着集体枪杀了。沿途各

※　作者当时系第九十七军第一六六师参谋长。

地，随处皆发生这种现象。这时逃难的人成为"人流"，你靠着我，我依着他，他挤着你，一个一个肩并肩，日夜不停地向前蠕动。公路上填满了人，你走路想快一些都做不到，有时连开步的空隙地方都找不到一小块。人人都直着脖子呆呆地向前蠕动，到底走到哪里去，谁都不知道，只管向前移动就是了。造成这种人流的惨景，真是难以笔述。人走不动横卧在公路中间，后边的人就踏在倒下去的人的身子上走过去了，有时先倒下去的人将后来者绊倒，一连倒下几个是常有的事。难民的脚肿得很大，就用破棉花包着，像骆驼似的，举得高高地，左摆右摇地摆着走。大人小孩饿死在路上，死后肚子却膨胀得大大的像一面鼓，横在公路上。父亲不能照管儿子，丈夫无法照顾妻子。前边走的人死了倒下去，后边来的人还是踏在死人身上，或让过去，仍然继续走，绝没有人叹一口气或问一声"是怎样死的"。烧毁的大小汽车像死乌龟一样，一辆接一辆趴在那里不能动，长达数十里路之远。其间有的能开动的车，被前后的坏车子挤着，也就不能动了。公路上及公路两旁堆积的公私财物和好东西，实在太多，只要你有力气就尽量拿，但这些东西是拿也拿不完的。甚至谁要是有运输力就可能引上一位十七八岁的姑娘做老婆。

面对日军大举进攻及我军节节败退，蒋介石向广西派遣援军，本已命令由太行山调来的第十四军去增援，后又改调驻重庆附近的第九十七军去担任这项任务。

第九十七军奉命于十月二十一日由重庆出发。该军所辖第一六六师及第一九六师两个师，我是第一六六师临出发时到差的参谋长。师长王之宇，副师长黄淑。我军开往广西作战，但军委会不发给汽车，甚至连笨重的物资和给养，还得士兵亲自背着行军。士兵连双草鞋都没有，光着脚走路，哪能走得动、走得快呢？第一六六师特务连一个士兵睡在公路上不走了，我问他为什么不能走了，那个兵即时回答我说："参谋长，我真的不能走了，足都磨肿了，给我一双草鞋，我就能跟上部队走。"其他各团营连队的士兵类似这种情形的事也不少。我们整整走了二十天，十一月十日才到达贵阳。原来说只到贵阳，后来又叫到都匀；到都匀后又叫到独山；到了独山，又叫到金城江。我们除在重庆得了许多慰劳品外，在贵州各地——遵义、贵阳、都匀、独山都得过大批的慰劳品，开过群众性的欢迎会，人民大众希望我们打胜仗来保卫祖国，保护民众的安宁。我参加了欢迎大会，并代表部队接受了慰劳品。我一个人，在新到差的军长陈素农的指挥下，带上一师人马，一步步地向广西进军。因为我是该师中具有十三年历史的老军官，当过很长时间的营团长，故当时的营团长们还很听我的话，服从我的指挥。我同萧超武的第四九六团走在前边。到达金城江后，就遇着填满公路中的"人流"，挤得部队走也走不开，部队想向前移动几里路是很困难的，有时部队竟被"人流"阻隔成几段而联系不起来。张发奎的长官部也乱纷纷地往下撤，在难民的"人流"群中乱打乱推找路跑，向后边撤退。

张发奎要我们部队撤转到金城江以北、南丹以南之间的主要山口——大山塘一线去布防。于是我们部队又回头撤转走了几十里路，十一月二十日到大山塘附近驻扎。这时军部指挥所设在南丹城内，我们师部驻在南丹南约十五华里的许家村里。第一六六师的部署是：第四九六团（团长萧超武）附炮、工兵各一连为加强团，防守大山塘；大山塘以西是第四九八团（团长樊雄）守着一个山口，总共这两个团为第一线。第四九七团（团长郑光杰）则在第一线两团之间的中后方，接连着师部守着三个山头，为第二线预备阵地。第一九六师则控制在我师第四九八团的右翼。开始布防时，师长、副师长都来到前方，师长王之宇在骑马时装着掉下马来，仅擦伤一些手皮，就借口又回重庆去了，留下黄淑和我两人来应付这个重要战役。陈素农又要我到正面紧要口子大山塘去指挥第一线部队。十一月二十四日我再到大山塘时，"人流"还是日夜不断地向山上公路冲过来，逃难的军民中间，汉奸、间谍都混杂其中，使你无法清查。我们筑了半天工事，第四十六军就乱哄哄地撤下来了，张发奎要我们缴他们的枪。我们因为友军的关系，且他们又是广西地方部队，为保持友谊计没有实行这一命令；又怕闹出事来，张发奎是口头说出来的，事闹大了，他反过来不承认，推在我的身上，就吃不消了。

敌人的先头部队和便衣队混杂在"人流"中进入我们的警戒线，哨兵还没有发觉，不知道混进了多少次数及多少人后，才被第一线部队发现了。第一线的连排长们就不问青红皂白，命令部队向"人流"中的老百姓乱开枪，才将敌人的便衣队及先头部队打出去，但同时把逃难的老百姓也打死不少。

在大山塘的山脚下公路中横跨着三十多公尺高的一座大桥，是上面用钢骨木材，桥墩用水泥制成的，长约二百五十公尺。为阻止敌人的进攻，必须炸桥，十一月二十三日炸桥时，再三喊叫逃难的人"不要过桥啦！要炸桥呀！"一连喊了几十分钟，重复地喊了几十次，"人流"还是不慌不忙地挤过来。看那样子，逃难的人已走得昏头呆脑，根本没有听见喊叫声，或者也管不了那炸桥不炸桥对他们有死亡的危险了！"人流"根本停止不住了，张发奎就说："丢他妈的！不管啦！你们炸了算啦！"炸药一响，连桥带五六百名老百姓，同归于尽，血肉横飞，惨绝人寰！

敌人开始进攻，和我们打到第三天的时候，右翼的第四九八团及第一九六师的阵地被敌人突破进来，我们的预备阵地第四九七团也干上去了。第四九六、第四九七这两个团打得很好，始终固守原阵地。敌人突破了第四九八团及第一九六师阵地后，直奔南丹攻击军指挥所。这就跑在我们后边打起来了，军长将军直属营连组织起来去抵抗。十一月二十八日，我们打到第四天的晚上，奉命向南丹北边撤退。在天将要亮时，我到达南丹的火车站，同黄淑会面，知道军部及军长已于几小时前向后撤退了，只嘱咐我师在天明时要离开南丹，而向哪里去，黄淑没有问陈素农，陈素农也慌忙地忘了嘱咐。我同黄淑商议好，只有后撤沿路找军部和军长。但撤了五百多里，到贵阳才找到军部，还没有看见军长的面，闻军长已被汤恩伯软禁了。

我们到南丹火车站的几小时内，已收容好师直属部队（炮兵连竟将炮丢完了）及第四九六、四九七两个团（第四九八团不知跑到哪里去了，到贵阳才找到该团）。我主张从汽车路上撤退作节节抵抗，将两个团及师直属部队组成三个梯队，各相距十五到二十里之远，沿汽车路上，轮流抵抗，轮流掩护，慢慢从容地撤退。这既可掩护难民先过，又能阻滞敌人前进，争取时间以待援兵的到达，但黄淑不同意。他主张带上部队，钻山走回贵阳去，好保持实力，否则部队打光，谁能负起责任；且部队完了，我们去哪里当官呢？他这一说，结果因他是副师长，听他的话。黄淑为想跑得快，仅带上师直属部队，顺着铁路西侧撤退，要我带上笨重的第四九六、第四九七两个团从铁路撤退。当天（二十九日）我们都钻进大山内向贵阳方向逃去了。恰好敌人沿汽车路进攻，我们的后边没有一个敌人追击，我们就大摇大摆地向后撤。前方部队只顾后撤，对敌人不予截击，后方增援部队又赶不到，敌人就如入无人之境，长驱直入，行军似的到达六寨，接着又到达独山、都匀。

十二月初，蒋介石派何应钦、张治中到贵阳，布置撤退贵阳的准备工作。后来还是因为这条路线太长，日本人仅突进一个旅团，兵力不敷分配，到贵阳南百十多里的麻田县停止下来了。接着汤恩伯的军队都集中在贵阳以南地区，日本人才从贵州省南部地区从容缓慢地撤退走了。

桂黔战役的一幕

吴鹤亭※

一九四四年，在重庆我任国民革命军第九十七军（军长李明灏，后为陈素农）第一九六师（师长邓宏义，后为袁涤清）司令部军需处主任时，将军的卫戍任务进行移交，加入作战序列。第九十七军第一六六师、第一九六师及军直属营、连先后到达贵阳，稍事整顿，奉命开赴广西南丹与日军作战。第一九六师十月间到南丹，师部驻罗田，袁师长奉命到前沿阵地指挥作战。全军战线共长八十里，我师各部队占据南丹以南各村庄，目睹公路沿途由广西逃难来的群众是络绎不绝。

袁师长来电话："吴主任，着师军需出纳（金柜）陈宜宾和副官张振民携师经费到前线指挥所，你暂留罗田，有事可与军部联系。"

我军部队各阵地，与日军先是对峙，后即进行激战五个昼夜，由于伤亡惨重，且战且退，接师长电话："所有罗田留守人员，即刻到南丹，归军部指挥。"我到南丹面见了陈素农军长"候命"。战事节节失利，沿途秩序很乱，工兵在炸桥，军火仓库被焚毁。军部各处人员转移到贵州所辖的独山，我住在招待所，李副师长后来也住此，并问（金柜）陈宜宾现在何处（因陈系李的内弟，该职务的保人）。我告知在罗田时，已接袁师长电话，同张副官携师经费四十万元到前线师长处去了。李副师长说："我和师长没有见到他俩，如出了问题，这笔账是如何交代？"夜间，我进入独山城内军部驻地，当将出纳陈宜宾携带巨款未归一事，面报军需处刘祥麟处长。第二天早晨，独山县政当局，恐日军到独山，即布置人员纵火先行焚烧商店房屋，秩序大乱。我率师军需处全体人员，随军

※ 作者当时系第九十七军第一九六师军需处主任。

部到都匀，住在旅馆。夜间汉奸作祟，枪声大作，陈素农军长在旅馆内镇静自如，用电话一方面指挥前线部队全力以赴消灭敌人，另一方面向委员长侍从室主任钱大钧汇报情况并请求给予处分。这时我军又一鼓作气，进占了独山。这次战役，对陈军长有说处分，有说奖励；前者说汤总司令恩伯来电将陈军长押解重庆，后者说由于陈素农军长指挥有方保住了贵阳的安全，军事委员会传令嘉奖。

第九十七军防务移交给第九十八军（军长刘希程）。第九十七军奉命到息烽休整，第一九六师驻扎在步兵学校练兵场。由于军需出纳未归，我仍留息烽听候消息。这时失散人员陆续归队，接军部军需处刘处长电话说："吴主任，告诉你一个好消息，你师参谋长、参谋主任和出纳已抵贵阳，马上可归队。"他们到息烽时，我当即在饭庄设宴欢迎，席间问陈出纳所带之款如何，陈说："途中被土匪抢去二十万元，我带回来二十万元。"我听后说："陈军需，你对军队纪律一点都没有认识，士兵所带的武器，就是生命，丢了枪，就没有了命。你出纳所保管的军饷，如果途中遇匪把款抢走，把你打死这笔账好算；你如携款潜逃，抓获除按军法从事外，还须由保人负责赔偿，岂有那善心的土匪见钱而搞平分呢？这话不合乎逻辑。"陈说："主任，那怎么办呢？"我说："你既没死，这笔款又没有全数带回，就得赔。"参谋长、参谋主任齐声说："款已被匪抢走，哪能再赔呢？"我说："陈军需不赔，还有他姐夫的保人负责呢。"饭毕，他三人回师部向师长汇报了丢款情况。我回师部见到了袁师长，袁师长大发脾气说："陈军需丢了二十万军饷怎么办？"我说："师长不要着急，现在国家是军需独立，如真的途中遇匪把带款的人打死，由军部具实报军政部，这笔款是可补发的；现出纳丢款一半，实属离奇，等我弄清情况再说。"

我偕陈宜宾，找了个僻静地方，想摸一摸底。我说："这笔款我认为不至于丢。"我向陈军需先讲明军纪，讲明个人的前途，又讲到土匪既得了款何能平分，最后讲到利害关系："要知道你的保人是副师长，你丢了款让你姐夫赔，款是小事，而颜面是大事，要是被人私分，你为什么做此傻事呢？希你考虑一下，现在是悬崖勒马的时候了，有错能改不为错，别怕得罪人。"约静默了二十分钟，陈宜宾说："我对不起主任，对不起师长，更对不起我姐夫。实际情况是款未被匪抢去，是被我三人私分了，参谋长、参谋主任各六万元（已由贵阳汇走），而我得了八万元已存入银行（有存折）。"我说："把存折交给我吧！"随后我去见师长。袁师长正为丢款事发愁，一见面就问我的补救办法。我说："报告师长，款未被土匪抢去而是被私分了，陈军需已交出存折款八万元；其余十二万元被参谋长、参谋主任平分，已寄往重庆。"师长大怒，问明情况后，报请军部将参谋长、参谋主任撤职，并责令交款。

第九十七军移驻遵义县城，军长改为陈武。第一九六师由修文县阳明洞（张学良被扣的地方）移驻桂苍桥，第九十七军和第一九六师的番号暂时撤销，第一六六师奉命他调，其余部队调编入其他各部队。上级发表军长陈武为滇黔桂军官总队总队长，编余官佐一律为军官总队队员。我因公回重庆，向军需署汇报情况后，就留署供职。

黔南事变前后

宋思一[※]

黔南事变概况

一九四四年十一月，桂林、柳州相继沦陷后，日第十一军发兵进犯贵州，以追歼我第四战区所属兵团，并威胁重庆。十一月二十七日，敌攻陷黎朗关，即入侵荔波等县。十二月二日，日军陷独山后，烧杀掳掠，强奸妇女，无恶不作。因其到处窜扰，一次撞入国民党贮藏弹药的山洞内，引起炸药爆炸，致将该山全部炸翻，炸死了不少敌军和当地居民。日军旋即向荔波进窜，与当时另一股窜扰荔波之敌会合，回窜柳州。时间在一九四四年十二月四日，这就是人们所说的"黔南事变"概况。

在日军窜扰黔南的数日中，因事出突然，国民政府当局为挽此颓势，曾竭尽全力仓皇应付。当时的情况是黔桂公路被湘桂逃来的几十万难民全部拥塞，加之许多车辆损坏纵横途中，军运前方车辆复络绎不绝，因此沿途的混乱情况实不堪言状。据目击者谈：途中难民塞满整个公路，散兵土匪乘机杀人越货，死尸枕藉，惨不忍睹。我的岳母梁黄氏这次随她的次女婿李建国全家由桂林逃向贵阳，到都匀后，因病不能再走，寄寓乡间。日军撤退后，我叫李建国亲去原寄宿处寻找，不但村内全无一人，住房亦化为灰烬，询问三天毫无音信，连尸体也不知埋在何地。当时的一般惨状，由此可以想见。

※ 作者当时是贵阳警备司令兼贵州省防空司令。

事变前贵阳地区的一些纷乱现象

一九四四年我任西安西北游击干部训练班副教育长，约在五月初，请假回黔省亲。我回贵阳后，不拟回西安，托病请准长假，暂住贵阳休养。约六月间，衡阳失陷，黔桂吃紧，贵阳警备司令兼贵州省防空司令惠济要求辞职。当时贵阳市长何辑五对我说：情况紧迫，桑梓之事义不容辞。他希望我继任此职，并将此事征得省主席吴鼎昌的同意后，立即到重庆去见他的三哥何应钦。经过几天的酝酿，就由重庆以长途电话通知我，要我千万不要离开贵阳。次日军事委员会即电我接任惠济职务。

我是一九四四年七月一日到职的。那时日军已进入湘桂边境，一部已深入桂林。当时国民政府与美国曾在亚洲联合组织陆海空军总司令部，何应钦任陆军总司令，即到贵阳指挥御敌。汤恩伯亦奉命由河南调来贵州，并已发表他为黔桂湘边区总司令。

我到职的当天，陈牧农军（第九十三军）已全部到达贵阳。当晚，何辑五约我到他的五弟何纵炎（当时贵州邮政储金汇业局局长）家吃饭。座谈到夜十二时左右，忽然外面传来一阵密集的枪声。何辑五以为是鞭炮响声，对我开玩笑说："你们听，这深夜还有人在警备司令部放火炮庆祝新司令就职呢！"话犹未了，我的电话铃响了。事情是：贵阳市内当时住了不少伤病官兵，并且又有朱笃祜（保安司令部参谋长）的集训部队约三个团（准备空运到印度的徒手部队），都分驻于市内的茶楼、酒店和旅馆中，秩序异常混乱。陈牧农军当晚有不少官兵到贵阳大戏院看电影，不知因什么事，与别人发生口角，彼此争吵，就扩大到团体的对击，竟至由拳头、石子、棍棒对打，弄到互相开枪射击，双方互有死伤。于是，激怒了的陈牧农军的官兵，立即跑回南门外驻地去搬了一个连，由一个团长亲率前来"助战"。这时已近午夜十二时。这连人到达戏院附近时，戏已散场，他们找不着目标，就在大十字布防寻衅，如临大敌。住在大十字附近迎宾楼酒店楼上的集训营士兵，听到街上有响动，不时伸首向外探望。恰好这时，美军有一辆小吉普车驶过大十字，见有军队布防，不知出了什么事，为了自身防备，提枪上膛，失手走火。这使陈牧农的这个连发生误会，以为是迎宾楼上的军队向他们开枪，一时机枪步枪齐向迎宾楼上乱射，历时十余分钟。虽未伤人，然而地方秩序混乱已达极点。我接到电话，赶到警备司令部（在大西门公园路附近）时，警备司令部参谋长江琴荪和朱笃祜及陈牧农军的一个副师长都先到了。我们就同乘汽车到大十字，解决争端。车到大十字，陈军那个团长率兵持枪趋

283

前，令车停驶。副师长下车交涉，团长见是自己上司，乃放下手枪。旋有一士兵看见朱笃祜在场，就向其团长说："就是这个!"于是，团长就想动手抓朱，副师长上前劝阻亦不生效。我就说："我是贵阳警备司令，你们若要干，我就将防务交给你们。"这样，这个团长才勉强将放哨的队伍集合，但仍不肯回去，要我保证沿途不受袭击。我派宪兵两名带路，绕道由大西门转大南门外，这事才告平息。我鉴于军队住在市内易生事故，于是就将市内全部驻军，分移市外，市内秩序才渐渐安定下来。陈牧农军纪律之坏，尚不止此。陈本人是黄埔一期毕业，和我是同学，很熟。他到贵阳时来看我，曾对我说："贵州的地方真不行，我在西安时，军队所需柴草都由地方供应。但贵州一点不管我们，柴草非买不可，而且价钱又贵，你应替我想想办法。"我说："你是过境部队，不是驻防军，以行军费支付好了。"从他这几句话中，就可想见他的军队沿途骚扰的情况及其骄横之处，无怪陈牧农而后遭到张发奎枪决，这确不是偶然的事。

接着，汤恩伯调到了贵州。汤是日本士官生，一九二八年我在南京中央军校任管理处长时，他任学生大队长。由于同事关系，同他很熟。他到贵阳时，日军已抵桂林附近，贵阳已成战地后方。依照制度，当然我应归他指挥。我们在见面座谈间，他就增划了贵定、龙里、贵筑、惠水、修文、清镇、平坝等七个县归贵阳警备司令部指挥。因此，我的任务就开始复杂起来。

一九四四年十二月初，何应钦到了贵阳。这时，贵阳局势更形紧张，贵阳市民已开始疏散，所有公私机构，也正积极准备各找适当的地方迁移。由各地调经贵阳转入广西的队伍，分别由空运、车运、徒步从各方纷至沓来。每天都有许多军队经过贵阳，总计先后共约二十五万人。

汤恩伯到贵阳后，迭次召集地方有关人员在黔灵山附近的麒麟洞开会，会上对省主席吴鼎昌毫不客气。吴原是政学系主角，是一介政客，在战局吃紧纷乱的局势下，当然无法来应付。会中汤恩伯多次给吴下不来台，吴不得已电请辞职。何应钦即保荐杨森继任。在黔任职七年的吴鼎昌，从此离开了贵州。

何应钦到贵阳后，张治中也赶到贵阳，他们都住在黔灵山南麓。在共同计划作战部署的同时，他们曾到南明堂召集贵阳各方有关人员开会，商讨对策。当时张治中在会上极力主张，在必要时，应用"坚壁清野"的办法，以免财资敌。平刚（当时省参议会议长）在会上力斥张的提议，要求他不要把火烧长沙的故伎重演于贵阳。平老的话，博得与会人员的同情，引起争执。何应钦顾全双方体面与各方舆论，没有在会上作出决定，留待内部自决。

会后，何应钦找我去谈话，要我事先计划，准备在必要时，破坏电厂、纸厂、电报设备、各种军事物资及主要桥梁，其他均不作决定。同时还指定一个美国军官会同我办理此事。我们每天分乘汽车，驰赴各有关指定的地点，如头桥水泥厂、南门外纸厂、中曹司机器厂、贵阳电厂、电话局、电报局、广播电台以及主要桥梁等共约二十八处，进行现场视察。之后制定破坏计划要图，准备破坏设备，拟定点火实施办法，并分别准备破坏材料以便必要时使用。在视察中，那个美国军官一再询问我，是不是还有需要破坏的地方尚未考虑到；有些建筑物他还拍照下来。面对这些情况，真使我感慨万千。我想，贵州是个穷僻地区，好容易才有这么一点点建设，现在由于敌人入侵，竟逼使我们连这点建设都准备毁掉，将来一旦胜利了，又要花多大的人力物力去建设啊！

破坏计划决定后，何应钦就正式命令我在不得已时予以执行。那时我想，防守贵阳的主要任务是第十三军军长石觉负责，万一情况突变，他撤离贵阳时来不及通知我，我就掌握不了时机，难免不误事。于是就将我的想法面告何的参谋长萧毅肃，他认为也很有道理，遂向何应钦反映改令石觉负责，我仅负地方治安责任。

何应钦到贵阳时，形势已很吃紧，他认为贵阳必须立即宣布戒严。吴鼎昌力主命我兼任戒严司令，何即转电蒋介石加了我一个临时戒严司令的头衔。在戒严期间，虽然地方很混乱，幸得各方人士协助，尚未发生严重的意外事件。只有一桩事应当记述，就是日军进入独山附近时，《南明晚报》忽然刊载一条消息，说日军已经到达贵定附近。这消息一发出，在贵阳引起一片慌乱。我认为这是造谣行为，就将它的主办人（姓名忘掉）逮捕，转解陆军总部法办。后来听说此人被判无期徒刑。

日军从独山撤退，在南丹附近与张发奎部陈素农军战斗约两天后，自行撤走。贵阳的紧张情况才开始转变，社会秩序也逐渐恢复，戒严司令部不过成立约二十天，因无必要，就撤销了。

贵阳警备部本身，除部属三十几个官佐和二十来个通信勤务士兵外，别无其他部队。戒严司令部成立后，鉴于地方情况需要，奉何应钦命，成立一个特务营。所有兵员，都是招抚由湘、桂零星逃到贵阳的散兵。如此既可减少市区混乱，又可解决当时需要，实际上确也收到不少的实效。以后这个营即纳入警备部编制。

汤恩伯十一月份到贵阳时，还特别交代我一些临时任务，如：

一、负责管理贵定至平坝等七个县交通通信的安全。我奉到命令，即拟定交通管理计划，并分赴各县，召集各县乡镇长以上人员开会。每县指定一两个乡镇，在适当地点，根据管理实施办法举行示范演习教育。

再由各乡镇长逐步普及全县，以切实保证交通通信的安全。

二、招待过境部队。以十月初至十二月初这一段时期内，每天经过贵阳的部队，平均三五千人以上，多的时候，竟达几万人；总数共约二十五万。蒋介石为安抚军心，下令对所有过境部队，无论官兵，每人到达贵阳时，必须招待半斤肉、四两酒，并请他们洗澡看戏。河滨公园及其附近的贵阳师范学院（现为金筑大学），就是我设站招待过境军队的地方。

三、难民的收容和疏散。这是一个很严重的问题。当时贵阳的难民每天成千上万地涌来，负责这事的机构很多，如社会处、地方人民团体、公路局、警察局，都有不少人协助办理。我主要是对难民进行守护管理。但由于人数太多，情况紧急时，因争寻住食和争车疏散等问题，曾发生过不少行贿诈财和非分勒索的事。事后听说，有时黑市出卖到昆明的车票，竟贵达十两黄金一张。这只能说明我们一些当事人的失职和腐败，趁机发国难财。

四、民、军交通运输的管理。从九月至十二月间，除一般民用车辆不计外，军运车辆通过贵阳的，每天平均四百辆至八百辆。贵阳当时只有一条城外很狭小的马路，交通管理颇成问题。除严格规定行车停车办法外，还需要用强制的办法来督令实行。在三桥至油榨街这一段马路上，严格规定了几个禁止停车的地点，对违犯规定的车辆，即以重责驾驶人员的手心来处理。这在当时曾起到维持交通的作用，但也引起一些驾驶人员的不满。我曾接到一个驾驶员从湖南芷江寄来的骂我的信。这就是反对我那种措施的反映。

五、协助守备部队策划防御。约在十一月以后的数星期内，我经常和汤恩伯的副总司令张雪中或第十三军的其他设防人员，到图云关至茶店间一带高地勘察地形和工事，有时提供一些有关防御部署的意见。

陆军总司令部的作战计划概况

防御计划概况：衡阳沦陷后，蒋介石为应付残局，任命何应钦为陆军总司令，其初步拟定的防御计划概要如下：

一、主要防御阵地为乌江北岸迄盘江西岸沿线，固守此线，组成主要阵地，以阻止敌人前进，保卫重庆的安全。

二、以贵阳市为据点部署前进阵地，掩护主阵地作战。

三、在马场坪设立阻击敌人的前进抵抗线，以消耗敌人的战斗力，迟滞其前进，巩固贵阳的部署。

四、黔桂边境，以南丹附近为主要掩护据点，组成掩护阵地，以掩护后方部署的安全。

五、以有力一部，进入桂林一带，机动作战，以迟滞敌人的进犯。

六、陆军总司令部设昆明，贵阳为前敌指挥所。

兵力部署概况：黔省主阵地方面，拟使用部队二十万人守备。前敌指挥官为黔桂湘边区总司令官汤恩伯，以石觉军、刘希程军、陈素农军为基干，人数约十万。其他守备乌江主阵地的部队，另由胡宗南方面及其他方面酌调来黔（当时调到贵州的军队，除汤恩伯直接统驭的部队外，尚有十五个师亦先后到达贵州境内）。

在黔桂边境地区内，由白崇禧负责指挥桂系所有军队及桂省的地方部队，主力位于百色附近，以策应黔省方面的作战。

战斗进行中黔桂境内的概况

敌军进入桂境后，很快抵达柳州附近。张发奎奉何应钦命令，率陈素农军在南丹附近布置掩护阵地。陈素农军因系新成立的，没有作战经验，未能完成南丹拒敌任务，致使张发奎司令部遭受夹击（正面受到南丹敌军的进逼，后面又遭到三都方面敌快速部队的扰乱），不得不仓促后撤。张一怒之下，将撤守责任全部推卸给陈素农，并利用上层地位，向军法执行部诉陈作战不力，解交军法机构议处。

随着战斗情况的演变，汤恩伯临时派其副总司令官张雪中率两个师，驰赴马场坪一带布置新的掩护阵地，以保卫贵阳地区的防御部署。

贵阳的防御，以石觉第十三军为主力，负责守备贵阳市。其主阵地为南起南岳山，沿图云关、水口寺至茶店一线的边沿高地。二桥至南岳山一带，约有两个团的兵力，掩护右侧背。并将总预备队派往海马冲附近，防御图云关左侧。当时判断敌人攻击重点，系从南岳山舒家寨向南厂地区进攻。这是贵阳防御部署的概况。

在日军抵达柳州时，黔桂公路上的悲惨景象，令人难以描述。大车小车，塞满道途，马路两旁捣毁的汽车，仅独山到南丹一段概略估计，总在千辆左右。难民扶老携幼，哭声载道，饿死、冻死、累死、病死的，不可数计。如此凄惨的事，真是罄竹难书！

黔南事变历见录

高岳文※

一九四三年冬，我由贵阳滇黔绥靖副主任公署调任川桂公路线区司令部总务科上校科长。线区司令是由后勤部江南汽车部队整训处中将处长斯立兼任，司令部内设少将副司令，由傅启群担任，上校运输科长彭蔚如，中校参谋室主任纪尧。以下官兵六十余人，下辖川桂滇黔四省区各主要公路车站司令办公处十三个，甲级站为上校司令，下属官兵二十余人，乙级站为中校司令，下属官兵十余人。

按当时全国军事运输业务，除空运归空军负责外，凡铁（火车）运、航（水路）运、陆（公路）运等的指挥调度，均归后方勤务部直接管辖。

抗日战争后期，铁运、航运区域，多已沦陷，全靠各条公路（陆运）线区的汽车运力，担负着各个战场的主要军运任务。举凡西北、西南、华中及前线的供应补给，如兵员、马匹、弹械、粮秣、被服、装备等物资的补充，及解决军队前线不需要物资与伤病人员的后撤等任务，皆唯各公路线区的运输是赖。责任艰巨，业务紧迫，是各公路线区及各级车站司令办公处的任务。

一

一九四四年春夏间，川桂公路独山车站上校司令王少聪（军校六期），因事撤职。我奉派前往接任斯职。到任后，一面整顿内部，一面与当地各军政交通机关往返联系，开展工作。

※ 作者当时系川黔公路线区司令部总务科上校科长。

当时独山行政督察专员为张策安，县长为孔福民。驻军有：军政部特务团团长张涛一个团，中央陆军军官学校第四分校中将主任韩汉英属下全校教职员生数千人，贵州省保安司令部所辖一个大队。业务上与我有联系的，有西南公路运输局公商车辆调度所，独山调度室主任吴保容，后方勤务部、军政部所属驻独山的军械、弹药、物资、油料等各种库站二十多个，军事委员会水陆交通运输统一检查站站长赖冠球的单位等。

此时，黔桂铁路尚能通到独山，故黔桂铁路线区亦派有独山铁路车站，上校司令曾孟珩办理铁路军运业务，与我在业务上相互接转。在一般情况下，由重庆、昆明、贵阳运到独山的军品，即转由铁路运往湘桂粤等省前线，在紧急情况下，仍由我处在独山加油付费后，直接运往金城江或柳州。

凡自前方由铁路后撤运到独山的伤病员及物资，则完全由我处派汽车转运重庆或昆明。

二

我到独山之初，由于长沙最后一次与日军会战失败，所有原由江浙皖赣各省逃集湖南的难民及湘省人民，谁也不愿受日军的宰割，能逃走者，遂又纷纷向贵州逃避。逃难人流，涌向黔南，致使独山人口由数万骤增至数十万之多。商业成为畸形繁荣，店铺林立，各街满布难民地摊，车马云集，人声喧哗，行人拥挤，交通阻塞。为维护独山的治安与交通秩序，当局成立独山警备司令部，派中央军校第四分校主任韩汉英兼任司令，派郭卓先（军校九期）为少将副司令，实际由郭卓先负责主持。郭遂约同独山车站司令办公处共同（会衔）发布一项布告，规定一些维护治安与交通秩序的具体措施，由两部分别派人在一些交通孔道监督指挥行人车辆，共同遵守，不准四处乱停车辆等等。数日后，亦颇见成效。

未久，独山警备司令部又改为都独警备司令部，独山仍由韩、郭负责，都匀由原陆军炮兵学校中将教育处长史文桂兼任司令。闻炮校亦有教职员生近千人，揆厥原因，是让史、韩两人预为策谋，如何部署兵力，如何防卫日军，以维护都、独两地安全，因两校均拥有一定数量兵力也。

三

方先觉军的四个师在衡阳阻击日军，坚守衡阳四十七天。在此期间，又使举国上下忧虑稍舒，逃难人民情绪稍稳。逃难速度减缓，甚至有欲各就所到之处，暂且苟安。独山更有难民新建店铺，或集资合股经营企业者。

殊不知，惊魂未定，噩耗又传。方先觉发出"来生再见"的通电，衡阳又陷入日军之手。此时独山一带，又激起惊涛，逃难人潮，更加凶猛地涌来。而我车站司令办公处，追补与后撤的军运任务，也随形势的变化而更加紧张起来。

四

约在一九四四年秋冬之间，重庆方面派社会部部长谷正纲来到独山，解决难民问题。谷在独山专员公署召集当地党政军各方面负责人开会讨论，谷呼吁各方面齐心协力，出谋献计，共同来做好难民的登记、救济、收容、安置、疏散、运输等一系列事宜。经谷指示：我车站司令部办公处及西南公路局独山调度室、水陆交通运输统一检查站等单位，负责对难民的疏散、运输事宜，凡向贵阳开出的汽车，无论重载轻载，都必须义务搭载老弱妇幼难民四至六人，并从即日起开始执行。

我处遵此指示，即向每个驾驶人员硬性规定，搭载六人，一直到我处撤退时，我处自备的两辆汽车，均各搭载难民十余人。略计前后运送难民人数，当以万计。但此杯水车薪，亦只聊胜于无耳！尚有千千万万难民人群仍是肩挑背负，扶老携幼，摩肩接踵，拖儿带女，不分昼夜地跋涉北行。我虽万分同情，亦只徒呼而已。

五

衡阳失守后，重庆方面，即由北战场调陈牧农率第九十三军两个师，星夜驰援广西。全军兵员、马匹、武器装备等战列部队，命川桂公路线区司令限在一星期内，由重庆用汽车运达广西。此时全线各车站司令办公处，又夜以继日，不分昼夜地来完成这一紧迫的任务，调度车辆，加油付费等业务工作。又整整忙碌了十来个昼夜，直到该军全部抵达柳州，才算缓过了一口气。尚有部分后勤、辎重、医院等部队，仍由独山铁路转运至桂。

六

陈牧农军离黔不久，紧接着汤恩伯即奉命到独山视察。汤在中央军校第四分校召集独山各军政机关负责人开会，一面了解各方面情况，一面指示黔南防守事宜。各负责人就各自情况向汤作了汇报，亦有提出问题向汤请示解决者。汤简短说话后，即任命韩汉英为黔南防守司令，凡黔南境内，所有军政机关部队、军事学校，统受防守司令部的节制，各单位如有任何问题，可向韩司令请示处理。汤此时仅带随员数人，会后即离开独山。

七

陈牧农军到广西后，隶属第四战区司令长官张发奎指挥，张派陈固守广西门户全州。日军以优势兵力猛攻全州，战斗激烈，伤亡亦重。陈牧农遂放弃全州往见张发奎，张即以临阵退却罪，将第九十三军军长陈牧农枪决。该军官兵闻讯，竟纷纷散逃瓦解，有逃到独山的官兵，将此消息传来，于是独山各机关及停滞独山的难民，得知全州失守，更加惶恐。而敌军所至，沿途烧杀奸淫，掳掠拉夫，种种暴行，又震撼着逃难人群的脆弱心弦，遂又纷纷向北加速流动。

此时独山城内城外，路边檐下，只要能稍避风雨的角落，都住满了男女老幼的难民群，或坐或卧，或暂时歇脚，此来彼往，前赴后继。车站里里外外，更是拥挤得密密麻麻，有等待便车者，有倦怠暂歇者，行李杂物，随处堆放，使我处官兵出入办公室也插脚不下，挤让不开，情势如此紧迫，人心更趋急乱。

八

我车站办公室的任务，已如前述，也就是说，战况越急则我责任越重，且时间越紧。故每派出一辆汽车，从报到、派车、加油、付费、装货、报开、行车、到站、卸货等全过程，都规定有严格的时间签证限制，倘有贻误，均可追查责任。故独山的中（央）、中（国）、交（通）、农（民）四行，均分别为我处支付租车费用，以免拥挤一行付费，贻误军运。每天每行付费，都各在百辆车次上下。

重庆后方勤务部运输处，贵阳川桂公路线区司令部运输科，每天均有规定时间，向我搜集汇报运况（重庆两次，贵阳一次），或紧急运务指示的长途台专线话机联系。独山城郊各机关与各库站，及铁路车站司令办公处，均各有专线话机与我处业务联系，故我办公室内电话，应接不暇。

另有江、浙、皖、赣、湘、鄂、粤、桂各省先后撤到独山的党政军机关部队等单位，每天都有成群结队的人，到我办公室联系，请托运输。

有排队多日，尚未得接洽面谈发火生气者；有委婉恳求坐守不离者；有持前线首要人物信札或上司袍泽函件来洽请派车者；有持中央各院、部、署、司的半令半托请予派运者；亦有个人亲朋故旧私函托情请运者。在此紧迫形势下，我虽对各方面来洽请运人员的心情十分理解和同情，但因车辆太少，无法全面照顾。加之所负的军政、后勤两部军事运输的沉重负荷，尚难完成，何有车辆来满足各方面的需求？故每天花不少时间对人解释困难，费尽唇舌，请求谅解，真是使人难以承受。

九

记得有一天，第五战区司令长官李宗仁的夫人郭德洁女士，曾由独山铁路宾馆挂来电话，对笔者很客气地说："这次德邻没有来，由我代为问候。现在我们有少许行李在宾馆，只需两三部卡车就行了，请高司令帮忙，我已派某副官来向你请示，恕我没来看你。"我接电话后，只好答："当尽量设法，我因抽不出时间，未能去宾馆拜望夫人，请夫人原谅。"这样客套两句，后来向她派来的副官说明困难，只抽派了一部车，应付过去。当然，她是绝不会满意的。

十

又有一天，独山铁路宾馆又摇来电话，询问笔者在否，说虞洽卿先生即刻前来拜访，笔者答应不敢当。不久，虞洽卿先生便率同女明星胡蝶女士与其丈夫潘有声先生，前呼后拥地乘小轿车来到我处相晤。虞已是七八十岁老人，很客气地与我握手寒暄后，并取出中央某大员介绍函请派两辆车，潘有声夫妇请派一辆车运其家属及行李。我又费了若干唇舌，结果是给他们两家共派一辆车，运费自理。他们表示感谢，实际也是很不高兴。

类似情况，不知凡几，兹不赘述。这般人都是由铁路运到独山后，无车去筑或渝，不得不放下架子来俯求于我。他们运不走的细软行李，可能会在独山损失一些，但比起逃难平民来，又幸运多了。

十一

军政部、后勤部存于独山各仓库的械弹物资及盟军支援空运到独山的油料、新式武器，如火箭炮、掷弹筒等军品，待运者不计其数。又有由铁路运来前线各省撤到独山的各类军品物资,在火车站各处及站台上堆积如山,都待汽车转运至渝、筑或昆。军政部派有一个中将主任涂×× 到独山坐镇督运。我车站司令办公处,每天亦必须按其计划派车装运。我处业务上的紧张繁忙,绝非局外人所能想象,所有全处官兵,虽日夜废寝忘食地工作,也很难完成每天应完成的计划。办公室内外,也是人们涌进涌出,谈话声、吵嚷声、电话铃声,一片喧哗,大家只好闹中取静,沉着应对,办公室不敢稍有差池。而我更须全面复核审查,每一进出文件、单证、急需军品、装卸各方无误后,乃敢签发。如此紧张工作,长达半年之久,幸尚免于贻误。然物资如山,随运随积,终难运清。

十二

一九四四年农历十月十二日,谣传突起,谓日军骑兵已到机场。独山全城顿时人声鼎沸,骚乱暴起,逃难人群汹涌奔来,所携行李物资,抛掷满街。如缝纫机头、汽车轮胎、机件器材、棉纱布匹、白糖等种种公私物品和衣物箱笼、家具等等,遍地皆是。老幼男女,各自顾奔逃命,皆从各类弃物上踩踏而过,从无一人愿俯身拾取。

十三日晨,闻各处传来爆破之声,询之系飞机场与各军品仓库,正奉命爆破。逃难人民闻爆破之声,更是加速奔逃。又闻昨夜"机场"实系独山"鸡场"之讹。鸡场距城尚有数十里。以此可见我黔南防守司令部耳目之闭塞也。

十三

独山公路车站司令办公处,昨日听派出的公商车辆,因仓库已奉命爆破,未能装得军用品,已经库方签字证明。而未退还租车运费者,各个车上已满载难民,我即又派出两组人员在公路要口,打旗停车。凡有上述车辆,一律到办公处退还租车运费,每车租费二万余元(约合二市两黄金),按规定应直接退还银行,因独山所有银行,皆于昨晚撤退,故退交我处。由于我处今日已停止派车业务,故全处官兵都来完成此项收退费业务。整整一天,共收回退费数百万元,整整装满两口大箱。至于所供各车油料,以后再结。各车退费后,即允其自行揽载客货,又输送了许多难民。

十四

我处车辆到四方井加油站加油后，该站亦即撤退。我车从人流群中缓驶向前，虽较徒步难民为速，但仍总穿不透这漫长的人流群。过四方井上坡不远，车已不能前进，见前面车辆已形成两路或三路停于公路上，许多柴油车辆不能熄火，浓烟与噪声四起，震耳欲聋。我即下车步行前往观察阻塞原因，并告诉沿路的各车驾驶员，在此情况下，不得超车抢道。我继续爬上半山，乃见有几辆抛锚汽车，阻塞交通所致。逃难人群虽可绕车而前，但后面汽车则无法越过，若不解决通道阻车，则后面的千百辆汽车，必将被敌人俘获。我便下定决心组织各车人力，大家动手，将阻道汽车推向路侧，有的竟推下山去。这样，疏通了公路，挽救了后来的大批车辆，此亦两害取轻的原则，不得不如此也。

我到山顶后正观察后面车辆行进情况，并等待我处车辆到来时，见一美军吉普车驶来，询问得知，车上美军军官叫伊文斯，系负责爆破独山机场及一批美军物资仓库、独山以北沿途公路桥梁的。美军官并说前面的深河大桥，亦即目前需爆破的目标之一。我立即对他提出要求，希望尽最大时限，维持深河桥的通行，以挽救后面的千百辆汽车和物资、千百万难民的生命。伊文斯立即表示同意。后闻深河桥确系于日军进入独山城时才爆破的。

我在四方井、深河桥一带完成上述事务后，便立即回车，继续北撤。沿途难民，仍潮涌如前。

由于人车拥挤，车行迟缓，至十四日下午六七时，仅行三四十公里，驾驶员已疲惫不堪，在一间路旁民房门前停车。房主已逃走，室内有数名难民蹲卧其中。我即命就此宿营就餐。

夜幕既临，公路上逃难人流略见疏减，难民中有就路边憩息者，或两侧田野间坐卧者，见各处已有星星篝火，或手电光摇曳移晃，有米者寻水觅柴，备进饮食。

时际冬初季节，阴冷袭人，听多处传出婴儿啼嚎声，或系无物可饮之饥寒交迫者的哀鸣，听之无不恻怜。恨我无力为助，徒增叹息。农历十月十五日晨起，车继续北进，下午到达都匀。

十五

都匀市面上亦是慌乱一团，居民已是十屋九空，军政当局亦各自为政，各奔前程，更无任何统一的对策，或是部署指挥，而都独警备副司令史文桂也不知去向!

此时尚遇有由贵阳派赴独山汽车数辆,我令其重载车原车折回,空车令其自揽客货回筑,并为它签证。缺乏回程油料的,又为代向都匀车站借用,回筑结算。都匀站正欲撤退,亦乐于借出油料,减轻其负担。

都筑公路上难民,仍前涌如潮,十六日下午,车过贵定,市面秩序尚未大乱,逃难人民渐觉舒缓。我车行驶更快,当晚抵达贵阳。

十六

贵阳当局,闻独山陷落,见难民涌来,表面上虽保持镇定,实际上已陷入恐慌,市内人民,莫不焦虑,愁思逃避方向及处所。

我于十七日晨到线区司令部向司令斯立作了全面汇报,立即派会计将在独山所收的租车退款数百万元,送贵阳交通银行,凭派车单结算,交还国库,以清责任。

线区司令部亦动员官佐,疏散眷属到桐梓,并令新设置的桐梓车站司令纪尧,负责在桐梓租赁宿舍,安置眷属。我原居贵阳的父母妻子等人,亦随之于十八日疏散至桐梓。我处官兵即在筑待命。

闻四川、云南两省得到独山沦陷的消息,已大受震撼,尚谣传有迁徙陪都之说。

我因原在贵阳滇黔绥靖副主任公署任职参谋的渊源,遂趁此时,于十八日前往绥署,谒见中将参谋长王天鸣,想了解一些目前战局,以及贵州如何部署抵抗的情况。王对我说:整个形势比较吃紧,目前贵州境内,兵力不足,各保安团队,分散各县,一时也不能集结。汤恩伯司令所属部队,多数尚在途中,现在只好是一面疏散群众,一面在贵阳外围各要隘地区,重点配备一些兵力,并向中央请援。

十七

一九四四年农历十月二十日,闻独山日军已退,二十二日我奉命率部回驻独山,继续担负军运指挥业务。二十四日晨,全处官兵乘车途经龙里、贵定,沿途尚见少数难民扶杖挂棍,蹒跚而行。从贵定开始直到独山,沿线公路,停放着各种汽车的残骸以及车内外的烧余灰烬。后曾派人沿途计数,共达一千二百余辆。公路两侧及田野间,尸骸横陈,倒毙的男女老幼,亦二三十具,有以芦席掩盖的,有以筐笼装盛的,有捧米粒若将入口而倒毙者,有衣衫褴褛、骨瘦如柴者,有赤身露体而毙者,种种惨状，目不忍睹。

盖自逃难以来，时间是从春到冬，气候则从热到寒。初逃时衣物行李尚多，继因负荷无力而沿途弃掷或变卖糊口。进入黔境后，已是地冻天寒，沿途极少饮食供应，饥寒交迫，冻馁而死，前者既仆，后来者又剥其衣裤以御风寒，故尸多裸露。

自马场坪以下，公路桥梁都已爆破。日军退后，各个地区人民正奉命架设便桥，我车亦从便桥上通过。经深河桥至四方井山上，见前日推倒山下的数辆阻道汽车，亦被焚毁，残骸横陈山麓。下午六时左右，车抵独山，见原车站办公处旧址、原专员公署、场坝沿街，直至火车站一带，都已成一片废墟。残垣颓壁，尚参差立于瓦砾场间。火车站站台上原堆积如山的物资，全都化为灰烬，只余烧残变形的钢架。进入城内，所见亦是。昔日繁华，而今俱渺，行人寥落，鸡犬不闻。

桂柳反攻作战

（民国三十四年［一九四五年］四月下旬至七月下旬）

白崇禧[※]

战前形势

敌自湘西会战后，自知战力日减，战志消沉，无力控制所占之广大地面，曾缩短防线，集中兵力，以防我反攻。我军委会乘敌战志衰退之际，乃令陆军总部转饬所部第二、三方面军迅速反攻桂柳，收复广西，以为反攻广州之张本，进而实行总反攻计划（按此时我美械装备三十余师，已整编完毕，且有中美联合空军可掌握制空权，是总反攻条件已具备，故由广西开始，先打通海口，以接受美国海上军援。同时可借此壮盟军攻打日本之声势）。

敌于桂境兵力为第十一军司令笠原幸雄，指挥第三、十三、三十四、五十八等四个师团及独立第二十二、第八十八两个旅团，共约十万人，分布于桂林、柳州、南宁、龙州等要点。我陆军总部使用于桂柳反攻作战之兵力为第二方面军张发奎指挥之第四十六军与第六十四军，及第三方面军汤恩伯指挥之第二十、二十六、九十四、七十一、二十九等五个军。

战斗概述

第二方面军于民国三十四年（一九四五年）四月下旬攻占桂境都安后，即向都阳山脉进出，进迫南宁。是时，桂境民团及绥靖部队（属绥

※　作者当时系军事委员会副参谋总长。

靖公署，以独立团为单位）纷起响应，凡我军所至之处，敌莫不望风披靡。五月二十七日，我第六十四军攻占南宁，敌主力向柳州退却，我军主力同时跟进，一部向龙州追击。我派遣一师与地方团队协同于七月三日克复龙州、凭祥，驱敌于国境之外。我第三方面军汤部于五月上旬向河池、黎明关攻击，迭将河池、宜山攻克。是时，各路均向柳州攻击，至六月二十九日，第七十一军克复柳州，敌向桂林溃退，我部沿桂柳公路向桂林攻击前进。第三方面军主力进出越城岭山脉后，分向全县、兴安进攻，并先后占领之，向桂林近郊推进，协同友军围攻桂林，于七月二十八日进占桂林，敌向湘境逃窜，伤亡甚多。战事结束。

作战检讨

甲、敌方

一、敌总兵力不过十万人，采取守势，分布于广西全省桂、柳、邑、龙各要点，备多力分。自湘西会战失败后，敌志气颓丧，加以太平洋战事节节失利，更足以动摇敌人军心，故于精神上已注定失败地位。

二、敌空军在此战役中，其质量或数量至多与中美空军相等或稍劣，因未能掌握制空权，故影响陆军战力之减低。

乙、我军

一、此次反攻桂柳作战，我采攻势，精神上已胜一筹。自湘西会战胜利，我士气更加百倍。

二、我陆军多数得美械装备，火力增强，后勤改善，补给充实，诚所谓"士饱马腾"。

三、中美联合空军在战役中，支援陆军攻势，此亦制胜之一大原因。

四、广西全省民众，凡适龄壮丁均经军事训练，故国军发动攻势后，各地民团与绥署部队，均能密切与国军共同作战，发挥全面战之威力，增加声势与实力不少。

反攻广东作战计划

一九四五年春拟定，此计划未及实施，敌已投降。若敌不降，此计划与反攻桂柳作战一样，当可克敌制胜。

一九四五年，中国战区最高统帅为适应军事形势之发展，与我邻接战区协同作战，故策定总反攻计划，其中之一即为反攻广东作战计划。此计划代名为冰水人及白塔，预定于一九四五年秋，对在华日军断然实行总反攻。在实行总反攻之前,先夺取西南海岸港口,以增加陆空军物资之供应,并谋对日最后决战发生更大之贡献。

一九四五年六月,轴心国之意、德两国于欧战场先后战败,意国早已投降,而德国有组织之抵抗亦已停止。同时,日本南进至太平洋各岛屿之部队,由于海空军日渐削弱,陆军也渐失利。是时,史迪威公路敷设油管已达昆明,每月运输物资达六万吨以上,而中国陆军总部半年来所编之阿尔发部队有三十六个步兵师,已大部完成,兵源火力较日为强。中国陆军总部为达成最高统帅所赋予之重大任务,遂依据总反攻计划策定反攻广东计划,并立刻完成一切部署。兹将敌我兵力概述如下:

甲、敌兵力

以长江以南及珠江流域、越南等地区之敌军而判断之。敌兵分布于越南、雷州半岛、海南岛、长沙、汉口及其外围地区,共为十二师团,十七独立旅团,约三十三万二千人,另一航空兵团、海军在外。

乙、我军兵力

陆军总部所指挥反攻广州作战兵力为第一、二、三、四方面军以及直辖部队,共十九军,五十八师,约三十四万八千人,特种兵在外。此为主攻兵力,其他邻接战区助攻部队不计。

一、作战方针。以打通广东之海口为目的,先须夺取雷州半岛,再分别进攻衡阳、曲江。我滇南部队则制越北兵力,主力则沿西江流域东下,攻取广州。

二、作战指导。

(一)第一方面军固守滇南原阵地,阻止越北敌人出击,保障我向东作战之安全。

(二)第二方面军先以一部夺取雷州半岛,以为我补给基地,主力沿西江东下,进攻广州西正面。

(三)越北之敌若以主力北向云南,或西向广西进攻,破坏我向东作战时,我第一、二两方面军应挥军入越,攻击侧背,将河内海防占领。

(四)第三方面军以一部进攻衡阳,以主力由广西贺县攻取广东之曲江,再会攻广州。

(五)第四方面军攻取衡阳、宝庆后,继攻长沙,进出汨罗江,使我进攻广州、香港之友军不受敌威胁。

(六)第三、七、九各战区各以有力部队会攻衡阳、曲江、赣州、翁源之敌,各抽一军集结于长沙,以空运补给后,向东江推进,以加重广州敌人在东方之压力;且选择一通内陆港口而占领之,俾接受美援潜艇装备,增强战力。

（七）其他第一、二、五、六各战区应进攻当面之敌，阻敌兵力之转用。

（八）中美空军应协助地面作战，夺取战场上之制空权，以一部轰炸敌在海面活动船只。

（九）在进攻雷州半岛、广州及香港时，希望美国海军协同作战，阻止敌人增援，使作战容易。此计划拟定后，正准备攻击部署，何应钦上将除将总部推进至柳州外，并设一指挥所于南宁，一时士气大振，大有"灭此朝食"之气概。适日本于八月十五日宣布投降，否则我军必能依此计划，将敌摧毁，圆满达成此任务。

第 三 章
滇西抗战

畹町撤退经过

李志正[※]

一九四一年,日本帝国主义采取南进政策,进军泰国,并占领越南。为了彻底打击英军,并截断我国国际运输线,一九四二年二月间,以十多万的兵力进攻缅甸,中国应英国之请,组织远征军,入缅作战。三月八日,缅甸首都仰光沦陷;四月二十九日,腊戍又告陷落。日军沿公路向我国国境长驱直入,五月三日进入我国边防重镇——畹町。当时我任云南省畹町警察局局长,兹将畹町撤退经过,记录于后。

畹町概况

畹町是我国和缅甸交界的重要地方,是滇缅公路咽喉,归潞西遮放土司管辖。那里有一条畹町河,河东为中国畹町,河西为缅甸九谷,两个边防重镇,遥遥相对。原来仅有一家人卖茶水,滇缅公路修通后,就逐渐繁荣起来。由于地形和气候限制,卫生条件很差,传染病流行,因此居民不多,机关、商店、旅馆占的比重甚大。行政机关仅有一个警察局(直属云南省警务处领导),管理地方行政,另驻有中央宪兵一个连。其他多属交通运输机构,如检查站、车辆管理所、公私停车场,还有海关、税局、银行等。房屋均系傣族式的竹架草顶临时建筑。抗日战争期间,我国东南部大半山河沦陷敌手,海口完全丧失,只有畹町为唯一的国际交通要道,一切外国物资全由此处进口,输出也全靠此地。因此畹町繁荣一时,投机官商大发国难财,畹町自然成为他们角逐的场所。一

※　作者当时系云南省畹町警察局局长。

九四二年，畹町人口激增至一万多人，不过流动性很大，车辆进出频繁，据调查每两分钟就要出入汽车一两次。特别是日本侵略军进攻缅甸时，人口和车辆进口得更多了。由于只有两条街，全长不过三公里，更显见得拥挤了。

畹町撤退前的混乱

一九四二年三月八日，缅甸首都仰光失守后，日本侵略军的箭头指向下缅甸，逐步推进，企图侵入中国境内。国民党组成的远征军（第五军、第六军、第六十六军）日夜车运入缅，大军云集，畹町人民寄予莫大希望，认为可以抵挡一阵。不意远征军和英国军节节败北，日军进展甚速，缅甸华侨纷纷逃难回国。到达畹町后，人车应办理入国手续，因人车太多，国民党车辆管理机关手续繁杂，所以在畹町等待的人车与日俱增，形成窒息状态。国民党战败的散兵游勇回到畹町，治安秩序紊乱不堪；更有日本派入的汉奸作祟，抢劫杀人案件，层出不穷。严重的是汉奸三次纵火，畹町房屋烧毁过半，连警察局也未幸免。

四月下旬，归国华侨越来越多，一般坐汽车而来，有的步行回国，因房屋烧毁，不能容纳，许多华侨风餐露宿。进口的汽车为数甚巨，加上昆明公私车辆前来畹町抢运物资，畹町盛极一时，秩序混乱，来往行人和车辆，挤得水泄不通。

畹町的机关和商人纷纷撤退，有的货物、家具什物无人照管，遍地皆是，以棉纱、棉花、铁钉和汽油等笨重物资为最多。中央资源委员会待出口的桐油有数万桶，损坏的大小汽车而一时又不能修复的抛弃路旁，为数甚巨。

当时谣言甚多，有的说日军只离畹町数十里，有的说日军便衣队已进入畹町，风声鹤唳，人心惶惶。

俞飞鹏亲到畹町主持撤退

国民党当局眼看形势不利，畹町物资和车辆须设法撤退，乃于四月二十七日派交通部部长俞飞鹏前往畹町主持其事。俞飞鹏到达畹町后，召集了一个紧急会议，出席的人是畹町检查站长、车辆管理所长、警察局长、宪兵连长、海关和税局负责人、资源委员会畹町负责人及其他有关的数人。这个会议在检查站召开。我得知俞飞鹏来到畹町的消息，为表示对他的尊敬，特派出警戒人员予以保护，特别是在开会过程中，会场周围加派警戒人员。这个会议由下午八时左右开起，开到夜间十二时结束。会上各单位汇报敌情及畹町一般情况，更多的是谈畹町当时的车辆、华侨及物资数目和拥挤情况，然后是研究如何疏散问题，最后决定几个原则（这几个原则也就是俞飞鹏的指示），分述如下：

一、宪警加强维持地方治安秩序，防止汉奸及其他犯罪分子趁机破坏（当时宪警也无能为力，仅会衔出了一个紧急戒严的布告，内容是什么纵火者斩、抢劫杀人者斩、造谣惑众者斩等等。但人数众多，情况复杂，混乱已极，这个布告形同具文，未发生一点效果）。

二、大力撤退公私物资，以免资敌。在畹町的车辆，装上货物，立刻开走，到达保山卸货，车再回畹町，继续抢运。规定汽车日夜行走，不得耽搁；贵重物资先运。

三、疏散华侨，劝告有车的人立刻开出畹町，无车的人步行，向保山撤退。

四、关于进口车辆及货物，责成车辆管理所、海关及税局放宽尺度，赶办手续。

五、资源委员会运到畹町准备出口的桐油约八万桶，无法运回，决定予以破坏。破坏方法：雇人用斧头在桶盖上砍开一个缺口，推倒在地，让其自行流出。这样既节约人力，又节约时间。

这几个原则决定后，俞飞鹏最后说：“蒋委员长派我前来畹町撤退物资，现在日本军队距离畹町尚远，还有时间可以争取，希望大家加倍努力，务必完成任务。国难当头，是我们为国家效力的大好机会。”会议结束后，各单位分头进行。

俞飞鹏是住在遮放，开完会就走了。以后每天晚饭后才来畹町处理事务，处理完了，又回遮放，原因是遮放比畹町更安全些。

俞飞鹏的撤退原则，执行了两天，效果不大。特别是车辆和华侨进口者更多，拥挤不堪，车辆货物进口手续并未简化，有关人员虽漏夜赶办，也无济于事。俞飞鹏四月二十九日来到畹町，根据当时情况，迫不得已才下令所有进口车辆、货物，在畹町一律不办手续，到昆明后补办。但滞塞已久的车辆，同时开出，争先恐后，更为拥挤，三步一停，五步一站，汽车比人走还要慢若干倍。

四月二十九日腊戍已经沦陷，五月一日日军距离畹町更近了。晚间俞飞鹏再来畹町，这时电报局及银行、海关的电台都已撤走了。我向俞飞鹏报告：“现在情况紧张，又无法向云南省政府请示，今后我应该怎么办？”他答：“你明后天斟酌情况撤退回去，我到昆明时和龙先生（指当时是云南省政府主席的龙云）讲一下。”我早几天就想走了，恐怕上级说我擅离职守，不敢行动，但也有所准备。我派警察在九谷到畹町的一股小路上，扣留得一辆大卡车（这辆车是一个贵州商人，派他的司机到九谷盗运物资，瞒关瞒税，被我查着说他是走私车辆，因而扣下来），扣车的目的，是准备撤退时载运我全局官警之用。另一个打算是，如果时间紧迫，不能乘车，即走小路，只携带武器弹药，其他一概不要。我得到俞飞鹏的指示，第二天即五月二日，所有的机关都走光了，只有宪兵和警察，其他还有无数的华侨。当天夜间，风声更紧，说日本军队只离畹町十多公里，前面没有部队阻拦，畹町亦未设防，惶恐万状，这时宪兵先走了，我也决定走了。先到遮放，在土司衙门见到俞飞鹏，报告了撤退经过。他说："没有你的什么任务了，你走吧！至于放火烧毁畹町的物资，我已派宪兵回去执行。"五月二日夜间三时许，宪兵一个排，坐着一辆大卡车，回到畹町，打开几桶汽油，沿路放火烧仓库，因宪兵行动慌张，未能完全烧掉，但汽油棉花着火，火势十分猛烈，畹町撤退算是完结了。

我在五月二日夜间十一时许离开畹町，因途中车辆太多，无法开快车，三日上午十时到达龙陵，龙陵虽然紧张，但不知前面情况。龙陵县税局局长兼兴文银行经理李方柏，在我去畹町时，热情招待，并派车送我去畹町。我顺路跑进县城，做了一个人情，告诉他日本军队已经距畹町不远，我们已经撤退回来，说我无法报告省府，希望他由他的电台报告一下，说完我即离开。他当时去找龙陵县县长杨立声，将我说的情况谈了，杨立声立刻电报省府主席龙云，其中说到我已由畹町撤退到龙陵。在五月四日省务会议时，还研究了这一情况。会后报中央采取紧急措施，调动兵力，西上御敌。

畹町到保山全长三百多公里，我由五月二日晚上十一时从畹町出发，至五月四日下午一时，才到达保山。日夜不停地走，共走了两天两夜，可见车辆拥挤的情况。

保山被炸

日军进入畹町后，企图沿滇缅公路，直捣昆明，所以在五月四日下午一时半，派二十七架轰炸机轰炸保山。当时保山没有防空设备，敌机突然袭击，全县人民未能及时疏散，当时被炸，死伤在一万人以上。本来保山县城五天一街期，这天不是街期，但有四五万人赶街。因为这几天来，从缅甸撤退出来的华侨，沿街设摊售卖货物。保山是个大县，有三十多万人口，四乡农民不约而同地前来争购便宜货。下午一时半，正值热闹之时，突遭空袭，同时二十七架日机除编队轰炸外，又分散低空扫射，因此死伤者众。我当时因车辆拥挤，不能进城，汽车停在保山县南关，空袭后，我立刻进城看我父亲（因我是保山县人，我父亲在城内），沿途看见被炸伤、炸死的人，东歪西倒，哀号呻吟。尤其是正阳南路吴家牌坊附近，尸体堆集如山；南门街上水河的小河中，尽是血水，惨不忍睹。半月后我又回到保山，已变为死城了。除几个武装士兵外，没有一个居民，尸体臭味扑鼻，其凄惨状况，言语不能形容矣。

日军进入国境

一九四二年五月三日上午，日军先头部队一个中队二百余人，分乘装甲汽车，进入我国境内畹町，国民党军队无兵力防守，未受任何阻挡，长驱侵入。日军五月五日到达怒江边惠通桥，占领怒江西岸高地老六田。惠通桥是横跨怒江的一座大铁桥，桥的两岸是高山，形成极深的峡谷，地形险峻，真是难于飞渡的"天堑"。日军占领的高地，峰峦起伏，比较容易隐蔽，又能控制对岸。东岸则绕山筑路，形成"螺纹"，汽车随路运转，由桥至顶，路线甚长，目标很大。因此，日军架起炮来，专打先头车辆，前面的打坏了，将公路堵住，后面的就无法行驶了。这时日军的小炮、机关枪对准东岸的人和汽车，尽情射击，打死的人很多，有的人沿江边逃命，所有的车辆与货物都丢在公路上。护守惠通桥工兵署的工兵，见此情况，生怕日军过江来，就把桥炸掉。正在这紧急情况下，国民党军第三十六师奉命西上击敌的先头部队一个连，到达惠通桥，见对岸已发现敌人，立即跳下汽车，摆开阵势，开枪还击。接着该师队伍陆续到达，沿江布防，构筑工事，隔江对峙。日军先头部队到达惠通桥，与大本营距离太远，又遇到对岸阻挡，不敢冒进，就在老六田停下。以后企图强渡几次，幸惠通桥已经炸断，并有第三十六师沿江布防，未能得逞。日本军又分头占领腾冲县和龙陵县，腾龙失陷。隔江对峙的局面，保持到抗战胜利前夕，消灭了日军五十六师团，才告结束。

五月四日夜间，日军到达惠通桥的消息传到保山，驻在保山的云南地方部队第六旅，在旅长龙奎垣主持下，放火烧毁正阳南路一条街。该旅官兵趁火打劫，首先是抢银行，其他商号富户无一幸免，小户人家也不放过。放火及抢劫后，就撤出保山，逃到永平、下关一带。事后被保山人民告发，中央军也提出了意见，龙云不得已才撤去了龙奎垣的旅长职务，并将该旅调离保山。龙奎垣回到昆明时，龙云曾将他扣留在云南宪兵司令部，名为查办，但不数月就把他放出来了，继续作恶。解放后仍继续与人民为敌，组织暴乱，一九五○年才被人民解放军击毙。

畹町警察局撤出后，我到昆明，向云南省警务处处长李鸿漠请示，指示我回到保山一带待命，随军进退，形成"流亡政府"。我在保山住了一年多。当时宋希濂的第十一集团军驻扎保山，滇西腾冲县人李根源，也由昆明回到保山，协同我军防范日军进攻。我曾请示李根源、宋希濂，他们指示我暂住一时，随时联系。一九四三年七月间，畹町警察局奉令撤销，人员武器归并下关警察局，我调回昆明工作。

惠通桥阻敌

杨肇骧[※]

日军突进滇西

日军以约一个旅团的快速部队，冲垮了第六十六军，长驱侵入滇西，震动西南大后方。如果日军由此再乘胜长驱进犯，则在十天之内即可到达昆明，这显然是一个十分严重的情况。这一情况的发生，是由于远征军的溃败，特别是由于第六十六军放弃守土抗战的责任，避战自保，畏敌遁逃所致。当时有两个集团军进驻云南：一个是关麟征的第九集团军，控制滇南文山、马关一带；另一个是宋希濂的第十一集团军，总部驻昆明翠湖，宋兼任昆明防守司令。其所属第六十六军已入缅远征，第七十一军则分别由川康入滇，正在运输途中。昆明附近只有驻安宁的预备第二师，还有在曲靖整训的新编第三十九师。从昆明到畹町，一千多公里的交通线和国境线上，没有配备重兵。在保山只有云南地方部队步兵第六旅；下关和楚雄，也是云南地方部队特务大队和滇西护路大队驻防。这些部队都没有什么战斗力。蒋介石的中央军，沿滇缅公路驻有专门进行交通检查的一个宪兵团；另外有一个专门负责守备怒江和澜沧江的公路桥梁的工兵团，和担任日军空袭时施放烟幕掩护桥梁的化学兵营。这些都不是作战部队。蒋介石的军政部，在昆明虽然设立了一个国防工程处（处长是尹隆举），但在滇西的整个国境线上，连一个国防工事也没有构筑。侵缅日军的第二步侵略目标，一个可能是印度，一个可能是云南，而后一目标的可能性较大，这是当时的敌情。作为最高统帅的蒋介石，

※ 作者当时系第十一集团军作战参谋。

显然应该考虑到如何在滇西国境线上，利用滇西边境高黎贡山、岩山及怒江、澜沧江等天险，构筑国防工事，配备强大兵力，进行防守，进可以作为远征军进击的支柱，退可以抵抗日军的进犯。但是，蒋介石并没有这样做。不料远征军挡不住日军进攻的锋芒，一败涂地。日军突然侵入滇西，蒋介石才急忙调兵遣将，仓皇应战。

宋希濂西上御敌

当远征军被击溃，滇西告警的严重关头，蒋介石可以拿来抵挡攻入滇西日军的兵力，实在是少得可怜。远在滇南的关麟征的第九集团军，不仅远水难救近火，而且实际上也不能调往解救滇西燃眉之急。因为日军已侵占越南，与滇南仅一江之隔，且有配合滇西日军进犯滇南的可能。在这捉襟见肘的情况下，只好拿宋希濂第十一集团军防守昆明的部队去抵挡。蒋介石从长途电话上，直接命令宋希濂率领驻昆明附近部队，星夜兼程西上御敌，并命宋希濂组织第六十六军溃兵应战。但是，这个时候宋希濂拿来挽救滇西危局的部队，也没有多少。第十一集团军的两个军，一个第六十六军已在缅甸被日军打垮，第七十一军则在川康入滇途中，其第八十七、八十八师在泸州、叙永一带，第三十六师则在会理途中，一时难以投入战斗。在昆明附近的只有预备第二师，但它是新成立的部队，战斗力薄弱。另外在滇东曲靖整训的新编第三十九师，也是新由补充兵训练处改编的新部队，战斗力也很薄弱。拿这两个师去抵挡日军的进攻，凶多吉少。而且用汽车运输由曲靖、昆明到保山要四五天时间，很难应付燃眉之急。

在这个紧急关头，幸有从西康入滇的第三十六师先头部队，已到达滇西的祥云。这个部队，是宋希濂的基本队伍。抗战初期，宋曾任该师师长，是个战斗力较强的老部队。宋希濂于是决定，先派第三十六师西上，接着调运预备第二师，并催促第八十七师和第八十八师兼程入滇。蒋介石同意宋希濂的计划，并饬昆明西南运输处，派汽车运输宋军西上，饬宋希濂马上到保山前线指挥。宋希濂即与西南运输处洽妥，派五百辆汽车运输宋军，并令下关和云南驿站就近抽调可能抽调的汽车，集中祥云，运送第三十六师到保山。宋旋又飞到云南驿，当面给第三十六师师长李志鹏交代任务。五月六日下午，宋希濂率领副参谋长陶晋初和作战参谋杨肇骧、高宝书等三人飞往云南驿。到达时，已知第三十六师师长李志鹏业已率领该师第一〇六团到达保山，我们旋即改乘吉普车到达下关。我和宋希濂到电报局给保山打长途电话，接线员说线路不空，却又让商人和保山谈生意经。宋大为恼怒，拍柜台大骂说："我是宋总司令，限三分钟接通保山，不然贻误戎机，杀你的头。"吓得接线员发抖，马上把线接通，找到李志鹏通话，得知该师于五月五日到达怒江东岸和阻击日军情况。宋大为高兴，立即电蒋介石报捷，并请蒋下令迅速赶运第七十一军后续部队。

五月七日午，我们到达保山，设指挥所于城北郎义村后山上的庙内。接着我和宋希濂乘车到老农田第三十六师指挥所视察前方。见窜犯怒江东岸的日军数百人，遭到我军的逆袭，攻势顿挫，退据江边构筑工事，顽强抵抗。怒江西岸大部日军，在腊猛附近的松山上构筑工事。日军的山炮不时向怒江东岸我军阵地射击，特别是封锁老农田附近公路，阻碍我军运输。此时第三十六师业已全部到达，正在构筑工事，准备反攻。宋希濂查看地形后，指示第三十六师注意加强阵地工事，配备炮兵火力，封锁怒江渡口，严防日军夜间偷渡。从前方视察归来途中，我们顺便到金鸡村会晤参谋团长林蔚，该团参谋长萧毅肃也在座。双方交换了对当前敌情判断的意见，言谈之间，林蔚等对于破坏惠通桥阻止日军前进一事，颇恃功自傲。林蔚把撤退经过叙述了一番，似乎算是和宋希濂办理了交接任务的手续，接着就回重庆向蒋介石交差去了。

惠通桥阻击战

惠通桥横跨于汹涌澎湃的怒江上面。怒江江面宽六七百公尺，江流湍急，两岸山势险峻。公路沿山曲折迂回，从东岸的老农田到西岸的腊猛，遥遥相对，距离不过三五里路，而汽车一下一上，需要半天。山上没有森林，双方部队活动一目了然。怒江东岸只有一个简陋的桥头堡，供守桥部队驻守。五月五日，日军进抵惠通桥时，桥已被炸毁，只剩两根铁索，其装甲部队无法继续前进，即派约一个大队的兵力，乘橡皮船抢渡到达怒江东岸，占领了桥头堡，并沿公路搜索前进。正在这千钧一发的时刻，第三十六师的先头部队第一〇六团的两个连，已乘车到达老农田附近，见日军攻到东岸，遂下车阻击日军。师长李志鹏和副师长也赶到了，他们二人各指挥一个连，居高临下，向日军猛攻。第一〇六团主力陆续到达，逐次投入战斗，日军在仰攻的不利条件下，颇有伤亡。第二天，第三十六师的第一〇七团和第一〇八团赶到，加入战斗，虽在没有地形隐蔽的条件下，遭到对岸日军炮火的猛烈射击，仍奋勇进攻，经过两天的激战，把日军压缩到怒江边上。到第四天即五月八日，全师发动总攻，日军不支，一部乘橡皮船逃回西岸，大部被歼灭在江边，也有在江中被打死的。第三十六师肃清了窜犯怒江东岸的日军，稳住了惠通桥阵地，然后沿江部署防务，加强工事，防敌再度进犯。日军第五十六师团的后续部队，在快速部队抵达怒江东岸之际也陆续到达，见先头部队遭反击失败，即停止东犯，并在松山上加紧构筑工事。其炮兵则加强封锁怒江东岸的交通运输，并沿江搜索警戒，防范我军渡江反攻。惠通桥战役，虽然规模不大，参加作战的部队不多，战斗时间也不长，只是双方先遣部队的一次前哨战；但能够以一个师的兵力，在仓促应战的情况下，阻止住了乘胜追击的日军锋芒，挽救了滇西垂危的战局，不能不说是打了一个具有重要作用的胜仗。

隔江对峙

第三十六师顶住了日军的攻势，稳住了怒江前线战局之后，第七十一军的后续部队也陆续到达保山集结，预备第二师也运抵保山。宋希濂判断，敌军主力集结之后，可能沿江大举进犯。当即决定加强怒江防务，派第八十七师和第八十八师把守双虹桥、红木树、攀枝花、惠人桥各怒江渡口；预备第二师把守栗柴坝渡口。因为怒江水急滩多，两岸多悬崖峭壁，除上述渡口以外，船只亦无法渡过，把住这些渡口，就能够阻止日军的进犯。同时命令各部队派遣搜索部队，过江搜索敌情，加强补给运输和交通通信等后勤设施，逐步加强备战工作。另外，由昆明总部调来一批幕僚，加强指挥所的业务。时值盛夏，怒江边上，天气炎热，疟疾流行，俗称蛮烟瘴雨之区。部队只能在夜间天气稍凉时候，在江边构筑工事；白昼则移到山腰修建竹棚，以作久驻之计。

日军第五十六师团主力集结在龙陵至腊猛一带，惠通桥西只有少数警戒部队防守，沿江不时有少数搜索部队出没。日军在腊猛附近的松山，征集大批民夫，搬运木石材料，构筑工事，为了固守和防范我军反攻。从腾冲窜至栗柴坝的小股日军，不久亦撤回腾冲。我五军第二〇〇师和黄翔部队，曾因日军封锁栗柴坝渡口，过不得江。日军撤后，预备第二师即派部队渡江，到高黎贡山接应第二〇〇师部队归来。蒋介石见第三十六师一个师的兵力，就顶住了日军的攻势，认为日军力量薄弱，产生了侥幸心理，命令宋希濂乘日军立足未稳之际，派部队反攻松山、龙陵之敌。但结果遭到日军第五十六师团的坚强抵抗，攻击没有成功，这是五月底的事情。当时指挥所判断，认为日军不敢继续东进，隔江防守，其主要原因是日军占领缅甸全境，兵力分散，后方秩序亟待巩固，孤军不敢深入。故向蒋介石建议，加强江防，积极整训部队，待机反攻。蒋介石命令宋希濂负责指挥滇西军事，把第十一集团军总部由昆明移驻大理；把昆明防守司令任务交给新任第五集团军总司令杜聿明；第五军退回滇西，余部也到昆明集结整训。

战役检讨会议

六月间，宋希濂在保山指挥所召开滇西战役检讨会议，总结经验教训。参加会议的，有总部参谋长车蕃如、副参谋长陶晋初、参谋处长欧阳春圃、作战科长蒋国中、兵站分监李国源、第七十一军军长钟彬、第三十六师师长李志鹏、第八十七师师长向凤武、第八十八师师长胡家骥、副总司令兼六十六军军长张轸、新编第二十八师师长刘伯龙、新编第二十九师师长马维骥、新编第三十九师师长成刚、预备第二师师长顾葆裕。宋希濂在会上对第六十六军的溃败和后果，进行了严厉的批评；对第三十六师在惠通桥的作战，大加表扬。他认为只要各部队都像第三十六师那样恪尽职守，勇于见危受命，滇西战局是可以挽回的。会议开了三天，主要争论的问题，是滇缅路上大撤退的责任问题。刘伯龙在会上吵得特别凶，他把全部责任都推到张轸身上，说张轸手里抓着新编第二十九师，但不抵抗日军，日军未到就先逃走，致使新编第二十八师从曼德勒撤下来，前后受敌；甚至用手指着张轸的鼻子，大骂张轸腐败无能，贪污敛财等等。后来人们说，刘伯龙存心要把张轸搞垮，以便他代张轸而当军长。张轸则说马维骥未奉命令私自撤退，说刘伯龙不服从指挥，不与军部取得联系，也把责任推得一干二净。云贵监察使李根源也参加了战役检讨会。他在会上作了慷慨激昂的演讲，谈了一些"天下兴亡，匹夫有责"之类的话以后，很沉痛地说："现在我的家乡（指腾冲）也沦陷了，我不能当亡国奴，不能当顺民，不能当俘虏，我要豁出这条老命和日本人拼了。"

会后，宋希濂为了整饬军纪，报请蒋介石撤销第六十六军和新编第二十九师的番号，并惩办张轸、刘伯龙和马维骥。滇西人民对于不战而溃的第六十六军，也很愤慨，纷纷向云贵监察使署控告。李根源接受民意，致电蒋介石请惩办失职人员。后来蒋介石批准宋希濂的建议，撤销第六十六军和新编第二十九师的番号，把马维骥关了起来，撤了张轸和刘伯龙的职。刘伯龙想当军长当不成，连师长也丢掉了。但是，这些人都在缅甸发了大财，回到重庆乃大肆送礼，和各方面拉关系。不久，蒋介石任命张轸为中央训练团的教育长，刘伯龙被派去训练新兵，马维骥因得黄埔同学向蒋介石求情，也释放了出来。

英国对中国远征军的态度

一九四一年十二月二十三日，中英签订共同防御滇缅路协定。英方同意中国派遣部队入缅作战，实际上是利用中国军队替它保护殖民地。一九四一年底，中国组成了远征军，调到滇西边境，准备进入缅甸。英方突然变卦，拒绝中国军队入缅。直到一九四二年二月初，日军由泰国攻入缅甸，情况紧急时，英方才请求中国军队入缅，仓促应战。我军丧失了在缅布防的机会，种下了失败的远因。在缅作战期间，英军不堪一击，纷纷溃败，影响了整个战线。英军被日军击溃后，主力即撤入印度，一股被日军遮断，从缅东退入云南的卡瓦山区，后来被中国军队接到保山。英军系由一中将旅长率领，撤退初期，原有一千余人，沿途遭日军阻击，死伤枕藉，到云南保山时，只剩下八十余人，大都衣衫褴褛，形容憔悴，狼狈不堪；经兵站发给他们服装和粮食，给予种种优待，然后送往昆明，转飞印度归队。

一九四二年七月，滇西战局稳定后，我奉命侦察怒江、澜沧江之间的斜交阵地位置，从保山到泸水，途中有英国传教士梁之音（译音）夫妇同行。梁自称在滇西居住二十多年，他不仅会说一口流利的中国普通话，而且还精通傈僳族语言。他曾用拉丁字母创造了傈僳文字，并编写识字课本。课本的第一课上写道："汉人来了，我怕。"他就是这样长期挑拨汉、傈民族关系的。他说最近从英国接太太来，在重庆住了一个时期。梁之音在怒江东岸麻栗坪山上，盖了一栋洋房，用小恩小惠收买民心。后来我在大理再和他见面时，他已穿上了中校的军服，我很惊异。他说英国政府已派他担任联络官，与中国军队秘密联系，洽商有关反攻缅甸的问题。后来才知道这个梁之音是一个英国间谍，长期在滇西活动，这次是为了了解中国对缅甸的态度，而出任联络官的。从这件事情上，可以看出当时英国这个所谓同盟国家，是怎样对待中国抗战和对日作战的共同事业的。

滇西军民抗战概况

尹明德[※]

一九四二年三月，日本侵略军侵占缅甸仰光，并于一九四二年五月进占滇西之畹町、龙陵、腾冲，截断中国西南之国际交通路线，且企图进据昆明。当日军由缅甸进占腾、龙时，云南全省震惊，形势危急。云贵监察使李根源即于五月底驰赴滇西巡视，策动民众，奋起抗战。他因我对滇西边情较为熟悉，乃向重庆外交部（我当时任外交部专员）商调我到滇西云贵监察使行署助理一切。我遂于七月到大理。第十一集团军总司令宋希濂又委托我代表重庆军事委员会赴腾、龙边区宣慰各土司，并策动组训民众，尽力抗战。我即于八月偕同随从人员经由腾冲西北四、五两区绕道腾南敌后慰问各土司，返回途中又经泸水慰问土司，于十月底回大理，仍在云贵监察使行署协助抗战工作，并经常与第十一集团军所属将领接触联系。一九四四年九月十四日腾冲光复后，我又参与腾冲人士所组织之慰劳代表团赴保山、腾冲、龙陵慰劳远征军长官部所属各部队。继后即在腾冲协助办理善后，对于滇西抗战情形粗知梗概。此外并参阅李根源西巡有关记载及腾冲县长张向德有关抗战文件，写成本文。我仅就直接见闻所知，共分七项，叙述如下。

龙陵、腾冲沦陷情形

一九四二年四月二十九日，当进入缅甸的国民党军队主力正在曼德勒以南与日军作战之际，日军乘虚以第五十六师团由棠吉攻占腊戍，即

※ 作者当时系云贵监察使行署助理。

以装甲车为先导，并用汽车载运步兵的快速部队沿滇缅公路挺进。五月三日进入滇境之畹町，四日进占龙陵，五日上午进至怒江惠通桥西岸，如入无人之境。当时工兵总指挥部已将惠通桥破坏，但敌军并不停止前进，即于当日由上游渡过四五百人，与第十一集团军所属第三十六师先头部队发生遭遇战。经过三日之激战，敌大部分被歼灭，小部分逃回怒江西岸（激战情形下面叙述），乃遏止了敌军继续东进的企图。

龙陵四日沦陷情形，驻腾冲之腾龙边区行政监督龙绳武先已得知，但秘而不宣，亦不做任何防御准备。六日龙绳武托辞因公离腾赴昆，邀地方人士谈话，始微露局势紧张。次日龙绳武启程，腾冲县长邱天培亦毫未做防务之准备，仍照平常迎送上司的旧习送三十里至芹菜塘。晚间由县府在商会召集在腾各机关及地方人士开会，邱天培始将龙陵失陷消息公开报告，并说："腾冲势难抵抗，各机关须联合一致行动，如敌进入腾境，相机撤退。"当时地方人士建议县府及各机关暂勿移动，应迅速采取军事行动：一面派人将龙江之腾龙桥及安桥拆毁，一面派队伍到龙江边防堵。会中同意此项建议，当即派人分担执行各项任务。不料邱天培即于是夜三点钟率领自卫队及警察全部潜向腾北曲石逃去。县长邱天培即弃职先逃，各机关亦纷纷撤退，人心惊惶，全城混乱。至八日尚无日军来腾消息，地方人士相商，请护路营一部及消防队担任维持市面秩序。是日，由密支那及八莫退回之伤兵源源而来，地方人士特设招待处并由卫生院负责医治。九日晚十时，邱天培以敌人并无动静，复由曲石踅回县城，在商会向地方人士道歉说："因消息错误，故仓促离城。"正谈论间，敌军已至勐连镇（距腾城四十里）的情报突至，邱天培闻讯失色，继云："当回县府与护路营自卫队商量办法。"于是夜又复潜逃。十日午后一时，敌军二百九十二人，不费一枪一弹，由勐连长驱进入腾冲城。

当敌军进陷畹町、龙陵时，驻防腾冲附近军队共有三营，即息烽队之梁河营、特务大队之第二营、护路队之第三营，加以县府之自卫队，总计兵力约千人。负边区行政专责及地方守土之责的人，如果决心抗战，保卫国土，仅可派兵到腾龙交界沿龙江布防，并动员民众协助。只要阻敌前进数日，国民党军预备第二师即可赶到增援（五月十日腾冲沦陷，十五日预备第二师即渡过怒江，十六日到达龙江桥袭击日军），腾冲必可保全，不致陷入敌手。乃彼辈一闻敌军进据龙陵，即畏敌先后弃职而逃，一任敌军长驱直入，唾手而得有战略价值之边疆重镇，使人民生命财产及日后反攻时遭到不可估量之损失。

龙绳武任腾边区监督，其目的在搜括财物，并以廉价强买腾龙边区各县局所出产之鸦片。他们离腾时,大量拉夫抢马驮运其财物、鸦片,以致马帮挑夫不敢入城,使商民无法疏散财物。腾城沦陷后,商民之大量花纱布匹、洋杂百货全部沦入敌手,损失甚巨。

敌军既占据腾冲城,控制四郊险要后,即分兵向西北及东面搜索在腾冲之中国军队踪迹。五月十八日,敌军百余人经曲石向瓦甸前进,至宝华乡归化寺,与预先埋伏之护路营一部遭遇,发生激战,毙敌中尉队长牧野以下四十余人,护路营亦阵亡官兵三十余人。瓦甸区长孙成孝率领民众奋起参加作战,亦中弹牺牲。这次战役,腾冲兵民协力使敌军受到应有之打击。

扼守怒江阻敌东进

一九四二年五月初,蒋介石得知敌军进犯滇境,乃急电驻昆明的第十一集团军总司令宋希濂率所部赶往堵击。宋即电令集结于祥云的第三十六师沿滇缅公路先行西上迎击敌军,并陆续运送昆明附近部队。五月五日,第三十六师第一〇六团到达惠通桥东岸高地,与渡江的敌军先头部队发生遭遇战,双方为争夺公路两侧的最高峰,战况激烈。五日晚,我军已控制公路两侧山顶,但渡过怒江的敌军仍占据惠通桥东岸山地继续顽抗,而西岸的敌军炮兵也不断向我军轰击。很快第三十六师第一〇七团也赶到投入战斗,六日下午又继续向东岸之敌攻击。这时敌军已被消灭半数,只剩下二百多人,仍负隅顽抗。后经第三十六师与敌军反复冲杀,到八日上午,东岸敌军大部分被歼灭,只有少数敌军逃回西岸。经过这次战役,才遏制住敌军沿滇缅公路向东突进的企图,奠定敌我隔江对峙之局面。

六月三日,敌军又集结惠通桥西岸兵力千余人,企图进犯保山,并已有三百余人抢渡至怒江东岸。宋希濂命驻蒲缥部队赶往增援堵击,将渡江敌人全部消灭,其余西岸之敌不敢再行东渡。敌军先后两次渡过怒江进犯,均经我军击败,这样滇西民众,乃对抗战逐渐树立信心。

嗣后怒江防守部队,即以第三十六师、第八十七师、第八十八师为主力,归第七十一军军长钟彬指挥,分段防守,并择要建筑防御工事。另以一师分驻镇康、勐定一带,防敌由滚弄江窜入。在腾冲、龙陵之敌,虽曾屡次企图渡过怒江向东进犯,但均为怒江东岸守军阻击退回。

预备第二师在腾冲与日军迭次战役

预备第二师自一九四二年五月进入腾冲，至一九四三年五月换防时，与日军时有接触，其较重要之战役为：

二区橄榄站、黄草坝战役

一九四二年五月十五日，预备第二师师长顾葆裕率领第五、第六两团进入腾冲之第二、三两区攻击敌军。第六团于十七日全部到达二区龙江，即于是夜围攻橄榄站之敌军。十九日，第五团亦到达龙江忙棒街，次日即开往勐连、官坡、罗汉冲、绮罗及三区清水、朱新街等处布防。目的在切断敌由龙陵增援，并拟进攻腾城。二十日，第六团奉命以一营围攻橄榄站，以两营进据飞凤山、高山寺、玉璧坡，一面切断敌向橄榄站增援，一面进迫县城。进至飞凤山之一营，曾在尹家湾附近与敌发生战斗。在橄榄站之敌，恃有强固工事，据险扼守，并分据橄榄站后面之二台坡、石头坡高地，互为声援。经第六团第一营之奋战，迫击炮之轰击，空军燃烧弹之轰炸，全村屋宇半数烧毁，敌人乃向二台坡溃退，第六团第一营跟踪追击。第六团迫近城区之第二营，因二台坡、黄草坝一带战局紧张，乃调回增援。经三昼夜之苦战，我军伤亡很大，预备第二师师部复调右翼支队第一营及第五团一部增援。在未到达之半日前，由第五区界头回窜之敌一百余及由腾城新增加之敌二百余驰援黄草坝，向疲惫之第六团二百余人猛扑，第六团官兵退至龙江东岸整理。第五团第一营分驻橄榄站附近防堵，其余两个营分驻三甲街、龙安桥。左翼第一营于五月二十六日在勐连、官坡歼敌运输队三十余人，截获枪弹甚多。勐连镇长杨绍贵率壮丁三十余人参加作战，杨镇长和壮丁董金荣、姚自祥、朱开祥三人阵亡。

三区蛮东一带战役

一九四二年八月六日，预备第二师副师长洪行率领第四团绕出腾南三区各乡驻防，以蛮东为中心，目的在控制腾南各地土司，并截断敌人腾冲与八莫间之交通线。腾冲敌军侦知预备第二师已向腾南发展，各土司内向，对其威胁极大，乃决计对洪行所部之中心地区蛮东进行扫荡战。八月二十日，敌二百余向三区朗蒲寨进犯，于杨家坡附近遭到伏击，毙伤百余。敌乃于二十三日发动规模较大之攻势，由腾冲经缅箐南下。二十五日，明朗荷花池失陷。预备第二师以朗蒲寨之守军向明朗荷花池进攻，同时以新政之部队越过缅箐向镇奕关、芭蕉关扰其后，荷花池之敌被迫向腾城撤退。另一股敌军三百余人，于二十七日由勐连沿曩宋河向西运动，有直捣蛮东模样。后被阻击于大盈江曩宋河三角地带，经三日之战斗，九月二日，敌乃向勐连撤退。此役防守曩宋河南岸部队，系梁河设治局河东乡杨育榜所组织之民兵和邦角司官尚自贵之景颇族民兵。攻克曩宋关系九保镇赵宝忠临时收编之民兵，其兄赵宝贤亦亲临前线指挥。沿大盈江西岸防守者系河西乡之民兵。此次战役之所以能获胜，使敌人扫荡之企图未达到，实得力于傣、景颇、汉各族民兵之奋起抗战。因此敌人对之仇恨亦深，后来竟将九保镇之赵宝贤、赵宝忠住宅焚毁泄愤。

一九四二年九月战役

八月底，敌向腾南预备第二师第四团进攻未能达其目的，乃于九月中旬厚集兵力，企图对预备第二师驻地进行全面扫荡。九月十四日，敌由龙陵调来数千人与腾城敌会合，即分路向西北突破哨坡、古永、阱口阵地，直扑马站街、碗窑、固东、滇滩阿幸等地，并向明光河流域推进。一路出海口经向阳桥前进，十七日整个腾北情形极度紧张；十九日江苴失陷；二十日敌向林家铺进犯，继向高黎贡山顶斋心房推进。另一路敌军由新城沿怒江西岸北上，第八十八师阵地失陷。二十三日敌军占据大塘子，在斋心房部队以腹背受敌，乃突围向敢顶街撤退。

敌军既有扫荡预备第二师全部之企图，又以一个大队兵力七八百人由瑞丽向陇川进犯，继分路经户撒及盈江之旧城向葫芦口等地进攻。又一路由陇川经梁河之杉木笼、罗布坝窜扰遮岛及腾冲之三区蛮东一带，目的在摧毁腾南之游击根据地。九月底，驻腾南之第四团奉命回援腾北，由河西乡丝瓜坪经新岐、古永向腾北移动。自此以后，腾南半壁遂为敌人控制。

腾北江苴、瓦甸、界头等地为敌军攻陷后，敌人向马面关进犯，战事呈胶着状态。继后预备第二师留置在四区朝阳寺、打苴山一带之第五团，经古永、麻栗坝、明光、营盘街分道由桥头向敌攻击，主力由明光以北向马面关增援，敌以腹背受敌，于十月十二日溃退。预备第二师各部队乘胜追击，于十四日将敌完全驱逐于曲石江及碗窑、大河以南，将原控制地区基本恢复。此次敌人扫荡预备第二师之企图，又归失败。

一九四三年二月战役

一九四二年九月战役后，预备第二师除放弃腾南外，仍控制腾冲西北四、五两区根据地，并不时向敌扰击，故敌军于一九四三年二月再发动大规模的扫荡战，目的在摧毁腾北之游击根据地。这一次战役，敌军发动之兵力较一九四二年九月雄厚，采取大包围战术，除一路由腾城向哨坡、海口并绕出腾东越过龙江东岸向北搜索前进外，并以一路由龙陵、镇安所沿怒江西岸向北运动，拟截断预备第二师后路。又以缅甸密支那之敌军一部，经由昔董、古永直扑阿幸街以牵制固东之后，一部沿密支那、罗孔至片马通道东进，采取四面包围态势。二月十二日，各路敌军已推进至目的地，即向固东、灰窑桥、向阳桥进攻。当时预备第二师之兵力单薄，因来犯之敌兵力过大，为避免被包围危险，遂于十五日拂晓将前线部队分别向马面关及明光两地撤退。十六日马面关战斗开始。进至明光之部队，亦遭受由固东、古永、罗孔三面来犯之敌夹击。在马面关之预备第二师与敌激战数日，因后路蛮云街、小横沟一带已被敌截断，二十一日晨向西冲击，与明光之部队会合，击破围攻之敌军，并向姊妹山转进。同时怒江东岸守备部队渡江增援袭击敌人，当将双虹桥大塘子各处敌军击溃逃窜。二月二十日，大盈江流域莲山发生战事，腾北之敌军前往增援，随即全部撤退，预备第二师跟踪追击。三月四日，又恢复战前之根据地。预备第二师在腾北游击以来，深得民众支援。故敌人对民众极端痛恨，此次敌人撤退时，腾北村镇大部被焚毁，壮丁多被杀害。

莲山自卫支队抗战情形

莲山县昔马、太平街、蛮允各地，大都为汉人居住，民间枪支甚多，民气亦强悍。一九四二年十一月曾组织莲山独立自卫支队，以腾冲明增慧为司令，以昔马寸时金、太平街刘金生、蛮允许本和分任大队长，就各地原有枪支壮丁编组训练。一九四三年二月二十日，缅境昔马拱之敌分四路向昔马进犯，寸时金大队凭借巨石关有利地形，与敌激战二日，敌颇有伤亡；乃增援再度围攻昔马，五日未下；明增慧率领援军内外夹击，敌不支溃去。于是敌乃决计再行调用腾北之兵力，除以一部返回密支那及龙陵外，其余悉数由盏西、盈江分道南下。三月二十一日，太平街失守。十二日，由八莫进犯之敌到达蛮允，与许本和部激战二日，亦因众寡悬殊，蛮允遂为敌所占。十五日，昔马亦沦陷。于是我在大盈江及槟榔江之三角地带的军事根据地，遂为敌人所占据。

第三十六师先后在腾北的战役

腾冲沦陷后，预备第二师进入腾北，随时对敌游击。敌感到威胁，故屡次集结重兵，企图扫荡该师，迫其退出腾北。该师与敌苦战经年，地势熟悉，复得力于民众之大力支持，一致奋起抗战，迭次战役，对敌均有有力之打击，始终固守高黎贡山西面之腾北防地。

一九四三年五月，第三十六师入腾冲接防，预备第二师调永平整训。五月八日，敌人乘该两师交接防务之际，集结兵力进攻。十三日突破固东江苴，旋进陷瓦甸、界头，并进至马面关，展开战斗。第三十六师战斗力较强，该师乘敌猛进之际，实行反包围战术，并运用外线作战，将向阳桥、灰窑桥、固东街各地克复。进攻腾北之敌，反遭进击，乃仓皇撤退，所遗战地尸体，亦未及掩埋。

经此次战役后，反攻腾、龙呼声日有所闻。敌以我第三十六师据守腾北，如芒刺背，深感威胁。九月中旬，敌乃由密支那、龙陵各地增调重兵，大举包围，一路由密支那经罗孔、拖角、片马扰其北，一路由昔董经古永、伦马攻其西，一路由龙陵溯怒江而上进攻大塘子、蛮云街、小横沟断其后。各路敌军均于九月底分头出动。而腾冲之敌，则于九月二十九日至十月六日分向马站街、大锡举、向阳桥等地进攻，配合各路敌军全力围攻，企图一举歼灭第三十六师。该师与敌经数日之激战，十五日，明光、滇滩、固东、瓦甸、界头、桥头等重要市镇全部失陷，而高黎贡山东北交通孔道又为敌军截断。该师乃将主力突围，在姊妹山附近化整为零，潜伏深山，粮食给养全由民众设法接济，敌军尽力搜索，未获踪迹。后由熟悉路径之民众做向导，经僻静地区，昼伏夜行，由马面关之南严家山小路越过高黎贡山，复经大塘子之北渡过怒江，该师主力乃得安全转移，所受损失不大。自此以后至一九四四年五月反攻时，腾冲全境及怒江西岸高黎贡山各要隘，均为敌军所控制。

预备第二师及第三十六师先后在腾冲抗战十有八月，深得各乡镇民众尽力支持，故能迭摧强敌。因此，敌军极为仇视腾冲四、五两区民众，每于预备第二师及第三十六师转移撤退之际，将村落焚为灰烬，壮丁惨遭枪杀，粮秣牲畜尽为掳掠。其在大盈、槟榔、龙川诸江流域指挥游击队作战者，或房屋为敌烧毁，或财产被敌抄没，损失亦巨。敌军此种惨无人道之暴行，益激发群众爱国之热忱，无不誓言必尽歼敌而后已。

反攻收复腾龙边区

克复腾冲

滇西远征军为配合策应驻印军缅北之攻势，于一九四四年夏季进攻滇西。远征军司令长官卫立煌驻保山，以第二十集团军总司令霍揆彰为右翼，率五十三军、五十四军、预备第二师及第三十六师向腾冲推进；以第十一集团军总司令宋希濂为左翼，率第六军、第八军、第七十一军向龙陵推进。右翼于五月十一日强渡怒江，向高黎贡山各要隘背水仰攻，战斗九日，占领唐习山、大塘子各据点，沿山挺进，抵南北斋公房。此两地为高黎贡山山顶，形势险峻，气候恶劣，日军据险筑垒，居高临下。进攻部队鏖战旬余，毁其阵地，敌颇有伤亡，狼狈溃逃，退守桥头、瓦甸、江苴各要隘。右翼各部队乘胜冲过高黎贡山脉，进攻龙川江，复由固东、向阳桥两路进围腾冲，城外飞凤、宝凤诸山敌人据点次第克复。城南唯一屏障之来凤山，敌人虽构筑工事甚坚，终于七月底攻下，残敌溃退入城，据城死守。

腾冲城墙，系石条建筑，甚为坚固，号称极边铁城，锁钥边陲。敌军盘踞两年，壕道纵横，炮垒密布。各军于八月二日开始围攻，敌人始而凭城固守，进攻部队，以飞机配合连日轰炸，将城墙炸毁几十处缺口，始将南面守城敌军击退。各军攻进城后，敌人又利用民房、公署、学校、庙宇作防守工事，顽强抵抗。坚守腾城敌军，不过两千左右。第二十集团军各部队经数月战斗，亦有相当伤亡，及以五师兵力，由南而北，并肩推进；并助以飞机大炮，轮番轰击，节节扫荡。经四十余日之苦战，于九月十四日将顽军全部歼灭（有小部分夜间逃出亦被歼灭），收复全城。经此次反攻，腾冲城内房屋、公署、庙宇全部毁坏，夷为平地，一片瓦砾。计毁公署、学校、庙宇五十余所，民房铺面五六百间，四城楼与城中心之文星楼亦全部炸毁，城墙炸毁六十余缺口，焦土抗战，腾城足以当之。

根据第二十集团军总司令霍揆彰在腾冲所立阵亡官兵纪念碑记载："一九四四年反攻腾冲，自夏徂秋，大小四十余战，共歼敌联队长藏重康美以下万余人，掳获无算。我军亦阵亡团长覃子斌、李颐等官兵八千余人，伤者近万人。"阵亡官兵均葬于腾冲城西南隅小团坡国殇墓园。

克复龙陵及芒市、畹町

一九四四年五月十一日，反攻滇西之右翼第二十集团军渡过怒江向腾冲推进，收到预期战果。准备向龙陵进攻之左翼第十一集团军，亦在此时渡怒江向龙陵推进。起先进展颇速，于六月十日先后攻克腊猛、镇安及龙陵县城。嗣后敌由腾冲、芒市集结残余兵力进行反扑，而松山为敌据守亦未攻下，加之后路补给不继，六月中旬，左翼各军放弃龙陵县城，与敌鏖战于松山、象达、平夏等处。松山据怒江两岸，居高临下，为由惠通桥通向龙陵交通孔道之险要，敌人筑有坚固之工事，以第五十六师团之一个联队扼守。宋希濂以第八军主力并其他部队经两月余之苦战，方于十月间将敌全部歼灭，克复松山。是役第八军战死者三千八百余人，伤者与死者相等。九月十四日腾冲收复后，又抽调一部军队加入龙陵作战，十一月三日，乃将龙陵再度克复。尔后继复向西攻击，十一月二十日克复芒市，十二月一日克复遮放，一九四五年一月二十日克复畹町，二十七日远征军与驻印军进攻缅北的部队在畹町附近的芒友会师。至是滇西沦陷区域，经半年余之反攻，乃全部收复。

滇西反攻取得胜利之原因及其对全国抗战之影响

此次滇西反攻之所以能取得胜利，一则官兵深知对日军作战系民族生死存亡之战争，是反侵略之正义战争，故能始终保持旺盛的士气，具有尽歼敌人之信心，此为滇西反攻取得胜利原因之一；次则滇西人民一致奋起支援，功绩亦甚大。滇西反攻先后参加作战之军队达十六万人之多，仅粮食一端，即成大问题，由昆明运往接济者甚少，绝大部分是滇西人民供应。滇西交通，仅有一条滇缅公路到达保山，由保山到腾冲、松山、龙陵所有粮秣弹药，均需大量民夫运送到军队所在地。在怒江东岸之粮秣弹药，由保山及附近各县人民负担输送；在怒江西岸之运输，腾冲、龙陵两县及邻近各设治局由人民负担搬运。此外尚有伤兵之运送。当时被征调的投入战役运输之滇西民众不下三十万人，所经途径有许多地区并无村寨，风餐露宿，备极辛苦。由于滇西民众同仇敌忾，尽力支援抗战，此为滇西反攻取得胜利的又一原因。

滇西反攻经过八个月的艰苦战争才取得胜利，先后收复了腾冲、龙陵、芒市、遮放、畹町，打通由印度经缅北进入中国之国际交通路线，使大量载重汽车载运物资昼夜不息地经中印公路源源运入内地。同时由印度沿公路线安设油管，将汽油大量运入中国。故滇西反攻之胜利，对于抗战事业起到了很大作用。

腾冲县长张向德及民众支援抗战情形

当敌军于一九四二年五月十日由龙陵侵入腾城时，县长邱天培弃城潜逃，地方无主，人心惶惶。腾冲人士始集于云华乡之秧草塘，继集会于曲石乡之江苴。六月六日，即在江苴成立临时县务委员会，共推腾冲人刘楚湘为主任委员，代行县长职务，领导民众进行抗敌。当时预备第二师已进入腾冲西北四、五两区，拟即以该地为潞江西岸的游击根据地，地方民众都欢欣鼓舞，一致奋起，支援抗战。

六月下旬，云南省政府任命张向德为腾冲县县长。张虽然已经六十多岁，但是精神健旺，有胆识、有毅力，得地方人民爱戴。七月二日在五区瓦甸就职，成立县政府，七日县府与预备第二师司令部都迁往界头。兹将张向德任县长时期分为腾北游击时期及反攻腾冲时期与民众支援抗战情形分述如下：

腾北游击时期

一九四二年五月腾城沦陷后，预备第二师进入腾北，至一九四三年十月，第三十六师退出腾北渡过怒江时，为腾北游击时期。张向德就任县长后，首先安定地方秩序，支援军队抗战，其较重要的措施为：

一、开办战时工作干部训练班。腾冲原有乡镇人员，不能适应军事时期的需要，县府乃与预备第二师共同开办腾冲战时工作干部训练班，召集乡保长及地方有为青年充当学员，共计一百二十五人，教以谍报、破坏作业和游击战术等军事课程，及编练保甲、户口调查等知识。训练班于一九四二年七月二十一日开学，受训期为一月，毕业后即分任乡保长，号召和组织民众抗战。

二、设立便衣队及担架队、运输队。县府成立后，为支援军队作战、执行各项任务起见，令各乡镇成立便衣队，员额分为三种：甲种六十名，乙种三十名，丙种十五名。此项便衣队，以乡保壮丁充当，并请驻军派员讲解指导关于搜集情报、破坏桥梁道路及袭击敌人等各项知识。其后为节省人力物力，将安全区（我军势力所及之地）的便衣队裁撤，改设担架队、运输队，所需人力畜力，均由各乡镇自行征集，其人数的多寡，则根据地理的位置需要而定。如凤瑞、曲石两乡，因当马面关及林家铺隘路的要冲，而输送途程有时须延长至怒江东岸，往返要三四日，需用担架队、输送队较多，则由邻接的乡镇补助。在腾北游击区的伤病兵员，当然以送过怒江东岸医治为安全，然在战况紧张之际，远道输送，有所困难，只有由乡保负责收容，改装疏散藏匿。此项担架队的设置，对于抗战出力很大，伤病兵员大都获得安全保障。

三、设置递步哨及情报网。战时各地通信，因器材缺乏，只有派人传递，县府乃令各乡镇公所设置递步哨，遇有紧急情报、文件，邻村接替迅速传递，尚属便捷。

情报网系县府与预备第二师师部合作组成。在一九四二年九月以前，以四区碗窑的朝阳寺、三区的蛮东及二区的猛柳三地为情报收集所。各乡镇公所收集到的情报送达上述收集所后，用无线电与界头联系。一九四二年九月以后，因游击地区有所改变，情报收集所改设在灰窑、固东、龙江后头田及莲山大寨等处。一九四三年莲山沦陷后，原在大寨的情报收集所又改设在神护关附近。此项情报网的设置，对敌情的收集，得到了效果。

四、组织军民合作站。一九四三年五月以前，预备第二师在腾北游击期间，地方对部队的人力使用过于繁杂，如递步哨、担架队、输送队等各种名目，难收统一指挥之效。部队的生活待遇很低，物价逐渐高涨，士兵对其困苦的物质生活状况难以忍受，有损害民众行为发生，因之士兵与民众间的纠纷时起。这样，便设立军民合作站于界头、瓦甸、江苴、固东、白石岩、古永等处，将递步哨、担架队、输送队都归军民合作站统一指挥。举凡军队借用器物、代购物品、人力使用、向导派遣等，均由军民合作站负责。合作站除军队派政工人员参加维持秩序外，其他主要工作人员，都由乡保公所职员兼任。自军民合作站成立后，军民之间的情感，始趋融洽。

五、救济事业。自缅甸战事失利后，侨胞纷纷回国，除由滇缅公路回国者外，一部分由八莫、密支那两条路回国，经腾冲转入内地。七月界头县政府成立后，经腾北回国的侨胞还络绎不绝，而且多属穷困或身染疾病者。县府乃与驻军共同设立侨胞转送站于古永、固东、江苴及桥头四处，对少数经济充裕的侨胞，则在行程上予以便利；其余大多数均发给米盐及少量之路费，资送渡过怒江，进入内地。

腾城沦陷以后，城郊人民避敌蹂躏退居城北的人很多，因而救济事业亟须扩大。县府遴选地方人士及前救济院的负责人组织难民救济委员会，从事筹集款项、药物、衣服等救济，并于界头成立难民送诊所，免费发给药物；同时并组织巡回医疗队，在腾北各乡镇巡回医疗。一九四二年冬季并举行冬赈。此类措施，起到鼓舞抗战情绪的作用。

一九四三年二月战役，当预备第二师退过高黎贡山以东后，所有镇北重要市镇，遭敌大部焚毁。计无家可归者有一千零三十四户，被敌杀害之人民包括壮丁协助正规军作战牺牲的共一百四十七人。县府除电请各方予以救济外，并向大理、下关腾籍商号筹集赈款一百万元，先行发放救济。此项赈款虽属不多，但灾民及时得到，裨益匪浅。

六、严词驳斥敌人的阴谋诡计。在腾北游击期间，我军屡退屡进，张向德均与军队紧密配合，采取一致行动。由于张与驻军双方的始终团结无间，遂引起驻腾敌军的行政班本部长田岛的嫉视，企图离间军政双方的团结，动摇人民对抗战的信心。曾于一九四三年八月三十一日致函张向德，要求于小西乡董官村之董氏宗祠会晤，借口为对腾人民生活痛苦，坦诚商谈解决办法。张向德收到田岛来信后，即于九月十二日复信严词驳斥，同时分令全县区、乡（镇）、保甲长及人民，揭发此为敌人瓦解我抗战的一种心理战术，应严加警惕，努力杀敌抗战。兹将日军田岛来信及张驳斥复信录于后。

敌田岛来信：

崇仁（张向德字）县长勋鉴：

久钦教范，觏晤无缘。引领西北，倍增神驰。启者，岛此次捧檄来腾，职司行政，深羡此地之民殷物阜，气象维和，虽经事变，而士循民良，风俗醇厚之美德依然具在，诚西南之第一乐园，大足有为之乡也。唯以军事未靖，流亡麇集，交通梗阻，生活高昂。彼此若不谋进展方法，坐视不为之所，恐将来之不利。其在贵境亦未见为幸福，徒重困双方，人民饥寒冻馁，坐以待毙，有何益哉！职是之故，岛甚愿与台端择地会晤，作一度长日聚谈，共同解决双方民生上之困难问题。台端其有意乎？如不我遐弃，而予以同情时，则岛兹先拟出会晤办法数事，征求台端同意解决：

一、会集地点定在腾属小西乡董官村之董氏宗祠；

二、谈话范围绝对不许有一语涉及双方之军事问题；

三、为保证第二项之确实起见，双方可用监视一员，在场监视谈话。

右列三项，如台端具有同情，予以同意时，请先期示复。会集日期，可由台端决定示知，以便岛先期候驾。……临颍神驰，不胜依依，仁盼回函。

大日本腾越行政班本部长田岛上
昭和十八年八月三十一日具

张向德严词驳斥田岛信：

田岛阁下：

来书以腾冲人民痛苦为言，欲借晤会长谈而谋解除。苟我中国犹未遭受侵凌，且与日本犹能保持正常国交关系时，则余必将予以同情考虑。然事态之演变，已使余将可予同情考虑之基础扫除无余。诚如阁下来书所言，腾冲士循民良，风俗醇厚，实西南第一乐园，大足有为之乡。然自事态演变以来，腾冲人民死于枪刺之下，暴露尸骨于荒野者已逾两千人。房屋毁于兵火者已逾万栋，骡马损失达三千匹，谷物损失达百万石，财产被劫掠者近五十亿。遂使人民父失其子，妻失其夫。居则无以遮蔽风雨，行则无以图谋生活。啼饥号寒，坐以待毙。甚者为阁下及其同僚之所为奴役，横被鞭棰，或已被送往密支那将充当炮灰；而尤使予不忍言者，则为妇女遭受污辱之事。凡此均属腾冲人民之痛苦。余愿坦直向阁下说明，此种痛苦，均系阁下及其同僚所赐予。此种赐予，均属罪行。由于人类之尊严生命，余仅能对此种罪行予以诅咒，而对遭受痛苦之人民予以衷心之同情。

阁下欲解除腾冲人民之痛苦，余虽不知阁下解除之计划究将如何，然以余为中国之公民，且为腾冲地方政府之一官吏，由于余之责任与良心，对于阁下将提出之任何计划，均无考虑之可能与必要。然余为使阁下解除腾冲人士痛苦之善意能以伸张，则余所能贡献于阁下者，仅有请阁下及其同僚全部返回东京，使腾冲人民永离枪刺胁迫生活之痛苦，而自漂泊之地返回故乡，于断井颓垣之上重建其乐园。……苟腾冲依然被阁下及其同僚所盘踞，所有罪行依然继续发生，余仅能竭其精力，以尽其责任。他日阁下对腾冲将不复有循良醇厚之感。由于道德及正义之压力，将使阁下及其同僚终有一日屈服于余及我腾冲人民之前。故余谢绝阁下所要求择地会晤以作长谈，而将从事于人类尊严生命更为有益之事。痛苦之腾冲人民，将深切明了彼等应如何动作，以解除其自身所遭受之痛苦。故余关切于阁下及其同僚即将到来之悲惨末日命运，余敢要求阁下作缜密之长思。

腾冲县长张向德

大中华民国三十二年九月十二日

一九四三年十月，第三十六师由腾北撤退过怒江后，张向德率领县府骨干亦渡过怒江。先在云龙之漕涧小住，继又移住大理，等待反攻推进时，又回腾冲协助抗战。

反攻腾冲时期

一九四四年五月，滇西远征军为配合驻印军缅北之攻势，发动反攻腾、龙。张向德于四月底应远征军司令长官卫立煌电召赴保山准备一切，随同第二十集团军进攻腾冲。张一面先遴选腾冲有胆识青年潜入腾冲各乡镇，秘密发动群众，准备粮秣，侦察敌情，并在敌后破坏交通；一面又介绍一部分熟悉地方情形人员，配备各军师部，协助一切。各部队于五月十一日由大沙坝、猛古等各渡口渡过怒江，开始向敌进攻，张即率同县府骨干随军推进。部队越过高黎贡山进入腾境后，张即发动民夫，赶运怒江东岸户帕至腾冲各地部队所需粮秣弹药，计使用民夫三万八千人以上。又发动人民随军协助作战，用于向导、担架、运输、救护、侦察、构筑各项勤务及接收空运者人数在五千人以上。继后又发动民夫三千名，赶修腾龙公路，抢修飞机场。先后总计发动民夫四万六千余人。在腾冲代替兵站供应反攻部队军粮近八百三十万市斤，马料约二百一十万市斤。民间付出军粮、副食品、燃料、马料之市价，与代购市价间之差额补贴五亿六千万元。反攻部队五师之众，初越高黎贡山进入腾境时，军粮一时接济不上，各乡镇人民群众都愿自动节省粮食，供应部队，或以饭菜送达阵地，或邀食于乡公所及居民之家，因此各部队益加感奋，努力杀敌。九月十四日腾冲光复后，旅居昆明及大理、下关、保山的腾冲人士组织慰劳团向远征军长官部慰劳时，司令长官卫立煌谓此次反攻腾冲之所以能够取得胜利，半由于将士用命，力摧强敌，半由于腾冲民众大力支援之功，此实为公允之论。

前预备第二师及第三十六师在腾北游击期间，腾冲民众因协助作战死亡及被敌屠杀者总计两千七八百名，此次反攻腾城民众协助作战牺牲者三百余名。由江苴至户帕一线运粮食弹药民夫死亡者约八百七十名，由腾城至禾木树一线运粮弹民夫死亡者约二百名，前后共计死亡四千余名。腾冲运输骡马，经敌人强迫掠用者，前后将及一万匹，牛羊为敌人掠去制干粮及食用者约数万头，鸡、猪、鹅、鸭则被敌搜刮殆尽。稻谷粮食，先后被敌抢掠者约在百数十万石。文化方面，沦陷期间，所有中学及各级小学完全停课，县立图书馆及私立之木欣图书馆书籍损失有数万卷。其他公私财物之损失，则无法估计。此为腾冲沦陷后及反攻期间所遭受人力、物力损失之大概情形，并附及之。

腾冲自一九四二年五月十日沦陷，至一九四四年九月十四日收复，计共被日军占据两年零四月又四日。在此期间，腾冲城区除敌军及汉奸宵小潜居外，市民都疏散远避，与敌不共戴天。敌人多方策划引诱，劝令迁回，并拟恢复城区市集（腾城平时五日一市集，颇为热闹），但市民始终不肯迁回，也不愿到城区集市贸易，使腾冲成一死城。迨至一九四四年九月十四日克复后，县政府迁回，并成立善后委员会，清除一切战争危险物品，如炸弹、地雷、炮弹及敌人尸体后，市民方陆续迁回，重理家园，并恢复城区市集。此种与敌不共戴天、凛然不屈的正气，亦属腾冲人民在抗战史中的光荣表现。

滇西敌后军民抗战纪实

常绍群[※]

  第二次世界大战开始后，日本军国主义者实行南进政策，于一九四〇年五月侵入东南亚各国，对中国进行包围，妄图一举并吞中国。因此，第六十军奉命由赣北调回云南南部一带布防。当时我任第一八四师师部副官处副官主任，因事到昆明。适值日军由缅甸侵入我滇省腾冲、龙陵八县局，全省为之震动。我与朱嘉锡（龙陵县象达人，曾与我在国民党中央军校军官高等教育班第八期同学）在昆相遇，谈论腾龙沦陷事。他说他愿毁家纾难，深入敌后组织民众抗击日军，并说他已向昆明行营龙云主任请愿，得到批准，颁发番号为"昆明行营龙潞区游击支队"，委任他为游击支队司令兼龙陵县县长，约我任他的副司令兼潞西设治局局长，共同过江杀敌。由于我有要事在身而又是现职人员，不便骤然答应，但因我俩交情较深，在昆期间，我确协助他筹措一切。不料被当时的第一八四师师长万保邦知道，大为愤怒，即派师部少校参谋李佑来昆捆我回部，李未执行，敷衍了事。此时，有地下党朋友由重庆或桂林回到昆明，朝夕相处，受到一些熏陶，使我深深感到要做一个真正的人，才有价值，于是决定辞去副官主任职务，另谋出路，得到批准，遂在昆明闲置下来。到了是年九月中旬，朱嘉锡由滇西敌后回到了昆明，特意来我寓所谈及他过江后的种种情况，一再约我前往怒江西岸赞助一切。此时，地下党朋友张子斋同志亦对我大加鼓励，并表示同去，我答应了朱（临行张因故未去）。我即于一九四二年十月上旬离开昆明，前往滇西参加敌后游击，直到远征军反攻收复腾龙及至日本投降。

  [※] 作者当时系昆明行营龙潞区游击支队副司令、代司令。

因为我们是在滇缅公路以南的龙陵、潞西一带活动，反攻前几个月才冲过公路深入腾南各县局游击，消息闭塞，知者很少。兹特将滇西敌后军民抗战的实际情况，如实地写出来。但因事隔四十多年，难免有错误遗漏的地方，敬请知情者给予指正。

朱嘉锡在昆明时的筹组工作

装备方面：昆明行营对朱嘉锡只发一张委任状，一颗龙陵县县印，一颗游击司令关防，五万分之一的龙陵一带军用地图。在武器装备上，只发给十多支云南兵工厂仿造的七九步枪，几十颗地雷，一部电台，几万发步枪子弹，几十箱手榴弹。其余的都是朱嘉锡把以前加入"茂恒商号"的股金全部取出来，自行向云南兵工厂购买仿造七九步枪三十支，向私人购买俄造雪克加立夫式转盘机枪三挺，黄色炸药和手榴弹若干，以及其他军需物品。

组织训练方面的工作：

一、从干部来说：一是由朱嘉锡聘请的云南陆军讲武学校第十九期毕业的军官罗小池、郑作舟，云南大学外文系讲师甘襄庭，由朱嘉璧介绍的军校第八期学生金完人，中央军校昆明分校第五期军官训练班毕业的王开秀等人；二是由第六十军跑来投效的军官刘叔良、萧光品、梁国兴、马仲义等十余人；三是龙陵县旅昆高初中学生，请求回乡参加游击的方南天、张健秋、钟品贵等十余人，知识青年自愿投效的司正培、王嘉和等数人。

二、大队长以上人员初步分工：罗小池任支队部参谋长，甘襄庭任支队政治部主任，郑作舟任支队部副官主任，刘叔良任军械主任，钟品贵任支队部军需主任，陈子章任秘书，张健秋、方南天等青年学生均在政治部工作（军医主任及电台台长记不清了），金完人代副司令兼第一大队队长，王嘉和任摄影师。

罗小池临出发时未去，由郑作舟代理参谋长，刘叔良改任副官主任。

三、训练方面：在昆明筹组期间，朱氏把全部参加人员集中在昆明西部海源寺自己的朱家祠堂里面，施以短期的训练教育。由罗小池、郑作舟、金完人等讲授一般的战术和战斗方法；亦初步试探讲解斯诺《西行漫记》里的红军游击战术以及谍报方法；由萧克品讲爆破方法及投手榴弹方法；由甘襄庭讲授抗战形势和保家卫国的重要意义以及政治宣传方法等等。大约在昆明筹组一个多月，朱氏即偕同金完人、郑作舟、甘襄庭等数十人奔赴滇西下关，向驻大理的第十一集团军总司令宋希濂、驻节大理的云贵监察使李根源请示机宜。同时，朱嘉锡在下关拟写了《告龙陵、潞西民众书》，用石印印刷带去怒江西岸散发。此外，朱氏在下关收容一些散兵游勇，汽车司机十多人。逗留一星期即到保山施甸镇天王庙，在该处成立"龙潞区游击支队"和"龙陵县政府"。后方办事处先由杨渭廷任主任，后由朱嘉祥任主任。此时，怒江西岸各渡口全被敌人封锁，只有姚关酒房下面的打黑渡可以偷渡，但没有船只，杨渭廷（天王庙的富户）乃请工赶造木船一只捐赠，朱氏于六月底率部由打黑渡过江。

朱嘉锡过江后的行动

朱氏率部过江，挺进到龙陵县象达朱家村一带。象达是朱氏的老家，朱氏的父亲朱旭（字晓东），曾任过国民党军的师长、云南省民政厅厅长，声望很高，深得民心，因而龙潞区民众，特别是象达的老百姓对朱氏印象很好，对他所带去的游击队都很欢迎。

朱氏在象达驻定后，当地爱国青年自动献出原来远征军在缅甸失利后，沿途丢在民间的枪支五十多支，爱国绅士捐献步枪、手枪三十余支。同时，当地青年亦有不少的自愿参加。因此，司令部就编组了两个中队和一个警卫队。一个是克忠队（队长何克忠），另一个是家旺队（队长李家旺），警卫队（队长马仲义）。每队各有人枪约五六十支。此外，由王开秀率领队员十多人，在打黑渡东岸酒房地方设立联络站，负责供应转运及临时对伤员的救护等工作。

司令部工作人员和军佐人员虽多，但过江的只有参谋长郑作海，参谋郭震卿、司正培，摄影师王嘉和、青年学生张建秋、方南天、钟品贵等人。其余军佐人员全部留在天王庙后方办事处。

象达驻定后，司令部一面抓紧训练教育，一面抓紧摸清敌情，部署谍报工作。司令部除派出大批谍报人员向龙陵、潞西两县进行秘密侦察活动外，每天并派出携带手枪的谍报人员搜捕刺探我军情况的敌探和为虎作伥的汉奸。有一次抓着一个敌探，经侦讯后供出：龙陵方面，沿着公路的镇安所、黄草坝，直到江边都有日军，约有一个联队的兵力；潞西方面，除敌军主力驻在芒市、畹町及公路上的三台山、八角岭外，另有两个小据点，一个是猛戛（设治局所在地），另一个是猛旺（乡公所所在地），各据点只有一个班兵力。其余是在芒市的伪军，有时日军完全撤掉，由伪军驻守，日军每周来巡查一次就回去。

在部署谍报方面，参谋长郑作舟亲自作了如下部署：一、对象达周围方圆五十华里内都布置了情报网点，并由情报网点组织递步哨传达情报。二、注重保密工作：（一）把龙陵、潞西两县重要的军用地图的地名或高地都用数字代替，如平忧标号为第1号，平安山标号为0.1等等；（二）部队番号第一大队用101队，中队用人名代替，如克忠队、家旺队、仲义队等等。（三）通信方法上，信封上和里面都用代号，不写真名真姓。写信的内容，表面上用毛笔写家常或经商情况，实际情况（是敌情或本部重要命令）是用白矾写在信的字里行间。双方接到信后，把信页漂在水盆里就可把真的内容看得清清楚楚了。这些方法直用到反攻为止，没有出过问题。

初次袭击猛戛敌伪

猛戛是潞西设治局衙门所在地，有三百多户人家，相当热闹，原设治局局长龚镇（南甸土司属官，日本留学生）于日军侵入芒市后即弃职逃走。因此，日军派行政班来猛戛组织维持会和伪军，由原石镇长当会长。猛戛伪军不多，敌军并未常驻，时来时去，但防守甚严，外围筑有堡垒和单人掩体，象达到潞西猛戛要走一二百里，稍一不慎就会在途中遇到敌人。于是，司令部决定，只派少数人去偷袭，由队员里挑选十人组成一个突击队，由艾振帮、万兴阶两人做向导，由普永达率领突击队，带着黄色炸药和轻机枪一挺，步枪六支，悄悄地进入猛戛，向日伪军营地前进。后被伪军发现，双方发生战斗，我军以密集火力向敌猛射。因为伪军一时摸不清我方的力量，惊慌失措，东奔西逃，我军很快地缴获了伪军步枪十多支，食盐、行李、毡子等物品，还夺得大马一匹，立即把食盐驮在马上，其余的战利品各人背的背、扛的扛便忙着撤退了。撤退时用炸药把敌伪碉堡炸掉，但因药力不够，只把碉堡炸个洞口。经过十多分钟的战斗，附近的敌伪军听见枪声即前来增援，猛戛被惊走的伪军也向我方反扑，从四面八方包围过来。此时普永达中弹牺牲了，大家背着普永达的尸体拼命地突围而出，紧急中把缴获的部分战利品丢失了，枪也掼断了几支，昼宿夜行地在潞西境内绕了一星期才回到龙陵象达。

龙陵象达、囊洒间的伏击战

一九四二年七月底，龙陵镇公所之敌约一个中队，向我象达驻地进攻，激战一日，我军不支，向平戛平安山撤退。从此，象达落于敌手，我军主根据地随即建立在平安山的前沿——平戛。数日后，日军三百余人由芒市出发向平戛前进，企图扫荡我游击队。得情报后，司令部决定由家旺队、仲义队率领精干队员十余人携带地雷数枚，在象达、囊洒间两公里的夹槽内埋上地雷，上面盖上二至四公斤重的石头，增强爆炸威力。等敌人先头部队通过后，我埋伏在夹槽上面松林内的队员们用拉线引爆，轰隆一响，我伏兵以手榴弹掷向敌军，加上地雷的杀伤，这样敌军伤亡十多人。敌人以机步枪向我伏击队伍进行疯狂扫射，我方阵亡队员熊维科一人，负伤数人。敌人未向平夏前进，而主动向芒市撤退。

龙陵县猛卯、扬烟河的战斗

一九四二年八月初，龙陵黄草坝的敌人约二百余人向猛卯、扬烟河出发，有迫击炮两门、轻机枪十余挺。司令部据报后，即派仲义队配合第八十七师的一个加强连（只两个排）的兵力，附轻机枪六挺，以急行军抢在敌人前面，埋伏在扬烟河夹槽的两侧山脚下。下午一时左右，敌军人马大摇大摆地进入我伏击的火网，马仲义中队长一声喊打，我方的机步枪、手榴弹向敌人猛烈射投。敌军遭到突然袭击，弄得晕头转向，首尾不能相顾，死伤五人，我方亦伤亡队员二人。我方立即向咬郎转移，约三十分钟后，黄草坝之敌前来增援，收抢伤亡者而回。

龙陵县蚌渺的战斗

一九四二年八月中旬初，黄草坝的日军，因屡遭我游击队袭击，认为猛卯、大桥隐藏着游击队，认为是该地的娄品兴做我方的情报工作的，对娄非常痛恨，乃出动数十人前来猛卯、大桥一带搜索，没有见着游击队，将娄品兴的两间房子烧掉而去。我仲义队队员十余人，附轻机枪一挺尾追其后。敌人行抵马加山前五华里内因走错了路，又折过头来时，马仲义队长在隐蔽处用机枪向骑马的敌军官扫射，当即把敌军官打下马来。敌人乱作一团，我仲义中队忙向马家山转移。

芒市——小水井间的伏击战

一九四二年八月中旬，仲义队的分队长刘忠亮率领队员五人，化装潜入芒市附近公路侦察敌情，捉获敌伪中尉监工员一名后，立即转移到龙陵象达中间的坝竹。马仲义队长判断敌伪有可能向我夜袭，抢救被活捉的监工员，因此，仲义队即于夜间十二点钟埋伏在龙陵坝竹通往芒市的小水井地方等候敌人。果然，晚三时半，敌军二十余人进入我伏击圈内，马队长立即下令射击，打死敌人二名，缴获步枪两支，敌军逃回芒市。

朱嘉锡司令由敌后回到昆明

龙潞区游击队的组成人员是复杂的，组织也不很健全。虽然渡江后人枪已发展到两百多，但由于人员复杂，环境恶劣，供给困难以及不懂政治思想的教育工作等原因，以致发生了叛逃等问题，游击队几乎瓦解。一是原龙陵县自卫队队长蒋三元率三十余人叛变投敌，被敌人委为先驱司令，为害不小，使我方遭受很大损失。二是马仲义队拿获猛卯的大汉奸廖长发一名，解到司令部后交克忠队看守，但廖长发却在被押时做策反工作，唆使克忠队的队员于深夜把克忠队的中队副杨绍昆杀掉，把队伍拖走。司令部派家旺队去追击，途中分队长汪明清将李家旺杀害，带人枪七十余通过廖长发投敌，从此只剩仲义队的六十多人了。三是代理副司令的金完人陪同朱老太太到邓川县山上去招安土匪小霸王（名王振武，张结疤的余党），殊料被小霸王扣留要钱取赎，否则就要杀害。因此，朱嘉锡为了恢复实力及营救母亲等问题，只好请假到昆明来谋求解决。朱到昆明后立即到我寓所商谈，一再约我过江相助，仍然担任他的副司令。此时，思想进步的朋友们亦一再鼓励我到敌人后方去，并表示愿与我同往，我这才毅然决然地答应了他。朱即上报龙云主任，请委我为"昆明行营龙潞区游击支队副司令兼潞西设治局（即准备创造条件设立县治的区域）局长"。龙云立即批准。

我走上了滇西敌后游击的征途

我接受任命后，朱嘉锡催我先到下关、邓川去解决招安小霸王的问题，以便营救他的母亲。因此，我于一九四二年十月初随带传令兵一名，偕同朱的胞弟朱嘉品乘车前往下关。

小霸王是滇西著名大匪张结疤的残部。张结疤于一九三〇年前后被第一〇一师师长张冲剿灭后，小霸王即在老家邓川县金家镇山上安营扎寨，不时出没于鹤庆、剑川、兰坪、云龙、河源等县，抢劫富户及行商，为害地方多年。抗战以后更加猖獗，龙云主席曾令地方各县联合会剿，收效不大。一九四二年秋，朱嘉锡为了扩大游击武装，同意叫副司令金完人随同朱的母亲前往邓川招安小霸王，很想争取这个绿林武装，来增加抗战力量。想不到小霸王把朱母和金完人扣留起来，宣称要拿洋烟几驮才能释放。因此，朱嘉锡才叫胞弟朱嘉品陪我亲自到邓川县营救朱的母亲。但我们到下关时，小霸王已主动让朱母和金完人离开匪巢了，朱嘉品即回昆明，由我个人主持招安小霸王事宜。我同土匪素昧平生，要把小霸王匪部招去敌后打日本，不是一件容易的事。于是我做了深入的调查研究，并电呈龙云主席及电告史华专员。得到龙主席和史华复电准许我招安小霸王，限其一个星期离境。

我派原是我任第一八四师师部军械主任时的少校军械官张凤仪，到邓川金家镇山上向小霸王转达招安他的意图。我又去邓川县政府，取得县长赵际云的支持。经我上山做工作，小霸王王振武终于同意接受招安，带二百人随我过江杀敌。

我们到达天王庙后方办事处没几天，朱嘉锡司令由昆明回来了，又请来一位副司令叫李犹龙（弥渡人）、一位参谋长叫王叔湛（四川人），均是我们高教班第八期同学。另外又请来一位政治部主任王任之（上海人），也约有几个军官来，据说是李犹龙的同乡。最难能可贵的是朱氏很重视政治宣传工作，由昆明组织一个话剧团来，共有男女演员十多人，现在我只记得一位女演员马沙，男演员赖凡、胡涤，其他记不得了。

朱既另约来了参谋长、政治部主任等人，因而原来的参谋长郑作舟、政治部主任甘襄庭以及参谋司正培、摄影师王嘉和等等就借机请假回昆明，脱离了游击队。

我到天王庙后，即抓紧时间对小霸王队伍和原有六十多人进行教育训练，主要是训练夜间搜索、攻击、防御、伏击、奇袭等动作及爆破技术；并派萧克品充任小霸王部的中尉副官，负责该队的军事训练工作。

朱司令到后，对现有力量进行整编，暂时建立第一、第二两个大队。第一大队调副官主任刘叔良充任，第二大队长由小霸王（王振武）充任。不到半个月，朱氏就叫我先带第二大队由打黑渡过江。

我过江后的种种情况

丢失关防

我率小霸王王振武部到达龙陵平安乡平头寨子的当晚，就向平头寨的保长匡正福了解周围的敌情、民情，还布置了警戒和情报网；次日亲自侦察了周围的地形和部署防御的兵力。平戛街子是龙陵或象达之敌来进犯我军的必经通道，我布置一个情报小组在平戛街上，并叫该组在平戛的前方左、右方都布置好情报网。不几日朱司令率领第一大队仲义中队和警卫队到达平头寨子。我和朱司令都依靠平戛街子情报组，而且我们又层层布防，所以高枕无忧，甚至连外衣都脱掉睡觉。谁知第二天半夜的时候，象达的日军和蒋三元的伪军共百余人开来平头寨子袭击我部，一直冲进司令部的院子里。听到哔哔啪啪的枪声时，我和朱司令才从梦中惊醒。朱司令提起二十响盒子到天井里向敌人射击，我随后赶来，眼看天井里已冲进了敌人，情况万分紧急，而我们的队伍已向后撤。我忙把朱司令拉出后门向后面高地转移，追上队伍，同到岔河郑保长家。天亮后，敌人把蒋家祠堂（司令部驻房）烧掉，折回象达。

事后，追究平戛的情报站，为什么敌人通过平戛不来报告？据答是大家都睡着了。平头前沿的警戒和布置好的防御为什么不阻止敌人前进呢？据答，小霸王的队伍，初次遇敌没有经验，被敌人吓慌了。

敌人来袭击时，我和朱嘉锡都只穿着汗衣而卧，把蓝布便衣上装脱下来挂在墙壁上。我的上衣口袋，左边一个装着支队司令部的关防，右边一个装着潞西设治局的关防。我俩一听见枪声就从床上跳下来，提起枪就往外冲，忘记了穿外衣，也忘记了上衣里面还装着这么重要的两个关防。没有这两个关防，在敌后凭什么来组织群众、治理民众呢？我俩急得没有办法，心情非常沉重。我细想一下后告诉朱司令：事到如今，千万要沉得住气，不能声张，我自有办法。

我想省政府和县政府的印信是用铜来铸的，至于所谓关防、钤记都是木头刻的，我们只要把档案上或过去用的公文上盖过的印信和关防模子拿来照刻，谁有闲心来研究你的印信是真是假呢？朱司令很赞成我的想法，由我去办。于是，我就暗暗叫小霸王队伍里面会刻私章的队员老杨照档案上和公文上盖过的关防蒙着刻下来，同时一再嘱咐要保密。一直到腾龙收复后，我交潞西设治局的事给新任局长赵清澄时，就是将这个仿造的关防移交给他的，一直用到解放后改为县为止。支队司令部的关防，在我宣布独立时，把它丢在火里烧了。

为了掌握敌情去打猛戛

为了掌握敌情，捉拿汉奸吕英，朱司令和我率领第二大队小霸王部去打潞西设治局衙门所在地猛戛。猛戛是芒市敌人的一个外围据点，长驻敌军一个分队，有时在，有时不在，主要是猛戛维持会石镇长及大汉奸吕英（湖南人，土司方克光的秘书），在猛戛主持一切，假如抓着吕英，就可全面了解敌情。因此，我俩于一九四二年十一月下旬亲自去打猛戛抓汉奸。不料我部打进猛戛，并无敌人，维持会已逃走，我们就去围攻吕英家砖墙的住宅，费了一些力气才把吕英家打开。但没有抓着吕英，不得已才把吕英六岁、八岁的两个男孩背来做人质，随后送到昆明进学校（我们这样做了，使后来吕英在敌营为我们供给情报）。

争取潞西猛板土司参加抗战

潞西的猛板土司级别很小，只能算得上是土千总，力量并不大。但从沦陷后，该土司的父亲蒋某和土司之弟蒋嘉杰投靠了日本人，在一个大山上住着。蒋家老土司和朱司令的父亲朱师长有干亲家关系（大略是土司蒋嘉俊拜寄过朱师长），两家有往来。朱司令了解土司衙门里有两挺重机枪、四挺轻机枪、百十多支七九步枪，算得上是一支力量，就打蒋家的主意。大约是一九四二年十二月上旬，朱嘉锡先派人暗中活动，使土司衙门里掌握武装的队长晏必祥靠拢我们，然后率大队人马突然去到猛板土司衙门会见蒋嘉俊土司。朱司令和他在衙门外见了面，热情地握手叙旧。朱对蒋土司直截了当地说："我来看你的目的，主要是邀约你参加打日本鬼子，政治上请你代理潞西设治局局长（谈到这里，朱介绍我就是龙主席新委的局长），因他要带兵打仗，忙不过来，军事上由你成立一个游击大队，归你的人自己带领，你认为如何？"蒋土司当即推卸无力参加，并说他没有什么武器等等。朱就把他有些什么武器和数字都说了出来，蒋土司大吃一惊，总是推托。朱说："你们大队长晏必祥都愿和我们打日本人了，你不干，他也要来参加，不信你可叫他来问问。"于是土司喊晏必祥来问，晏表示愿意干。蒋土司不得已答应参加，准许晏必祥把武器（除留机枪一挺，步枪十多支保护土司衙门外）带来成立为第三大队。不几天晏必祥把队伍带来平夏参加了我军。

潞西小平河战斗

一九四三年四月中旬，朱嘉锡率队到潞西小平河一带去活动。到小平河时，据报芒市之敌即将出动来平夏一带扫荡我军。朱司令即派队在葫芦口一带分段伏击，殊料敌人到葫芦口时，先用大炮和重机枪威力搜索，然后用尖兵逐步搜索前进，致使我伏击部队在葫芦口站不住脚，只好撤退到小平河一带待命。随后朱司令又决定在小平河附近堵击敌人。芒市之敌果然向小平河扑来，与我进行战斗。另有一部分敌人则由芒市的猛旺上来，迂回到我军的侧背，致使我腹背受敌，我军只得慌忙地向木城坡、万马河、平安山一带撤退。潞西民众自卫大队（即潞西青年救亡团）未能撤出，与敌苦战几个小时后才摆脱了敌人。在突围时，大队长杨焕南被敌人冲散，跑去山上躲在老百姓的窝棚里面，后被敌人掳去，强迫他带路去木城坡追击我军。杨大队长走到悬崖时就纵身跳下，敌人又补了他一枪，杨大队长壮烈牺牲。我部全队官兵莫不痛哭。敌军撤退时把小平河寨子完全烧光。

组织龙潞区经济委员会，保证我军供给

自从"潞西青年抗日救亡团"参加我军后，游击队的力量壮大了许多。潞西的投敌土司们已在暗中归顺我们，龙陵的绅士和乡保长们对我军比以前要好得多。我向龙陵的一些区乡长和潞西的芒市、遮放、猛板各土司提出由龙陵、潞西两县控制区组织经济委员会，按规定供应我军的粮秣和必要的经费，减轻老百姓的负担，得到了潞西各土司的承诺。芒市方代办方克光派来李济宽、黄世铭两人为代表，遮放土司多英培派来杨春焯、刘盛景两人为代表，猛戛土司蒋嘉俊派来晏必祥、明乡长（小平河乡）两人为代表，龙陵由绅士杨秉衡为代表，齐到平戛司令部开会讨论组织经济委员会的问题，得到了与会代表一致赞成。会议决议：一、龙陵只有平安乡是游击队的控制区，游击队经常出入，而敌人亦常来扫荡，民众的负担太重，免去负担。二、对游击队的粮秣（包括副食）供应，潞西三司都负责，到哪司归哪司供应不误；对游击队官兵的零用经费三司按规定平均负担，按月实报实给。三、游击队官兵的零用开支，暂行规定队员每人零用钱半开银币二元，菜金一元五角，班长同；分队长每人零用钱三元，菜金与队员同；中队长零用钱四元，菜金二元；大队长零用钱五元，菜金三元；大队部公用费三元；支队司令零用钱六元，菜金四元；支队部公费五元（支队副司令、参谋长零用钱、菜金与支队司令同，支队部各处主任零用钱、菜金与大队长同，各处干部待遇与中队长同，勤杂人员待遇与班长或队员同）。四、宣传费、情报费、招待费，实报实销。

保卫平戛秋收的战斗

龙陵县平安乡的平戛街，是平安乡唯一的集市，周围都是丘陵地带，形成一个较小的盆地，宽约十华里，长十几华里，可种稻谷，周围山上则种包谷、荞麦。因此，我们和敌人都很重视这块盆地。每当老百姓在平戛这块稻田耕种或收获时，敌人都要来捣乱。我们为了维护民众的利益和游击队的粮食来源，采取了一些措施：在春耕时对本地的游击队员全部放假，带着枪回家种田，并派一部分队伍在平戛附近保护他们种田，敌人来了就打，争取时间把秧插下。秋收时，就派队伍保护秋收。一九四二年朱司令在时就是这样做的。一九四三年的十月上旬末，平戛的稻子快要割了，我判断今年敌人一定要来抢收割的粮食，下决心要保卫平戛的秋收。我召集各队队长和第八十七师的加强连开会商议，大家一致同意坚决保卫平戛民众的秋收，采取攻势防御的阵地战和运动战相配合

的战术，无论如何都不能让敌人进入平戛抢走粮食。要求民众务须在三天时间内，把稻谷抢收后运上山并藏好，军民要一条心干下去。决定：第一，由第一大队和第二大队前往胡家寨（离平戛三十多华里，是龙陵敌人来平戛必经的地方）构筑防御工事，负责防守，阻止敌军进入平戛，统一归第二大队长王振武指挥。第二，由第八十七师加强连傅连长带部队活动于胡家寨的左翼，我部第三大队活动于胡家寨的右翼，展开游击战，要求不让敌人由翼侧冲进平戛；第四大队位于陈家寨附近构筑工事，作为预备阵地，司令部住于平戛右前方的安洞地方。各队受命后，均立下军令状，谁放进敌人，谁负责任。

各队进入阵地，刚把工事构筑完毕，象达之敌三四百人即向我胡家寨进犯，被我防守部队迎头痛击。敌反复向我进攻，均不得逞，我右左两翼的游击队伍立即夹击敌人，敌人无法前进一步。战斗到第二天下午，敌人不支退去，我部完成了保护秋收的任务。

我代理龙潞区游击队司令

一九四三年四月朱司令和副司令李犹龙两人请假回昆述职，走时向我说过一个多月准定回来平戛，殊不知一去半年多没有回来，而且连信息亦没有，令人焦灼。事后才知道朱司令回昆明后，逗留昆明很久是被龙云主席察觉追究，说他在昆明打游击，就把他的本兼各职撤掉，命令我代理，并将"龙潞区游击队"这个队伍拨归远征军司令长官部。于是我即对这支队伍进行了一些整顿，整编了队伍，严明了纪律，扩充了武装力量。

龙陵县猛堆——白石头山突围

一九四四年的元旦到来，我军集中在怒江江边的等养、等谷的村寨里庆祝元旦，举行军民联欢大会，融洽军民关系。由政治部主任王任之负责布置会场，话剧团赖凡编了一幕话剧《阿贞要报仇》，王任之编的一幕是《怒吼吧！怒江》，战士们大合唱《我们在太行山上》。龙陵敌后的老百姓来参加的不少，军民感情较前好多了，游击队队员们的战斗情绪也较前旺盛，增强了对抗战胜利的信心。我们派人侦察龙陵伪县政府是否也过元旦，回报说：伪县政府也庆祝元旦，伪县长赵鹏程还恬不知耻地在县衙门上贴了一副春联，上联是："三十载昏天黑地，遭受无边痛苦"；下联是"一旦间披云见日，享尽万代荣华"；横额是"中日亲善"。我听了后，非常气愤，立即照原样写了一副，上联是"二三子乌烟瘴气，造下无边罪恶"，下联是"一旦间粉墨登场，羞尽万代祖宗"，横额是"民族罪人"。是用红纸写成的，派人半夜里悄悄地贴在伪县衙门门上。

庆祝元旦后，我们立即转移到平安山一带。由于我们换写了伪县长元旦的对联，敌人恼羞成怒，即在我们庆祝元旦后的第二天，芒市的敌人三百多人向等谷开来，扑了一个空，折回了芒市。接着，我队又接到情报：龙陵镇安所和象达敌六百余人即将开来平戛、平安山扫荡我军，企图把我游击队一网打尽。平安山虽然范围很广，有回旋余地，但给养困难，背靠怒江，后撤无路可走。最好选择一个有回旋余地的地形，我们选了麦地垭口。麦地垭口是一个四通八达的山梁子，东通平戛的岔河，南通平安山脊背，西通等养、等谷，北通猛堆、猛蚌，敌人不管由哪方来，我们都可以相机迎击敌人，或转为外线作战。经大家研究后，决定就在麦地垭口构筑十字形的阵地。司令部下达命令，规定各队行军的路线、方向，沿途注意事项及到达麦地垭口的时间等。命令司令部直属重机枪队必须在拂晓前通过岔河到麦地垭口狭谷地带爬上高地后才准休息。不料该队因用骡马驮运重机枪，行动迟缓，没有在拂晓前通过狭谷地带，在狭谷里遭到伏击，边打边退。我因不见重机枪队按时到来，并听着麦地垭口下面的狭谷有枪声，判断重机枪队出了问题，立即派队前往增援，才把敌军打退，救出了重机枪队。重机枪被敌人抢去一挺，阵亡分队长一员，队员负伤三人。

重机枪队遭到伏击，暴露了我军的意图，打乱了我军要在麦地垭口设防的计划。不得已，我才决定把队伍转移到潞西猛板地面去。我部前进到猛堆、猛蚌的白石头山时，即被龙陵镇安所前来之敌堵击，同时龙陵象达之敌百余人也从平戛岔河开来，包围我军，我军在猛堆的白石头山构筑工事进行抵抗。这时雨雪交加，处境困难，但我军士气旺盛。敌人围而不打，对我采取诱降的办法，由平戛伪宪兵队长派人送来诱降信一封，用威胁利诱、封官许爵手法劝我投降，还胡说什么请我"快来大东亚阵线工作"，"如有假言骗你，人格担保，生则同生，死则同死"等诡话。我立即挥毫作书，严予驳斥，并明白指出"第二次世界大战之祸首为日本，而日本之所恃者为德、意二盟友"。"希特勒必因气愤而跳海自杀"，"贵国命运势将难逃德国同一的命运"。写好后交与来人携回给敌宪兵队长。同时，在我写信时，我即命令各大队准备分路突围，送信的人一走，我即命令各大队照指定的方向突围，齐到潞西木城坡一带集中。突围时，第一大队突到猛堆半山时，代理大队长艾锋带头冲杀，不幸中弹阵亡，其他各队伤亡不大。我率警卫大队突围，直到芒市后面的山洼石灰窑，再到木城坡。此次突围阵亡大队长一员、小队长二员、队员五名。

冲过滇缅公路以北活动

我部在白石头山突围到潞西木城坡一带后，约旬日到老根据地平戛附近。虽然我们在白石头山遭到失败，但大家未气馁。此时的情况有变化，迫使我军离开平戛开辟新的活动区。

我与各大队商量，大家都赞成我军冲过公路以北活动，比困守龙陵更为得手。我即电报保山的李国清专员（因我兼潞西设治局局长，在军事上我宣布独立，行政上我仍服从云南地方政府的命令），请求准许率部队到腾南各县活动，以便解决给养、弹药问题，电后立即得到李专员电复准许。大略是一九四四年二月初旬（即阴历年底），我部和第九师第二十七团离开老根据地龙陵平戛、潞西小平河一带。当时，我们的心情是很痛苦的。一九四四年正月初二，我们全部过了龙川江，时间是晚上，江水很冷，水深齐膝盖，我是骑马过江的，美军联络参谋们则是卷起裤子涉水而过，看来，他们还是吃得苦的。大约一九四四年正月初五，全部到达梁河设治局的所在地——大厂，原设治局局长早已弃职而去。此次转移得到沿途老百姓的欢迎，因为他们几年没有看到自己的队伍了。

我部到达腾南梁河后，在腾南活动的萧光品闻讯即来大厂会见，面报腾梁一带敌情、地形和南甸投敌土司龚统正的动态，以及老百姓对游击队的倾向等。根据萧光品的报告，决定派第二大队长杨伯舜率领该队用武力为掩护搜索腾冲县城周围的敌情，沿途粘贴我军的安民布告。杨伯舜于次日晨率队向腾冲出发（美军联络参谋携带救护药品及摄影机同去），巡视梁河的河东乡、腾冲的荷花塘、缅箐等地，当晚即回大厂复命。

到梁河的第二天，我派第二大队再向腾南的河西乡一带游击（美军联络员仍同去），中午到达河西乡街上，午饭后，继续向南甸、干岩方向搜索前进。刚出街不远，就同由干岩旧城撤回腾冲的敌人约一个中队遭遇。我军到达梁河后，造成的声势较大，敌人摸不清虚实，把腾南盈江的各个据点撤到腾冲城，加强了防御，或者是敌人已侦察到我远征军将反攻的缘故。双方立即展开战斗，河西乡是在盈江的江边，无险可守，彼此都只能在江边进行肉搏。美军联络参谋忙着拍照，战斗了约两小时，不分胜负，敌方边打边走向腾冲方向逃窜，我方也未追击，仍退回街子休息。此次战斗，我方队员十多人负伤，敌人也负伤了几人。

我军的伤员全部从战场上背了下来，美军联络参谋陈镜达上尉把携带的绷带替伤员捆扎好，运回大厂本部后，他们又为伤员进行医疗。

投敌的南甸土司龚统正半夜潜来大厂见我。腾龙八县、局沦陷后，各个土司都采取两面手法，应付日本人和国民党政府，有的是土司的父亲投敌，儿子不投敌，有的儿子投敌，父亲不投敌，有的哥哥投敌，兄弟不投敌，有的兄弟投敌，哥哥不投敌。一句话，就是"菜刀打豆腐，两面取光生"。我们是对土司采取争取的政策，使他们畏威怀德，暗中内向我方，为我军做些工作。

击溃户撒诸葛营的战斗

一九四四年四月底，我部到达赵家寨时，据当地民众报称：敌三百余由畹町开来，昨日到达大陇川，本日可能到户撒、腊撒抢劫财物；并强派骡马各百匹，限本月四日以前缴送，否则以烧杀手段对付。又据户撒土司人员报称：进入户撒敌军指挥官，符号上书明为"讨伐军先锋第一大队长"，符号外又加挂"心"字章，没有挂"勋"字章者，该指挥官衣领系金边两颗星之阶级，另有行政班班长谷口（又名本岛）同来。先锋大队的官兵一百三十余人，谷口率伪军五六十名，共约二百人，还有派遣军龙字六七三五部队三百余人。我即邀请配属我部的第九师第二十七团副团长高超，召集本部大队长以上军官开会商议，一致认为敌军前来陇川、户撒、腊撒的目的，主要是强派骡马，抢劫财物，并无久驻企图，不会构筑强固工事。其次是本日整天大雨，我部由隐蔽线冒雨进入赵家寨，可能出敌意外。因此，我们决定攻击户撒之敌，以控制整个腾南及大小陇川一带。

我军的兵力部署：

命令第二支队长杨伯舜率领一个大队并附第二十七团迫击炮连，晚餐后立即出发，限于拂晓前到达户撒城子附近，相机袭击户撒新城子之敌。

命令副支队长兼第十一大队长李秘，率领该大队于本日（一日）晨二时出发，沿户撒东山梁子至腊撒、户撒通大陇川的要隘择地埋伏，截击由户撒溃逃之敌及抢夺敌伪骡马辎重。

正按部署前进时，我第二支队长杨伯舜报告，敌百余、马约百匹，于本日（一日）晨九时出发，向大陇川开去。又有人报告，敌约八十余、马约五十匹由腊撒向户撒新城前进中（该敌携有四〇迫击炮两门、轻机枪四挺、掷弹筒六个）。根据报告，杨伯舜支队长即令第十大队派一个中队沿路右边森林搜索前进，并确实掩护本部迅速占领新城，进出于诸葛营为作战阵地。午后一时占领新城，旋即进出新城南门约五十公尺，即与敌军一部遭遇，战斗由是开始。但敌人边打边退，退到诸葛营阵地。

战斗经过：

诸葛营营盘旧址及东蛮东寨已被敌军占领，该地有强固村寨的地利，而他们又抢先占领了,以村寨有利地形阻止我军的攻击。我们以一个中队固守新城,以两个中队附迫击炮二门担任正面攻击。

右翼中队攻击营盘旧址之敌,左翼中队由左对东蛮、东下寨之敌施行包围。一时余,我迫击炮开始射击。同时,我左右各中队乘势攻击前进至田坝边一线时,为敌猛烈机枪火力所阻,不得已各自利用地形以火力射击相持,战斗约四十分钟。

下午二时半,我将重武器重新布置后,即以轻重机枪及迫击炮集中火力猛烈射击制压敌人,我右翼中队之一部跃进至营盘旧址的敌左侧背。敌军惶恐万分,骒马先纷纷后溃,有全部溃退模样。同时,敌掩护骒马先行之主力抵东山梁子山腹十字路交叉处,突然遭我伏击队之奇袭,受到严重损失,溃不成军,四散逃命。我已对敌形成四面包围,使敌没有退路,敌人只得凭借地势之利、民房村寨之固,与我军作殊死战。由于我军缺乏攻坚条件,即暂停攻击,形成相持的胶着状态约两小时之久。随后,我部第三中队从右翼增援攻击,敌人亦有增援部队赶到,并用迫击炮向我猛烈射击。我军官兵攻击精神旺盛,逐步向前推进。我迫击炮弹击中敌指挥官近旁,该指挥官率十余骑逃走,敌阵混乱,我右翼中队即夺取诸葛营营盘旧址。这已是夜晚九时左右,东蛮东寨之敌,亦乘黑夜沿河沟溃走,户撒遂无敌踪,战斗遂告结束。

敌我伤亡及俘获情况:

敌中我伏击阵亡官兵十六名,伤二十余名,毙马二十余匹。击毙敌军官少尉分队长八木中村一名,缴获敌辎重队骒马十多驮,有军大衣、军衣、军毯、钢盔、背包、饭盒、油布、护身佛、十年带、诏书、私章(八木中村)等。

在诸葛营营盘旧址敌阵亡官兵十七名,伤十余名,毙马二十余匹。

本部阵亡分队副廖克明一员,第二十七团加强营重伤连附一员,出击任务完成后,全部撤回油松岭、赵家寨休息。

复查缴获敌之文件,证明来犯之敌系第五十六师团第一〇六联队金刚宗四郎之高木营中队,官兵一百三十余人。此次进犯的总兵力,共五百多人。

我攻击部队回到赵家寨后,我特写信与干崖老土司刀京版父子及刀三怪等人,告知我部攻打来犯户撒的敌军,取得完全胜利,说:"我们同是中国人,中国人是不能打中国人的。我们的敌人是日本军国主义者,我们的枪口要一致对准日本鬼子,我们不能内室操戈,自相残杀!"

接着,远征军长官司令部来电,命令"配属我部的第二十七团加强营及第二军电台一部立即归还建制"。长官部的情报参谋万华之及美军联络组人员亦奉令迅速回保山长官部待命。临行时，高超副团长向我部索取部分战利品，以便向上级报告战绩，我分给军大衣三件、雨衣一件、背包两个、军衣一件；交给长官部情报参谋万华之日军呢子军服一套、布军服两件、钢盔一顶、胸章两个、臂章两个、诏书一份、骡马两匹、子弹两千六百发，外附报告一份，请万参谋代呈缴长官部报捷。另给万参谋日造十响手枪一支作纪念。

我军返回梁河设治局所在地大厂后，驻南甸司署的日军已撤走，土司龚统正率伪军千余来降，并请我部收编，被编为我部第三支队，龚任支队长，夏剑岚为副支队长，梁国兴为支队附。不久，该土司将有异动，即被我部解除武装。

此时我部力量日渐扩大，深感若无正确的政治思想指引，就等于没有灵魂。回顾我军创建之初，曾得到张子斋、朱嘉璧同志的鼓励和支持，刘浩同志曾派地下党党员徐学仁、张鸿逵来部工作，但并未起到指导全盘的作用。于是派遣可靠的政治部主任王任之（上海人，抗战胜利后，在芒市被国民党特务杀害），前往昆明接张子斋同志前来领导，加强政治工作。张因事不能来，由其介绍唐登岷同志以云南日报战地记者身份来我部指导。唐到后由我介绍可靠的朱超、李文卿两人接待，没有和其他的官兵见面。唐到我部后的活动，计有：第一，推广拉丁文（即新文字），由政治部秘书朱超、赵某向唐学习后转而教官兵学习，逐渐推广。第二，唐叫我秘密组织"星星社"（取"星星之火，可以燎原"之意）。核心小组以我为组长，要我吸收有一定进步思想而又忠实可靠的军官参加。"星星社"有唐登岷亲拟的简章，要我们参加的人员把"星星社"的简章作为行动准则，扩大影响。第三，唐登岷见到我部的供给完全由人民负担，给人民增加很大困难，建议我部生产自给。于是我部开始搞农业和农副业生产，自种蔬菜，并编竹器、搓草绳、麻绳等，以补助伙食费用。第四，开展文娱活动，开营火会，由政工人员宣传抗战形势，坚定抗战必胜信心。第五，唐本人找傣族老人学傣文，翻译了几篇傣文文学作品。同时，唐写了几篇报告文学寄去缅甸仰光，其中，我还记得有一篇叫《老便驾》（日军叫游击队为便衣队，叫我为"老便驾"），介绍我个人和我部的概况；另一篇是《尚未解放的土地》。

配合远征军，歼灭日军于腾冲

远征军于五月十一日开始渡江反攻，我部奉长官部电令，拨归第二十集团军总司令指挥，参加腾冲的反攻。集团军总部命令我部负责腾冲至八莫之线的防御任务。八月底委我为中国远征军游击第一纵队少将司令，长官部上校参谋赵勋来我部任上校副司令，长官部中校参谋董新觉代理参谋长，并由赵勋送来委任状和关防。第二十集团军总部委派集团军总部上校机要秘书颜伯诚为本部政治部主任，带来了九十名政工人员。此时唐登岷即离开我部回昆，我仍派王任之护送。

在反攻腾冲期间，我部除防守腾八路外，并以一部防守腾龙桥，防堵龙陵之敌增援腾冲，亦防腾冲之敌增援龙陵；另以一个支队拨归在缅的新一军指挥，配合该军在八莫之战斗，由第二支队长杨伯舜率队前往八莫孙立人部接受任务，配合作战于八莫、缪特勒，八莫被克复后，随即归还建制。

腾冲县城于一九四四年九月十四日全部收复，日军全部被消灭，残敌七十余人乘夜晚倾盆大雨之际，冲出地堡向盏西方向逃窜，亦被追歼无余。

九月下旬，我部奉总部电令："该部着即散布缅境活动，阻止缅北残敌增援潞西芒市。"奉令后，除令杨伯舜支队仍在蛮允一带活动外，司令部及其他各队一律开去户撒、腊撒集结。到后，司令部即驻户撒城子，警卫队及原第一支队第一大队一、二中队同驻户撒。其余赵鹤群大队进驻陇川的章凤及缅境的洋人街一带，向敌警戒。

一九四五年，回到总部后的第三天，就由总部正式下令调我为总部少将高级参谋，调支队长以上的人员为上校参议（但均没到职，各自走散）。其余官兵，两千多人用飞机运去贵州独山对日军作战。到此为止，我们滇西敌后军民抗战结束。

龙陵潞西区抗日游击队片段回忆

王开秀※

抗日战争爆发后，我的胞兄王开桢在国民革命军第三军（属第五集团军），开始任第十九旅旅长。我那时还只有十多岁，幼年时曾随军在徐州、南京等地亲眼目睹了日本侵略军在中国大地上犯下的滔天罪行。我大哥也同我常常讲："中国不抗日就要灭族灭种。"使我幼小的心灵扎下了对日军的愤恨，决心将来长大了参加抗日工作。中条山战役后第五集团军战败受到很大损失，于一九三九年我大哥离职回到了昆明，任军事委员会委员长昆明行营第三科少将科长。一九四二年五月十日，日本侵略军占领了缅甸大部地区，并侵入怒江西岸，云南告紧，昆明学生及一些爱国团体组织纷纷倡议支援前线。有一天我在军校时的教官桂希泰（曲靖人）特意找我说，抗日游击队已开始组织，问我是否愿去。我立即表示愿意参加。经桂希泰的介绍，我会见了当时住在昆华医院后层宿舍的金完人（盐兴人，军校八期学生，代理游击队副司令职），继而又前往晓东街十号晋见了朱嘉锡（龙陵人，游击支队司令员）。后来我又请他们到我大哥王开桢的私宅会了面，从此我参加了这个队伍。现将一些回忆片段整理如下：

龙潞区抗日游击队组织经过

龙潞区抗日游击队的组织，是朱嘉锡于腾龙沦陷后，在共产党人朱嘉璧、张子斋等同志的影响和鼓励下，主动向当时昆明行营主任龙云请

※　作者当时系昆明行营龙潞区游击支队通信组长。

愿组织的。龙云批准了请愿书，并颁发了龙潞区游击队的番号，委任朱嘉锡为龙潞区游击支队司令、龙陵县县长等职。委任常绍群为支队副司令，当时因常绍群供职于国民党第六十军，第六十军没有很快批准他的离职，出师时由金完人代理副司令，郑作舟任参谋长。筹组地点在晓东街十号朱嘉锡的私宅，同时朱又特意将昆明西郊海源寺朱氏祠堂腾空，作为整训地点。当时参加该游击队的有学生、华侨等，多数是龙陵县人。如学生方南天、华侨赖风等人，第六十军自愿参加的有萧克品、梁园兴等人。出师到了下关、保山后又收容了一些散兵及几名汽车司机。在海源寺朱氏祠堂集中整训时，昆明行营还给了一部电台，几十枚地雷和手榴弹，几支老式毛瑟枪。能用的武器有俄式转盘机枪三挺，步枪、手枪几支，是朱嘉锡私自购买的。当时大家都是青年，满腔热情，能够亲赴抗日第一线，个个非常兴奋。几个华侨青年因为他们的家在缅甸，抗日热情更高，一致表示到前线去，要像戴安澜将军一样把热血洒在抗日的第一线上。整训中大家热情虽很高，而条件却很差，国民党当局官员口头上讲抗日道理，但实际上支持并不够，我们中间有相当一部分人不懂军事，但爱国抗日热情却是很高的。

在海源寺朱氏祠堂整训后，朱嘉锡决定于五月下旬开赴前线，设宴于私宅，向朱嘉璧等老辈告辞，我也在座。朱嘉璧同志讲了话，特别嘱咐："游击队的同志们千万不要把旧军队的坏习惯带到游击队去。"这样后来龙潞区游击队的纪律是很严格的。

开赴抗日前线

在海源寺朱氏祠堂集中整训后，于一九四二年五月从昆明往滇西出发，汽车是西南运输处拨给的三部卡车，从昆明经下关走了五天才到保山。时值保山被轰炸后第七天，保山没有防空设施，日本侵略者把这个和平城市命名为"日本军国主义幼年空军实习区"，三四十架敌机往返俯冲、轰炸、扫射、侦察，肆无忌惮。没有防空设备只好任凭他们逞威。有一条通往惠通桥方向的大街，被炸成一片废墟，尸体横陈，十分凄惨。还有一部分从缅甸溃退下来的散兵游勇，他们的纪律很坏，抢老百姓的东西，老百姓真是苦不堪言。我在保山亲眼看见老百姓在住家门上用粉笔写着"喂！请你们不要进来了！房屋里什么东西都没有了"等字样，可想当时人们的处境。最可怕的还有痢疾流行。时逢天旱，医药又缺少，只有救急用的十滴水，这时有钱也难买到，很多人因患痢疾而看着死去。天灾兵祸一起降。我们队伍初到不服水土，开始徒步行军至施甸，这里十分富裕，侨商集中，缅甸与云南的贸易就由此地不断交往进行。由于敌机不断骚扰，造成物资很缺，给养开始困难，除粮食由地方筹办外，最难的是盐巴奇缺（一斤盐可换一头小猪），不但吃不上白盐，黑盐也不易买到。在这种情况下，决定迁到天王庙整训，教给大家一些军事常识，学一些军事技术；另外再解决给养问题，同时在那里扩大队伍。那里的人民听到抗日游击队来了都兴高采烈，有几个华侨青年自动参加了我们这个支队。这时人数已扩大到一百人左右，我们军纪很严，规定不准骚扰老百姓，生活上要同甘共苦，除了吃饭外，没有零花钱。行军时官兵一致，行李都自己背，全支队只有一匹骡子，大家都靠着两条腿走，可是每个人的情绪饱满，没有怨言。

龙潞区，地处边境的沦陷区。山高林密，村庄分散，人口稀少，村乡之间相距几十里。为了适应这样的环境，今后能够在这些地方立下脚跟，开展游击战争活动，经过反复考虑和研究，决定将队伍分散活动。共分为两个小分队和一个后勤站，每个小分队三四十人；后勤站有十余人，其中包括有医务、筹粮、供应饭食的。

在天王庙整训一月余，支队经酒房渡、打黑渡口进入沦陷区。怒江水流湍急，两边悬崖峭壁，地势险要，要越过怒江只有两个渡口，一个是打黑渡，另一个是三江口。支队如果守住这两个渡口就可以控制怒江的来往通道。所以决定留下少数几个人由我带领守卫在这里，规定船夫数目，好控制渡口。其他大队人马继续向龙陵方向挺进，进入了龙陵的单达街，这里就是朱嘉锡的老家，支队就把这一带地区作为活动中心。当地老百姓因亲眼看见过日军的暴行，对其痛恨已极，抗日爱国热情很高。支队同群众关系处得很好。日伪军在沦陷区的行动，群众知道就报告。记得当时有一个名叫艾振邦的老人，那时已六十多岁，白发苍苍，据说他曾经参加过护国讨袁运动，支队还邀请他来作过报告呢！后来在奇袭猛戛的战役中，艾振邦老人还亲自给我们带路，领着我们去找群众、找住宿的地方。

袭击日伪军，缴获战利品

在象达、朱家村一带地区，经过实地训练，大家掌握了一些简单的军事常识，同时也对潞西、滇缅线上日伪军活动情况作了一些调查。当时由于乡亲们的帮助以及我支队在龙陵捕获汉奸得来的供词，得悉日伪军大本营住在八角岭，另有两个小据点，在潞西猛戛和猛旺（猛戛即潞西设沿局所在地，距芒市三十余里。猛旺是个乡，距猛戛三十余里）。这些地点都是紧靠在边界上，为了偷袭又做了必要的活动研究，知道了这两处主要人员是伪军，日军也不时派人来，但很少久住，打一转就走了。其中猛戛人数较少，但防守很严，外面筑有堡垒掩护；同时了解到猛戛物资较多，存有盐巴、大米。情况弄清后，决定奇袭猛戛。大家个个斗志昂扬，讨论时都争着要去，原因是目前驻地生活太苦，想获得一点物资改善一下生活，另一方面都想为抗日出一把力。但因龙陵至潞西行军要走二百余里，人多需要给养就多反而不利，同时会使敌人易察觉防范，稍有不慎则使全队难以站住脚跟。大家争先报名，最后决定只派少数人奇袭，而且要有战斗经验的，其他在原地待命。十几个战士，经急行军后到了猛戛附近，为了搞突然袭击，又从十几个人中挑选了身体好、战斗经验更丰富的四人，作为突击队。当中有一个人叫普永达（鹿江人，学生），他勇敢、机智，由他带领夜间偷袭，携带炸药包和轻武器。进入猛戛后，敌人还未发现；进入敌人驻地后，敌人发觉了，枪响了。双方经过四十余分钟的战斗，打死伪军四人，其他敌人一时摸不清我们的实力，只顾个人找掩蔽，东逃西散。这时大家赶快来拿战利品，共缴获枪十多支，还有盐巴、被服、战马一匹。大家很快把战利品驮在马上迅速撤退，撤退时又用炸药把那个碉堡炸了。由于药力小，又在匆忙之中，碉堡只炸了一个大洞口，没有全部炸塌。四十余分钟的战斗，枪声传遍了附近日伪军驻地，敌人闻声支援，但又不知我们的情况虚实。猛戛逃走的敌军，也进行反扑，从四面向我们进行包围，就在此时普永达和另外一个战士牺牲了。大家边驮着物资边背着战友尸体撤退，在匆忙撤退中有些战利品丢失了，缴获的枪也有摔断了的，缴获的马已被打伤，但大部分人员和武器在老百姓保护下，安全回到我军在龙陵的驻地。这些战利品拿到象达以后，老百姓看见很高兴。游击队虽然牺牲了两个战士，但取得了一次胜利，鼓舞了士气。在象达开了一个追悼会，缅怀这次牺牲的两位战士。

猛戛之役以后，物资越来越缺乏，特别是盐巴，军心有所动摇，支队又重新做一次整训，严格纪律，规定如有偷抢老百姓钱物者严加惩处，经过讨论后每个人都签了名。因没有纸张只好把名字写在墙上，可是逃犯者仍然出现。后来全支队在打黑渡集中时，严惩了一人。就在这段时间里，我接到了下关木逢春的来信，通知我说，我的大哥王开祯在昆明逝世，因此急忙向朱嘉锡同志告假。朱发给我二十五元滇票作路费，送我到保山搭车，由此我就与支队的同志们告别了。

防守滇南的第一集团军

严中英※

第一集团军总司令卢汉将军自一九四〇年至一九四五年率部坚守滇南，巩固国防，迫使日本侵略军放弃沿滇越铁路进犯昆明之原定计划。后来，部队改编为第一方面军，为了配合滇西远征军的反攻，滇南我军也采取攻势，向盘踞越境的日军出击。作者始终在卢汉所部供职，本文是第一手资料，又参考了档案有关文件及军事要图撰写。

第一集团军编制沿革述要

第一集团军是抗日战争时期云南省组成的一支子弟兵，它的前身是中国陆军第六十军。军辖三个师，每师两个旅，每旅两个团。旅长以上的主官姓名如下：

第六十军军长　卢　汉

　第一八二师师长　安恩溥

　　第五三九旅旅长　高振鸿

　　第五四〇旅旅长　郭建臣

　第一八三师师长　高荫槐

　　第五四一旅旅长　杨宏光

　　第五四二旅旅长　陈钟书

　第一八四师师长　张　冲

※　作者当时系第一集团军总司令部参谋处长、第一路军参谋长、第九十三军参谋长。

第五四三旅旅长　万保邦

第五四四旅旅长　王炳章

第六十军于一九三七年十月在昆明成立，誓师出发。首战台儿庄，与机械化装备的日本侵略军坂垣、矶谷两个师团鏖战二十七日，浴血拼搏，屡挫敌锋，始终坚守禹王山阵地，粉碎了敌人企图从正面夺取台儿庄、径攻我战略要地徐州的阴谋。后来，第六十军奉令向武汉外围撤退，进行补充整编。

一九三八年七月，蒋介石在汉口召开军事会议。时龙云也到场参加，提出将云南近来所成立的第五十八军调出，与第六十军合编为一个军团，继续参加抗战。经蒋介石批准，成立第三十军团，任命卢汉为军团长。第五十八军的旅长以上主官姓名如下：

第五十八军军长　孙　渡

　新编第十师师长　刘正富

　　旅长侯正邦　和吉光（旅为两团制，下同）

　新编第十一师师长　鲁道源

　　旅长　冯　云　梁得奎

　新编第十二师师长　龚顺璧

　　旅长　韦　杵　罗廷标

一九三八年八月，第六十军在湖北崇阳整编，各师拨补云南调来的新兵，编制完毕。蒋介石命令卢汉率第三十军团开赴阳新、排市一带阻击日军，参加了武汉外围的保卫战。

迨至同年十二月，龙云又请求把军团扩编为集团军，增加一个军的番号。经蒋介石批准，成立第一集团军。由第六十军抽调第一八三师，由第五十八军抽调新编第十二师，以这两个师成立新编第三军。各军废旅，师直辖三个团。任命龙云为第一集团军总司令，卢汉为副总司令代理总司令，在省外指挥作战。后来，龙云向蒋介石请准辞去总司令职务，以卢汉升任。经过扩编后的第一集团军辖三个军，每军还缺一个师，准备再从云南调新兵增补。各军、师长的姓名如下：

第一集团军总司令　卢　汉

第六十军军长　安恩溥

　第一八二师师长　郭建成

　第一八四师师长　万保邦

第五十八军军长　孙　渡

　新编第十师师长　刘正富

　新编第十一师师长　鲁道源

新编第三军军长　张　冲

第一八三师师长　杨宏光

新编第十二师师长　张兴仁

部队整编后，总司令卢汉奉令率部开赴江西奉新、靖安、安义一带，防堵侵占南昌的日军南下，完成了阻击任务。一九四〇年驻守上高、高安、奉新一带，与敌相持，形成对峙状态。

第一集团军总司令部在云南成立

一九三九年至一九四〇年，卢汉因患阑尾炎，由长沙、贵阳辗转回昆明治疗。在此期间，日本侵略军有南进态势，各类舰艇游弋在越南的北部湾一带洋面，有在海防登陆之模样。日、法两国政府磋商日军在越南登陆的问题。一九四〇年入夏以来，日军活动更为频繁，闻有部分兵员登陆。迨至九月二十二日《法日协定》签字以后，日本侵略军大举由海防、谅山向河内前进，窥伺我滇南边境，情势紧急。

此时，云南部队除了在江西的三个军（六个师）外，滇黔绥靖公署主任龙云又在云南成立了七个步兵旅。龙云鉴于中越两国与滇南毗连的边界线较长，东起西畴经河口、沿江外一带至思普区，防广兵单。龙云即陈词向蒋介石请求将省外的第六十军及新编第三军调回，并建议在云南成立第一集团军总司令部，指挥部队作战。经蒋介石批准，并同意以卢汉留滇仍任第一集团军总司令；同时，将第六十军调回，参加防守滇南。省外成立副总部，高荫槐任副总司令，指挥在江西的第五十八军及新编第三军。龙云拨省内的七个旅中的第一、第三、第四、第五、第七各旅归卢汉指挥（第二、第六旅仍直属绥署）。各旅主管及驻地如下：

第一旅旅长　卢浚泉，先驻昆明北校场，后移驻蒙自阿三寨及开远布沼坝。

第二旅旅长　龙绳武，先驻昆明，后移驻弥勒棚普附近（暂归一集团军指挥）。

第三旅旅长　阎　旭（后任安纯三），驻屏边。

第四旅旅长　马继武（后任邱秉常），驻个旧。

第五旅旅长　邱开基（后任杨炳麟），驻建水。

第六旅旅长　龙奎垣，先驻马关、西畴，后来调思普守备区。一九四二年又转到滇西大理、保山，担负警备任务。

第七旅旅长　万保庶，先驻建水，后移蒙自。该旅后被撤销番号，万本人调思普行政区任专员。

一九四〇年十一月下旬，第一集团军总司令部在昆明成立，编制人员如下：

总司令　卢　汉

参谋长　盛家兴（后任马锳）

参谋处处长　严中英（后任尹继勋）

　第一课（作战）课长　杨健秋（后任杨家杰）

　第二课（情报）课长　周宗岐（后任谢崇琦）

　　谍报队队长　张　深

　第三课（后勤、通、交）课长　殷开本（后任乐韶成、朱仲翔）

　第四课（人事、编制）课长　朱家修

　直属参谋　朱家修　杨肇骧

　　副官　陈协笙

　绘图员　冯德华　朱石生　马瑞麟

高级参谋　谢崇文　尹继勋　乐韶成等

副官处处长　王灿堃（后任李郁高、龙泽汇）

　总务课课长　陈开文（后任裴存权、余复和）

　经理课长　肖瑞麟（后任杨鹤龄）

　检诊所主任　苏树声（后任张健民）

　特务营营长　龙泽汇（后任邹谷君）

军法处处长　张世德（后任范承枢）

第一兵站分监部分监　王灿堃

参谋长　朱仲翔

配属部队有工兵营、重迫击炮营、通信兵营等。

日军侵越及我军布防

抗日战争时期，滇越铁路是我国西南后方的国际交通线，盟军接济我国的抗日物资，即由海防运入。一九四〇年初以来，芒村至河口铁路沿线，屡遭敌机轰炸。河口及坡渡箐人字桥为轰炸重点，而人字桥是工程艰巨、修复不易的铁路桥，但无防空设备。为了保护此桥，昆明行营即派高射炮队在此防守，使敌机不敢俯冲投弹，敌曾经多次进行轰炸，但都未命中，人字桥始终完好如故。

日本侵略军轰炸滇越铁路南段，欲截断我抗战后方补给线的企图未遂，一九四〇年入夏以来，又威胁法国，提出在越南海防登陆的要求，法方步步退让，事变迫在眉睫。昆明行营主任龙云鉴于越南局势紧张，为了巩固边疆，急电蒋介石请求在滇南设防。经批准构筑国防工事，龙云随即向第一集团军总部及有关部队发布命令如下：

一、自二十九年（即一九四〇年）六月，安南局势变化，南防方面与越邻接。即令第一旅之一部移驻芷村，并选定阵地于署格、堵格、尸母、居得姑附近之线；又以落水洞南端之光牛阱、大坡附近为前进阵地，即行开始构筑防御工事。

二、（略）

据当时任步兵第一旅第一团团长许义浚回忆说："一九四〇年我奉令在建水剿土匪，六七月间，突然接到龙云的急电，命令我率全团开赴滇越铁路芷村，由芷村到河口沿线选择要点，构筑防御工事。并拆除沿线的铁轨，运往后方。"该团随即遵照指示进行布防（按：龙云给许团长的电令，与前面所引昆明行营发布的通令，对于设防地点有出入之处。因许团长系直接执行龙云专电的当事人，应以此为准）。布防的三个要点如下：

一、对于河口通老街的铁路桥，应即迅速做好爆破准备，并注意侦察敌情。日军如由海防登陆向河口前进时，应立即将该桥炸毁，断绝交通（按：此桥后已炸毁）。这一带地形险要，河口地势居高临下，瞰制对岸，自来为边防要地，有利于在此处设防。该团在敌人登陆前，即作好部署。

二、应在河口严格管制火车车辆进出通老街之铁桥。在日军从海防登陆前，为了抢运堆放在海防及河内的外援物资，目前，对于客货车辆仍许通行；但须严格予以限制，不论客车或货车通过铁桥出入国境，均须遵照下列规定：必须于进入国境的一列火车通过后，才准放出一列火车；进出国境两列火车的车厢数字，应保持相等。尤其是应对于机车，加以严格限制，严密防止偷出国境。

三、由芷村至河口铁路沿线，选择地形险要之处，按照野战筑城要领，构筑防御工事，力求坚固适用，以抗击来犯之敌。阵地按纵深配备，分为四线。前面说到河口地势险要，因此，选定河口至南溪为第一线；大树塘车站至桥头为第二线；施姑寨至水头为第三线；戈姑车站至摩天岭为第四线。阵地位置选定后，即开始构筑工事。

许团长说，经过实地调查勘测，芷村至河口之间，地形极其复杂，岩壑溪谷交错，林密箐深，到处是断崖绝壁。坡渡箐著名的"人字桥"，铁路就是穿过两面壁立的悬岩，下临数十丈的深涧。当年架桥时，要从涧底树立数十丈高的桥柱，势不可能。是一位瑞士女工程师设计，把两根桥柱斜插在深涧两侧的峭壁上，桥柱的另两端合拢固定在铁桥下部的中心点，支撑着桥身，并承受列车通过时的压力。远处看去，两根架空着的桥柱，形如人字，故称为"人字桥"。此桥工程艰巨，后来虽据说曾嵌好炸药，准备于必要时进行爆炸，但始终未破坏。前面所举的事例，说明了滇南边境地势之险，有利于阻滞敌军机械化部队的运动。

基于敌情及滇南地形的特点，一九四〇年十二月，昆明行营主任龙云奉准成立构筑国防工事工程处，以马崇六为处长，负责指导构筑滇南国防工事的设施，限期完成。

一九四一年二月，第六十军自江西抵达蒙自，军部驻响水河（后移驻新安所）。所辖第一八二师及一八四师分别驻冷水沟及新现一带。第一集团军总司令部亦于一九四一年五月，由昆明移驻蒙自东门外原海关位置。为了加强对滇南的防守，蒋介石拨中央军第六军归昆明行营指挥。该军于一九四一年春自贵州兴仁、兴义一带，移驻滇东，划入第一集团军战斗序列。军长甘丽初曾到总部报到。

第一集团军总部拟定作战计划之前，昆明行营曾派以林蔚为首的参谋旅行团，到滇南作军事考察。卢汉亦随即派总部参谋处长严中英率有关幕僚人员到前方各部队防地，调查实际情况，以期翔实。此行的另一任务，是点验各部队的兵员武器等。

当制定集团军防守滇南的作战计划时，总部拟出两个方案。第一案采取"持久防御"的作战方针，第二案则采取"决战防御"的作战方针，并绘了要图。方针是："集团军以决战之目的，诱敌于蒙自湖沼地带包围而歼灭之。"卢汉悉心研究了两案之后，表示同意第一案。他说：蒙自东门外及大屯只有两个小湖，并未形成湖沼地带。第二案主张诱敌"包围歼灭"，要从第九集团军防区抽调第五十四军到我军防区作战，只能是主观的一个设想，不切实际。何况敌人是"诱"不来的，"来者不善"，敌人正是希望我军放弃险要的山区到平原决战，不能不考虑周到。卢汉坚决表示说："我们付出生命也要坚守滇南，确保我国抗战大后方昆明的安全。"

第一集团军防守滇南作战计划

敌情判断

日本侵略军第二十二军（司令官久纳诚一）于一九四〇年九月下旬由广西及海上侵占越南海防、谅山、河内等地，并向莱州、老街各地，围绕我滇南边境部署兵力。查其目的，首先欲截断我国国际交通线，堵塞我外援物资从海防进口。同时，更以越南为侵略基地，向我国国境滇南进攻，企图仗恃装备优良，速战速决，以主力沿滇越铁路及两侧地区，进犯昆明，从而截断滇缅公路另一条国际交通线，并动摇我国抗战大后方。

指导思想

我军防守滇南的作战指导思想，首先根据昆明行营的指示，彻底破坏边境通越的各条道路，阻绝滇越交通。并选择险要地点，构筑坚固的国防工事，抗击来犯之敌。

第一集团军采取持久防御之战略目的，利用滇南的险要地带，山岭重叠及红河萦洄的天然屏障，严密封锁各个隘口，坚壁清野，沿国境选择要点，构筑主阵地带及前进阵地工事，部署兵力，作大纵深的配备，使敌人机械化部队无法运动。同时发挥我军长于山地战的优势，阻击消灭敌军于我主阵地带前沿之外的纵深设防地区。阵地万一被突破一点，立即使用预备队封锁突破口；并采取前后夹击的战术，适时使用第二线兵团，左右合围，全部歼灭窜入之敌。同时，与第九集团军密切配合，互相协力，确保滇南国境之安全。

战斗序列

第一集团军　总司令　卢　汉
　总司令部　参谋长　盛家兴
　　　　　　参谋处长　严中英
　第一路军　指挥官　安恩溥
　　　　　　参谋长　卓　立
　第六十军　军　长　安恩溥（兼）
　　　　　　参谋长　卓　立（兼）
　第一八二师　师　长　郭建臣
　　　　　　副师长　杨炳麟
　　　　　　参谋长　李余生
　第一八四师　师　长　万保邦
　　　　　　副师长　曾泽生
　　　　　　参谋长　罗　展
　第六十军直属部队：
　　野战补充第一团团长　陆崇德
　　野战补充第二团团长　邱廷皋

炮兵营营长　何泗泉

通信营营长　张蕴珍

步兵第一旅旅长　卢浚泉

步兵第三旅旅长　阎　旭

第一路军配属部队：

第一兵站支部支部长　尹集生

重迫击炮第一团第三营营长　张宝江

第四十九师迫击炮营营长　蔡承禹

战防炮第五十五团第三营营长　孔铁岩

第二路军　指挥官　张　冲

　　　　　　参谋长　萧大中

步兵第二旅旅长　龙绳武（控置在第二线）

步兵第四旅旅长　马继武

步兵第五旅旅长　邱开基

第二路军配属部队：

第二兵站支部支部长　郭虚予

山炮第二营营长　王之羲

第六军　军　长　甘丽初

　　　　副军长　周志群

　　　　参谋长　梁栋新

第四十九师师长　彭璧生

第九十三师师长　吕国铨

暂编第五十五师师长　陈勉吾

第六军直属部队：

野战补充第一团团长　许德威

野战补充第二团团长　宫　政

特务营营长　范君平

工兵营营长　王秀升

通信营营长　徐振亚

辎重兵营营长　傅首营

第一集团军直属部队：

第一兵站分监部分监　王灿堃

参谋长　朱仲翔

工兵第二十四营营长　张祖武

工兵第二十八营营长　罗国华

　　第一游击支队司令　龙健乾

　　第二游击支队司令　赵　讴（后任廖佐卿）

　　河口独立连连长　张言慎

　　思普独立守备队指挥官　胡道文

　　步兵第六旅旅长　龙奎垣

　　工兵第三十八营营长　蒋　旼

　　注：第六旅原驻防文山、马关、西畴等地，后来移交第九集团军布防。该旅调到思普守备区，即以旅长龙奎垣任指挥官。

通越道路的破坏及阵地构筑

　　根据第一集团军作战指导思想，我军对于装备优势之敌采取持久防御之战略，不仅需要有坚固之阵地，而且对于阵地前方通越道路，必须彻底进行破坏，有利于阻滞敌人前进。制定实施方案如下：对于滇南通越境的铁道、国道（公路）、县道、河道等，采取爆破、拆除、掘毁、焚烧及阻绝诸手段绵密施行之。

　　一、铁道沿线的一切桥梁、隧道及铁轨等，所经过悬崖或溪流陡岸险峻地段，一律爆破，使其全部崩塌深陷，不能修补。凡是可用的铁轨，折运至后方。险峻处的路基崩塌后，削成向侧面倾斜，使之不能改作汽车道。由附近的驻军派工兵及步兵协同昆明行营国防工事工程处派遣之专业人员施行之。

　　二、国道（公路）由滇越交界地方起，向内地破坏。公路、桥梁、险道，一律破坏。通常每隔五十至一百公尺之处，掘成尖顶断绝地段，引用近旁的江河、沟渠水流冲去路基土层，使其露出嶙峋的底面石层；或淹为泥沼地带，单人亦不易通行。对于湖泊、水田附近地区，悉用人工泛滥成为大面积的沼泽地区，阻绝交通。由驻军派步兵协同工兵作业。

　　三、县道及乡村道之险峻处，须彻底掘断，使其不能通行。密林、深箐、岩壑中的僻道亦须掘灭之，或改引路线于峭壁悬崖之绝境。由军民配合施行之。

　　四、河流的处理：对于通航之渡口，予以彻底的阻绝。红河的阻绝工程，采用刺铁丝网、钢柱及竹木桩等，固定于渡口险要处，使之湮塞，不能使用。重要之渡口可设置至五层障碍，并就近配备适当的火力点，严密封锁。河流湍急之处，以人工炸成险滩。派工兵及专业人员处理。

　　以上各点，必须彻底做到。后据检查报告：

　　一、河道通老街之铁桥，于一九四〇年初，已将接近河口之段全部炸毁。接近老街之段，只剩两个桥墩，仍继续进行破坏。并由部队配合火力封锁，使敌不能进行修复作业。河口、老街间以及红河其他各处渡口之船只，已全部封锁。

二、河口至南苷、金厂、坝洒全段县道的险峻处，均已掘断。中途的两座石桥亦完全破坏，断绝交通。

三、蒙河公路及县道，已同时彻底破坏。金平及江外地区通越道路，已照要领完全破坏；重要地段，并将路基掘毁。

四、滇南防区全部经指定破坏之处，由总部工兵营专人查明如上，已呈报昆明行营。行营又于一九四〇年十二月，派督导人员分组分区复查，确已如实彻底破坏完竣，予以验收。

关于滇南国防工事的构筑，根据昆明行营限定的时间及工事强度的要求，由总部分区指定部队按照计划作业。主阵地带的工事，已全部按照野战筑城的要求，于一九四一年五月前如期构筑完成。并本着纵深配备之要旨，对于江外地区通越的要点江城、李仙渡、坝溜渡、绿春、金平、马鞍底至河口之线，选择险要之处，构筑前进阵地工事，以加强对主阵地带的防守，亦于五月前完成。主阵地带后方的第二阵地带的工事，自六月开始构筑，于七月以前完竣。思普独立守备区的工事，限期于雨季前完成。

兵力部署

总司令部位置于蒙自县城东门外。

思普独立守备区指挥部位置于思茅县城附近。指挥官龙奎垣，以主力第六旅各团配备在小海子、蛮美坝、朝阳寨、长路田、石海箐、普治大寨附近，与第二路军主阵地带衔接。一部在镇越、易武、旧庙、麻栗树、大路边、江城各通越国境要点，担任守备。并注意车里方面的情况。

思普独立守备队与第二路军的作战地境为爪山—冒老租—大浦—大本—哈密—南扒—东瓜林—新寨—2794高地顺腊护河之线，线上属思普守备队。特应注意地境线上之大浦与二路军右地区莫浪坡衔接之处，应与之保持紧密联系，协力加强防守。

第二路军指挥部位置于建水县城，指挥官张冲，指挥第二、第四、第五旅，占领主阵地带，右地区自元江县西郊水塘起，与思普独立守备区衔接，经莫浪坡—坤四、沿红河左岸之普漂—斐脚—杨士渡—甘蔗山—小寨—大小麻密与第一路军主阵地带衔接。第二路军第五旅部在建水县城，所属步兵第九团位置于建水右所附近，第十团位置于石屏吴家营附近，占领阵地。第四旅旅部在个旧，所属第七团位置于个旧斗姆阁附近，第八团位置于建水咪底附近，占领阵地。第二路军控置一部兵力，布置在红河右岸江外地区的坝溜渡、勒马河、邦立、苦竹寨、独远各通越要点，协同第一路军前进部队，担任国境守备。

第二路军与第一路军的作战地境为牛角寨—清水河—大小麻密—同春山—岩风洞—马鞍山—大火地—那黄寨，顺藤条河之线，线上属第二路军。第二旅为第二路军预备队，目前控置在弥勒、竹园附近。该旅步兵第三团驻竹园，第四团驻棚普，第十二团与旅部同住弥勒。全旅待命向前推进，与指挥部靠近。

第一路军指挥部与第六十军部位置于蒙自新安所，指挥官兼军长安恩溥，指挥第一八二师、第一八四师、第一旅及第三旅。第一路军主阵地带右地区与第二路军衔接，自红河左岸战斗地境线上的大小麻密附近起，经蛮堤—蛮板—蛮耗—新街—沿屏边县城南部之大尖山 2363 高地附近至滇越铁路车站大树塘街附近。第一路军之第六十军第一八二师师部位置于蒙自冷水沟。该师第五四四团位置于个旧龙树脚附近，与第二路军左地区之主阵地带衔接。第五四五团位置于蒙自水田附近，占领红河左岸主阵地带，与第一八四师衔接。第五四六团位置于蒙自补之白附近，以一部推进至江河右岸江外地区，与金平附近之第三旅保持联系，协同担任通越要点之守备。第一八四师师部位置于屏边新现，所属第五五二团位置于新现附近，第五五一团位置于屏边县城，第五五○团位置于屏边谜底，各团照总部作战计划进入阵地。右地区与第一八二师水田附近之第五四五团衔接，左地区与第九集团军防守大树塘东部的部队衔接。特应注意第一、第九集团军的战斗地境线，严密防范敌军进攻时出现间隙，对此应有周到之部署。位置于屏边县城的第三旅，以所属第五团位置于屏边撒枝附近，第六团推进至金平平冠营附近，担任国防前线之守备，注意敌军由此袭扰个旧，以策应其主力在屏边方面的进攻。因此，必须密切与第一、第二游击支队及河口独立连联系，在那发、金平、猛平、卡房、龙膊、河口附近红河右岸地区，构筑前进阵地，加强防守，形成大纵深阵地带。该旅第十三团控置于屏边县城附近，随时策应前方作战，机动使用。

游击第一支队以逢春岭、新街为根据地，游击第二支队以老范寨、古林箐为根据地，组织当地民众，囤积粮弹，配合第一、第二两路军的国境守备队，在江城、李仙渡、坝溜渡、绿春、东郭街、金平一带江外地区，担任游击。敌人小部队进入国境，即与各守备部队协同，用伏击、侧击，以阻止其前进或消灭之。若系大部敌人进犯，先阻击迟滞其行动，相机转至敌后，袭击其侧背，攻击敌之后勤部队，同时破坏其后方交通，以策应正面主力作战。第一旅位置于蒙自阿三寨附近，为第一路军预备队。

第六军在滇东就地待命，听候调度。集团军第二线兵团，分区控置在建水、蒙自、开远各附近待命。在我军主阵地后方，应严密注意敌空军陆战队之降落，分区组织对空监视哨。总司令部所在地区及第一、第二路军的主阵地带后方司令部位置附近，控置必要之兵力；并发动当地之民众武力，协同驻军完成对空监视及消灭敌空降部队之任务。

关于情报的搜集，由总部参二课派谍报队队长张深率工作人员，携带电台，到屏边第三旅防区马鞍底附近设立队部。注意与第一、第二游击队配合，组织边区居民，借走亲戚、做生意之名为掩护，进入越境，侦察敌人的兵力及动向等，随时向总部汇报。

关于后勤、交通方面，除前面提出的破坏边境通越道路外，为了保证后方的供应，对于由蒙自碧色寨至昆明之间的铁路，目前仍须保持畅通，为我后方的补给干道。开远、建水通昆明的公路，亦暂不破坏，以便于军需物品及兵员的运输。

滇越铁路东部地区归第九集团军防守。第一、第九集团军的作战地境线为鸣鹫—酒房、沿无名河至新桥—古林箐—坝结之线，线上属第一集团军。

接受美方"军训"及补充装备

一九四一年十二月，日军袭击美国珍珠港，美对日宣战，爆发了太平洋战争，中国抗日战争遂与世界反法西斯战争融为一体。美国鉴于战争形势的发展，加强对我国的援助。以史迪威中将任中、印、缅战区指挥官，出兵参战。并在印度兰姆伽设立军事训练中心，抽调中国部队上校以上的军官前往受训，第一、第九集团军也列为调训的单位。之后，又在昆明成立干部训练班，接着，文山、蒙自也相继成立。经过调训的部队，得优先补充装备。美军在昆明成立训练总部，司令官窦尔恩准将以总其成。

第一集团军成立大屯干部训练班，以第六十军代军长万保邦为主任，第一八四师师长曾泽生及暂编第十八师师长许义浚为副主任。按照集训的各类科目成立若干中队，抽调下级军官接受训练。美军亚尔德上校（或译为阿瑟上校）主持训练事宜；美籍教官中校尉级都有，最多达七十余人，分别到各中队上课或现场传授技术。

大屯训练班受训的，除尉级军官外，也有部分军士，每期人数为五百余至七百余人；先后训练了六期，共三千余人。训练科目中，关于武器的使用，有山炮、战车防御炮、六〇及八一迫击炮、步兵火箭发射筒、轻重机枪、自动步枪、冲锋枪、手枪、掷弹筒、手榴弹、火焰喷射器、烟幕使用法、射击学、刺枪术、军械修理保管法等。还训练情报收集及防谍措施、有线电报、电话机及无线电报、报话机使用等。此外，还有陆空联络、对空防御、化学防御训练等等。

由于大屯训练班房舍不足，关于医务人员的训练，设在草坝。训练科目有生理学、人体解剖学、内外科、护理、各种卫生器材的使用法、检查化验工作以及营房卫生消毒等。

关于装备补充方面：美军在第一、第二路军及第六十军都设联络组，第二路军及第六十军联络组的组长，回忆不起来。第一路军的美军联络组组长为史太朴上校。严中英任参谋长时所签收的，有六十及八十一毫米口径的迫击炮、三十七毫米的战车防御炮、步兵火箭发射筒、机步枪及通信器材（包括有线电机、无线电机及报话机等）。此外，有各种卫生医疗器材，如显微镜、诊疗用具及各种药品等。凡是在训练班学过的武器、器材等，先后都补充各部了；只有原来商定的山炮没有签收，后来部队改编，这批山炮是否补充，不详。至各师补充的装备，则由各师办理。这是美军在第一集团军成立大屯训练班以来的一些情况。

敌我对峙中的备战状态

自从一九四〇年十二月，昆明行营下令在滇南构筑国防工事之日起，至一九四一年五月，第一集团军完成主阵地带工事之日止。各部队占领阵地，执行总司令部制定的"防守滇南作战计划"，敌我双方处于积极备战状态。首先是开展情报活动，建立情报网，利用土著居民在边境设立岗哨及巡逻队，调查敌情，随时通风报信。敌探也不时偷入我国境侦察，并曾在金平、河口附近以小部队进行威力搜索，被我捕获或击退。江外（指红河右岸）是少数民族聚居之地，大敌当前，各民族人民起而卫国保家。我军利用居民以走亲戚、做生意之机，潜入越境，侦察敌情。据初步了解，在滇南正面的日军有三个师团以上的兵力，一个师团在莱州、奠边府一带；约两个师团在老街、安沛、越池至河内滇越铁路沿线；另一个师团在谅山附近，剑拔弩张，战事随时有爆发的可能。我滇南军民同仇敌忾，士气旺盛，各部队坚守阵地，以逸待劳，并加强搜索敌情，准备好抗击消灭来犯之敌。

一九四一年十月以来，据报，当面之敌军调动频繁，目的不明。我军除继续侦察外，并加强防御部署。关于对敌情判断，其主攻方向可能在屏边—蒙自一带；助攻方面可能在金平—个旧一带。卢汉根据以上判断，决定沿滇越铁路、蒙河公路作为重点防区。把第六十军及第一、第三旅平时训练有素的部队部署在这一地区。蒙自、屏边至河口一带地势险要，我军又长于山地作战。第六十军在鲁南台儿庄曾与日军坂垣第五师团及矶谷第十师团较量过，屡挫敌锋，官兵始终固守台儿庄的制高点禹王山阵地，有比较丰富的作战经验。第一、第三旅都是三团编制，人员素质也较好。各部队据险构筑国防工事，纵深配备，阵地坚固，易守难攻。这是军事部署概况。

在政治思想方面，官兵洋溢着保卫边疆、抗击日军侵略的饱满情绪。步兵第一旅（后编为暂编第十八师）有文艺工作队的组织，队长朱嘉弼（后改名朱家壁，本稿用他当时的原名，下同），副队长王旦东，队员有罗丽瑛、黄虹等数十人，都是满腔爱国热忱的男女青年。文艺工作队在部队中以营为单位，巡回演出话剧及歌舞等一些为官兵喜闻乐见的节目，如《黄河大合唱》《祝大嫂送鸡蛋》（慰问八路军伤病员）等。一九四三年五月，各旅改师，另编组第一路军。第一旅改为暂编第十八师，归第一路军指挥。朱嘉弼任指挥部参谋处第二科科长及第十八师干部训练班主任，仍兼文艺工作队队长。此时文工队组织人员扩大，各种剧目增多，在部队中影响很大。指挥官卢浚泉及参谋长严中英为了激励士气，各写了一首抗日战歌词，由文艺队副队长王旦东作谱，指导文工队排练官兵歌唱。卢浚泉所作的一首词中有："要学那岳武穆精忠报国，要学那马伏波马革裹尸"，对官兵保卫边疆有所鼓舞。一九四三年夏，西南联大学生暑期工作队由辛志超领队到暂编第十八师参加指导，曾多次到布沼坝干部训练班讲课，部队的抗战意志更加激昂。每当列队行进时，官兵高唱"向前！向前！向前！……"八路军军歌，气壮山河。卢汉对此很重视，暗中予以支持。一九四一年皖南事变后，总部参谋处签办这个文件时，卢汉看了，对处长严中英说："日本侵略军打进大门来了，国土沦陷，国难当头，还搞内讧！"表现不以为然。一九四四年，蒋介石来电追查朱嘉弼的政治问题，这支抗日文艺工作队被迫停止活动。

在我军严防下的敌情变化

一九四二年初，正当我军积极加强防守的时候，突然传来日军将主力转移到缅甸方面，攻占仰光，向我滇西进犯的消息。昆明行营也有密电给卢汉，说到我国应缅甸政府的告急求援，成立远征军，正调动兵力由滇西进入缅甸，迎击来犯之敌。令我军积极侦察越南方面日军的调动情况，随时具报，并继续严密保持备战状态。

昆明是我国抗日战争时期的后方重镇，而滇南是昆明的门户，也是我国边防锁钥为侵越日军所窥伺之地。当时我军作情况判断，敌军如由河口经蒙自进犯昆明，路线较为捷近，交通有滇越铁路及蒙河公路，便于运输。蒙自、开远以北，山势不大，也不像滇西有横向的江河阻滞。要是到了呈贡、昆明坝区，平坦开阔，更便于机械化部队运动。因此，要保护昆明，就必须把滇南阵地巩固得像铜墙铁壁一般。我军处在天时、地利、人和的有利条件下，日本侵略军虽陈兵越境，虎视眈眈，但终未能越雷池一步。卢汉当得到龙云通知前面所讲的情况时，在会议室中，他把手里的香烟头向烟灰缸内一捻，含笑说："日本侵略军知难而退嘛！你们更要注意情报工作，切实掌握当面敌人的动态。"卢汉的话，使我联想到我军入越受降时，从日俘口里供述的两段话来，证明了敌人确是"知难而退"。

一九四五年九月我军入越受降时，严中英以第一方面军第九十三军参谋长（兼河内警备司令部参谋长）驻河内参加接受日军投降。一九四五年十月间，日方参与洽降有关事宜的联络处长山泽大佐，到河内警备司令部来会见严中英，约请与他们原来的第三十八军司令官土桥勇逸洽谈有关接收河内区的军用物资问题。会谈后，山泽邀请吃饭，并持献土桥勇逸所赠的军刀一柄。闲谈中，严中英提问："你们陈兵我国滇南毗连的越境，企图何在？是不是打算经滇南进犯昆明？后来为何突然把主力转到缅甸方面，向我滇西进攻呢？"山泽说："是的，我们认为昆明战略位置很重要，原来是计划从滇南进兵；但是，后来经过调查，了解到你们防守的这一带地区，不但地势险要，而且道路又被彻底破坏，机械化部队运动困难。贵军长于山地战，强攻不免消耗兵力，将付出很大的代价，不利于速战速决，因而把主攻转移到滇西方面（答话的大意）。"山泽是个中国通，一口流利的普通话。另据第九十三军暂编第二十二师师长杨炳麟（部队在越改编时，调任第六十军副军长）入越受降期间，同样听到日俘一个旅团长亲口对他说到此事（杨回忆到这段谈话，但日俘旅团长之名已忘）。据说：日军原来计划沿滇越铁路及两侧地区进犯昆明，由于滇南到处是崇山峻岭，断崖绝壁，道路崎岖，地形险要，不利于机械化部队运动。这个战俘又接着说："你们还调回第六十军参加这个地区的防守，你们的部队善于打山地战，进攻困难。因此日军才转到缅甸，向滇西进兵。"这个战俘所说的与山泽说的内容是一致的。据我们的估计，敌军改变进攻方向，可能还有一南进政策的因素在内，但二人都没有谈到。当然，问题很明显，日军要是可能由滇南突破我军防区，进犯昆明，那就不会绕道滇西方面了。

以上所引的例证，说明了昆明行营对于防守滇南的战略部署，是及时又切合实际的。第一集团军在卢汉的指挥下所制订的作战计划以及各部队周密的战斗准备，做到坚壁清野，严阵以待，迫使敌人不得不权衡轻重利害，从而改变战略。此外，我军为了配合主力作战，还组织游击队，发动江外各族人民，同心协力，卫国保家，对于滇南的防守，发挥了全民族奋起抗战的作用。

滇南防军的调动和部队的整编

一九四一年底，为了加强滇西远征军的作战力，昆明行营将原拨归第一集团军指挥的第六军调到滇西，编入远征军，参加抗击侵入缅甸的日军。接着又从滇南抽调第九集团军之第五十三军到滇西，编入远征军的战斗序列。一九四三年远征军准备向怒江以西的日军反攻，又把防守滇南第九集团军的第五十四军也调到滇西，与第五十三军及第六军的预备第二师合编为第二十集团军（总司令霍揆彰）。第六军（欠预备第二师）则与第二军及第七十一军合编为第十一集团军（总司令宋希濂），从而加强了远征军反攻日军的兵力。此时，第九集团军仍在滇南防守的，只剩下了第五十二军赵公武部。第一集团军方面，守备思普区的第六旅龙奎垣部亦调到滇西参加警备。配属第二路军的第二旅龙绳武部，则调回昆明直属滇黔绥靖公署。

从这些部队调动的情况来看，滇南和滇西两个战场形成有机的联系，把云南境内的抗战融为一个整体。远征军滇西反攻的胜利，不是孤立的。

一九四三年五月，正当远征军部署反攻的时候，龙云呈准把滇黔绥靖公署的七个旅，改编七个暂编师，每师辖三个团。

前面提到，防守滇南的第一、第九两集团军，为了配合远征军作战，先调走第一集团军所指挥的第六军，后又调走第九集团军的五十三、五十四军，只剩下五十二军驻防滇越铁路以东地区。为了统一指挥，一九四五年三月，卢汉奉令成立滇越边区总司令部，以卢汉为总司令，关麟征为副总司令，指挥原第一集团军的第一路军、第二路军、第六十军及第九集团军的第五十二军赵公武部。滇越边区总司令部驻开远，以便同时指挥文山方面的赵公武军。第六十军军部驻蒙自，第一路军指挥部驻开远大庄，第二路军指挥部仍驻建水。此时，敌我双方都处于待机待命状态。我军积极侦察敌军动态，敌军也不时作小股扰乱。总部驻蒙自时，曾遭敌机数次轰炸，据报，敌机还对坡渡箐人字桥投弹，但未命中。

一九四五年五月，卢汉奉令成立第一方面军，司令部设八个处，一个特务团，指挥五个军。原第一路、第二路军合并，成立第九十三军，第六十军增加一个师。另有两个独立师，一个兵站司令部。中央部队增加两个军及一个独立师。

我军向越境日军出击概况

一九四五年六月，第一方面军接到中国陆军总司令部来电指示：为策应滇西远征军反攻的胜利进展，第一方面军应相机出击以牵制越北的日军。首先应固守滇南既设阵地，并严密搜索敌情，应与敌军保持接触。如敌有撤退之势，应不失时机以有力之一部兵力进入越境，占领敌军据点，作为尔后全面出击之准备。

第一方面军根据以上的命令，对越北边境之日军实行有限目标的攻击，以查明敌军的兵力部署，俾便而后我军发动全面攻击。即以第六十军第一八二师一部攻占老街。以第九十三军第二十二师一部攻占猛得。以第五十二军第一九五师一部攻占河阳。各部队奉令后，当即率部队出击，遂行司令部所指定攻占目标之任务。

一九四五年七月初旬，我军出击开始。命令所指定的各部，按照目标，视敌守军兵力的大小，以团、营为单位发动攻击。先后战斗三十余次，占领越境日军据点沙利、猛康、猛得、猛梭、猛洪、荷树堂老寨、东文、江利、普棒、河阳等地。虏获敌人步枪一百八十余支，轻重机枪十余挺，火炮、冲锋枪、掷弹筒、手榴弹、弹药、马匹以及电话机、文件等甚多，伤毙敌三百余人（我军伤亡百余人）。士气高昂，军威大振！此次出击攻占敌军大小据点二十余处，取得预期的战果。

我军这次出击，查明敌军的番号及位置。当面敌军与我战斗的，有第二十一师团之第十二联队等。正当我军准备大规模向越北日军进攻的时候，一九四五年八月十五日，突然得悉日本政府宣告无条件投降，结束了日本军国主义对我国的侵略。

附录一

惠广战役大事记

（一九三八年九月上旬至十二月中旬）

九月七日

△ 日本经御前会议决定，由陆、海军协同进攻广州；并下令成立指挥广州作战的第二十一军司令部二部。

十四日

△ 日军第二十一军司令部成立于日本本土，司令部为台湾军司令官古庄干郎。

十九日

△ 日军大本营下达进攻广州命令。

二十四日

△ 日军第二十一军派出参谋野崎吉太郎少佐等四人，与海军协同，在大亚湾以东的红海湾，以西的大鹏湾，以南、以西的万山群岛与珠江口的伶仃洋等地进行了海上侦察。

二十九日

△ 日军第二十一军司令部从门司出港。

十月二日

△ 日军第二十一军司令部到达澎湖列岛之马公。

七日

△ 日军第十八师团、第五师团之第九旅团、第一〇四师团等部队用一百多艘运输船从上海、青岛、大连运到马公集中。

九日

△ 日军第二十一军部队，从马公出海，第五舰队护航。

十二日

△ 日军第十八师团、第五师团之第九旅团、第一〇四师团在大亚湾的平海、霞涌、澳头登陆。于午夜占领淡水。

十三日

△ 日军自平山、稔山、淡水、澳头分三路北犯，当晚抵惠阳城外。

十五日

△ 日军第十八师团攻占惠阳。

十六日

△ 日军第二十三旅团攻占博罗。

十八日

△ 中国军队第六十三军第一五三师第四五九旅，在旅长钟芳峻指挥下于博（罗）增（城）公路之福田与敌激战，损失严重，部队退至新塘、石滩，旅长钟芳峻自杀殉国。

十九日

日军第一〇四师团占领广九路之樟木头，石龙车站，宝安县城。

△ 日军第十八师团攻占增城。

二十日

△ 第四战区之第十二集团军指挥部转移至广州以北清远。

△ 日军第五师团从大亚湾出海。

二十一日

△ 日军第十八师团攻向广州，在新庄附近遭到中国守军第九旅伏击，第十八师团经广州江北沙河进占广州。

△ 第一〇四师团、第九旅团向广州以北的罗洞、鸦湖追击迂回。

二十二日

△ 日军第五师团在珠江口大角岛登陆。

二十三日

△ 日军第二十一军司令部进入广州。

△ 日军第九旅团占领从化。第五师团于傍晚攻占虎门炮台。

二十五日

△ 日军第五师团占领三水。

二十六日

△ 日军第五师团占领佛山。

二十八日

日军占领黄埔港对岸长洲岛炮台。

十一月

二十四日

△ 中国军队克复从化。

十二月

九至十日

△ 中国军队收复惠阳、博罗、宝安。

附录二

粤北战役大事记

（一九三九年十二月上旬至一九四〇年五月）

一九三九年

十二月八日

△ 日军第一〇四师团主力五千余人，在空军掩护下，由银盏坳分路向粤北进犯。粤北第一次战役开始。突破中国军队长冈阵地，占领大帽山。

十七日

△ 日军一部两千余人进至源潭东部地区。

十八日

△ 中国军队第一五八师向银盏坳日军攻击，克复银盏坳，日军由军田增援二千余人反击，银盏坳再陷敌手，双方对峙于银盏坳西南。

二十日

△ 日军以第十八师团、第一（二）四师团、近卫混成旅团，第三十八师团一部，共计十一个联队，分三路北犯。

二十三日

△ 东路第十八师团主力沿东江支流北上，陷龙门、左潭圩。

二十四日

△ 西路第一〇四师团一部沿粤汉路经源潭北犯，先陷银盏坳，再陷潖江口。

二十五日

△ 西路第一〇四师团渡过北江；中路近卫混成旅团进占良口圩；东路第十八师团与中国军队激战于新丰西南梅坑。

二十七日

△ 西路第一〇四师团进占连江口。

二十八日

△ 中路近卫混成旅团在吕田、牛背脊遭到中国军队反击，进至翁源以南太平圩停止。

三十日

△ 东路第十八师团占领翁源。

△ 中国军队第五十四军由第九战区到达增援。

三十一日

△ 西路第一○四师团占领英德、高田。

一九四○年

元月一日

△ 中国军队第五十四军击溃由翁源西犯日军，日军开始撤退。

二日

△ 第五十四军克复翁源。

三日

△ 中国军队暂编第二军团攻英德日军。

四日

△ 第五十四军进占官渡。

五日

△ 第五十四军收复青塘；暂编第二军克复英德。

十日

△ 中国军队第六十二军、暂编第二军收复清远。

十一日

△ 中国军队收复从化。

十二日

△ 第五十四军第十四师克复港江口，源潭。

十六日

△ 中国军队再次克复银盏坳。战斗结束。

五月中旬

△ 日军第一○四师沿广（州）从（化）公路向粤北进犯，发动第二次粤北战役。在良口、鸭洞口、鸡笼冈、望到底、佛公坳、耀固等处与中国军队进行六七日激战，后日军撤退，恢复原态势。战斗结束。

附录三

桂南会战大事记

（一九三九年十一月中旬至一九四〇年十一月中旬）

一九三九年

十一月中旬

△　日军第五舰队及加贺航空母舰掩护其第五师团和台湾旅团在海口附近集中；日机狂炸广西各重要城市。

十五日

△　日军第五师团第九旅团借飞机和舰炮之支援，在钦州湾龙门、企沙强袭登陆。

十六日

△　日军第五师团第二十一旅团在钦州湾内的朱屋、茅岭、黄屋屯一带，台湾旅团在钦州湾东岸榄尾登陆。

△　中国守军新编第十九师抵抗后，退守板城、上思。

十七日

△　日军陷钦县、小董。第五师团沿邕（南宁）钦（州）公路，台湾旅团沿小董—百济—蒲津北进。

二十日

△　增援中国军队，杜聿明第五军、姚纯第三十六军、傅仲芳第九十九军向南宁、柳州、宜山集结。

二十一日

△　日军迫近郁江南岸，中国军队第十六集团军之一部与日军隔江对峙。

二十二日

△　增援中国军队第一三五、第一七〇、第二〇〇师先后驰至老渡口及四塘附近。

二十三日

△　日军强渡郁江，攻陷四塘。

二十四日

△　日军攻陷南宁。

△　中国军队一部沿邕武（鸣）路退守高峰隘，主力沿邕宾（阳）路退守八塘、昆仑关。

十二月一日

△　日军占领高峰隘。

四日

△　日军占领昆仑关，随即采取守势。

△　中国军队调集兵力，准备反攻。

十七日

△　日军第五师团由绥渌经西长圩抵龙州。

十八日

△　中国军队开始反攻，北路军攻克昆仑关、九塘。

十九日

△　中国军队攻克高峰隘。

二十日

△　日军增援反攻，又陷高峰隘、九塘、昆仑关。

△　中国军队以第五军新编第二十二师、第九十九军第九十二师，于邕宾公路五塘至八塘间不断截击日军增援部队。

△　日军续向昆仑关增援，并以空投补充兵员及粮弹。

二十一日

△　囗军占领龙州。

二十五日

△　中国军队东路军第一五九师参加昆仑关东北高地作战，先后攻占昆仑关附近诸重要高地。

△　中国空军向七塘、八塘之日军轰炸扫射。

三十一日

△　中国军队第五军及第一五九师占领昆仑关、天阴，将日军第五师团第二十一旅团长中村正雄击毙，歼灭五千余人。

一九四〇年

一月四日

△　中国军队续克九塘，日军退守八塘。

七至十三日

△　在广东粤北翁源、英德地区作战之日军第十八师团及近卫混成旅团由广州黄埔登船出海，登陆钦州湾、增援桂南作战。

二十二日

△ 日军近卫混成旅团抵达南宁东北的七塘；第十八师团在南宁以南地区集结。

二十五日

△ 日军第十八师团一个旅团及第五师团一部，沿邕宾路向宾阳发起正面攻击；近卫混成旅团沿一邕永（淳）路向宾阳实施迂回攻击策略。

△ 中国军队第三十八集团军总司令部指挥中心在宾阳被炸，各部联络中断，形成独立作战状态。

二月二日

△ 日军攻陷宾阳、思陇。

△ 中国军队在昆仑关正面的第二、第三十六军，西面的第六、第九十九军，分向隆山、都安、忻城地区撤退。撤退中第二军第九师师长郑作民被炸身亡，壮烈殉国。

三日

△ 日军从宾阳北进至邹圩，与中国军队新编第三十三师隔清水河对峙。

△ 中国军队克复甘棠、古辣。

四日

△ 日军一部由宾阳陷上林。

△ 中国军队克复永淳（今峦城）。

八日

△ 日军攻陷武陵。

九日

△ 宾阳日军向昆仑关、南宁退却。

十一日

△ 武陵日军向高峰隘、南宁退却。

十八日

△ 中国军队一度克复高峰隘。

二十二日

△ 军事委员会委员长蒋介石在柳州召开军事会议，检讨桂南会战。桂林行营主任、副参谋总长白崇禧督促部队不力，军事委员会政治部长陈诚指导无方，致使宾阳战役遭到惨败，均受降级处分。

三月一日

△ 中国军队以主力用邕钦路以东地区，以第四十六军主力推进于

小董东北地区，第六十四军控置于灵山西北地区。

十二日

△ 中国军队第四十六军攻击大塘、小董间日军，将邕钦路日军交通线遮断。

十四日

△ 钦县日军以一个联队为基干，附骑炮兵备一部，由牛冈经平吉向中国军队进犯，南宁第五师团一部由良庆沿蒲津东进，以一路向太平攻击，一路进占永淳。

十六日

△ 日军占领旧州、陆屋。

十七日

△ 日军占领灵山。

十九日

△ 日军一部抵佛子岭、牛塘之线。

二十日

△ 中国军队一部在灵山东北罗逢亘石塘之线与日军对峙。

二十一

△ 中国军队第九十三师由横山附近南渡邕江向大塘前进。日军退至灵山附近进行抵抗。

二十二日

△ 中国军队一度攻入灵山。

二十五日

△ 中国军队第四十六军及第一五六师克复灵山，第九十三师向沙坪方向进击。

六月十七日

△ 日军沿邕龙（州）路向西进犯，陷绥渌。

△ 中国军队第一三五师向板利、罗白撤退。

二十三日

△ 日军攻陷板利、雷时圩。

△ 中国军队第一三五师向明江及江州撤退。

二十四日

△ 日军占领北江圩。

二十六日

△ 日军攻陷明江。

△ 中国军队第一三五师向亭亮东方山地撤退。

三十日

△ 日军沿明江北犯。

七月二日

△ 日军占领龙津。

九月

△ 日军第五师团进入越南，近卫旅团及台湾旅团仍固守原阵地。

十月十三日

△ 中国军队第三十一军第一八八师向龙津日军攻击。

二十六日

△ 广西境内日军开始撤入越南。

二十八日

△ 中国军队第三十一军收复龙津。

二十九日

△ 中国军队第六十四军克复高峰隘及邕宾路上之三塘、剪刀圩。

三十日

△ 中国军队第六十四军收复南宁。

十一月十三日

△ 钦县日军向龙门港撤退。

十七日

△ 广西邕钦一带日军全部退出。广西境内无日军。

附录四

桂柳会战（包括黔南作战）大事记

（一九四四年八月上旬至十二月中旬）

八月

△ 日军占领衡阳后，以打通大陆交通线及破坏中国军队西南空军基地为目的，发动桂柳会战。

△ 中国军队担任广西防务的为第四战区，指挥有第十六集团军及桂省地方团队。以第三十一军、第四十六军的四个师控置于桂林，构筑工事。后桂林行营主任、副参谋总长白崇禧在桂林召开军事会议，改变第四战区对桂林部署，由四个师防守减少为两个师。

二十四日

△ 中国军队第九十三军增援到全州布防。

二十六日

△ 日军新增设第六方面军司令部于武汉，以冈村宁次为司令官，辖第十一、第二十、第二十三、第三十四军，以便部署第十一军及第二十三军进行桂柳会战。

三十日

△ 日军第十一军所指挥六个师团由洪桥开始向广西进击。

九月六日

△ 日军第二十三军两个师团又一个旅团沿西江两岸攻向梧州、平南地区；另一路一个旅团从湛江北上，攻向平南以策应西江方面主力作战。

八日

△ 湘桂路方面日军第五十八师团进出黄沙河；西江方面独立第二十二旅团进占怀集。

十一日

△ 日军占领黄沙河。

十四日

△ 日军占领全州；怀集第二十二旅团经信都趋梧州；三水第一〇四师团溯西江西进。

二十二日

△ 日军第一〇四师团占领梧州；雷州半岛方面第二十三旅团抵梧

州西南之容县。

二十八日

△　日军第二十三旅团攻占平南；第一〇四师团攻占丹竹机场。

下旬

△　中国军队由第九战区转用之第二十七集团军三个军，由第四战区转用之第六十四军进入桂境。

十月上旬

△　湘桂路方面日军第五十八师团集结于新宁南面地区，第四十师团、第十三师团集结于全县南面地区，第三师团集结于道县地区，第三十七师团由邵阳向湘桂路转移；西江方面第一〇四师团、第二十二师团、第二十二旅团与雷州半岛方面第二十三旅团会合；企图两面夹击，攻收桂柳要地。

△　中国军队以桂绥第一、第二两个纵队及第一五五师、第一三五师于平南、桂平阻敌；第九十三军于恭城，大溶江掩护桂林正面；第二十七集团军及第一七五师、第一八八师部署于平乐、荔浦、阳朔一带地区。

十一日

△　日军攻占桂平。

十八日

△　日军先头部队一个大队向大溶江左翼松口迂回被歼灭。

二十一日

△　中国军队开始在桂平、平南方面反攻，经八昼夜激战，收桂平外围据点蒙圩、马岭克复。

二十九日

△　日军第五十八、第四十、第三十七等师团向桂林守军第一三一师及第一七〇师等部队发起攻击。

十一月四日

△　日军使用毒气猛攻桂林七星岩中国守军阵地。

△　桂林柳州间中国军队之永福阵地被日军突破。

△　日军第十三师团出中渡趋柳城。

五日

△　桂林七星岩中国守军阵地被日军占领。

六日

△　日军炮击桂林市区，城内到处起火，房屋被焚烧殆尽。

△　自迁江经柳州亘柳城，中日双方展开激战。

七日

△　进攻桂林日军由定远门、中正桥、马王洲三处强渡漓江。

九日

△　日军对桂林大军增援，攻进市区，发生激烈巷战。

△　柳州方面日军突破柳城据点，中国军队第二十六军两个团被围，损失重大，柳城陷落。

十日

△　日军占领柳州，中国守军第二十六军第四十四师转移。

十一日

△　桂林中国守军突围，桂林陷落，第一三一师师长阚维雍、防守司令部参谋长陈济桓、第三十一军参谋长吕旃蒙均壮烈殉国。

十二日

△　中国军队重新部署：第三十五集团军位于北泗、大塘之线；第十六集团军位于理苗、洛东之线；第二十七集团军向龙江河转移；第四十六军向宜山东南转移。

△　由柳城西急进日军三千余人猛扑宜山。

△　中国军队第二十军拒敌于宜山以北地区。

十五日

△　宜山陷于敌手。

十六日

△　日军向怀远逼近。

十八日

△　一路日军陷安马。另一路一个师团于九渡乡渡河向都安攻击。

△　中国军队第九十七军在南丹东南地区大厂、车河、八圩之线布防。

二十一日

△　日军第十三师团占领金城江。

二十二日

△　日军第十三师团攻占思恩、河池。

△　中国军队第十六集团军位于那圩东南地区、保平圩方面；第三十五集团军进出邑田；抽调第九十四军、第八十七军向黄平、镇远集结；第二十九军、第九十八军、第九军、第十三军、第五十七军集结于贵阳、马场坪、都匀、独山等处，阻敌进黔。

二十三日

△　日军第三师团进攻黔南黎明关前杜村地区，遭到中国军队阻击。

二十四日

△ 日军第二十三旅团占领南宁、武鸣。

二十五日

△ 日军大举进攻大厂、车河之线中国守军第九十七军。

二十七日

△ 日军第十三师团突进大厂、车河；第三师团攻占黎明关。

二十八日

△ 日军第十三师团陷南丹。

△ 日军第二十一师团奉命由越南越过国境进占宁明。

三十日

△ 日军第三师团迂回黑石关，进至三合东端；第十三师团先到达广西贵州交界处六寨以东地区，夜到达独山南四十五公里下司。

十二月一日

△ 日军第十三师团到达独山南八公里之马路寨。

二日

△ 日军第十三师团进占独山。

三日

△ 日军第三师团进占荔波。

△ 日军第十三、第三师团收到第十一军电令：由贵州撤回广西。

四日

△ 傍晚日军第十三师团将独山进行大破坏后撤退；第三师团从八寨、荔波撤退。

五日

△ 中国军队收复八寨。

六日

△ 中国军队收复三合。

十二日

△ 中国军队收复南丹。

十三日

△ 中国军队收复车河。

十四日

△ 日军从贵州独山、都匀地区撤回广西后，第三师团在柳州附近布防；第十三师团在宜山、德胜、金城江、河池布防。会战结束。

桂柳反攻作战大事记

（一九四五年四月下旬至八月上旬）

四月十八日

△ 日军下达命令从广西撤出第三、第十三、第三十四师团；从广东撤出第二十七师团至华东地区。

二十日

△ 驻迁江日军第三师团、驻宜山第十三师团为了撤退不至于遭到中国军队攻击，向驻隆山（马山）中国军队第四十六军进行攻击。

二十四日

△ 日军第十三师团第六十五联队攻占九圩后，接到师团命令撤回金城江，做撤离广西准备。

二十七日

△ 中国军队第四十六军第一七五师甘成城部攻克都安。

五月十九日

△ 中国军队第二十九军主力攻克河池。

二十一日

△ 第二十九军第一六九师曹玉珩部攻克金城江；预备第十一师赵琳部攻克黎明关。

二十三日

△ 第二十九军主力攻克德胜；预备第十一师赵琳部攻克思恩。

二十七日

△ 第六十四军第一五九师刘绍武部克复南宁。

三十日

△ 第四十六军第一七五师甘成城部克复宾阳。

六月一日

△ 第四十六军第一七五师甘成城部攻克迁江。

六日

△ 第六十四军第一五六师刘镇湘部攻克乐思、明江。

△ 第二十九军预备第十一师赵琳部攻入宜山，旋被柳州增援日军夺回。

十四日

△ 第二十九军第一六九师曹玉珩部攻克宜山。

二十三日

△ 融江西岸日军被中国军队全部肃清。

二十七日

△ 中国军队克复柳城。

二十九日

△ 第七十一军第九十一师王铁麟部攻克柳州。

△ 第四十六军第一七五师甘成城部进抵拉堡，迫近柳江。

七月三日

△ 第六十四军第一五六师刘镇湘部攻克龙州、凭祥。

七日

△ 第七十一军第九十一师王铁麟部攻克荔浦。

十一日

△ 第九十四军第四十三师李士林部攻克丁岭坳（灵川北）。

△ 第二十九军第一六九师曹玉珩部攻克雒容。

十二日

△ 第二十九军第一六九师曹玉珩部攻克中渡。

十七日

△ 第二十九军第一六九师曹玉珩部攻克黄冕。

十八日

△ 第九十四军第一二一师朱敬民部攻克长蛇岭（桂林北十二公里处）。

十九日

△ 第七十一军第九十一师王铁麟部攻克马岭（荔浦北面）。

△ 第二十六军攻克湘桂铁路北侧之王旗岭、界首，截断日军湘桂交通。

二十四日

△ 第六十四军第一五六师刘镇湘部收复镇南关。

△ 第七十一军第九十一师王铁麟部攻克白沙（位阳朔北面）。

二十五日

△ 第七十一军第九十一师王铁麟部收复阳朔。

二十六日

△ 第二十九军第一六九师曹玉珩部收复永福。

二十七日

△ 第九十四军第四十三师李士林部收复义宁。

二十八日

△　第九十四军第四十三师李士林部与第二十军第一三三师周翰熙部收复桂林。

八月二日

△　第二十军第一三三师周翰熙部收复灵川。

七日

△　第二十军第一三三师周翰熙部收复兴安。

附录六

滇西抗战大事记

（一九四二年五月至一九四五年元月）

一九四二年

五月三日

△ 日军占畹町、遮放、芒市、龙陵。

四日

△ 为阻止日军继续东进，中国军队炸毁惠通桥。

五日

△ 日军攻陷松山，进至惠通桥，由上游渡过怒江东犯。中国军队第三十六师第一〇六团由祥云赶至，与渡江日军激战，控制东岸高地。

△ 四、五两日日机狂炸保山，城乡居民死伤千人以上。

九日

△ 中国军队第三十六师将怒江东岸日军击退，迫其撤回西岸。

十日

△ 日军攻陷腾冲，中国军队预备第二师全部渡过怒江，迎击敌人。

十九日

△ 中国军队第八十八师由惠通桥下游渡过怒江，进出镇安街一带，破坏敌后交通，袭击日军。

三十一日

△ 中国军队在滇西改取守势，准备而后之反攻，从此隔怒江形成对峙局面。

一九四三年

四月

△ 中国远征军司令长官司令部在楚雄成立，陈诚任司令长官；十月，司令长官由卫立煌接任。

一九四四年

五月十一日

△ 中国远征军强渡怒江，配合驻印军缅北作战，打通中印公路，向入侵滇西日军发动反攻。攻击部队第二十集团军第五十三军及第五十四军、防守部队第十一集团军之新编第三十九师、第七十六师、第八十八师各一个加强团，自双虹桥至栗柴坝间，分七处强渡怒江。

十二日

△ 中国军队新编第三十九师攻占红木树；第一九八师由栗柴坝渡江后攻占桥头、马面关，主力围攻腾北之北斋公房；第三十六师在双虹桥附近渡江攻克大塘，越过高黎贡山，进至瓦甸、江苴街以东之线。

六月一至三日

△ 中国军队第二军及第七十一军配属新编第三十九师，分由惠通桥、毕寨渡、三江口各渡口附近渡过怒江。

四日

△ 中国新编第二十八师攻克松山外围据点腊猛，围攻松山。

九日

△ 第八十七师攻克镇安街。

十日

△ 第八十七师、第八十八师一度攻入龙陵，日军增援反扑，退据东北郊与敌对峙。

十四日

△ 中国军队攻克北斋公房。

二十日

△ 第三十六师攻克瓦甸，第五十三军攻占江苴街。

二十四日

△ 第九师攻克象达，向芒市攻击。

八月中旬

△ 中国远征军第二军第七十六师攻占放马桥，切断龙陵、芒市间日军交通线。第七十一军第八十七、第八十八师和第八军荣誉第一师等部，对龙陵再次发动进攻。第一一六、第一三〇、第一九八师和预备第二师向腾冲日军守军猛攻，日军第五十六师团得到第二师团增援，进行反扑，中国军队进展迟缓。

九月八日

△ 中国军队攻占松山，新编第二十八师自六月四日起，对松山日军守军发动五次围攻未下，继由第八军自六月下旬起接替攻击，又连续发动九次攻击，费时三月，终于攻下。

十四日

△ 中国远征军攻克腾冲。

△ 中国远征军自渡过怒江始至攻克腾冲止，共历大小战役四十余次，毙日军军官一百余、士兵六千余，俘军官四人、士兵六十余，中国军队伤亡官佐一千三百三十四人，士兵一万七千二百七十五人。

十一月三日

△ 中国远征军各部协力攻克龙陵，继续向芒市攻击。

二十日

△ 第六军攻克芒市。

十二月一日

△ 第七十一军、第五十三军主力，第二军一部及第二〇〇师等部协同攻克遮放。

一九四五年

一月二日

△ 第九师、第八十八师克复畹町。

二十二日

△ 远征军第五十三军与驻印军新编第一军先头部队取得联系。

二十七日

△ 中国远征军与驻印军会师于畹町之芒友。中印公路完全打通。

二十八日

△ 中国远征军、驻印军和盟军于畹町举行会师典礼。

图书在版编目（CIP）数据

粤桂黔滇抗战/ 郑洞国，萧秉钧等著.—北京：中国文史出版社,2013.1

（正面战场：原国民党将领抗日战争亲历记）

ISBN 978 – 7 – 5034 – 3701 – 4

Ⅰ.①粤… Ⅱ.①郑… ②萧… Ⅲ.①国民党军—抗日战争时期战役战斗 – 史料 – 广东省 ②国民党军 – 抗日战争时期战役战斗 – 史料 – 广西省③国民党军 – 抗日战争时期战役战斗 – 史料 – 贵州省④国民党军 – 抗日战争时期战役战斗 – 史料 – 云南省 Ⅳ.①K265.210.6

中国版本图书馆 CIP 数据核字（2012）第 286754 号

责任编辑：马合省　卢祥秋

出版发行：**中国文史出版社**

社　　址：北京市海淀区西八里庄 69 号院　邮编：100142

电　　话：010 – 81136606　81136602　81136603（发行部）

传　　真：010 – 81136655

印　　装：北京新华印刷有限公司

经　　销：全国新华书店

开　　本：720×1020　1/16

印　　张：25　　　字数：400 千字

版　　次：2013 年 1 月第 1 版

印　　次：2020 年 9 月第 4 次印刷

定　　价：83.00 元